U0053218

沈沛霖回憶錄

沈沛霖——口述　　沈建中——撰寫

沈沛霖（清塵）先生。

與祁鞏華女士訂婚照，一九二八年秋攝於南京。

左上：南京中央軍校之一，一九三〇年。
右上：南京中央軍校之二。
左下：南京中央軍校之三，一九三五年。
右下：南京中央軍校之四。

上：武昌政治部一廳，一九三八年。
下：全家福，一九四六年攝於江蘇常州。

上：華北大學工學院教授聘書。
下：幹部裝，攝於北京中山公園，時華大工學院已更
　　名為北京工業學院。

浙江大学科學管理工程系首届研究生毕业留念

上：與浙江大學電機系工程經濟教研組同仁，左起：王燮臣、翁永麟、沈沛霖、洪鯤、王愛民。

目次
Contents

第一章　少年時代

故鄉與人文

我是江蘇省武進縣人。一九〇三年五月二十三日（清光緒二十九年癸卯四月二十七日）出生於武進縣循理鄉小新橋。

武進地處蘇南，枕江濱湖，沃野千里，素有「魚米之鄉」之稱。且人文薈萃，歷史悠久，古有延陵、毗陵、蘭陵之稱。先哲可上溯自春秋時代吳國的季札，人稱延陵季子。南北朝時，出過兩個皇帝：南齊高帝蕭道成與南梁武帝蕭衍。其中梁武帝好文，有詩人帝皇之說。其子蕭統，即昭明太子，更賦文采，編纂《昭明文選》三十卷行於世，內集秦漢以降詩文精華之大成。

人文歷史之外，家鄉教育發達，有「文教被於吳，吳尤盛於延陵」之說。歷代出過不少進士、舉人，及飽學之士。顯達者有明代唐荊川（順之）先生，家境貧寒，卻好學不倦，以會試第一名入仕。為官清正廉明，為世所讚。及至清代，常州學派諸儒，埋首故紙，於經學、古文、詞章，無一不精。清季還出了個錢振鍠（名山），其道德文章，馳譽大江南北。所以，龔自珍的詩：「天下名士有部落，東南無與常匹儔。」或可說明一切。

我出生於清季，時常州府下轄武進、陽湖、無錫、金匱、宜興、荊溪、江陰、靖江八縣。我的出生地小新橋，及生長地前橋俱屬武進縣所轄。幼時常聽父老說，清代官制，知府以上有道尹，道尹之上為撫台（巡撫），撫台上面還有制台（總督），這是外官中最大的，兼

轄兩省（撫台則管轄一省）。內官最高者為大學士（約同宰相），下為部尚書（約等於今之部長），每部還設左右侍郎（約等於副部長），輔佐尚書工作。

是時，滿清為了監督漢人，每省還設有將軍府，將軍管八千至一萬五千名旗兵。滿清時代，總督與巡撫，滿漢兼有，惟將軍則非滿人不可，以防漢人造反也。旗兵每府都有，大約數百人，歸統帶（約等於營長）率領。當時旗兵腐敗達於極點，差不多人人吸食鴉片，平時亦很少操練，以玩籠鳥、坐茶館為業。難怪辛亥革命興起，各省響應，旗兵皆毫無抵抗能力，不是被殺就是投降。

旗兵如此腐敗，文官（縣知事）亦不例外。我記得那時縣知事出門時，身坐四人抬的大轎，前後有吹鼓手，及手持「肅靜」、「回避」竹板的皂隸多人，一面護擁知事，一面高喊行人避開，百姓稍有不慎，碰到其時，不是被打就是被捉，黑暗之極。

武進縣下轄三十六個鄉，每鄉設鄉董一人，鄉董之下分設若干保，每保設地保一人，專司催收錢糧糙米及縣鄉辦差。

知縣（設州的稱知州）號稱親民之官，實則不然，他們甚少下鄉，僅僅與士紳（鄉紳）接近而已。所以北伐時代，提出一個口號：「有土皆豪，無紳不劣」，雖屬偏激，卻也反映部分現實。

縣官既不親民，鄉董便為所欲為了，對鄉民之敲詐，大都出於鄉董，地保則替鄉董跑腿。當時若干村莊稱為一保（視人數多少而定），大約每鄉有一二萬人，對鄉民之況，鄉董大多知之不詳，聽由地保言之，故鄉民若得罪地保，亦往往將大禍臨頭，地保可假借名義誣告鄉民，大則使之傾家蕩產，妻離子散，甚至被關被殺。小則敲以竹杠，如罰款之類等等，無所不用其極。但對士紳，地保則不敢得罪，因士紳可直接與鄉董往來，大的士紳還可與縣官來往，甚至與知府、道尹、撫台往來。滿清還有一個制度：有功名之人（如秀才、舉人、進士等）犯了罪，知縣、知府甚至巡撫，都不能直接處分，要先

革去其功名，再治其罪，此亦說明封建制度的陋習。

我幼年時，從朝廷至社會，均信俸儒、釋、道三教。儒者，即孔儒學說，影響既遠且深。釋者，即釋迦牟尼，亦即印度傳入的佛教，但也漢化了。道者，即以黃帝老莊之說為旨，供奉太上老君，以江西貴溪龍虎山之道觀為首。三者中，以儒教勢力最大，佛教次之，道教又次之。孔廟每縣一所，規模大且莊重，廟內供奉著孔子及其弟子顏回等七十二賢牌位，還排列著各種樂器，都是照《周禮》上所載，兩千多年一直傳下來的。祭孔典禮，每年一次，非常隆重，縣官必到，其次是有功名者或各級官吏，平民百姓則無緣參加。佛教的廟宇亦很多，信奉者除儒子外，大多為沒有什麼知識的年長者（男女皆有），有些官吏退職或被撤職，往往看破紅塵，入廟剃度為僧，如我家鄉常州天寧寺的方丈，即為翰林出身者。

幼年我生長在鄉村，時鄉村有族權。每族（相傳為同一祖先的後代）設有祠堂，供奉每家的祖先神牌。族有族長，推輩分高者充之。族長有處分同族小輩的特權，凡族中後輩有惡逆父母的，族長可加以訓斥。情節重大的，可召集全族人集會，公布其犯上之罪，令將其鞭打，受打者從此在全族人中間抬不起頭來。

時鄉村正當娛樂很少，除了過年期間的玩龍燈、舞獅子（紙紮的），敲鑼打鼓，及一年數次的廟會（演戲）外，賭博之風盛行。小至十幾歲，大至六七十歲，男男女女，均樂此不疲。費時傷財，最後弄得家庭不和乃至傾家蕩產，害人匪淺。

一年之中，過年是最快樂的日子。除夕為搞衛生、祭祖宗之日，每每搞到午夜甚至到黎明。年初一二三日，親友間都互相拜年，見面後首道一聲「恭喜發財」，各家對來訪客人，均熱誠備至，招待以各類點心，如瓜子、花生、糖果等，各家門前，均貼有新的春聯，寫有「招財進寶」「黃金萬兩」字樣。一直要到過了正月十五，鬧過元宵後，一切才恢復常態。除夕之日，對貧困鄉民而言，是一個難關。

因那時習慣，平時借的錢米，年前必須償還，故債主有在除夕之夜提了燈籠前來討債的。躲債者，則有「大年三十勿見面，初一碰頭拱拱手」之說，按例新年初一不可索債，見到收債者，即算逃過年關也。

家世述略

我幼時聽祖父和父親談及，我家祖籍是浙江。始祖沈萬成，於清乾隆中葉由浙東來江蘇武進夏墅橋（位於常州北郊）定居成家。承繼祖業，以開藥號為業。

萬成公年輕時曾入武庠，在嵩山少林寺習武三載，精於技擊。然其天性仁慈，好扶危濟困，周急孤窮，從未嘗挾武力，欺壓良孺，故鄉鄰多尊敬他，呼之為「沈老先生」。其設藥號後，所製飲片丸散膏丹，俱屬道地，故遠近之購藥者，紛紛前來，家道即因日隆。壽長，享年九十有六，在世時已四世同堂，惜其武技未能傳之後人。故父親於一九一六年所撰《始祖萬成公軼事》一文後有如下感言：

> 以公之抱負，值邊廷有事之秋，不為馬革裹屍之馬伏波，必為投筆從戎之班定遠，惜乎世際承平，無用武之地，僅小試於鄰里鄉黨之間，良可慨矣！然讓遺產而不求知，懷絕技而不眩世，行年九十有六而不稱老，不特今人中所罕及，即古人中亦不易多觀也，公誠人傑矣哉。

始祖之後，復經太祖、高祖二代，至我曾祖沈鳳梧時，在夏墅橋已近百年，旋又於王下村開設了藥號分店，家業益興。然至一八六〇年（清咸豐十年庚申）後，戰亂遍及城鄉。鳳梧公不得已關閉經營有百年的基業，挈婦將雛，避難蘇北。四年後才攜家南返。惟故地房產均已蕩然無存，悉數毀於兵火，連王下村分店，亦未能幸免。無奈之

下，遷至循理鄉小新橋，賃屋而居。先開染坊為業，遂於一八六九年（清同治八年己巳）恢復製藥，店名「沈萬和堂」，並兼理方脈。

小新橋為循理鄉之一集鎮，距常州北郭約十二里，各業興隆，為商賈雲集之地。時（一八六九）我祖父沈佐卿（名國墉，別號傲大，是曾祖父的獨子）年已十九。乃棄讀就商，輔佐曾祖經營。二十四歲時，祖父與自幼青梅竹馬的祖母萬氏結為百年之好，藥業復經二十年經營，得以振興。

祖父為人秉性剛直，豪邁慷慨，常濟人於困厄之中而不惜資財，唯性嗜酒。好交友，能謙讓，但亦不屈節於人。當時我家藥號，由於同業競爭激烈，遂有十年之內，四易其所：經史墅、石莊、郭塘橋，最後到了薛家橋。惟在薛家橋，迭遭回祿（火災），房屋藥材，化為烏有，曾祖父母，遭此打擊，先後棄養，遭此鞠凶，鄉人皆為之憂，祖父卻能處之泰然，樂天知命，以小新橋乃歷代祖塋之所在，乃於一九〇〇年（清光緒二十六年庚子）復遷於此。賃屋於西街河畔，仍開藥業，兼營糧食雜貨，然擬重振昔之藥業輝煌，已無能為力矣。

對於祖父其人，我至今記憶猶新，幼時常聽其老人家講過《水滸》，其中一百零八將故事，及至今日，仍歷歷在目。我十三歲時，祖父得了鼓脹病，即今之肝硬化腹水，病發未達一年即逝，似為嗜酒之故也。

祖母萬氏，係曾祖鳳梧公之比鄰而居者萬公之女，兩家時相往還，蘇北避難時即已相識，堪稱莫逆。成婚後，祖母主持家政，紡紗織布，兼作紙製品（錫錠、銀錁等）。老人家性情溫和，隨遇而安，故壽長。她八十歲時，適我任江蘇縣長，為其祝祜，各方人士到者甚多，觀其顏面，均謂壽可過期頤。至八旬有六之齡，猶能食肉善飯，且不欲假手幫傭，甚至關鎖門戶，亦必親自檢點。於一九三七年一月十四日告無疾而終，時家中已四世同堂。

祖父母共育子三：長鴻升（名子駿，字伯康），是為父親，次鴻

宜（字仲康），季鴻珊（字季康），係二叔三叔。女二，俱早殤。三
男除父親外，因為家道中落，讀書不多。二叔未婚，早亡，年僅二十
七歲，以我二弟佳霖為嗣。三叔婚後僅四年亦因病故去，生一女小
名盤鳳，大名沈純華，適鄒守一（宗寶），而以我三弟喜霖（霞飛）
為嗣。

　　前面說過，我家自祖父在武進薛家橋時代，因藥業迭遭火災，家
業已呈敗象。所以到了我父親沈伯康出生後，曾祖和祖父希望家庭今
後能出修儒習文者經科舉而入仕途，遂寄希望於父親。

　　父親八歲從儒生萬選（子青）讀，十五歲受業於江蘇靖江名士朱
鴻藻（融三）之門下，熟讀經史，及諸子百家，三年肄業後補博士弟
子員。其後，自設學館，教授生徒。並以保存國粹為宗旨，創辦文社
（即後之書院）於白土街、青龍橋等地。常州北鄉、西郊、道南諸文
社所以能接踵而起，父親實為先導也。

　　一九〇一年（清光緒二十七年辛丑），父親與我母親，同邑德澤
鄉前橋村芮氏五娘成婚。一九〇四年（清光緒三十年甲辰），他赴江
陰科試，得中生員（即秀才）。惟甲辰科後，科舉廢止，士子因此不
能再以此為仕途之階矣！不得已，仍以坐館為業，至一九〇九年（清
宣統元年己酉）冬，以邑友，德澤鄉紅塔莊小學校長張其煥之聘，擔
任該校國文教員。一九一一年（清宣統三年辛亥）春，接替張氏為該
校校長，連任至一九一九年，幾近十易春秋。期間，各界評語甚佳，
云其文理優長，熱心校務，以培養人才為己任。紅塔莊小學亦復經
省、道、縣諸視學（相當於今之教育局長）視察，俱受獎勵，列為優
等，成為鄉校之楷模。桃李眾多，在紅塔莊、前橋村一帶，時人無論
男女老幼，均以「沈先生」稱呼他。

　　父親重視教育，在母親因患肺疾不幸去世後，遭此重喪，且家庭
經濟欠佳，仍千方百計借貸讓我兄弟讀書，其重教崇文，可見一斑。
他為人豁達，憑天所賦，隨遇而安，因之能長壽，至一九六三年八十

七歲高齡時，仍能食肉，每日步行至南京夫子廟一帶，坐茶館，談笑風生。一九三六年秋日，父親六十初度時，曾撰七律一首，敘其平生經歷：

> 滄桑幾歷感前因，百歲光陰已六旬。
> 貢院掄材曾獲秀，他鄉傳食久忘貧。
> 中亡故劍空懷舊，晚續新弦為養親。
> 幸賴兒曹能自樹，優遊可免作勞人。
> 兵氣漸消一統成，歡承慈命祝升平。
> 閒來聊以茶當酒，具至常將筆代耕。
> 執卷焚香消世慮，栽花種竹了餘生。
> 今逢甲子重周日，豈敢稱觴比老彭。

我母親芮氏出身望族，外祖父芮文興係太學生，曾隨其姑丈張俊杰在河南黃河河防公署任職，以功授祥符縣縣丞，卒於任上。時我母親年方十二，尚在垂髫之齡。母有長兄名芮成（毓英），即我的舅父，亦為名士（副貢生），以文筆冠鄉里，在去河南迎父靈柩歸來不久，亦告暴病而亡。外祖父和舅父父子兩人，均以詩書畫名於世，卻不能以詩書畫起家，故家無恆產，只有薄田五六畝，他們相繼故世後，一家僅剩我母親與外祖母、舅母，淒涼之狀，可想而知。

母親與父親成婚後，兩邊家境均甚堪憂：父家方面，自祖父母以下，有我兩個叔父及三叔之童養媳顧氏，僅有田四五畝。外家則僅有我外祖母吳氏與舅母周氏二代寡孀，相依為命，且外祖母多病，情殊堪憐。全家收入，僅靠父親坐館之微薄薪水（除吃飯外，每年僅得薪水四十餘元）來維持生計。一九〇五年，經雙方老人合意，父母及甫及三歲的我，遷居前橋外家，於東山頭原有宅地蓋平屋一間，權作棲身之所。這樣，對雙方老人，亦可兩地奉養，半盡子婦之職，半盡兒

女之心。除父親繼續坐館外，母親勤於女政，協助外祖母共主家政。

母親擅長紡織、刺鏽、縫紉之技，且無一不精，她不識字，但會作詩，係大舅所教也，我至今仍記得她所作的一首諧趣詩，是關於打、軋花及織布的：「嘩嘩蓬蓬開，絲螺沿牆來，觀音騎馬過，銅絲插它來。」，樸實無華。家中有田約六畝，其中二畝多旱地自耕，種些麥豆之類，其餘水田，則請人代耕。故對母親而言，外而場圃，內而紡績，生活之艱辛程度，是可想而知的。且數年之內，父母又先後育佳霖、杏仙、喜霖、芹仙、祥霖等弟妹，除兩妹俱早殤外，添丁加口，生活亦愈趨困難。

由於生活拮据，父母負擔沉重。為此父親時常賭博，希望贏些錢以助家用。然事與願違，愈賭愈輸，父母之間為此亦常有齟齬，加之寄居外家，受鄉鄰恥笑，使母親精神倍感痛苦，多次想自尋短見，但又不忍心丟下我兄弟無人撫養，她曾數次對我說：「我家上無片瓦，下無寸土（指寄居外家），還要受人恥笑，如何了得！」當時我年幼無知，聽後只有相對哭泣。

可憐我母親由於長期操勞及精神憂鬱過度，得了肺結核，當時這是一種絕症。且家境亦無力醫治，竟於一九一六年十月二十一日，不幸仙逝，終年僅三十八歲。她臨去前，神志仍很清楚，喚我兄弟四人至其床前。對我說：「沛霖，沛霖，你要爭氣啊！」時我年僅十四，幾個弟弟則分別為十一、七、三歲。痛哉！父親為悼髮妻，挽之以聯，上聯云：「以巾幗抱丈夫才，隨予十六年，靡日不期家室振。」下聯云：「因勞動得不治症，憐卿三八載，臨終猶冀後嗣賢。」可謂對母親一生的確切評價。

母親去世前一年，在小新橋老家，亦發生重大變故：先是祖父因患鼓脹病棄養，享年六十五歲。繼則三叔亦告不祿，與我嬸母圓房後僅二載。兩年之間，失去三個親人，二處土地，不足十畝，父親坐館收入，除糊口外，所餘無幾，其餘四個寡孀（祖母、嬸母、外祖母、

舅母），五個孩童（我兄弟四人加上三叔的女兒沈純華），一家生活之重負，係於父親一身。

第二章　法蘭西勤工儉學記

緣起

　　我六歲隨父親讀私塾（時父親坐館在外），初識四子經書，幼時記憶力強，有時聽別人朗讀一遍，已即能背誦，至今不忘。八歲就讀於紅塔莊初級小學，嘗試用文言書寫短文，後蒙獲發表於書院的刊物上。記得一篇題為《趙武靈王胡服騎射論》策論文章，父親看後，大為賞識，認為孺子可教，傳給其他教員看，皆認為文筆暢達，一氣呵成，乃撥作範文，貼於牆上，供同學賞析。十二歲，入天地壇高小，在校三年，學益大進。暇時喜讀小說，舉凡《三國》、《水滸》、《西遊記》、《七俠五義》、《封神榜》等，無一不讀，尤喜《水滸》，因其為白話，人物描寫栩栩如生，且以七十一回本為最佳。課餘亦喜繪事，初將小說中人物鏽像摹下練習，繼則用小楷替人畫扇面，間或嘗試用炭筆放大照相，不意此雕蟲小技，竟傳遍常州北鄉，鄉人將我與同村之潘毅（字伯豪，曾為父親之學生，後畢業於保定軍校，並留學日本，與李任潮先生同窗）相比，曰：「前橋有二傑，武有潘伯豪，文有沈沛霖。」

　　一九一七年，我高小畢業，本擬報考中學，但為家境所不容。不得已，只有報考師範，因師範免交學費也。時天地壇高小校長兼國文教員萬子青對我說：「你的父親日子不好過，兩年之中死了三個親人，中學你是讀不起的，只有師範還可勉強。」他建議我考無錫江蘇省立第三師範，但經與父親商議後，還是就近考了武進縣師。

縣師放榜，我以甲等第一名成績名列榜首。但在註冊入學之日，按規定預科第一年需交膳費二十元，父親七湊八湊只拿出七元五角，再三懇請是否可允緩交，校長吳式鑫（詠笙）以我膳費未交足為由不同意我報到。後幸得學監（相當於今之教務主任）李葆純先生擔保相助，說：「一個考取第一名的學生不能入學是學校的恥辱。」吳才勉強同意我入學。

入學後，我每學期各科成績俱名列前冠，因此被選為班長。並深得各科老師讚許，如國文教員錢逸塵（後為留法同學阮毅成岳丈）認為我作文有古文筆法，英文教師認為我語法準確，對我亦另眼相看，後來我留法勤工儉學，抵法時因所學法文尚未過關，同學們推我用英文與法國人交談，其基礎即在師範時打下的，至今不忘。史地課金老師，亦認為我答題準確，每每將我答題用作全班之示範。

預科畢業，升入本科，膳費不用出了，家庭負擔略有減輕，惟書費仍需付出，記得一次急需一本英華辭典，向父親要兩元錢購之，父親竟為此流淚，我家經濟拮据之狀，由此可見一斑。

我在縣師本科一年級時，國家局勢風雲變幻，北京爆發學界五四運動，以「外爭國權，內懲國賊」相號召，常州各校亦聯合響應。先是由武進縣師、縣女師、省立五中三校發起成立學界聯合會（學聯），通電聲援北京學生。在五九國恥日這一天，常州各校均停課，校門及各商店外均懸掛白旗，各校還召開國恥紀念會，師生紛紛登臺講演。師範同學組織國恥紀念演講團，上街宣講，並集隊遊行，向市民宣傳。後來，又成立了學生救國會，宣布罷課，包括武進縣師在內的常州無錫兩地八校發布罷課通電。

緊接著，工人罷工，商人罷市，抵制日貨，倡用國貨之浪潮，迅速興起。一直到曹、陸、章遭罷免始止。

五四運動後，各種新思潮傳入學校，其一即為留法勤工儉學之提倡。發起人之一的吳稚暉（敬恆）先生為武進雪堰橋人，與我外祖

父芮文與稔熟。吳與蔡子民（元培）、李石曾（煜瀛）倡組華法教育會及留法勤工儉學會，介紹中國學生赴法，實行「勤以作工，儉以求學」，並發行《旅歐雜志》，出版《旅歐教育運動》，呼籲：「欲輸世界文明於內國，必以留學泰西為要圖。」向國人及青年學子廣為介紹法蘭西及歐西各國情況。復於各大城市如北京、上海、重慶、成都，及河北等地開設各類留法預備學校，以應留法學生赴法前補習法文，及熟悉各類實用技能之需。且廣為招生，言明只需交一次旅費，抵法後可以勤工所得來儉學，上述種種，對清貧學子吸引很大。

在縣師，有數位同學想去法國勤工儉學，我亦為之心動，考慮家庭實際情況，以為師範畢業後，謀個鄉校教員之職，無法改變家貧之況，倘若能赴法，或可改變一切。乃回家就商於父親，父親說：「我家當初連你幾十元的膳費都拿不出，如何籌措赴法旅費？」（當時若乘法國郵輪，坐最便宜的四等艙，從上海至馬賽，亦需銀元一百元左右）言後相對唏噓。我以為此事肯定無望，帶著難過的心情回到學校。惟父親是一位有心人，嗣後某日，他去見本鄉鄉董茅掘齋，談起我想赴法勤工儉學，但籌不出旅費之事。茅公慷然曰：「沛霖，大家都很器重他，可用集會（即集資）辦法來籌措旅資，助他成行。」嗣由茅出面，邀集鄉人二十餘人，每人出資十元二十元不等，共籌得二百餘元。父親又與外祖母商議後，將祖田賣出二畝，得款一百六十元，二者相加，共籌得銀元三百六十餘元。

川資得以解決，下一步即為補習法文，經打聽，各地所辦的留法預備學校中，以位於直隸蠡縣（今屬河北省高陽縣）之布里村法預備學校收費較廉，我乃於一九一九年冬，串聯師範同學楊品蓀、柏勁直、戚士俊、謝會、諸葛華等十餘人，相偕乘火車北行，時我年僅十六歲。

布里村留法預備學校

　　高陽布里村留法預備學校為留法勤工儉學會設立的預備學校，一九一七年秋即已開始招收第一期學生。該校別名留法工藝學校，又稱法國學堂，為李石曾等人創辦。此地為當年李石曾之巴黎豆腐公司招募華工之處，亦為李之故鄉（李為清末大學士李高陽即李鴻藻五子）。當地去法人士頗多，故有「華工之鄉」之稱。

　　一九一九年冬日，我與師範同學楊品蓀等同行離常，經滬寧線到南京，過江至浦口轉津浦路北上至徐州，復轉隴海路西行鄭州，再沿京漢線北上保定，由保定換乘騾車經高陽而達布里村，一路風塵，歷時四五日。記得自保定至布里村約有一百餘華里之遙，我們一行乘騾車前往，時值北方初冬季節，一路村落稀少，遠遠望去，只見原野茫茫，麥田一望無際，有些地方經過車人之行，已成一條大道，騾車就從麥田中間穿行，車速甚慢，上午出發，抵布里村時，已為夕陽西下了。

　　留法預備學校坐落於村西南，原為一所樓房舊址，重新翻蓋而成，坐北朝南，門前有一廣場。再往南約二十餘丈，有二排白楊樹，每排數十株，高且挺直，環境整潔，風景甚好。校長為李石曾親信，亦為巴黎豆腐公司創辦人之一的段某。

　　學校為四合院式建築，分東西兩院，共有平房四十餘間，全為磚木結構，大門上端為某書法家用隸體撰寫的校名「留法工藝學校」，西側三間為校長室，再往西三間為教師休息室，東側為實習工廠，工廠設備極其簡單，僅有二台舊車床及二三張鉗工台，另有一台舊鑽床。再進去為一大庭院（東院），有東西房兩排，為學生宿舍，宿舍南端的兩間北房是食堂及廚房，宿舍床鋪為炕式之大通鋪。西院很小，有房六間，亦用作學生宿舍。

教室位於庭院之北，東西各一大間，每間可容納學生四十餘人，內有課桌及骨牌凳。玻璃窗在教室之南面，室內鋪的為條磚，學生上課均集中於此。

學生入學不收學費，每月僅付膳費二元。伙食早餐為小米稀飯就鹹蘿蔔絲，中餐為饅頭加小米稀飯、大白菜，對我們窮學生而言，要算是不錯了。其時，村莊附近集市中的食品亦很便宜：雞蛋一元錢可買一百四十餘個（當時一元錢可換一百四十個銅板，一個銅板可換十個小錢），大白菜一個銅板三斤，猪肉十幾個銅板一斤，但因冬季，南方人喜食的魚卻很少見到。

在布里村西南向約二里處，有一小鎮，名莘橋。全鎮大約有七八家鋪子，每月初一、十五有兩次集市，甚為熱鬧，各地土貨雲集，皮貨甚多，每件羊皮袍，標價十元，但經討價還價，五元亦可成交。在村之東南向五六里處另有一小鎮，叫安瀾橋，為船碼頭，為往來商販之歇腳處。

學生上課以法文課為主，另有中文及普通史地常識課，還有實習課，在實習工廠進行，練習粗淺的車、鉗、鍛等工藝技能。法文用的教材是《法語進階》（一種法漢對照的小冊子）和《百爾力茲》（是法國人為外國人學法文所編），教員為一曾作過華工翻譯的曹某（高陽縣人），但其程度不好，僅能做到照本宣讀，因此我們提高不快，在校半年多，僅粗知法文拼音及一些簡單會話而已。

我們這一期學生，屬於布里村留法預備學校招收的第三期學生，分成北方班和南方班。北方班以高陽、蠡縣等近郊縣同學為主，南方班學生則分別來自蘇、湘、鄂、川等地，其中以江蘇籍學生人數最多，除武進縣師同學外，還有朱增璞及唐冠華、唐叔華兄弟等。湖南籍的同學中，有兩位來自長沙第一師範。名字均不記得了。來自四川的有張漢河、張漢良兄弟，還有熊天錫，他後與我同乘法國郵輪「波爾多斯」號赴法，回國後任職成都公路局。湖北籍的有陳身煜，後

與我同船赴法，並加入CY（中國共青團英文縮寫）。一九八三年九月，我接中共武漢市委黨史辦公室函，始知陳同學回國以後，於一九二八年五月犧牲於漢口。唐冠華、唐叔華與張漢河、張漢良兄弟，因未趕上「波爾多斯」號船，乘下一班的「智利」（chili）號赴法。在上一期的南方班同學中，有蔡和森、侯昌國、顏昌頤、唐靈運、熊信吾、何長工（何坤）等湖南同學多人，蔡和森還兼任南方班的國文教員，後來，部分人（如何長工等）又入保定育德中學留法班學習，他們赴法後俱加入CY和CP（中國共產黨英文縮寫）。

翌年夏，我結束半年學習生活，與同去之師範同學取道北京，經天津塘沽乘海輪至上海轉家。不久，我復去滬，於滬上華法教育會（位於法租界霞飛路）辦理了赴法手續：計繳納船費一百餘元購四等艙票一張，餘款則購買了一千五百多法郎，時值第一次世界大戰結束不久，法郎貶值，每元中國幣可購法郎十一元多，依當時標準計，此筆費用，可在法國維持約半年的最低生活。

六十年後，約在一九八〇年初，曾有河北省博物館鄭名楨，高陽縣王書田兩位人士通過我單位浙江大學來家訪見，據鄭、王兩人相告，他們曾於一九七九年秋，去北京訪見留法同學李維漢（即羅邁，湖南人，長期擔任中共中央統戰部長），李對他們說：「留法勤工儉學運動是五四時期的一件大事，我贊成在你們那兒建一個博物館性質的紀念館，集中反映一下整個運動的歷史。」後李與留法同學何長工（「文革」前的地質部長）又專函中共河北省委書記江一真，建議在布里村建立留法勤工儉學運動紀念館。這次他們為籌建紀念館，遍訪當年留法老人，這次找到我，請我談談布里學校及留法情形，並為我錄音拍照以留存檔。我應其約，寫了一篇題為《我到保定高陽布里村留法預備學校學習的經過》短文。嗣後，他們又在上海舉辦了「留法勤工儉學運動文物資料展覽」，並專函邀我赴滬參加開幕式，盛情難卻。至一九八三年更在河北省保定市原育德中學留法預備班舊址內，

建成了全國唯一的一所留法勤工儉學運動紀念館，功不可沒。

與周恩來等同船赴法

我在上海華法教育會辦理完赴法勤工儉學手續後，即返常州候船（因獲華法教育會通告，開航於中法航線的法國郵輪需待十月以後才開行）。不久，接獲通知，法國郵輪「波爾多斯」號將於十一月初自滬西行。臨別在即，父親率我和三個弟弟在常州城內公園裏的清華照相館照了合影，當時父親將離鄉赴蘇州海虹坊謝家坐塾；二弟在武進縣師肄業；三弟留前橋隨芮竹甫先生讀私塾；四弟亦將送去小新橋交祖母撫育，並在那裏入學。我們父子五人將要天各一方了。

一九二〇年十一月七日上午，「波爾多斯」號（Porthos）於上海楊樹浦碼頭，在一片親友歡送聲中起錨，父親陪我由常至滬並來碼頭送行。別矣！父親！別矣！故鄉！是年我虛齡年僅十八，在留法勤工儉學生中，算是年齡較小的一員。

我們這批各省赴法學生近二百人，據說為歷屆赴法學生人數之最。以省籍分，直隸（河北）、奉天（遼寧）、浙江、安徽、江蘇人數較多。當時的上海《民國日報》及《時事新報》等媒體，均以「十五屆赴法之儉學生」及「大批留法勤工儉學學生放洋」為題發了消息，並刊登了全部赴法同學名單。我列江蘇省勤工學生第六名之列（留法學生分儉學與勤工兩種，兩者相較，儉學者一般家境較勤工者為優）。

同船赴法同學，江蘇籍的有十多位。除武進縣師同學楊品蓀、柏勁直外，來自蘇北的兩位同學吳坦、陳廷輝，到法國後與我在聖洛公學（Collège de Saint-Lô）同班。顧堯階與我在索米爾高等工業專門學校同學，鄧開舉和劉大綏，後來均就讀於里昂中法大學，獲工程師學位。

有幾位同船赴法同學，後成為中共黨政軍領導人，值得一提。如周恩來（浙江儉學生）、傅鐘（四川勤工生），還有何肇緒（四川勤工生，即何以端）等。

同學中僅有女生數名，皆為儉學者：直隸之郭隆真、張若名，河南之李澂。其中郭隆真與張若名均出身天津北洋第一女子師範，是五四運動的活躍份子，「覺悟社」成員。我在上海華法教育會辦理赴法手續時，曾與郭有過交談，當時言辭激烈，打扮獨特，受五四運動後新思潮影響，推了光頭上街。某次坐黃包車（人力車），出手即給車夫大洋十元，以之為解放勞苦階級，留法同學中，傳播甚廣。

在我的記憶中，當時的北大校長、華法教育會會長蔡元培（孑民）先生亦隨船赴法。他的隨員中有張崧年（申府）等，還有劉清揚（劉是五四運動天津學運領導人，儉學生）。期間，蔡先生在船中還召集全體學生集會一次，告知赴法後應知事項。而張劉兩位是一對戀人，某次在船中洗澡間內共浴，被法國水手以惡劇戲弄：拿了兩人的衣褲，將門反鎖，同船學生人盡皆知。惟現有資料云蔡氏一行，係乘下班法輪「高爾地埃」（Cordillere）號前往，留待史家考證了。

法輪「波爾多斯」號，在往來中國之法輪中，屬於較大的一艘。建於一九一五年，排水量二萬噸，長六十餘丈，寬六丈餘。共十層，有起重機十架，可載旅客四五百人。為了節約資金，大多數勤工儉學生均購四等艙位。四等艙亦稱無等艙，因船中原無此艙，經華法教育會與船東交涉後，始闢有此艙。分二部分，一部在船之二層，靠三等艙，係由一病院（Hapital）改建而成，有鐵製雙人鋪位百來個，然僅一面臨窗，空氣不好。另一部位於船首，由糧艙之一部改建，鋪位係木製，艙外即是甲板，較病院艙改建的寬暢，空氣亦好。

由於同學眾多，為便於管理，全體分成二十個組，每組約十人，推一人為組代表，組代表中另選一人為總代表，有事發生，均先報告組代表，尤其傳達給總代表，負責與船方交涉。船中食堂設於三等艙

內。進餐席位按組排定，日進二餐，另有一次茶點。以西餐為主，早茶晨六時開始，食品有麵包、咖啡、紅茶等。上午十時為午餐，每人二菜，葷素各一，葷的多為牛肉，素的有豆羹等。還有蛋炒飯，食譜日不相同。麵包和咖啡（或紅茶）則隨用，不限量，同學中有每餐見到米飯，即不食麵包，習慣使然也。晚餐在下午五時，菜蔬與午餐相仿，且時有加菜，但價格較昂。有同學為節儉，即不食主菜，每日僅以麵包和茶充饑，亦可應付。三等艙之旅客就餐，食譜亦大致與我們相仿，僅每餐增加供應紅葡萄酒而已。

「波爾多斯」號自上海開航，經東海南行，第一站為香港。以裝貨之因，在港停留三日，我與同學相偕上岸觀光。同為炎黃子孫，語言障礙頗大。港人多操粵語，不諳國語。我等以英語交流，因不熟練，反為港人恥笑，故只有手勢加英文，此為殖民地教育之陋習也。

船離香港，經南中國海開行數日而達安南（今越南）之西貢，為第二站。西貢時為法國屬地，市內建築亦頗具歐西風格。當地人個頭矮小，習慣於赤足，著肥褲，有女子打扮得十分妖艷者，則多為青樓中人也。而距西貢僅三十分鐘路程的堤岸，由於華人眾多，其街市建築，全係中國式的，這裏還有許多中華學校。

離開西貢，第三站抵新加坡，為英國殖民地。我們上岸，見街市招牌皆用中文，身歷其中，幾不覺乃在異國，與國內廣東、福建諸城市無異也。且市面乾淨整潔，與西貢相較，不可以道里計。

離新加坡後，船向開始行西，經馬六甲海峽而入印度洋，抵錫蘭島（今斯里蘭卡）之科倫坡（Colombo）。船在港外拋錨，當地人劃小船來做生意，有些人水性很好，有「浪裏黑條」之譽，有同學拿銅板擲入海中，他們可迅速潛入海中將其撈起。

下一段之印度洋航行，航程最長，達七晝夜之久。海浪甚大，許多同學都暈船嘔吐不止。有四川籍某同學，突患急症，上吐下瀉，最後病死船中，可謂是「壯志未酬身先死」，依例為其舉行海葬：將其

遺體用布裹紮後，自甲板擲入海中，同學們排行甲板，為其送行。

　　船抵吉布提（Djibouti），已為非洲之東岸。吉城亦屬法國殖民地，船靠岸停泊。我們上岸後，發現馬路奇髒，有許多似蚊蟲般的小蟲滿天飛，手一抓可獲許多。又見沿岸房屋低矮，多為草房。由於天氣炎熱，當地土著，無論男女，均赤身露體，僅在私處圍一布巾。我們遊興頓時大減，無心進城，僅在碼頭周圍轉了一圈，復回船上。

　　自吉布提開航後，船北向進入紅海。紅海，亦有稱作阿拉伯海的，顧名思義，因其顏色呈深黃色，係海中藻類所致也。我們於此，有幸遇見了騰空而躍的飛魚，壯觀無比。穿過紅海，即抵埃及南部之蘇伊士港，位於著名的蘇伊士運河南岸。船泊岸後，有不少小販前來兜售風景畫片。

　　待開航，船即進入蘇伊士運河區，運河溝通紅海與地中海，全長一百七十公里，而寬度僅八十至一百五十米。兩岸多沙漠，大漠之中，矗立著不少金字塔，為古埃及帝王之陵寢。船開行十餘小時後抵運河北岸之塞得港（Port-Said），此地係通往地中海之門戶。

　　船入地中海時，風浪復轉大。從甲板望去，遠處有許多鯨魚，噴著高高的水柱。嗣經四晝夜之航行，始達法國南部港埠馬賽港（Marseille）。

　　計算我們一行自上海起程，經香港、西貢、新加坡、科倫坡、吉布提、蘇伊士港、塞得港，而達馬賽，費時近四十日。而今日之超音速噴射客機二十餘小時即可抵達，科技之日新月異進展，實令人讚嘆不已。

聖諾公學補習法文

　　馬賽為法國第二大城，亦為最大之商港，工商業均很發達。我們抵達後，即有巴黎華法教育會及其下屬之華僑協社派代表來港迎接，

囑即填寫履歷表一張，並代為辦理出港手續。當晚，由於去巴黎的火車時間已過，我們一行復由華法教育會代表安排，住進旅館。安頓好後，我與幾位同學相約上街，遊覽市容並購物，因當時同學所學法文均未過關，故由我試著用英文和百貨商店的售貨員交談，所幸這些售貨員小姐們也會說基本英文，才得以解決購物難題。

次晨六時，由巴黎華僑協社工作人員率我們一行乘火車去法京巴黎。馬賽至巴黎路程為八百五十公里，當時需運行十八小時，中經里昂（有中法大學即設於此）。沿途盡情欣賞法蘭西風光：樹林茂密，屋宇整潔，有大片的麥田及果園，山洞很多，長的山洞列車常需穿行數十分鐘後，才重見天日。

是晚十一時左右，車抵巴黎，來接站的是華法教育會學生事務部的幹事曾仲鳴。曾係廣東人，留法出身，在學生事務部負責覓校事務。抗戰初期，追隨汪精衛潛至河內，意欲降日。湖南籍的留法同學，服務軍統機構的余樂醒奉令率眾欲制裁汪，不意誤中副車曾氏，作了汪的替死鬼。

工作人員領我們至位於巴黎西郊華僑協社（華法教育會、留法儉學會、留法勤工儉學會均於此辦公），為一座三層洋樓，後來留法學生的國內來信，也經由此地收轉。安排好食宿後，次晨，曾仲鳴即代表華法教育會詢問我們各人志向：是做工？求學？抑或補習法文？我因法文尚未過關，聽說均不行，且身邊尚有餘款，乃答稱願補習法文，以過語言關。嗣由華法教育會介紹至法國西北諾曼底地區芒什省之聖洛城內一個中學——Collège de Saint-Lô（聖洛公學）就讀。同船的其他江蘇同學大多也選擇了補習法文之路。如鄭德麒、徐鼎、劉大綏、楊品蓀，柏勁直被介紹至科多爾省博納公學（Collège de Beaune）；于履中、左元華、孟稜崖至埃納省沙多居里公學（Collège de Chateau Thierry）；姚亮、孫銳、邱炳生則入卡爾瓦多斯省巴約公學（Collège de Beyeux），與鄧希賢（小平）、鄧紹聖叔侄成為同窗。

到巴黎後的第三天，我與七八位同學，包括黔籍楊開榮、殷權，川籍施瑋，浙籍劉德襄（一九四九年以後，任上海華東紡織工學院教授），冀籍孫嶽峰（孫為直隸蠡縣人，布里村留法預備學校的同學），及蘇籍同學吳坦、陳廷輝等，由一位曾為華工翻譯的陳某率領，前往聖洛城。

在聖洛公學，我們與法國同學同班上課，十幾位中國同學依程度，分別編入不同的班級。與我同班的有三位來自福建的同學雷瀚、丘天錫、傅國韶，俱為儉學生，早我而達，他們俱受廣東都督陳炯明之官費贊助。法文教師是位在第一次世界大戰中任過連排長的退役軍官，他原係該校教師，後去服兵役。教學方法很好，注重聽說領先原則，完全用直灌法進行教育，不用書本。有時上課即在他家的客廳中，指著廳內物品練習口語，如此反覆，收效甚快，未及半年，我們即基本掌握了法文普通對話和聽講。

請願使館與金法郎案

我來法國之初（一九二〇年冬至一九二一年春），為歐戰結束後法國經濟之衰落期，通貨膨脹嚴重，物價飛騰，連民眾每日需食用的麵包價格亦上揚了四倍之多，大量工廠倒閉停產，工人失業。上述種種均對留法勤工儉學學生打擊很大，亦使勤工儉學生的覓工問題，愈顯突出。所謂以工儉學，成為一句空話。不少同學，僅靠巴黎華法教育會的借貸款來維持生計。及至蔡元培等抵法後，又以「本無基金，又無入款」之由，宣布華法教育會與勤工儉學生脫卸組織與經濟關係，一切由同學自組團體自行處置。對蔡氏這種做法，同學中形成兩種意見，大多數同學認為在此情況下以工求學已絕無可能，華法教育會應負責到底，請款國內政府及各省匯款津貼同學，並送入學校。少部分同學認為以工求學還是可能的，學生自組自治團體亦是可取的。

前者以湘籍新民學會留法學生為首，後者則以川籍學生為多，前者並以「生存權，求學權」，及「爭取政府資助以達在法儉學」為號召，發動各省學生近五百人赴中國駐法公使館請願（時在一九二一年二月二十八上午，史稱「二八運動」）。我接到住巴黎附近的江蘇同船赴法同學于履中的通知，參加了是次請願活動。各同學列隊抵達駐法公使館附近一個商店前的廣場待命，推代表進入公使館面見公使陳籙，擬呈上要求每月補助學生四百法郎，以四年為限並送入學校的呈文。陳初避而不見，僅派秘書出來敷衍學生。代表不滿意，陳籙只有出來應付，惟雙方話不投機，陳後又來到我們集會的廣場，推說他無權答應同學的要求，且將責任往國內北洋軍閥政府身上一推了之，同學們在氣憤之餘，怒喊：「打倒軍閥！打倒陳籙！」陳惱羞成怒，即通知法國警察前來干涉（同學集隊前數日，曾致函法國內務部，要求集會請願，為此當日有大批法警尾隨學生前往），在混亂之中，將同學強行驅散。此事影響很大，法國媒體廣為傳播，法國政府有鑒於此，從自己的實際利益出發，成立了中法青年監護會組織（由法國外交部、教育部、工業部及中國駐法公使館、巴黎銀行等單位人士組成），負責向無工同學發放維持費（每日五法郎），並介紹同學入校。加上這年三月份以後，法國經濟復甦，工廠復工，同學覓工亦較前容易，終使二八請願活動得到了一個較為實際的結果。

　　一九二一年暑期，我結束在聖洛公學的學業，來到巴黎。當時發生北京政府代表朱啟鈐、吳鼎昌來法，表面上為代表總統徐世昌接受巴黎大學名譽法學博士，實際上為向法政府祕密借款五萬萬金法郎（當時法國政府發行的一種不貶值的紙幣），而以國內印花稅及滇渝鐵路修建權提供法方為代價。國內外輿論以之為蹈中日借款之覆轍，蹈曹、陸、章賣國之故技。此事經法報披露後，中國留法學生勤工儉學會及旅法工商各界等旅法團體號召抵制，各團體復於八月十三日下午在巴黎丹東街八號哲人大廳內召集各界拒款大會，到會者三百餘人

（包括留法學生、華工、華商等），推北大出身的巴黎大學儉學生毛以亨任主席。主席宣布開會後，由另一位留法儉學生李書華（後來曾任北京中法大學校長）報告為何要拒款及目前情況。會前請駐法公使陳籙到會，陳僅派公使館秘書王曾思到場，王曾思在上臺講話中，言詞與留法學生發生衝突，在觸犯眾怒的情況下被毆，在壓力下，王被迫代表陳籙當場簽訂表明反對借款。嗣大會選出謝東發、李書華、張君勱、毛以亨、袁子貞、徐特立、李光宇、宋紹景、曾琦、李哲生十人為拒款臨時委員會委員，負責拒款事務。時我適在巴黎，亦參加是次大會，印象頗深。並於（自請願活動到拒款大會）期間，結識一批各省留法同學：許德珩、徐特立、王京岐、任卓宣、周恩來、陳毅、吳琪、李富春、李維漢、蔡和森、向警予、尹寬、王若飛、曾琦、李璜、余家菊、張星舟（即張屬生）、習文德等人，他們後均為中國共產黨、中國國民黨、中國青年黨之得力幹部也。其後，由於「金法郎案」為法方所不滿，監委會宣布維持費發至九月中旬止。各地同學代表集會巴黎，始有爭取開放里昂中法大學（由吳稚暉主持，褚民誼、曾仲鳴協助）運動（簡稱里大運動），運動領導人是王若飛、尹寬、趙世炎、蔡和森、李維漢等人，最終因雙方談判條件頗為懸殊，致使蔡和森、李立三、陳毅、王京岐等一百零四名赴里大先發同學被法方遣送回國。而國內蔡元培、李石曾輩，為化解矛盾起見，在國內成立北京中法大學，以安置部分遭遣回國的勤工儉學生。

儉學與勤工

是年秋，經同學介紹，我與傅國韶進入巴黎的讓涅爾學校（Institut jeanniere），在該校的勤工儉學生有六十餘人，除巴約公學的楊品蓀、柏勁直外，還有顧侖布。顧是江蘇南匯人，於一九一九年十月乘「寶勒加」號（Paul Lecat）來法，他是留法學人，後來成為

法國文學翻譯家的傅雷的表兄，還有金滿成、朱亞舫、謝澤沅、馬志遠（旅法華工）諸人。我在該校時間不長，後來有同學告知，有所謂的實習學校，收費低廉，且所學課程實用，便於尋找職業。遂考入布里夫工業實習學校（École Pratique Industrielle de Brive）機械科。該校位於法國中部的科雷茲省之Brive市，離巴黎數百公里。在法國，所謂實習學校，係介於大學、專科學校和中學之間的一種特別學校。布里夫工業學校，學藝兼重，收費較廉。分電機、機械、化工諸學科，以培養技工（技師）和初級技術人員為己任。程度雖不高，惟所學課程頗為實用，故很受一般勤工儉學生之歡迎。學校內還設有實習工廠，課堂中所學可於此付諸實踐，實踐之不足，亦可從課堂理論中補充，是謂工學兼顧，很適合勤工儉學的原則，我在此學習工作半年左右。布校同學中，江蘇籍的有同船赴法的左元華、朱增璞等，此外還有四川同學梁彬文、湖南同學桂乃黃，他們回國後都做了高級工程師。

法國學校，暑期較長，達三月之久，法人大多利用此機，外出度假，盡情享受。我們留法勤工儉學生，則利用此機覓工，以勤工所得，來維持生計，及繼續求學的費用。自一九二二年夏季，我曾先後在法國著名的雷諾（Renault）、雪鐵龍（Citreon）等工廠做過部件鉗工，感觸頗深。

雷諾飛機汽車發動機製造廠在巴黎近郊比昂古，規模很大，當時即有工人一萬餘名。我經過鉗工專業考試，及身體體檢合格，方被錄用。旋發給工卡一張，以為上下班打卡及領薪水之用。這個工廠制度很嚴，工人必須按規定的時間進廠上班，上下班均得打卡，以確定出勤，超過五分鐘到廠，即不能進入，須等下一班，該班（半日）就作曠工論，不發工資。對工人所作的工件質量要求亦很高，質量若不合格，要扣工人工資，如三次均不合格，該工人就要被降薪，直至開除。工廠因係生產飛機發動機，均為特大部件，體力消耗太大，我於此勉強做了一月，實在吃不消，只有辭職。後來又考取雪鐵龍汽車製

造廠做計件鉗工，該廠與雷諾工廠相仿，亦為萬人大廠。我在此亦擔當部件鉗工，從事汽車外殼加工。汽車的外殼部件由鑄工翻砂鑄模成型後，上面凹凸不平的部分，需由鉗工用手工銼平，以作進一步之加工。該工種為生產流水線操作，全部工序分為十一道，每一道為一個工序，由一位工人負責，完成後即將工件交下一道工序的工人繼續加工完成，如此往復。且每道工序所需時間均事先由工程師經過測定，故每道工序上的工人須按時完工，否則流水線就要停止。惟人畢竟不是機器，每個工人的體力及熟練程度不同，故做得快的，會停工待料，做得慢的，會積壓工件。如此，流水線非但運轉不快，還會使工人間互相發生矛盾。我初幹此活，由於體力弱，做得慢，雖極力拼命幹，弄得渾身是汗，仍完不成任務，以致我的工序上工件積壓，而下一道工序的工人則由於停工待料，對我很不滿意，甚至惡語相交，指為中國豬，內心極為痛苦。然為了生活，只有咬牙堅持下去。

組織江蘇旅法勤工儉學會

自一九一九年五月，國內第一批留法勤工儉學生，經英國抵法後，至一九二一年一月第十七批學生到法，各省赴法學生已近二千人。以省籍觀之，川湘兩省人數最多，大多數同學生活困難。後來，雖成立了名為「中法留法青年監護會」（Comite Franco-Chinois de Patronage de Jennes Chinoiseen-France）組織，負責接濟困難學生，然亦是杯水車薪，不能根本解決問題。於是，有人提議，學生應以省籍為單位，開展自救活動。川、鄂兩省首先成立了旅法勤工儉學會。時江蘇留法勤工儉學生（包括上海）約有七十餘人，多居巴黎及其附近地區，儉學者勤工者皆有之，且大多已川資耗盡，生活困難。

為聯絡鄉誼，我與江蘇同學吳琪、張為昆、于履中、鄭異升、朱葆儒、楊品蓀、盛成、馬軼群等，於巴黎集會數次，一致議決組織江

蘇同學會團體，以維護我蘇籍同學權益為宗旨。並決定：一、印發同學履歷表分發各同學填寫，包括有來法時間、法文熟練程度、目前經濟狀況、有否覓工覓學、將來志願等內容，至為詳盡；二、發起各同學連署呈請江蘇省長公署並省議會，請撥款接濟同學；三、加入中國留法勤工儉學會為團體會員。會中同學公推江蘇宜興的留法勤工儉學生吳琪為書記，我副之。

請款連署後經眾同學簽名後，以電文形式發出，久未得複。為使其早日得以實現，又推舉吳琪同學回國催促，幾經往返，遲至一九二四年初，始由「蘇人治蘇」時代的江蘇省長韓國鈞、教育廳長蔣維喬、財政廳長曾孟樸迭經協商決定立案，編列預算。加上呈請連署同學中，有幾位是江蘇省議員的子女或親戚，設法疏通關節。嗣經省議會批准，由江蘇省財政廳匯款二十萬法郎給駐法公使館轉蘇籍各位同學。款到後，公使陳籙通知我前往辦理（時我代理江蘇旅法同學會書記）。我當即前往，將款領出，往返車費亦自己貼出，分配亦由我負責，一絲不苟，各同學平均每人分得三千七百多元，故深得同學信任。

江蘇同學會接濟徐悲鴻、蔣碧微夫婦及其他

經江蘇省省長公署及省議會批准，由省財政廳籌匯的接濟江蘇省留法勤工儉學生款，匯達駐法公使館後，由我負責領取並分配給諸同學。時我蘇籍同鄉、畫家徐悲鴻及其夫人蔣碧微亦在法國留學。徐蔣兩人係一九一九年三月乘日輪「因幡丸」放洋赴法的，徐雖係北京政府教育部的官費生，但要負擔兩人之生活，且蔣女士追求舒適，開銷頗大，經濟上遂捉襟見肘，日見窘迫。某日，蔣女士就商於我，告之經濟狀況，懇請給予接濟，以渡難關。我見其態度誠懇，旋經與同學會諸同學商議後，同意吸收蔣為江蘇旅法同學會會員（蔣來法國，本為陪伴夫君徐先生而來，不屬勤工儉學生之範疇），亦補助其三千多

法郎。為此，徐夫婦二人十分感激，乃由悲鴻精心繪製一幅畫送我及江蘇同學會，畫的內容是關於延陵（古常州）季子的故事：季子與友人路經某處，見地上有二塊金子，適有一披裘負薪者至，季子指金謂負薪者：「爾何不拾此而去？」負薪者答曰：「五月披裘而負薪，豈拾金者哉?!」不顧而去。含意深刻，悲鴻於畫上題款：「應沛霖先生之囑，為江蘇同鄉寫。」更覺彌足珍貴。此畫連同我的法國索米爾工業學校畢業證書及數百張精美法國明信片等，放入一書箱內，由法帶回國內，後寄放於武進縣師同學，時在滬上商務印書館任職之董椿永（滌塵，係中共早期領導人董亦湘胞弟，一九四九年後任上海市徐匯區教育局長、市民進副主席）兄寓中。不幸在一九三二年「一二八」淞滬抗戰之際，商務遭日機轟炸，滌塵兄宿舍中彈起火，我之書箱亦並毀之。

回憶徐悲鴻、蔣碧微夫婦，由此想到同期亦在法國的另兩位江蘇籍鄉友，俱在巴黎習畫，回國後，都成為國內知名的藝術家。

其一為潘玉良女士，時人譽之為「中國第一位女西畫家」，江蘇揚州人。一九二一年自費赴法學畫，在參觀巴黎羅浮宮（Paris du Louvre）及某次蘇籍同鄉會中，我經四川同學郭有守介紹數度與之晤談。潘時在巴黎某美術學校學習油畫，為人快人快語，談鋒甚健。某次，與我談及徐悲鴻及其畫作，評價說：「悲鴻，人很刻苦，惜天資差些。」並說：「悲鴻畫中所繪之人，男者均似其已，女者均似夫人蔣氏。」經其點撥，我乃留意徐畫，發覺確有這種情況。惟我觀玉良所繪之作，色彩斑斕，有現代派之意味，近似法國野獸派畫家馬蒂斯之作，其所繪女人體，亦誇張有餘，不似悲鴻之女體纖細，悲鴻之畫，中西合璧，似較符合吾民族欣賞習慣也。

其二為龐薰琹兄，江蘇常熟人。一九二五年九月下旬，江蘇同學會的吳琪乘「寶勒加」號輪自國內返法，我接吳電報後，去馬賽接船。同船龐兄時年十九，一聲Bonjour Monsieur（法文：你好，先

生）的問候，才知這位江蘇同鄉來法前曾在震旦大學學過法文。交談之下，備感親切。龐家境殷實，兄為銀行家，屬自費生。惟其卻無一般富家子弟之習氣，是年十一月，我介紹他與蔣碧微識。後蔣介紹他至徐悲鴻曾學習過的敘利恩繪畫院學習油畫。除油畫外，龐對裝飾藝術極有興趣，給我看了他畫的許多服裝設計圖畫稿，頗為別致。他回國後，曾於上海及重慶開個人畫展，均函邀我參加，頗重情誼。其中一九四三年秋在重慶中印學會的畫展，展出所繪唐裝仕女舞姿圖，為線描作品，與古人之《八十七神仙卷》有異曲同工之妙。後失去聯繫幾十載，「文革」結束後，聞他在北京任中央工藝美術學院的副院長，我曾去函給他，表示問候，他回我一函，言簡意賅，言及別後種種境遇，不勝唏噓。並贈我一冊其歷年研究大作《中國歷代裝飾畫研究》，甚感學友情意。龐兄逝於一九八五年，終年八十。

索米爾工業學校求學及諸同學

我在雷諾及雪鐵龍工廠勤工，積攢下一筆錢，乃決心繼續求學。

一九二二年寒假過後，我以插班生資格考入索米爾工業學校（École Industrielle de Saumur），該校位於法中西部之曼恩‧盧瓦爾省，係高等專科性質的學校。學習課程有：大代數、畫法幾何、微積分、機械製造原理、電機學、動力學等。學生若未被認可具同等學歷，需參加入學考試，惟對外國學生，入學考試要求尺度較法國學生為寬。但其後每學期的考試（包括期末及畢業考試）則一視同仁，上課與法國學生混班，前後有二十多位留法勤工儉學生在該校肄業，我所記得的中國同學有：

余增生，回國後易名余樂醒，湖南醴陵人。一九一九年十月與湘籍學生李富春、李維漢、李隆郅、林祖烈、桂乃黃等乘法輪「寶勒加」號赴法，赴法前為毛澤東、蔡和森、蕭瑜（子昇）等發起之新民

學會成員，人極聰明，擅射擊，在法時常去靶場練習。後加入CY團體，並擔任索米爾工業學校CY書記。一九二四年七月，CY團體合影照中，有他在內，畢業後受團體之派，又赴蘇聯，習政治保衛。北伐前回國，先任第四軍團指導員，復在總政治部內從事政工。後脫離中共，抗戰初主持國民黨軍統局臨醴訓練班多年，成為戴笠的副手，學生眾多。參與在河內刺殺汪精衛行動，轟動一時。

李俊杰，又名李卓然，湖南湘鄉人。一九一九年十月乘美國貨輪「渥隆」號（Wollowra）赴法。李為人寡言，故顯其老成持重。入CY及CP組織後，一直未離開，長期在中共黨內從事組宣工作。曾任中共中央宣傳部副部長、中央顧問委員會常務委員等職。八十年代初，居長沙的留法同學方至剛（釋之）去北京謁李於其寓，李囑方代向我致意。一九八九年去世。弟李俊龍，抗戰以後曾在南京任國民黨中央宣傳部副部長，與我亦熟識。兄弟二人分屬國共兩黨，且都任宣傳部副，史不多見。俊龍後為一九四九年春國共和談國民黨方面代表，後加入「民革」組織，晚年與乃兄一起居北京，已故。

侯昌國，亦為湖南人，新民學會會員，與毛澤東甚熟。就讀保定育德中學留法預備班。一九二〇年五月與同學唐靈運等乘法輪「阿爾芒勃西」號（Armand Behic）來法。（乘該船赴法者尚有趙世炎、蕭子璋、傅烈、習文德、朱葆儒等同學）來索米爾之前曾在巴黎以南盧瓦雷省蒙達尼公學（Collège de Montargis）就讀。蒙中時為湘籍學生集聚地，如蔡和森、李維漢、李富春、蔡暢、向警予等均在該校。昌國回國後任法商電氣公司工程師，長期從事技術工作，一直居上海，已故。其子侯海波，一九八〇年代還致函於我，瞭解其父在法情況。

張漢河，四川人，一九二〇年十二月乘「智利」號（Chili）赴法，屬華法教育會組織的最後一批赴法勤工儉學生，與我武進師範同學謝會及高陽布里村留法預備學校同學唐冠華，及穆清、何長工、陳朴等同學同船。張在索米爾學校諸中國同學中，成績居冠，抗戰期

間，曾任重慶第二十四兵工廠工程師。與他同期赴法的兄弟張漢良回國後任教北平中法大學，一九五○年隨中法大學並入北京工業學院，與我成了同事。

鮑冠儒，安徽人，就讀保定育德中學留法預備班，在索米爾是高我一班的同學。一九二○年四月乘「寶勒加」號來法，與湖南方至剛、安徽戴占奎等同學同船。鮑家境較好，在法時，學習之餘喜繪油畫，後經我介紹，加入中國國民黨（左派，書記為留法同學，浙江嵊縣人王京岐）。畢業後，又入格隆諾布爾（Grenoble，位於法德邊境）電機學院肄業，回國後任職技術部門。至一九六○年秋，我調杭州浙江大學電機系任教，他已在系，「文革」後不知所終。

還有蔡源高、羅世襄、敬克明、陳樸、顧堯階、饒國璋等同學，回國後大多從事技術工作。在我入校前聶榮臻亦曾在索米爾學校肄業，後來，他去了比利時沙洛瓦勞動大學。此外，還有來自直隸的馬志遠、楊夢游。楊回國後，因為李石曾的關係，做了北京中法大學的總務主任，一九五○年夏中法大學一部並入中共創辦的華北大學工學院，又與我成為同事。

在全班五十餘位中外同學中，我的學習成績名列第八，張漢河名列第四，當時中法監護會為了鼓勵留法學子，曾規定凡在法國高等學校就讀且成績優良者，經校方證明，可給予獎學金，我們為此都獲得了數額不等的款子。所學課程，至今受益匪淺，故自法歸國後，我雖長期未有機會從事專業，但在畢業近三十年後，仍能在北京工業學院和浙江大學兩所高校任教授，不能不歸功於在索米爾學校求學時打下的基礎。

值得記憶的是，與我在索米爾學校同班，且同居一舍的同學中，有一位來自英國的少年（姓名已忘），當年僅十六周歲，為全班同學中年齡最小者。他家居英國的曼徹斯特市，父親是該市一家報館的老闆，很有錢。但他獨身在法求學，每日為獲得零用錢，需起早靠賣報

所得來賺取。據他說，父親從不給他錢，他亦從未開口向父親要錢，習以為常。給我們印象特深。姑且不論人情淡漠，西方人自力更生，獨立謀生的精神，為我東方民族所不及也。

一九二四年夏，我自索米爾工業學校畢業，獲得了機械工程師學位（Diplôme d'ingénieur），這是在法國的一種特殊學位，畢業後較易找到工作。

索米爾學校畢業後，我又來到巴黎。有了機械工程師學位，覓工要較前容易。某日，見報載巴黎近郊古爾諾夫紡織機械廠招工，且各工種俱招。該廠除生產紡織機械外，還兼做應用家具及鋼琴。我投考繪圖師職位，在考試時，由於粗心，做錯了一道題，所以給我的月薪為七百五十法郎，否則，可拿一千法郎。雖然如此，卻比在雷諾及雪鐵龍工廠單純從事體力工作強多了。同在該廠工作的留法同學有顧侖布、江濤（江蘇嘉定人），我三人後同船回國。我在古廠工作了半年餘，有了一些積蓄以後，仍想繼續求高深的學業。後來，接到索米爾工業學校同學顧堯階信，說是法國北部省的里爾（地處法國與比利時邊境）北方工業學院開設經濟方面的課程。又說，國內目前尚無好的機器廠，索校所學回國後恐不能發揮作用。我認為有理，旋於一九二五年春去了里爾北方學院肄業，選聽了政治經濟方面的課程，然自己的積蓄，用來生活尚可，若加上求學，很快就陷入經濟困境，思前慮後，仍回到巴黎。參加報刊發行站的工作，時間從晚上十二時至次晨七時。工作結束後，還要搭車回住處（我住在巴黎近郊），非常辛苦。其時我已加入了CY團體，因路途關係，有些活動無法參加，後來考取了巴黎電訊電話機製造廠繪圖師職位，既有收入，團體活動亦可參加，一舉兩得，直至回國。

在法CY組織及其一般活動

我在索米爾讀書期間，因其地離法京巴黎僅百餘里路程，假期常往返於巴黎。一九二二年夏在巴黎，我經吳琪介紹，於巴黎十三區意大利廣場附近之哥特弗盧瓦街十七號某小旅館內，得以結識趙世炎、陳延年兩君，後來，在此又遇周恩來、陳延年之弟陳喬年及其他人。特別是與周恩來，彼此談及乘「波爾多斯」號郵輪赴法途中之種種，頗為親切。承他們相告，得知日前在巴黎以西布倫森林中召開了旅歐中國少年共產黨成立會議，選舉趙世炎、周恩來、李維漢為旅歐少共執委會委員，趙任書記、李任組織、周任宣傳。並出版《少年》油印刊物。其編輯和發行部即設於該小旅館內。未幾，周恩來、趙世炎即介紹我入少共組織。當時加入組織很容易，有兩人以上擔保與介紹即可（但加入少共有一條規定，即需不信教者），留學生在萬里之遙的歐西，常有思鄉情結，故各類同學、同鄉會團體應運而生，加入者甚眾。這些團體大多都較鬆散，與共青團和共產黨組織是不同的。後者有信仰，組織較嚴密。後來，在索米爾學校亦建有組織的支部，並推同學余增生為書記。成員有李俊杰、敬克明、蔡源高、饒國璋等，定期召集活動。

加入組織後，特別是自索米爾工業學校畢業後，我有機會得以參加組織的不少活動，記憶所及有：

一、旅歐少共臨時代表大會

旅歐少共組織成立後，曾於一九二二年十月致函各成員，決定更名為旅歐中國共產主義青年團（C・Y），並加入國內的中國社會主義青年團（S・Y・C），為其旅歐之部。一九二三年二月，我在巴黎，某日，接吳琪同學通知，說是將召開組織的代表會議，討論關於

組織與宣傳的重要事情。是月中旬，我參加團體於巴黎西郊某鎮一個禮堂內召開的代表大會，有各地團體同志四十餘人參加，我記得有趙世炎、陳延年陳喬年兄弟、周恩來、穆清、尹寬、汪澤楷、劉伯堅、王若飛、蕭樹械（樸生）、任卓宣，還有一位華工袁子貞，江蘇籍的有三人：于履中、吳琪和我。主席為趙世炎。

會議確是通過一些重要的決議：一是正式將旅歐中國少年共產黨改名為旅歐中國共產主義青年團，隸屬於國內的中國社會主義青年團中央執行委員會；二是確定旅歐團的章程，該章程體現了列寧主義的原則；三是開除了張申府（崧年）出團體，原因在於張自恃與國內陳獨秀的關係較好，就無視旅法共青團團體存在，從未出席有關會議，且脅迫團體以其旨意為旨（張當時是在歐洲少數具共產黨身份的人），經大多數代表贊成，予以除名。嗣後張不服，不久即以其北大學長陳獨秀之邀，回國到廣州去了。四是由於趙世炎等十二人將赴蘇聯學習，大會選出新的執行委員五人：任卓宣、周恩來、汪澤楷、尹寬、蕭樹械，後來分工周恩來任書記，尹寬主持研究，任卓宣主持出版，汪澤楷主持學習，蕭樹械主持華工。

二、CY支部（小組）會議

組織章程規定，有團員三人得組織地方會。地方會後改稱支部，支部之下設小組。我參加了索米爾支部和巴黎支部的活動，其中支部每月集會一次，小組活動每周舉行一次（時間一般定在周日上午），依照旅歐CY組織的決定進行了：一、共產主義研究（即列寧所言：學共產主義），為此CY組織編有《共產主義研究會通信集》、《共產主義教程》、《旅歐共產主義青年團訓練部通信集》等作為學習教程，此外，還有法共《人道報》及國內中共的《嚮導》周刊等，也作為討論時事問題的讀本。二、批評與自我批評會，此為依據列寧主義的原則而設，記得某一階段，我與聶榮臻同屬一組，面對面相坐，常

為某一問題，因觀點不一，彼此爭得面紅耳赤，最後不得不由主持人周恩來出面調停，打圓場，而其後卻相安無事。會議的主席及記錄亦由各同志輪流擔任，以訓練同志的辦事能力。三、吸收同志，由於注意宣傳及聯絡，故每次開會，均有新的勤工儉學生加入進來，至一九二三年春，已有團員八十餘人，後來發展到四百餘人。

三、《少年》月刊與《赤光》半月刊

《少年》月刊為旅歐少共的機關報，編輯是趙世炎與陳延年，其分工如下：趙世炎為編輯，兼負校對與發行之責，陳延年則專司刻蠟版，其他還有周恩來、王若飛、任卓宣等也參加（任其時負責留法勤工儉學會總會工作，不常來）。以刊登理論文章為主。後來，趙世炎與陳延年離法赴蘇，加上接到上級指示，認為《少年》空談理論，缺乏實際問題的撰述，不能吸引群眾。乃決定將其改刊為《赤光》。《赤光》為半月刊，與《少年》相仿，亦為十六開本的油印刊物，每期約十多頁碼，七八千字，於一九二四年的二月出創刊號，周恩來、任卓宣為編輯，李富春、鄧希賢（小平）等也參加了編輯與刻印，發表的文章均以筆名出現，內容切合實際問題，如對國內時局的評論、旅歐華人近況介紹、國際時事等。一九二四年暑期以後，我在閒暇及工餘時間，必至編輯所（離旅歐之部會址不遠）幫助工作，或刻印，或發行。

四、聲援五卅運動與反帝示威及任卓宣其人

一九二四年一月，列寧逝世。旅法CY組織聯合成立不久的國民黨駐歐支部等團體，召集追悼大會。會中，共產國際代表陳啟修等到場致詞，列數資本主義罪惡，讚揚列寧世界革命功績。

旅歐共青團書記周恩來於一九二四年八月奉調回國，行前，旅法團體同志為之舉行了歡送會，接替周恩來與李富春任書記的是原索

米爾學校的支部書記余增生。余是索米爾工業學校畢業生，也是旅法CY組織書記中少數獲工程師學位者。

一九二五年五月底，上海發生五卅反帝國主義運動，震驚世界。六月初，旅法共青團組織聯合國民黨駐法總支部在巴黎十三區布朗基路的一家飯店舉行旅法華人反帝大會，有五百多人到會，時我甫自里爾返巴黎，也偕同學參加，參加者除勤工儉學生及華工外，還邀請了法國共產黨代表（兼青年組織書記）多里奧（Doriot）等三人及安南共產黨留法組代表與會（法國共產黨原係社會黨左翼。一九二○年底在社會黨都爾黨代會上，其領袖馬賽爾・加香（Marcel Cachin）宣布脫離社會黨，成立法共，並加入列寧的共產國際，主要成員是勞工及部分職員），主席由任卓宣擔任。任為四川南充人，北京法文專修館畢業後於一九二○年赴法勤工儉學，為旅歐少共的發起人之一，時為中共留法組書記，口筆才俱佳，旅法CY同志之中，除王若飛外，無人可與其相比。任在會中發表了慷慨激昂的演講，力主發動示威。後來，成立了有旅法二十八個團體參加的「旅法華人援助上海反帝國主義運動行動委員會」，組織了反帝大示威，並進入中國公使館內，任是這次行動的總指揮。由於鋒芒畢露，以至其後遭法國警方逮捕，拘禁四月後遭驅逐出境，後去了蘇聯。國共分裂後，任以中共湖南省委宣傳部長身份，組織長沙暴動，失敗後被捕判死刑，惟行刑時未擊中要害，得以生還。嗣復遭逮捕，乃轉變立場，投入國民黨陣營，以「葉青」為筆名，發表了大量與中共論爭的文章，並轉而研究三民主義，與其年輕時代在法國激進的指責三民主義為「非驢非馬」之說，判若兩人。

留法時期的周恩來和劉雲及徐特立

我在法國期間，特別是加入共青團以後，時與周恩來見面（時周

主持旅法共青團工作），印象頗深。

據我所知，周出身官吏家庭，家境優越，且南開學校校董會及家中時有錢寄給他。但其生活卻非常樸素，我每見其時，其總著一身舊的藏青色嗶嘰西服，其中領子、袖管都已補過，有些地方甚至補了又破，露出裏面的襯布。對此，他卻處之泰然。平時吃的亦極為簡單，有時往往是麵包、沙濾水加蘋果（時法國蘋果甚為便宜，僅為一個多法郎一斤，折合中國錢一角）就對付過去了。我勸其注意營養，他總是一笑置之。接到所寄的錢物後，他不是將其接濟生活困難的同學，就是作為團體活動的經費。

周在法國，曾在巴黎大學報了一個名（巴黎大學內的自由聽講課程不收學費），但很少去，其主要精力均放在黨團活動中，許多重要的工作，都是親自辦理，從不假手於人。如撰寫文章（以伍豪為筆名），發表於團體的《赤光》半月刊及國內其他報刊上。《赤光》為油印刊物，周兼編輯，自己刻印，從不厭其煩，並請同志幫助發行。周從事組訓工作，發展留法同學加入CY組織，兼及其他各項社會工作，樂此不疲。他精力充沛，為人熱情，口才亦佳，言詞極有說服力。待人態度誠懇，交友甚廣。對原則問題，立場堅定，決不妥協。而對同學間的非原則爭論，則從團結的角度出發，採取「息事寧人」與「和為貴」的態度。

還有一位留法同學、好友劉雲，亦為CY同志，湖南人，和我頗談得來。其為人志向很高，自號宏才，在法期間，考入某航空學校學習飛行技術。一九二三年畢業後適逢國內國民革命運動高漲，他深受鼓舞，來我處訪見，說準備回國投身革命，以報效國家，我鼓勵他去。臨行前，他贈詩一首給我，其中有云：「凌雲萬里志，霄漢任高飛，欲挽天邊月，長照世間輝。」意氣豪邁。他於一九二三年十月間回國，到了廣州後，進入黃埔軍校第一期學習。一九二五年曾有信給我，談及他軍校畢業後，在廣州曾拜謁孫中山先生，孫先生對其慰勉

有加，並派他到大元帥府航空局軍事飛行學校工作，任飛行員兼教員。後失去聯繫，不知其下落。直至近來，我讀聶榮臻回憶錄，方知劉後來又去了蘇聯飛行學校深造，一九三〇年回國後任中共長江五省軍事委員，同年在武漢被捕，且遭殺害，殊為可惜。

徐特立老先生時亦在法國勤工儉學。他以前是長沙湖南第一師範的校長，是毛澤東的老師。一九一九年秋來法時，年已四十三歲，與同在法國的王若飛舅父黃齊生，蔡和森、蔡暢的母親葛健豪三人，被同學稱之為老學生。徐極力贊成「以工求學」（即工讀主義）的主張，曾寫了一篇《我的留法勤工儉學觀》，於北京、上海、湖南等地報紙發表。與他的學生蔡和森等人觀點不一。他為人和善，同學們對其亦很尊重。某日，我與侯昌國兄及另一位湖南籍的同學同去訪徐。寒暄之際，我對他說：「你這樣年紀，還來做工，真了不起！」隨即，我勸其加入團體（指國民黨，當時國共合作），徐聽後笑曰：「我國生產太落後了，我是一心一意來學習生產的，你們搞革命（國民革命），搞共產（共產主義），我搞生產，我要組織生產黨！」我們都係小輩，聽其言，知其有一片愛國之心，惟對團體、革命還缺乏瞭解，大家也就一笑置之。徐後來在國共分裂，國民黨清黨後，卻加入了共產黨，足證其思想的變化。

CY推動國民黨駐法國總支部建立

中國國民黨駐法國總支部的建立，是在旅法共青團組織幫助下組建的。早在一九二一年的「爭回里大」運動中，留法同學一〇四人被法政府遣送回國，其中有王京岐者（浙江嵊縣人），於次年復返法國，行前，經居正介紹，王在上海拜謁孫中山先生於環龍路四十四號國民黨總部。孫介紹其加入國民黨，並指示其到法後，聯絡同志組建國民黨海外支部，宣傳三民主義。時孫中山的名氣在海外很大，王抵

法後，入住里昂中法大學，即頻頻與留法同學接觸，商議組黨問題。而旅法共青團組織，此時亦接獲國內指令：與國民黨合作，共同開展反對帝國主義，反對北洋軍閥的鬥爭。故王在法接觸最多的乃為共青團書記周恩來，同為浙人，雙方談得甚為投契。並達成協議：旅歐共青團員八十餘人，全部以個人身份加入國民黨。王旋將此事告知國內國民黨中央黨部，一九二三年十一月乃正式成立國民黨的旅歐支部，任王京岐為執行部長，周恩來、李富春、張星舟、習文德等為執行委員。並設立巴黎通訊處（即巴黎分部），創辦《國民》半月刊（後改周刊），由任卓宣為編輯。開始了先於國內國共兩黨的合作歷程。此後，旅法各團體的許多會議，如旅法華人反對帝國主義大會等，均以國民黨旅歐總支部的名義出面對外，國民黨旅歐支部亦成為左派的大本營。

國民黨旅歐支部成立後，組訓工作發展迅速，人數增至七百餘人，其中三分之一到半數為隸屬CY的跨黨成員。一九二四年一月，中國國民黨第一次全國代表大會在廣州舉行，正式宣告改組，實行國共合作。消息傳來，是年七月，國民黨旅歐支部亦在巴黎召集代表大會，地點在巴黎的一間咖啡館內，由王京岐和周恩來共同主持。我當時經王京岐介紹，剛入國民黨不久，也應邀參加。王京岐在會上作了報告，談了國民黨「一大」情況，及國內形勢和國民黨在歐洲（法、德、比）的作用問題，號召黨員回國投身國民革命行列。周恩來也講了話，談到他將回國，其在國民黨內所負的工作，將由李富春接替等等。由於旅法的國民黨員人數大增，加之英、俄支部不屬旅歐支部管轄，這次會議決定將中國國民黨旅歐支部改為駐法總支部。會後與會者合影留念。攝影前周恩來說：「我們旅法CY的同志是為幫助國民黨工作的，而不是為名和利來的，我們應當站在後排。」所以，這張合影照上，王京岐等國民黨人均在前排就座，而周恩來等CY、CP同志則站在後排不顯眼的位置。我記得CY同志除周恩來、李富春外，

還有任卓宣、穆清、李俊杰、柳圃青、吳琪等。上述CY同志中，柳圃青（溥慶）兄為新近來法的江蘇同鄉（江蘇靖江人）。人極慷慨，擅攝影。來法前供職於滬上中華書局印刷所，先後加入Ｓ・Ｙ（中國社會主義青年團）和國民黨。他對我說，他在工作中有感於知識不足，乃由印刷所主持者唐駝（著名書家，武進鄉賢）函商江蘇省教育廳長蔣維喬贊助而留法，先後入里昂美術學校和巴黎印刷學校，專攻印刷美術。我們交談甚歡，後來我即介紹柳兄加入江蘇旅法勤工儉學同學會。

王京岐同志在發展國民黨黨務中，做了很多工作。可謂是中山先生之忠實信徒，為團體事宜，工作通宵達旦，幾達廢寢忘食地步。他患有肺疾，面容蒼白，仍帶病堅持，不遺餘力，曾主持召開了將褚民誼開除出國民黨的會議。後又組織了一九二五年六月的反帝示威活動，致復遭法國警方驅逐，不幸病故海上。留法同學聞此噩耗，俱悲痛不已，為其舉行了隆重的悼念集會。

我加入國民黨團體後，亦從事部分組訓工作，當時顧堯階、羅世襄、鮑冠儒等，經我介紹宣傳，亦入團體。團體力量，當更壯大。

一九二五年三月，中國國民黨總理孫中山積勞成疾，逝世於北京。消息傳來，國民黨駐法總支部聯合旅法共青團支部，召開追悼大會。由於孫中山與列寧的良好關係，追悼會邀請了法國共產黨及法屬阿爾及利亞、安南共產黨人參加。代表法共者為中央委員多里奧（Jaoqus Doriot）；代表安南共產黨留法組者為阮愛國（即胡志明），胡與法共關係甚密，與CY團體關係亦好，常來巴黎支部訪見並介紹蕭子璋、趙世炎、汪澤楷等人加入法共。還有蘇聯駐法使館代表亦到場並致詞。任卓宣代表國共兩黨支部也講了話，由於任的講話過分激進，還引起了在場的國民黨員不滿，以至與王京岐發生衝突。

國民黨駐法總支部受國內局勢影響，後發生分裂，團體一分為二，反對國共合作的張星舟、習文德等人，在國內張繼等人的支持

下，另組支部，出版《三民導報》，被稱作三民導報派。張星舟回國後易名張厲生，成為國民政府的重要幹部（中央黨部組織部長）。他亦知道我，南京時代，曾托人轉告，要我注意，出諸惡意，抑或善意，不得而知。

旅法華人大會

　　一九二三年五月初，在國內山東臨城，發生了劫匪在津浦鐵路線上，將一列車上的三十餘位外國遊客劫為人質的事件，史稱「孫美瑤劫車綁票巨案」，震驚中外。事發以後，北洋軍閥政府一面派兵包圍劫匪駐地，一面派人與之談判，後終使劫匪釋放了全部西方（包括英、法、美、意等國）人質。事情至此本已獲解決，然西方輿論，尤其是法國報紙，卻唯恐天下不亂，誣稱中國為「土匪世界」，並竭力鼓吹在華列強「共管」中國鐵路。

　　報端上的消息，引起了有民族正義感的旅法學生、華工團體及廣大旅法華人的憤慨。是年夏，由旅法華工協會、旅法共青團《少年》雜志、旅法少年中國學會、國家主義派《先聲》周刊，及各省的旅法勤工儉學會等十餘個團體發起四百餘人在巴黎集會，宣布成立旅法華人各團體聯合會，團結旅法華人，反對列強「共管」中國鐵路，反對北洋軍閥政府，並通過了國家主義派領導人曾琦提出的「外抗強權，內除國賊」為聯合會的宗旨，這次大會是一次團結的大會，平常有政見分歧的各團體在反對帝國主義和北洋軍閥問題上表現了高度的一致性，為歷次旅法華人大會所未有。

　　「外抗強權，內除國賊」這個源自五四時代的口號（五四運動提出的口號叫「內除國賊，外爭國權」）本身似無大錯，然其後參加聯合會的國家主義派曾琦等人卻接過這個口號，將其放入青年黨的黨章之中，來鼓吹所謂「全民政治與全民革命」，攻擊國共兩黨的合作，

這樣，就引發了是否要修改聯合會宗旨的公開論戰。

　　論戰發生在一九二四年初夏的旅法各團體聯合會負責人的集會上，出席會議者共二十四人，有青年黨的曾琦、李璜、余家菊、何魯之等，有國民黨及共青團（亦以國民黨的名義出面）的周恩來、王京岐、任卓宣、張星舟、習文德、李富春等，由曾琦擔任主席，我任記錄。會議首先討論旅法各團體聯合會宗旨，主席曾琦首作發言，堅持以國家主義派的口號「內除國賊，外抗強權」為聯合會宗旨。周恩來發言認為，此口號模糊不清，不能說明當時危害中國的實際對象，且口號已成為青年黨的一派主張，應以「打倒軍閥，推翻國際資本帝國主義」為聯合會宗旨。相繼發言者，有贊成曾琦所提，亦有贊成周恩來所提。兩種意見相持不下，經多時爭論，仍不能統一，乃提付表決。結果贊成周恩來所提十二票，贊成曾琦所提十一票，已構成簡單多數，惟曾琦見此情況，聲言他要離開主席位置，參加表決。我以記錄身份當即發言指出，依據Parliamentary Law（會議通則）之原則，只有當雙方票數相等時，主席才能參加表決（會議通則第七十二節有謂：若遇同數之表決，則為主席之行使特權之時）。而現之情況已為簡單多數，無理由再行表決。但曾琦堅持要參加表決，使表決結果成同數。對曾氏之舉，各代表議論紛紛，咸以缺乏君子風度及對民主政治的認識。

　　這次集會以後，青年黨及國共兩黨的負責人紛紛回國，又將論戰帶到了國內。

法蘭西印象

　　我在法國實足五年零四個月（自一九二〇年十二月至一九二六年二月），至今已逾一個甲子（六十年）了。光陰似箭，回想當年，於勤工儉學之餘，常漫遊其地，對其文化山川地理，及風土人情，感觸

頗深，當時種種，曾寫入留法日記之中，此日記本，隨我自法返國，一直帶在身邊。一九四九年四月，我離開南京，該日記本存於八府塘故居，至一九五五年「肅反運動」時，四弟祥霖將其上交，後竟不知所終，為之扼腕。今復回憶，印象較深者有如下幾點：

一、優越的自然地理環境與資源，發達的公用事業

法國自然地理環境十分優越，三面臨海，地大物博，以平原為主，面積達五十五萬平方公里。在歐洲僅次於俄國。且氣候溫和，四季分明，冬無嚴寒，夏無酷暑。我在法國，夏季仍可穿嗶嘰布外套而不覺熱，冬季只需加一件厚毛衣及一件大衣即可。如此得天獨厚的自然條件下，生長著眾多的經濟作物，主要是遍布山野的葡萄和蘋果園（法國的葡萄酒譽滿全球），每至收穫季節，進入果園，鳥語花香，沁人心肺。糧食以小麥為主，產量甚高，故製作精美的各種法式麵包，充斥各大小城市的貨架，購之方便。畜牧業發達，牛奶多且便宜，像我等窮學生，每日之早餐亦可享用烤麵包片和牛奶，可見一斑。城市無論大小，綠化工作做得很好，各類街心花園遍布，賞心悅目。巴黎的香榭里榭大道尤為著名。每至秋季，樹葉一片金黃，色彩斑斕，有如一幅美麗的圖畫。故法國習藝者甚多，巴黎更是有「藝術之都」的雅稱。全市景點很多，像艾弗爾鐵塔，升降機可一直上到頂端，於此眺望巴黎，風光盡收眼底，為巴黎的標志之一。另一標志為凱旋門，每年國慶節，均集會於此，《馬賽曲》此起彼伏，使人肅然起敬。

法國各項公用事業發達，種種便民措施，十分方便。郵政通訊，全法信件，一日之內，均可到達。我今日寄達北京信件，尚需三至四日，差距之大，不可以道里計。交通便利，地鐵將巴黎各處，聯成一片，方便又經濟。

二、文化之邦，教育立國

在法國，尤其是京城巴黎，各類博物館、美術館、名人紀念館林立，且大多免費開放。人們於此流連忘返，從中接受有關人文、歷史、藝術諸學科的教育，以補課堂之不足，充實精神食糧。我在法國，常去盧浮宮及凡爾賽宮參觀，盧浮宮一幅拿破崙騎馬圖，占據整個牆面，場面氣勢龐大，畫中人物達數百之多，印象深刻。二宮小賣部供應館藏藝術品的明信片，售價低廉，我回國時，購得整整一書箱，分贈國內友人。記得徐悲鴻曾告訴我，他畫技之長進，得力於在盧浮宮臨摹歷代名家之作，從中吸取精華，賽過學校也。

法國人重視教育，我在法時，全國已實行九年義務教育。高等學校實行學分制，入學方便。如著名的巴黎大學位於拉丁區，即是一所開放大學，無論何人，均可入室聽講，真可謂有教無類也。但其畢業證書及學位的獲得，又異常嚴格，一絲不苟，是典型的「寬進嚴出」制，與今之眾多學子千軍萬馬過獨木橋之勢，統考一次定終生的「嚴進寬出」教育制度，孰優孰劣，豈不一目了然！

三、法蘭西人

法國人普遍生性浪漫熱情，不像英國人那樣嚴肅，具紳士派頭，女子尤甚。

我在法時，時值第一次世界大戰結束不久，男女比例失調，女多於男。故法女尋外國人為夫者甚多，留法學生尋花問柳之事，亦時有發生。惟此類姻緣，多以金錢為基礎，缺乏感情基礎，在法時尚無問題，一旦歸國，妻女同歸，碰到經濟、文化、倫理諸問題，婚姻關係則出現危機，每每以離異告終，白頭偕老者很少。法女無從一而終思想，生活不能適應時，往往拋夫別子，辭別西歸。北伐後，我居南京許家巷，居隔壁者為留法同學張務遠及馬軼群兩兄，張太太與馬太太

均係法女，張太太生得金髮碧眼，楚楚動人。據說原為巴黎某餐館的女招待，平時花銷頗大，而其夫君回國後，僅為一普通公務員，薪水支不敷出，為此，張太太時與夫君吵架，某次，見我妻鞏華胸佩一項煉，成色較好，羨慕不已，回去即與夫君大吵並打其耳光，後終離張而去。馬太太為法國某一中學校長之女，本人亦受過高等教育，知書達禮，在法時，與馬兄情投意合，喜結良緣。嗣與夫君一同來中國生活，時馬任南京市工務局長，薪水頗豐，且其家境富有，故能相安無事，後與馬兄同赴西貢生活，此為留法同學娶法女為妻的兩個極端例子，但亦說明除感情外經濟為中法聯姻的重要基礎。

　　法人注重生活質量，講究計劃生育，故人口增長極慢。我在法時，人口已達四千萬，我國人口時為四萬萬。六十年後，法國人口為五千餘萬，僅增長一千萬，而我國已激增至十一億，幾乎翻了三番。人丁稀少，而生活水準高，此為法國之特點。

　　法國人對非白種人者，與英美、南非、澳洲相較，種族歧視現象要少得多。除與東方人聯姻外，且有不少法女嫁非洲黑人。某次，我在巴黎某百貨公司門前，親眼目睹一事：一黑人挽一法女自小汽車中出來，懷中摸出大把鈔票，拋向空中，一些路過此地的法國人見狀，紛紛俯地去拾，街上頓時亂作一團。該黑人見之，哈哈大笑，與法女相挽登車，揚長而去……當時一般法國人，對中國的瞭解，可謂知之甚少，尚停留在滿清時代，聞庚子年後李鴻章代表清廷使法期間，出足洋相：在法人為其舉行的宴會中，李將吃剩的雞骨頭等物棄之於珍貴的地毯上，陪同之法人，甚為驚異，礙於外交禮節，不便發作。然赴宴的一些法國太太小姐，卻以此舉乃中國之習慣，為表示主隨客便，亦紛紛群而仿效，一時間，珍貴的地毯上殘骨飛揚，傳為茶後笑語。我在法國時，曾多次在街頭同法國人相遇，互致問候，時我穿戴較為整齊，法人總是先問先生是否日本人，在法人的心目中，日本人比中國人強，因日本國土雖小，但國力強盛，甲午之戰打敗了中國

人。就是談到歐戰中戰敗的德國，一般法國人提及，總是讚嘆不已，說德國人組織嚴密，科學先進，非法人之所及。在法人心目中，最為輕視者乃安南人，實殖民地宗主國之心理使然也。

第三章　北伐前後的經歷與見聞

法國歸來

　　一九二六年二月末，我與留法同學吳琪、林祖烈（林祖涵胞弟，時為旅法CY成員。）、顧侖布、江濤、金詒蓀等一行，在馬賽乘法國郵輪「寶勒加」號離法歸國。我們坐的是三等艙，其中吳琪由於曾經往返國內數次，與船中水手甚熟，坐的是水手艙，是不花錢的。這艘船的水手中，有許多是中國同胞，頗講義氣。我記得他們中間一個負責人是浙江寧波人，對我們頗為友好，一路常請我們吃飯。航線與赴法時一樣，惟在錫蘭島之科倫坡沒有停留。船經過新加坡時，上來兩位客人，一位係旅居安南的華僑，為一富商，訂的是頭等艙位，見到我們，問長問短，非常熱情。另一位要去上海探親，是在吉隆坡某校任教的女教師，姓吳，是江蘇人，國語講得很好，對我們亦非常熱誠坦率。她性格開朗，不拘小節，我們彼此間談得十分愉快而熱烈。

　　船抵西貢，停泊三天。那位旅越華僑盛情邀我們及吳老師上岸觀光，共至其寓，是一座很大的帶草坪的宅院，布置得乾淨而整潔。旋用小汽車接我等在市內兜風，一路風馳電掣，吳老師在車中引吭高歌，唱的都是愛國主義的歌曲，模樣楚楚動人。此情此景，於今回想起，似在眼前矣。是晚，那位旅越華僑又請我們在西貢的一家中華飯店吃飯，上的酒菜豐盛可口。席次交談甚歡，他對我們談了由於中國國力不強，華人及華商在外受壓迫的情況。我們對他說，我們就要回國參加國民革命了，革命的目的，是打倒帝國主義和封建軍閥，統一

中國，使國家強大。他聽後很高興，並祝國民革命早日成功。飯畢又用小車將我們送至碼頭，方與我們一一握手惜別。真是不似親人，勝似親人。

在餘下旅途中，同學顧侖布曾向吳老師求愛，她對之虛與委蛇。惟同學金詒蓀不贊成顧氏之舉，認為其是明珠有主之人，不宜與之談戀愛。船抵香港，我們要下船了，吳老師還留了通訊處給我們，方知其夫君叫郭後覺，供職上海商務印書館。

我和金詒蓀、林祖烈、吳琪在香港上岸後，即乘船轉廣州。

投奔廣州

我們到廣州，時間已為三月底。抵達後，我先在同學金詒蓀家（金為廣東人，家居廣州，抗戰前曾任南京市工務局科長）住了一晚。次日，我即持旅歐共青團組織介紹函，前往國民黨中央黨部，拜訪林祖涵（即林伯渠）先生。時為國共合作階段，林一身兼四職：國民黨中央執委會常務委員、常務秘書、農民部長，同時又是共產黨中央的秘書長。我在林的辦公室，還遇見廖仲愷夫人何香凝女士（國民黨中央執行委員，婦女部長），她坐在窗前，然未及晤談，即刻驚呼起來：「快來看！東校場正在進行繳械！」後來獲知，這是國民革命軍第一軍的部隊對國民黨右派，時為廣州市公安局長吳鐵城的所屬武裝進行繳械。吳嗣被解除公安局長職務並遭逮捕，是為先前之中山艦事件後續問題，也是蔣介石運用謀略，縱橫捭闔，先是利用右派打擊左派，繼之利用左派打擊右派的手段之一也。

晤談中，林祖涵見我係留法學生，即對我說：「君之留法同學陳延年同志，現任中共廣東區委書記，你可找他一晤。」旋專函致陳，交我帶往。次日，我即往文明路某號樓上中央廣東區委辦公處謁陳延年，因係熟人，無須客套，陳知道我在法國時與周恩來甚熟，當即告

訴我說恩來同志亦在穗，任廣東區委的軍事部長，並說，他已與鄧穎超同志結婚，住在廣州萬福路某號南華銀行樓上，你可去找他。關於工作安排，陳說：「你乍來初到，可先休息一下再說，工作是一定有得做的。」旋將我安排至團體的招待所居住，招待所位於穗市惠愛東路，是一幢一樓一底的房子，距區委辦公處很近。同住一起的，有三位四川人：朱代杰、歐陽繼修（即陽翰笙）、李民治（即李一氓），皆CP成員也，俱為等待團體安排工作的。不久，團體安排了我等工作，俱從事國民革命軍中的政治工作（當時國民革命軍中的政工人員大多是CP同志擔任），其中朱代杰任國民革命軍總司令部政治部上校秘書（總司令是蔣介石，政治部主任為鄧演達），歐陽繼修任黃埔軍校入伍生團（部）政治部中校秘書，李民治任總政治部少校科員，我則被任命為國民革命軍第二軍教導團黨代表辦公廳中校秘書。

關於我的工作安排，這裏還有一段插曲應敘：我至招待所次日，即拿著陳延年給我的周恩來在穗地址去找他。周很熱情地對我說：「老沈，你來了，很好！」旋請我坐下談，並介紹其新婚夫人鄧穎超與我認識，對鄧介紹說：「這是我們在法國時CY的同志。」鄧亦落落大方與我握手。交談中，我與周談到工作問題。周說：「去第六軍好了。」並說林祖涵即為第六軍副黨代表兼政治部主任。隨即周寫了介紹函給林。我見其處尚有其他客人訪見，即起身告辭，復至林祖涵處。林看了周函，當即委我任第六軍政治部宣傳科的少校股長。次日，我去廣東區委，將工作安排情況告之陳延年，惟陳不同意我往，理由是第六軍CP及CY的同志已經很多，我去發揮不了作用。「你應該做更重要的工作。」陳對我說。旋讓我安心在招待所等待，一俟有機，他會通知我的。

不久，陳約我前往，對我說，決定派我至第二軍去工作，以充實團體力量。陳即修書一封，致第二軍副黨代表兼政治部主任李富春（李亦為留法同學，在法時，我與李及其夫人蔡暢均甚熟，至不敲門

而入地步，李蔡在法時曾育有一女，我們都去致賀過），讓我帶往，我去李寓訪見，李當表歡迎。復派我至該軍教導團，任團黨代表辦公廳中校秘書。

周恩來婉拒「總司令部政治部主任」一職

我在廣州等待安排工作之際，常往周恩來家中訪見。此處據說亦為中共廣東區委機關之一，故人來人往，川流不息。來訪者多半為黃埔師生。時周兼職很多，工作甚忙。對來訪之黨內同志的談話，多利用飯前飯後間隙進行。記得其中一次早上，我去訪謁，見其正進早餐，他見我至，即邀共進早餐，邊吃邊談，毫無做作。另一次，我去周寓，先看到鄧穎超，我即高聲問道：「恩來同志在家嗎？」鄧很警覺地將我拉至旁邊一小會客室內，對我說：「此間人太複雜，講話要小心些。」顯然，鄧之語是事出有因。時為中山艦事件後，國共兩黨已初露分歧端倪，當時通過的《整理黨務案》，即意在限制中共的活動。周恩來原兼的國民革命軍第一軍副黨代表兼政治部主任之職亦被解除。蔣介石復調周任黃埔軍校高級政訓班主任，有職無權。但蔣深知周是一難得的幹才，便想驅使為其所用。故北伐前成立國民革命軍總司令部，任蔣為總司令，蔣復提周為總司令部政治部主任，為此，曾約周談話，徵求周的意見，對周說：「恩來，我倆合作，共同推翻北洋軍閥，完成國民革命！」，但提出一個條件：要周結束跨黨身份，專做純粹國民黨員。周很得體的婉拒之，對蔣說：「我之所以能替校長做一部分工作，正因為我是忠於共產黨並忠於國民黨的。但我加入共產黨在先，如果因為想做總政治部主任而脫離共產黨，人家將要恥笑我，說我周某人為做大官而脫離革命，如此我將威信全失，也無法幫助校長了……」蔣聽後，無可奈何，只有嘆氣。於事後發表鄧演達為政治部主任，郭沫若為政治部宣傳科科長，朱代杰為政治部秘

書。此事亦足證周公黨性之堅定也。

對陳延年、惲代英、蕭楚女的印象

陳延年時任中共廣東區委書記，張國燾云其：「老成練達，長於思考。」在法國時，他曾篤信無政府主義（亦稱作安那其主義，時風行於法歐等地，且為留法勤工儉學發起人李石曾、吳稚暉所倡），後經趙世炎之勸，轉變信仰，並加入CP。延年係陳獨秀之長子，在廣州時生活十分簡樸，我去區委訪謁時，見其辦公處僅十平方米大小，用的是一個僅有兩隻抽屜的舊辦公桌，坐的是長板凳，晚上就睡在辦公室裏，睡的是硬板床，蚊帳也是有補丁的，用兩根竹竿撐起來。膳食亦非常簡單，常常一碗光麵就對付過去了。然他對同志卻頗為誠懇，毫無架子，我去訪見時，就坐在其辦公桌旁的長板凳上，聽其娓娓而談。於延年處，我結識了來此造訪的許多中共幹部，有蕭楚女、惲代英、張太雷、劉少奇諸君，而其中印象最深者，乃蕭楚女、惲代英兩君的宣傳演講才幹。

蕭楚女是湖南人，時為新成立的中央農民運動委員會委員，又是毛澤東主持的廣州農民運動講習所教員，長得一臉大麻子。據他告訴我，自己為茶館跑堂出身，自幼愛說笑話，他在農講所主持《中國民族革命史》，講課時眉飛色舞，極為生動，博得聽眾歡笑。他還告訴我，其在報刊中撰文署名楚女，許多青年男子見之，竟紛紛寄來求愛信函，卻不知他為鬚眉，且為麻子矣！毛澤東曾經說過蕭楚女是農講所最受歡迎的教員之一。

惲代英原籍吾邑常州，係黃埔軍校的政治總教官。也兼農講所的教職，與蕭楚女相較，代英講演幽默風趣，態度鎮靜自若，不苟言笑，然卻非常生動，聽者為其吸引，聽至精彩處，哄堂大笑，他卻依然自若如常。演講之餘，代英喜歡讀書，手不釋卷。曾對我說，其演

講口才，得力於《水滸》很大。其生活亦很樸素，我曾往他家訪見，見屋內僅有一張大床，床下放著一只網籃，內放幾本舊書及舊衣，如此而已。

此二君之宣傳演講才幹，堪稱一流，至今未見得其右者，惜其後國共交惡，他二人竟先後死於國民黨之「清黨」，確係中共的一大損失也。故說中共建政係成千上萬烈士犧牲換來的，不為過也。

在第二軍：從教導團到第六師

一九二六年五月下旬，我受組織之派，由廣州赴馬壩（韶關以南），任第二軍教導團黨代表辦公廳中校秘書。

教導團（後擴編為教導師）是第二軍一個重要單位。以原第二軍軍官學校（後併入黃埔軍校）學生為骨幹組建，受蘇俄顧問鮑羅庭支持，武器裝備均由蘇俄供給。團長陳嘉祐，湖南湘陰人，留學日本士官學校，曾是第二軍軍官學校校長。為譚延闓之摯友，隨譚多年，係國民黨第一屆中央委員，國民黨左派。為人爽直而有魄力，「寧漢分裂」後第二軍擴充為兩個軍，陳氏任第十軍軍長，反蔣甚力。團黨代表韓毓濤，廣東人，儀表很好，但能力不強，故工作局面很難展開。且韓陳亦存有矛盾，似難調和，故我在此為時僅一月，至北伐軍興，即由團體調至第六師服務，任師政治部中校秘書兼宣傳科科長。

六月底，我至六師師部韶關報到。師長戴岳及黨代表蕭勁光，對我之到來，俱表歡迎。特別是黨代表蕭勁光，因彼此年齡相仿又係組織同志，他知道我是由周恩來及陳延年的關係介紹來的，待我格外親切，問長問短，關懷備至。

六師師長戴岳，字希鵬，湖南人，出身保定軍校炮科，時已年近四十，為譚延闓舊部。「寧漢分裂」後，站在武漢國民政府一邊反蔣。「寧漢合作」後，戴師長對部隊中的CP成員，能做到以禮相

待，堪稱難能可貴。

六師下轄三團：十六團（團長黃友鵾）、十七團（團長廖新甲，於南昌戰役陣亡）、十八團（團長劉風）。

政工人員情況：時國民革命軍政工受蘇俄影響很大，軍師設黨代表，團營連設政治指導員，部隊長命令，需有黨代表副署，才可發生效用。軍師二級設政治部，主持政工業務。第二軍副黨代表兼政治部主任為李富春，政治部秘書為黃鱉（黃埔一期生），六師政治部主任為黨代表蕭勁光兼，中將銜，與戴岳師長同階級，我為秘書。當時主任之下就是秘書。加之蕭黨代表對我信任有加，且其多半時間和戴岳師長在司令部工作（蕭是留學蘇俄學軍事的），故政治部一般業務工作，全由我代拆代行。我得黨代表信任，亦努力從公，彼此合作無間，得以推動政工各項工作順利進展。政治部下設宣傳、黨務、總務三科及一個宣傳隊。三科之中，尤以宣傳科最為重要，係政治部工作之核心。故宣傳科長為中校階級，而其餘二科科長則為少校。宣傳科長由我兼任（北伐開始後不久，我專任秘書，宣傳科長一職由江蘇人某君繼任），科員有朱××等。黨務科長劉××，總務科長戴××，均係湖南人，CP成員。我與黨務科長劉君，相交甚篤，北伐至南京後，曾合影留念，以作紀念。這張照片，歷經滄桑，一直帶在身邊，近四十年，不幸竟毀於一九六六年八月的「紅衛兵」抄家運動中。

師下轄之三團及九營二十七連的政治指導員工作督導，亦歸政治部辦理。在師政工會議上，常晤面的有十六團指導員陳培蒼，十七團指導員劉錫疇（後任第二軍軍醫院黨代表），十八團指導員謝華，俱為湘人，團營連的各級政工幹部大部為CP或國民黨左派，惟CP同志一般亦兼具有國民黨員身份，這就是當時所謂的「跨黨」。講的也是三民主義、三大政策及國民黨第一、二次全國代表大會宣言和決議。此亦為大革命時代軍中政治工作的一個特點。

我到任不久，曾隨軍參加過一次剿匪戰鬥，印象頗深。此為我初

次參加之戰鬥，地點在馬壩附近。時北江匪患為全省之首，尤其粵漢路一段，常有打劫、擄掠之事發生，嚴重危害百姓及來往商旅安全，其中又以占據粵漢鐵路要衝的烏石土匪黃某為甚。我師到達戰鬥現場後，師長及黨代表等親臨指揮，我站在戰壕中觀看，匪軍一發子彈打來，竟穿過我褲襠，將身後之水箱打了一個洞，驚險無比也。後在兄弟部隊及曲江農軍協同作戰下，終將股匪殲滅，保證了粵漢鐵路暢通及北伐的如期舉行。

北伐：從韶關至贛西

北伐，為孫中山先生之遺願，其目的，在於打倒軍閥，完成國家之統一。

一九二六年七月一日，國民革命軍總司令蔣介石下達北伐部隊動員令。北伐軍兵分三路：第一路為第四、七、八軍，攻入湖南，直取湖北，以消滅吳佩孚部為己任；第二路為第二、三、六軍，攻入江西，消滅孫傳芳部；第三路為第一軍，轉進福建，向浙江進軍。而其戰略重點，為第一路，即進取武漢，以吳佩孚為首要目標。當時有一個口號，叫：「打倒吳佩孚，妥協孫傳芳，不理張作霖。」形象地說明瞭北伐軍之戰鬥方略。

七月上旬，我隨二軍六師部隊，自韶關出發，開始了為時逾一年的隨軍轉進生涯。

部隊溽暑行軍，沿著粵北崎嶇山路，向湘南挺進，經仁化、城口、汝城、桂東、酃縣而於七月二十一日開達茶陵。茶陵為譚延闓之故鄉，部隊於此休整一周有餘。我們政治部與師部同住一大院。時部隊士氣旺盛，紀律嚴明，提倡「愛國家，愛百姓，不貪財，不怕死」的精神。住處院內外種有柚子樹百餘棵，結實累累，卻無一人採摘，記得過酃縣時，某兵士因買了一斤豬肉而未付錢，經查屬實後，當遭

槍決。

休整期間，政治部開展了各種形式的宣傳活動，按照總政治部制定的戰時政工宣傳綱要（北伐前，總政治部在鄧演達主持下，在廣州召開了戰時政治工作會議，通過了一系列政工條例，政工宣傳綱要即為其中之一），切實進行，形式多樣。有作戰前之演講——使部隊官兵瞭解：革命軍之努力實現三民主義，打倒帝國主義的目的與使命；作戰之意義；揭露軍閥所代表者及其罪惡；革命軍十不怕精神：（不怕死、窮、凍、痛、熱、饑、疲、遠、重、險）。有紀律教育，訓練革命的人生觀，官兵平等一致，嚴禁嫖賭等。此外，每周一上午舉行的總理紀念周，部隊全體官兵均參加，由蕭黨代表或我，恭讀總理遺囑（「余致力於國民革命，凡四十年……」）。旋全體向國旗黨旗及總理遺像行三鞠躬禮，復由蕭或我作政治報告及演講，內容以總理遺囑之內容為主，展開宣傳反帝反封建，及北伐之意義，以之鼓勵官兵士氣與鬥志。最後全體高呼口號而結束。

政工業務除了對官兵進行政治宣傳外，還有民眾的組訓工作。每到一處，政治部組織師宣傳隊上街向民眾演講，張貼標語，（由總政治部統一印製的），及懸掛黨國旗，教唱革命歌曲，召開軍民聯歡大會。聯歡大會內容包括：說明國民革命之緣由；解釋國民黨之主義；宣傳軍隊北伐之作戰目的；軍民合作之必要性；對標語口號之解釋。當時有一首膾炙人口之《國民革命歌》（後曾作為廣東國民政府的代國歌），官兵及所到之處民眾，幾人人會唱：「打倒列強，打倒列強，除軍閥，除軍閥，國民革命成功，國民革命成功，齊歡唱，齊歡唱。」

在茶陵，蕭黨代表交我一紙表格，讓我填寫。後來知道，此即為由團轉黨，惟未舉行儀式。蕭並告我六師有中共祕密黨團，（時在北伐軍次，為不給國民黨右派以口實，CP黨團是祕密的，定期開展一些諸如組訓方面的活動）。

茶陵休整後，我隨軍繼續北上，經攸縣、醴陵，直指江西萍鄉。在攸縣、醴陵駐節期間，第二軍政治部曾組織多次講演大會，每日聽講民眾均近千人左右。八月底在攸縣召開的「軍民祝捷遊藝大會」，到者三千餘眾，為攸縣歷史上空前未有之集會，充分表達了湘東民眾對革命軍的擁護和歡迎之情，會後，復在北伐革命軍指導下，成立了各界（工、農、青、婦、學）民眾團體，以支援北伐。

此時，占據閩、浙、贛、蘇、皖五省，號稱五省聯軍總司令的孫傳芳以十萬大軍入贛，對北伐軍形成很大威脅，贛西戰役開始。國民政府發布討孫宣言，指出：「孫利用保境安民之名義，承軍閥割據之風，行魚肉人民之實。」九月六日，我師與友軍第三軍（滇軍）協同進攻湘東及萍鄉，江西敵唐福山部未及交綏，即倉促後退。是日，我師進占萍鄉，並推進至萍鄉以東地區。師政治部組織宣傳隊，隨軍挺進，向民眾講演，張貼標語布告，散發傳單，做社會調查，以期更好的地擴大宣傳作用。

九月八日下午，天氣炎熱，然民眾士氣更熱。萍鄉各界於該縣大西門外大操坪，召開盛大之「萍鄉市民歡迎革命軍大會」。會場布置莊嚴熱烈，正中建一高臺，兩旁架設涼棚，台中懸掛總理遺囑，左右為其「革命尚未成功，同志仍需努力」之遺訓聯語，及各種標語，甚為壯觀。參加者包括萍鄉縣黨部，及工、農、商、學、婦各團體人士近一萬餘人，第二軍副黨代表李富春及政治部秘書黃鰲，第三軍副黨代表朱克靖及政治部秘書傅烈，蕭勁光及六師政治部同仁俱應邀到場。北大畢業的萍鄉縣黨部常務委員蕭贛發表了熱情洋溢的講話，盛讚北伐軍的光榮業績，祝願國民革命早日成功，南昌指日可下，並當場朗誦了歡迎革命軍獻詞。隨後，朱克靖、李富春、蕭勁光，及第二軍第四師副師長王捷俊也代表北伐軍發表了演說，工、農、商、學代表也講了話。慷慨激昂的講話，使會場氣氛更趨熱烈，大會當場通過將萍鄉方本仁公園改名為中山公園、解散警察局和保安隊、恢復安源

煤礦工人俱樂部、釋放安源工人出獄等決議，會後，民眾依次整隊遊行，口號聲此起彼伏，經久不息。當時有一首四言寫道：「貴軍過境，雞犬不驚。仰視狀況，只欠糧薪。黃童白叟，無不歡迎。秋毫不犯，諸葛復生。購買物品，交易公平。救民救國，鬼服神欽。敬祝努力，殺盡北兵。」

萍鄉既克，我師繼續東進，連克宜春、分宜、新餘。在新餘分宜附近仰天崗與敵激戰三晝夜，陣地曾經得而復失，為我師韶關北指以來第一場惡戰，政治部同仁都上了前線，從事宣傳及分化敵軍工作，犧牲者甚多。然終將敵鄧如琢部擊潰。新餘之占領，使敵贛中門戶洞開，北伐軍得以長驅直入，直逼南昌。旋我師一鼓作氣，復克清江（樟樹）、豐城（安福）。

自九月六日萍鄉戰役始，至九月二十一日攻克安福。半月之間，北伐軍連克萍鄉、宜春、蓮花、永新、分宜、新餘、萬載、上高、清江、安福十一縣，取得了贛西戰役的勝利。

南昌戰役

南昌戰役為北伐軍江西戰場最重要一役，為指揮是役，國民革命軍蔣總司令、白參謀長（白崇禧）專程抵贛，設總司令行營，調動各軍，除第二、三兩軍外，有程潛的第六軍、李宗仁的第七軍，及第一軍一部等，協同作戰。此前，由於戰線太長，補給供應不及等原因，六軍九月中旬攻克南昌城後，又得而復失，損失很大。

十月，傳來革命軍克復武昌城的捷報，士氣大振，行營復組織二打南昌之戰。先是，我師受命駐紮贛江西岸，嗣與友軍協同，沿江北上，渡過贛江，向新淦進發，連占新淦、樟樹、豐城。旋向南昌進發，於十月九日抵達南昌城下。為配合軍事行動，第二軍政治部在副黨代表李富春主持下，召開了一次戰前政工會議，布置政治作戰方

略，要求對各戰鬥部隊進行臨戰宣傳與動員。在北伐軍大軍壓境之下，孫部聯軍江西總司令鄧如琢發電引咎辭職。南昌城已四面被圍。我師奉命攻擊進賢、惠民、廣潤三門，於十月十二日晨發起進攻，官兵組織敢死隊，架設雲梯登城，惟敵軍火力甚猛，士兵未及登上城頭，即已大部犧牲。時南昌城外有許多低矮民房，便於攻城部隊隱蔽。孫部聯軍發現後，竟命士兵用水龍頭注射煤油，放火燒房，連有「落霞與孤鶩齊飛，秋水共長天一色」美景的江南名樓滕王閣亦被燒毀，使我軍無法掩蔽，損失很大。第六師十七團團長廖新甲及友軍的兩個團長先後陣亡。由於北線南潯路友軍作戰失利，致孫部聯軍援兵亦源源自北開來，而南部臨川之敵亦有北上夾擊之勢。我軍陳兵於堅壁之下，背水作戰，處十分不利之境地。後經行營命令，又經居於南昌城之美英僑民代表等出面協調，雙方停戰，革命軍暫時後撤三十里休整，二打南昌，復告失敗。

　　經短期休整後，十一月初，行營又制訂新的作戰計劃：集中主力於南潯鐵路（南昌至九江）沿線與孫軍決戰，消滅其主力於贛北。六師屬右翼軍左縱隊，擔負進攻蛟橋和牛行之任務，以切斷南昌敵退路。戰鬥進行的十分激烈，友軍第三軍共陣亡團長三人，傷亡過半。幾被敵圍困，情勢危急。戴師長、蕭黨代表及蘇聯顧問等親臨前線指揮，鼓舞士氣，幸援軍及時趕到，方予解圍。後來，在德安、永修、馬迴嶺、塗家埠、盧坑的友軍作戰勝利，敵見大勢已去，倉皇渡過贛江向南昌東南方向逃亡。我師在攻克牛行車站後，乘勝追擊於鄱陽湖濱之港汊河道間，終在滁槎東追上逃敵，在友軍協助下，將其二萬餘眾悉數繳械。

　　北伐軍在南潯線大獲全勝後，江西戰場勝券已握，三路大軍（右翼軍、中央軍、左翼軍）復回師南昌，將其三面包圍，僅空出沿河一面，十一月八日，發起總攻擊，士卒登城成功，進入城內，守敵不戰而降。守將岳思寅逃入美國人創辦的南昌醫院地窖內，被我捕獲，守

將唐福山、張風歧亦於南昌城外被擒，後皆由「人民裁判逆犯委員會」判處死刑，執行槍決。至是，北伐軍興僅四月，革命軍已先後奪取湘、鄂、贛三省省會長沙、武昌、南昌，長江中游要鎮既克，則東南半壁，指日可定矣。

經閩北、浙皖轉進南京

南昌戰役結束後半月，北伐軍五路大軍入閩，我復隨軍轉戰閩北。六師奉令策應東路軍，從西北路，沿臨川、資溪、光澤、邵武，向建陽、建甌、延平進擊。時福建督辦周蔭人率部逃往浙江，建甌守敵不戰而退，我師於一九二六年十二月七日順利開進位於閩西北之建甌，師部駐天主堂，安民告示。我們之所以進軍順利，這裏有一插曲當敘：周部有一警備司令名何麓坤，係湖南寧鄉人，與第二軍魯滌平副軍長為小同鄉。且其所部官兵，亦大半為湘籍。受國民革命感召，欲向我們輸誠。部隊甫至光澤，何即主動派其代表鍾某前來接洽，經戴師長和蕭黨代表誠意接待，允將改編。自是何部官兵，身在曹營心在漢，在我途經其防區，如建陽、麻沙等處，該部列隊歡迎，直至抵建甌城池，由於有何部的協助，我們才得以不戰而屈人之兵。何麓坤在建甌設盛宴款待我們，戴師長和參謀長一席，蕭黨代表與我一席，席間菜肴之豐盛，前所未見。

我師在建甌休整待命約月餘。組訓工作，一派生機。我們協助地方，撤換了依附周蔭人的縣長，任命由地方推薦的鄧、葉、劉三君組成建甌縣行政委員會，主持縣政。還幫助組建了國民黨縣黨部及工、農、商、學、婦各界團體，為使民眾瞭解北伐革命的真諦，師政治部在城中廣場召開了北伐祝捷大會，由我任主席，請蕭黨代表發表即席演講，受到民眾的熱烈歡迎。

一九二七年一月，部隊離開建甌，目標是南京。依據北伐軍總

司令部軍務會議決定，六師屬於中路江右軍第二縱隊，暫歸東路軍指揮。部隊經浦城，越仙霞嶺入浙。在浙江江山，受到國民黨浙江省黨部常務委員、中共黨團書記宣中華等人的歡迎。復與敵孟昭月部在諸葛鎮之間決戰，後又與壽昌之敵迎戰，交綏之下，敵望風披靡，我師乘勝追擊，復入遂安，駐威坪鎮（今屬淳安）。對外進行革命宣傳，對內從事整訓。嗣由遂安入皖南。皖境孫軍劉寶題、陳調元、王普等部先後宣布易幟，加入國民革命軍，皖南不戰而定。六師經徽州（歙縣）、績溪、寧國、宣城，直指金陵。在徽州、績溪、寧國時，因原縣長逃跑，師部先後任命三位中少校階級的秘書及指導員擔任代理縣長，受到民眾歡迎。記得其中陳毅（湖南人，CP成員，時在十八團工作），擔任寧國縣長，師政治部另派人組建寧國縣黨部，任內開展反霸鬥爭，搞得有聲有色。至今仍為寧國民眾稱讚。在宣城（即明清時代的寧國府），由我主持召開軍民聯歡大會，即席演講，宣傳北伐之革命宗旨，會中，中共安徽省委動員了一批青年投軍，參加攻打南京的師宣傳隊。可見民眾對革命的熱情及嚮往，十分高漲。在宣城駐防期間，我還與戴師長、蕭黨代表等暢遊了宣城名勝敬亭山，李太白在此留下了千古名句：「眾鳥高飛盡，孤雲獨處閒。相看兩不厭，只有敬亭山。」我們泛舟南漪湖上。舉杯共慶北伐的勝利，金陵指日可下。

部隊嗣在風雨交加之中，經高淳、溧水、秣陵關，一鼓作氣，攻克了雨花臺，至三月二十四日上午，南京克復。我師自南門進城，沿途數萬市民燃放爆竹歡迎革命軍，場面熱烈。孫傳芳殘部逃往江北。至此，長江以南地區，已為革命軍底定。

寧漢分裂前的回鄉省親

南京光復後，江右軍總指揮程潛任江蘇省政務委員會主席。第二軍仍由魯滌平主持。三月二十八日在紫金山麓舉行了盛大的總理紀念

周，表示擁護武漢國民政府，肅清黨內反動派（指蔣介石）。不久，我向部隊請假，擬回鄉省親，看望辭別七載的親人（此前常州已於三月二十一日光復）。行前，（大約在四月二日左右）我至甬由滬遷寧的國民黨江蘇省黨部公幹，並告之將返常省親事。省黨部常務委員，亦為中共黨團書記的侯紹裘（江蘇松江人），及省黨部工人部長劉重民兩位同志，給了我一個任務，讓我到常州後督導武進縣黨部做些組織和宣傳工作，說武進的同志年紀輕，缺乏實際經驗，並委我以國民黨江蘇省黨部特派員名義。

當時的形勢頗為複雜，早自南昌克復後，國民黨內部為遷都地點，即已產生歧見。左派主張遷都武漢，並力主限制蔣氏權利，視其為新軍閥。蔣氏則以成立南昌國民政府，與左派相對抗。是所謂黨權與軍權之爭。後來，左派在武昌召開了二屆三中全會，宣布成立武漢國民政府，並對蔣氏的權利作了某些限制。中共的主張是支持國民黨左派，所以我在南京安徽公學國民黨江蘇省黨部內，侯紹裘對我說：「我們的方針，是擁護三大政策，擁護三中全會決議，反對個人獨裁。」我返常後的工作，即根據侯氏此一面示進行的。抵常後，我住在常州華商旅館，並於此召集武進縣黨部負責人（均為CP成員或國民黨左派）惲長安（即惲逸群）、吳中一、徐水亭、楊錫類、陳夢玉等開會，商談了改進黨務的方法。會中，我向他們傳達了省黨部提出的對當前形勢的對策精神，並要求以此作為縣黨部今後的中心任務。依據常武地區特定的局勢及上級的指示精神，我也做了一些緩和矛盾的工作：改組了武進縣黨部，成立了特別委員會，特委會以惲長安負責，另有陳際雲、張志翔、孟心如、蔣鐘麟等人參加。特委會之成立，乃形勢之使然，當時常州地方實力派錢以振（琳叔）的商團勢力很大。錢在辛亥革命後，曾反對張勳復辟和袁世凱稱帝，革命軍抵常後，他亦表歡迎，並協助維持地方秩序。然縣黨部的年輕同志卻認為錢是革命的對象，必欲除之。經我與雙方做了工作，縣黨部的同志思

想通了，這樣就產生了這個主持武進黨務的特別委員會，然而存在了沒幾天，在其後國民黨右派發動的「清黨」中，還是失敗了。次日，縣黨部發起於基督教愷樂堂召開軍民大會，推我為大會主席。我就擁護三大政策，反對個人獨裁此一題目，發表演講。計到各界代表人士三百餘人，群情激昂，口號聲此起彼伏。與我同至常州的省黨部翟健雄也在會上講了話。會後，我即返前橋村探望了親人及眾鄉鄰，並祭掃了母親及外祖母墓。想想母親離開我已十一年，她臨終前仍叫我爭氣，兒今日以革命軍人身份回到家鄉，母親在九泉之下可以瞑目了。時在家鄉的二弟佳霖於縣師畢業後，也加入了中共組織。

此後，形勢卻日趨緊張而撲朔迷離，滬寧一帶的消息不斷傳到常州，不絕於耳。「清黨反共」之風，甚囂塵上，終成上海四月十二日之事實。其後，無錫常州等地駐軍亦仿效滬上，配合商團，聲稱「護黨」，並封閉左派縣黨部。四月十四日，我一方面叮囑惲長安等採隱蔽之方式以保全實力，一方面辭別父親，輕裝簡服離常返寧。抵寧後，方知部隊早已開拔，目的地是武漢（第二軍各部於四月六日渡江，經烏衣、滁州，旋折往南，復經全椒、含山、巢縣、廬江、桐城、潛江、太湖、宿松，進入湖北黃梅，最後於五月中旬抵達武昌。），南京已由蔣氏之第一軍部隊接防，省黨部的侯紹裘、劉重民等多人遇難，清黨甚急。我與隨行之勤務兵及挑夫三人，乃日夜兼程，趕赴武漢。

武漢・宜昌・仙桃鎮戰役

武漢，時為武漢國民政府的首都，亦被稱之為「赤都」。由於日前蔣氏南京國民政府成立，以極端手段「清黨反共」，寧漢分裂，故武漢的左派東征討蔣之聲，不絕於耳，盛極一時。我在武漢，才追上部隊，回軍銷假。惟部隊中的氣氛已今非昔比，二軍及六師官佐，

多為湘籍，轟轟烈烈的湖南農民運動，由於強調所謂「矯枉必須過正」，致呈現失序與過火現象，且涉及到軍官家屬，為一些軍官們所不滿，嘗言：「我們在前方打軍閥，流血犧牲，你們在後方分田地，革我們的命。」對軍中政工人員，竟側目而視。

我在武漢期間，曾與蕭勁光偕行，訪見時任中共中央代表兼中共湖北區委書記的張國燾。這是我初次與張見面，十六年後，我與張同為國民黨中央組織部設計委員，且同隸一組。張當時頗為健談，當蕭向其彙報部隊官佐思想情緒不穩時，張即指出，農民運動的過激，將成為國民黨左派與中共分道揚鑣的契機。當時我們對張此議論，頗感吃驚，惟後來之事態演變，卻證明張之所言，並非是危言聳聽的。

時蕭勁光已與朱仲止女士結婚，住在漢口某旅舍，我去祝賀，蕭將仲止介紹給我，說這是長沙朱劍凡先生之女，亦為CP同志。仲止畢業於南京金陵女大，國英文俱佳，至今仍與我時有通信往來。

未幾，川軍楊森部奉南京政府指令，自川東萬縣出兵，占宜昌、沙市，並沿長江北岸東進，進抵仙桃鎮附近，直逼漢陽。時夏斗寅部已脫離武漢政府，清黨反共，武漢危急。武漢國民政府組織西征軍，以第二軍為主力，六師奉令乘輪溯漢水而上，抵仙桃鎮，屯兵南岸，與友軍一起，與楊森部決戰，以解武漢之圍。六師擔任主攻，交火之下，楊部潰退。緣楊部川軍，係大煙兵，戰鬥力甚低，一經接觸，即望風披靡，向宜昌方向撤退，我師一鼓作氣，乘勝追擊，一直追至宜昌，楊部復退，遁入川東。仙桃鎮一仗，大獲全勝。

我隨軍抵宜昌後不久，以肺疾日益嚴重，復請假回武漢，住漢口同仁醫院調治。同住一室者，為武漢國民政府的第九軍（軍長朱培德）二十八師師長韋杵。韋係國民黨左派，黔人，為布依族人氏，在病房內曾謂我該民族之風俗習慣，與漢族有很大的不同。他畢業於雲南講武堂，北伐時為第三軍團長，參加過江西戰役。南昌起義時，曾被中共的革命委員會主席團任命為第九軍軍長，但因忠於朱培德，並

未就任，此亦可看出當時國民黨左派與中共之間的微妙關係。時革命同志之間，情誼極重，聞我住院，朱仲止偕其弟妹三人代表蕭黨代表來院探視，我陪她們至長江邊散步，仲止知我尚未婚娶，指著其妹對我說：「你們結婚！」給我以極大的安慰，病體竟覺輕鬆不少，雖事過境遷，至今印象仍極深矣。

潛行滬上

國共分裂終於不可避免的到來了。一九二七年七月十五日，武漢國民政府正式分共，中共退出了國民政府及國民革命軍。與南京政府採取激烈手段清黨相比，武漢政府之分共，一般而言，尚屬和平（一直到是年底，桂系控制湖北時，才實行了殘酷的白色恐怖）。八月，我病情稍愈，由漢口復至宜昌。時蕭勁光已離開六師，政治部同仁多已易人。我去辦移交時，某些極端份子以為有機可乘，將我的工資及生活用品統統拿去，並揚言要將我拘押，情況十分危急。我見此況，當機立斷，即去司令部呈見戴師長。幸戴岳思想較為開明，見面後即與我握手，客氣地與我交談，表示他是奉令分共，惟不會危害CP同志的生命安全，且有保護之責。辭別時，戴又將一支盒子槍送我（送蕭勁光馬槍四支），並親自陪我下樓，送我至司令部大門口衛兵站崗處，方與我握手告別。我見師長態度誠懇，膽子也大了，即回政治部，向有關人員追回了工資及衣服等生活用品。當日下午即自宜昌乘船返回武漢。就此離開了生活了十四個月的第六師。

在武漢，我住在位於武昌的中共機關內，等待著團體的安排。時第四軍準備「東征」，不少人隨四軍南下，後參加南昌暴動。亦有人登報脫離團體，成為「純粹」之國民黨員。最後，我被告知，先離漢赴滬，再決定去向。

是年九月，我在上海，住在團體租賃的位於滬西的一所招待所，

為一樓一底建築，我住樓上，樓下為房東自居。同住者有七八人，均係等待安排的組織同志。其中有一獨臂者，頗引人注目，惟姓名已忘，聽說以後此人成了中國人民解放軍的將軍。在此，我與朱仲止重逢，乃知勁光兄已赴蘇聯。仲止告訴我，她不久亦將赴蘇，與夫君團聚。我們談到國共的分裂，及國民黨的「清黨」，都有一種時局變化太快，而不知其所以然的感覺。仲止要赴蘇，我陪她至先施公司選購衣服及日用品。在「清黨」後的上海，充滿著白色恐怖的氣氛（時蔣介石下野，上海由桂系控制），我們一舉一動須十分小心，才不致出差錯。故我們在購物及步行時，都儘量用英文交談。行前，仲止還贈我照片兩幀，並和我約定了聯絡辦法（中大：「姑媽」；東大「姨媽」），但我們都知道，再見面的機會是很渺茫了。不久（約是十月中旬），仲止動身，同行者有另一女同志劉志敏（其夫君叫李翔梧，已在蘇聯），河南人，亦為CP同志。我去送行，時間大約在晚十時左右，自招待所到楊樹浦碼頭，我們雇了一輛黃包車，用來放行李。我們三人步行前往，路很遠，大約步行一小時多方至碼頭，我直到她們上了船（是一艘蘇聯郵輪）才離開碼頭。一路燈光暗淡，行人稀少，路上還遇到一個紅頭阿三（印度巡捕）的盤問，隨時有被捕的可能（先前在上海的楊虎、陳群輩，執行「寧可錯殺一千，不可放過一個」的恐怖政策。若被指為共產黨嫌疑，不必經過法律手續，即可予以祕密處決）。回憶及此，真有不堪回首之嘆！仲止赴蘇後，亦吃了不少苦頭，據其一九八一年致我函相告，經歷了從開除出黨──強迫與夫君（蕭勁光）離異──回國後身陷囹圄──建國後再失佳偶──文化大革命打擊，正如其函中所言，是「往事不堪回首」。現健在北京，膝下子孫環繞，堪稱晚年幸福。惟與仲止同行之劉志敏，卻早已長眠地下，一九八四年，據劉家鄉中共河南省洛寧縣黨史辦函告，自蘇聯回國後，她於一九三五年在福建漳州被捕，不屈犧牲。

再度赴粵

我送朱仲止等赴蘇不久,大約十一月初,團體派我到廣東第二方面軍第四軍黃琪翔部工作。我自滬乘船前往,到廣州後,通過組織關係,找到了代總指揮兼第四軍軍長黃琪翔的主任秘書郭慕亮（中共黨員,深得黃之信任,許多工作由郭代拆代行）。郭向我簡略介紹了廣州方面的情況:黃琪翔部是九月末開抵廣東的,所部分駐廣州近郊及北江韶關、東江石龍等地。郭並說張發奎、黃琪翔等粵軍將領是擁護汪精衛反對南京西山派特委會政府的,對駐廣州之桂系李濟深亦表不滿,故與中共方面有聯繫,用了不少CP人士在部隊中從事政工,（如新任第四軍政治部主任廖尚果即為著名的中共人士）,廣州政治分會及廣東省政府,亦有不少左派人士,如陳樹人、李章達、何香凝、李朗如等。關於我的工作,擬由郭出面,介紹我至第四軍二十六師政治部工作。時該師政治部剛開始組建,新任政治部主任陳卓凡亦在廣州（二十六師原駐節北江韶關,後移防東江石龍、東莞等地。廣州設有該師後方辦事處）。我旋持郭函,訪見陳卓凡。陳係國民黨左派,廣東人,印尼華僑出身的日本留學生。北伐前,曾任廣東東江揭陽縣長,北伐軍克復福建後,又任福建漳州各屬（十三縣）政治監察員（專員）等職。交談甚洽。他明知此時外省人來粵軍部隊一定有來歷,亦不加過問,即委我任師政治部中校宣傳科長。還向我介紹了其整頓政治部部務,組織各團營連黨部組織,開展民眾運動的情況,頗有一番抱負。

我在廣州時,某次,經友人介紹,得以結識任職廣東中央銀行之常州同鄉金廉方。時在粵之同鄉甚少,於他鄉聽到鄉音,倍感親切。金復邀我至其寓作客,並介紹其妹夫吳祖培與我見面。吳時大約二十出頭的年紀,江蘇吳縣人,面帶幾分憂鬱,談話間,吳道出來粵

緣由：他父母俱亡，有一繼母，對其不好，故決心脫離家庭，並願意投身革命。當他知道我將赴高要二十六師政治部時，即向我表示，願一同前往，請我介紹。時金廉方亦在旁插話，請我一定設法，我允之。次日，我即將吳之情況面告師政治部主任陳卓凡，說其為我江蘇同鄉，年輕有為。陳聽後，說我們正需要青年人參加，乃囑我偕吳來見。見面後，陳問了吳一些問題，見其對答不錯，即委吳任該師政治部宣傳科上尉科員。吳祖培即後來的吳曉邦，他後來去了日本。一九四九年後，擔任中國舞蹈家協會主席，北京舞蹈學院院長。

高要兵運

不久，張發奎、黃琪翔會同李福林，乘李濟深離粵之際，發動兵變，以「護黨」為名，將桂軍逐出廣州，留穗之桂系黃紹竑亦被迫逃亡。桂軍向廣西梧州方向撤退。為和桂軍決戰，第四軍設西路指揮部于肇慶，以黃琪翔為總指揮。二十六師（下轄第七十六、七十七、七十八三團），亦奉命「西征」，移駐高要。

廣東西江之高要（今肇慶），距廣州百餘里，約在十一月下旬，我隨二十六師政治部主任陳卓凡、秘書王鼎新（留日學生）等一行，乘船離穗赴高要。船中，陳發給政工人員每人勃朗寧手槍一枝，子彈一百發，以作自衛之用。在離穗赴高要前，我復謁郭慕亮，請示今後工作。當時，中共已決定發動廣州暴動，並成立了領導暴動的機構革命軍事委員會，由張太雷任總指揮。郭說：「除公開的宣傳工作外，主要是籌備暴動，以建立蘇維埃政權，目前擬注意兩點：（一）穩住原有組織同志，並注意吸收新同志；（二）聯絡軍事人員，特別注意連排長，藉機掌握武裝，俟有相當實力，即可舉行暴動。」關於暴動時間，郭說，屆時將另行通知。郭旋將二十六師內CP同志名單口頭告我，我一一記下。

抵步後，陳卓凡即介紹我們拜訪師長許志銳。許為老四軍的一員戰將，粵籍，北伐中為老四軍團長，與黃琪翔一樣，也持「容共」立場。他以治軍嚴屬著稱。惜於翌年（一九二八）初，在桂粵戰爭中陣亡。

我在二十六師，擔任政治部宣傳科科長，這是名義上的。實際上按照組織的部署，從事兵運工作，以配合駐廣州之第四軍教導團舉事（第四軍教導團由中央軍事政治學校武漢分校第六期學生組成，大部為CP成員，團長曾由葉劍英兼任）。粵桂戰爭爆發後，廣州城內軍力空虛，僅留軍官教導團及警衛團駐防城內，為暴動之絕好機會。惟尚需各方配合，以壯大組織力量。故我抵高要後，即依郭慕亮提供的同志名單，先於高要城內一座飯館內，約二十六師組織負責人徐某（公開身份為團政治指導員）談話，瞭解組織同志情況，及工作環境，一般軍事人員思想動態等。徐一一告知，並對工作進行了研究。我將郭慕亮所示之在軍事人員中發展組織同志的精神告知徐，囑其注意。在以後不太長的時間裏，我們先後發展了七八人加入組織，大多仍係團、連二級的政治指導員，及師政治部的工作人員，至今記得名字者有陳書赤（連指導員）、衛××（連指導員）等，另有一團指導員梁××，要求進步，擬吸收他，但未及辦理手續，即發生廣州暴動。軍事人員中，亦有一二名列為吸收對象，嗣因事變突然，未及進一步聯絡。此外，我們並建立了中共祕密小組，擬定了工作計劃，記得其中一條即為配合廣州教導團暴動。

十二月十一日晨，中共廣東省委因教導團暴動計劃內容遭泄露等原因，被迫提前暴動，事前亦未能與其他部隊中的團體同志聯絡，僅在廣州市聯繫了部分農工群眾。由於倉促發動，損失很大，僅三天時間，就告失敗（張太雷亦於暴動之中犧牲）。十二月十三日晚十時左右，暴動失敗的消息傳至高要。陳卓凡比我早知道數刻，急來敲門，告知此事：「廣州教導團兵變失敗，情況緊急，請速作準備。」我待

陳離去後，即速將二十六師組織同志名冊及工作計劃、會議記錄等借上廁所為名，在茅廁中燒毀，並通知師部團體同志，請作應變準備。至分散在各團的同志因距師部有相當距離，而未及通知。

次晨，接許志銳師長通知：全師部隊長及政工人員於大操場集合，聽候黃總指揮訓話。陳卓凡率政治部同仁皆參加，從廣州趕來的黃琪翔講話，嚴斥是次教導團的行動為「叛變」，並宣布：廣州共產黨暴動，本師官兵應團結一致，嚴守紀律，不為所動；師政治部即行解散，所有槍械交軍械處封存，全體政工人員一律遣散；全師整裝待發，開赴廣州平「叛」。（後來，僅派了七十八團前往）集會後，陳卓凡率我等將槍械等收齊交師軍械處，文件等交師部。陳復召集全體政工人員（包括師政治部，及團、連指導員）開會。陳於會中提出政工人員中，願意離開者可隨他前往，不願走者，聽候許師長發落。是日下午，我們十餘位政工人員，有政治部王秘書、陳書赤、梁××、衛××及我等，即在陳卓凡率領下，離開高要前往廣州轉香港。

廣州氣氛時已大變，軍隊盤查甚嚴，遇有不諧粵語者，即可予以拘捕。幸我等一行，除我以外，陳卓凡等皆粵人，故未受到傷害。

我們在廣州住了一晚。我有幸在一家小旅館中找到了自常州來粵的二弟佳霖、三弟喜霖。我在高要時，曾寫信給他們，邀他們來粵發展，不意兄弟倆抵穗時，適逢廣州暴動發生，兩人躲在一間小旅舍中，不敢外出，才未遭傷亡。我給了他們盤纏，告知情勢突變，囑其速乘輪赴滬轉常，另圖計議。

由於穗市團體全部遭到破壞，次日，我即隨陳卓凡、王鼎新等一行，乘穗港班輪赴港。在香港，聽到南京政府宣布對蘇聯斷絕邦交的消息。

香港：派赴海陸豐經過

香港，這個英國殖民地，這是我第三次來此。惟心情與前二次不同，前二次俱為路過，是以一旅遊者之心態看待一切。而這次，卻是廣州暴動失敗後的逃亡，前途莫測。

船抵香港，我們政工人員與陳卓凡、王鼎新二人分手，陳卓凡還留了其在港的地址給我，說有事可以找他。以後的事實證明，陳卓凡先生是很夠朋友的，他明知我們是CP團體人士，不僅沒有危害我們，而且在我嗣後被港英巡捕房拘押後，不怕涉嫌，幫我代尋鋪保。對此，我是很感激的。陳先生後加入鄧演達先生之第三黨，任其中重要幹部。一九四九年後，見報載，他又任全國政協委員，代表農工民主黨（即昔之第三黨），一直住在廣州，惟卻無緣與之再度相晤，實為憾事也。

與陳卓凡分手後，我們先住一間小旅館內，擬擇機尋找組織。後來，我找到了團體在港的交通站，由交通安排，我轉往一位CP同志劉一得家中居住。其餘廣東同志，則有親友在港者，居親友家，沒有親友者，亦由團體安排住下。劉一得夫婦待我們甚好。次日上午，該交通來訪，將穆清同志（樹珊，留法同學，四川人，時任中共廣東省委的組織部長）的地址告知，我即去看穆清，至其居所，適其外出未歸，穆妻與另一位同志在，我即坐下等候。約一小時後，穆歸，因係熟人，略事寒暄，我即向他報告二十六師工作經過，並請示今後工作。穆說，你們住下再說，工作問題，容我們商議後，另行告之。後我問起廣州暴動情況，他謂犧牲很大，要恢復恐非短期內可以辦到。我見其工作甚忙，旋起立與之握手告別。穆清後於一九三〇年犧牲於四川，惟我一直不知道此事，至「文革」以後，報載有新華通訊社社長名穆青者，我甚感高興，即刻去函問候老友，然一直未有回音，後

來才知，此穆青非彼穆清矣！

　　兩日以後，該交通復至，通知我去見留法同學聶榮臻（時任廣東省委軍委書記）。我找到聶處，見其正坐在床頭與李立三（即李隆至，留法同學，時主持廣東省委工作）談話，旁邊還有一蓄小鬍子的中年人在場。聶見我至，即自床上站起，與我握手，旋將該中年人介紹給我：「這是賀龍同志。」我即與賀龍及李立三（在法時已熟識，故聶無須介紹）握手致意。聶旋將我拉至靠窗的桌邊，請我坐下。聶首先謂穆清已將我等情況告知，復謂：「你們到廣東東江去工作，如何？」我答：「我等均無家室之累，願服從組織安排。惟我本人不諳粵語，此行是否會有麻煩？」聶考慮了一下說：「你是負責人，有些具體工作可交由其他同志辦理，且你們一行多數人為粵籍，少數同志問題不是很大。」並謂：「你們此行東江，可在汕尾一帶登陸，再向海陸豐地區靠攏，擇機建立根據地，根據地建立後，由你全權負責。」聶旋將東江情況告我，大意是說，海陸豐地區為中共現存的一塊蘇維埃地區，彭湃同志於此經營多年，有相當基礎，利於開展工作，根據地建立後，請與彭湃等保持聯繫云云。當我問我們如何前往時，聶答稱擬用汽船，並謂俟聯繫就緒後，即由交通告知我們。

　　過了三日，交通來通知我，說是汽船已準備好，請我們次晨去××碼頭上船，屆時他將於碼頭迎候。次晨，我率二十六師廣東同志十餘人，帶了簡單的行李，來到碼頭。見該交通已在，海邊停著兩艘汽船。他領我們上船後，即行離去。不意汽船開出碼頭僅二里許，即聽身後汽笛聲聲，有香港巡捕數十人，分乘汽艇多艘前來圍捕，我見勢不妙，即迅將組織介紹信及有關文件，小的吃入肚內，大的撕碎擲入海中。港警將我等團團圍住，連人帶船，押送回港，關押在捕房內，記得媒體（報紙）還為此事作了報道。

　　在捕房，我們每人都經個別傳訊。問到我時，我說我叫沈清塵，江蘇人，身份是小學教員，來港找工作無著，擬返廣東，未暴露真實

身份。其他人亦編造一番說法，亦未暴露。經多次審訊後，最後捕房因查無實據，不得不宣布將我們「交保後即刻驅逐出境」。我按陳卓凡留下的地址寫信給他，請代找鋪保。陳接信後，即刻來捕房探視，對我代找鋪保事，慨然應諾。待辦好鋪保手續後，我即獲釋。我因是江蘇人，旋由捕房派一警員押送我至開往上海的某國郵輪上，直至開船，該警始離去。

我就這樣孑然一身到了上海。

最近，我有幸拜讀《聶榮臻回憶錄》，在其中九十八頁中有如下一段話：「總結廣州起義的省委會議後，李立三同志以及後來的省委某些領導同志仍然受『左』傾冒險主義影響很大，在派遣同志到各地開展工作方面，又造成了許多不應有的損失……」並列舉了許多當時派往東江工作的CP同志去後犧牲的事例。還說，他原是反對向東江派人的。讀後，不禁思緒萬千。我想，在當時險惡之環境下，我輩一行，即使沒有被香港捕房拘押，順利抵達東江，恐仍為凶多吉少，早已成了國民黨「清黨」的犧牲品了，那裏還有什麼根據地的建立？左傾冒險主義對於中共革命的負面影響，不可不謂大矣！

上海・廣州

我在上海，舉目無親。住在靠北四川路的小旅館中，度日如年。曾遍尋團體，惟在一九二八年的一月，幾個地址，均已是人去樓空。為了生活，不得已，去找武進縣師同學董椿永（時任職上海商務印書館）相助，惟他處亦無缺可予安排。時常州老家的父親在北直街坐館，二弟佳霖縣師畢業後，在鄉小任教。三弟喜霖、四弟祥霖隨父讀書，衣食生活均極為困難，所以，亦無法回家。正當此一籌莫展之際，接父親自常來函，說前橋村鄉賢潘毅（伯豪）兄此期亦寄居在滬，囑我前去找他，請他幫忙。潘小時曾隨父親讀過文章，他出身保

定軍校，並留學日本士官學校，曾任奉軍李景林部參謀長，得志甚早。他亦知道我。我按址找到潘後，即告訴他，說我留法歸來，曾參加北伐，在軍中任秘書，現離職來滬，一時沒有工作，請其設法云云。一來二往，彼此熟了，潘才告訴我，其與多位國民革命軍將領如李濟深、李澤霖、張湘澤、劉光等均係留日同學，相交甚好，與李濟深尤甚，留日期間，嘗日夕相磋，訂有金蘭之譜。並說李濟深在北京時，生活極為拮据，一頂草帽自民國元年戴到九年……

　　未幾，潘即介紹我去廣州第八路軍總指揮李濟深處。潘將介紹函寫給李部參謀長李澤霖，並請其轉知李任潮，介紹函大意為：茲有小同鄉沈清塵，留學法國，品學兼優，現一時無業，請兄轉知任公，代為設法安插為是。

　　對於去穗，我曾猶豫：廣州暴動失敗後，李濟深之桂軍在穗，清黨甚凶，聞街上盤查，遇上非粵籍者，學生知識份子模樣的，即予拘捕，甚至不審而誅。報中亦以大幅標題，登載CP同仁被殺消息，我此去豈不是自投羅網？但細細考量，又覺還是大膽前往為好。且以潘毅與李濟深之關係，當無問題也。我當時考慮有三：一是粵桂戰事已結束，粵軍撤離廣州，而桂軍我無熟人，故參加團體事不會暴露；二是自法歸國時，我有一皮箱寄存在留法同學金詒蓀的廣州家中，內除衣服、書籍外，尚有銀元數十枚，急待取回，以解燃眉之急；三是去廣州途經香港，可再找團體。有此三點，故我大膽前往，自滬乘滬穗班輪，船抵香港，我上岸去找穆清，早已不見人影；尋至聶榮臻處，告之亦已搬走多日，茫茫人海，團體復在何方？不得已，只有折回廣州。

　　到了廣州，我持潘函訪見李澤霖。李安排我住下，說即轉知李任潮先生。大約過了三天，李派副官拿一封致潘毅的回函，及「中央紙」一百元（為廣東銀行發行的紙幣，時值現洋三十元）送至我住處。回信大意是說，來信已悉，並已轉達任公，任公以為沈先生係江

蘇人,在廣東工作,語言有困難,茲送給中央紙一百元,聊表寸意,請代另行設法等語。

我拿了回函及一百元錢,當即至留法同學金詥蓀處,將箱子取回,旋自穗返滬。至滬後復至潘毅處,將穗行之況告知,潘告訴我,不日他將去南京,讓我與其同行。

幾點感言

我在北伐前後的經歷,至是應告一段落了。下面開始,將是我在抗戰前十年這段時間的憶往。北伐前後的經歷,時間上雖未逾二年,然於我而言,卻是很重要的階段,並由此生出許多感嘆,茲略述幾點如下:

一、北伐對中國之統一的意義

北伐為孫中山先生之既定方略。即以廣東為革命根據地,揮師北指,消滅北洋軍閥割據勢力,以統一中國。北伐軍以八軍不足十萬兵力,由於戰略正確,軍隊有信仰,有組織,故獲得民眾之支持,未及半載,即將盤踞中原,擁兵二十萬之吳佩孚,完全打垮。又將踞有滬寧,亦統師二十萬眾之孫傳芳部,大部消滅。從而使湘、鄂、贛、閩、浙、蘇諸省,半壁江山悉歸我手。其後,雖有同室操戈的國共分裂發生,惟就反對帝國主義及割據軍閥而言,仍有二期北伐的實施,終於在一九二八年十二月底,實現東北易幟,完成了歷史性的統一大業。

二、政工制度之推行,功不可沒

國民革命軍與北洋軍閥軍隊相較,得力於政工制度的建立與推行。其源於蘇俄,表現形式即為黨代表制及設立政治部。此對於灌輸

國民革命之精神，提高部隊戰鬥力，鞏固紀律，是極有用處的。北伐期間，軍中政工任務為：「喚起民眾，組織民眾，投身革命」。當時總結了革命軍打勝仗的原因有四條：（一）嚴守軍紀；（二）服從命令；（三）保護人民；（四）萬人一心。提倡官兵不要錢，不惜命，愛國家，愛百姓。我作為政工一員，深切體驗到在沿途行軍作戰及駐紮時，向官兵及民眾宣傳反帝反封建，及主義之真諦，對於官兵關係，軍民關係，及部隊戰鬥力而言，是起了很大作用的。由於有了這種精神的力量，才使北伐軍能以少勝多，以弱勝強，而最終取得勝利。

提到政工制度，我由此想到CP及CY在其中的作用。國共合作階段，北伐軍中的政工絕大多數由CP及CY的同志所主持，並發生核心與推動作用。可以這樣說，沒有CP同志的努力，要取得北伐的勝利是不可想像的。對此點，我堅信不疑。其後，我本人雖離開了CP團體，但仍在多種場合，宣講這種看法。

第四章　南京中央軍校憶往（一）

初至軍校

　　一九二八年二月，潘毅告訴我，他要去南京，謁其老上司李景林，約我與之同行。我們到南京後，潘毅將我介紹給其留日同學，時任中央陸軍軍官學校代校長的劉光（潘毅事先與劉光說好，嗣再陪我見劉）。當時軍校校長蔣介石、教育長何應欽均北上徐州「督師」，指揮二期北伐，先前控制南京的桂系已與蔣系合流。劉是江蘇人，見我係留學生，且談吐不錯，再加有潘毅力薦，乃委我任軍校同少校政治教官，月薪一百二十元，為第六期學生講授「國際政治經濟」及「中國政治經濟」課程。此外，也在同期工兵隊教過普通課，如數學、物理、工程力學等。至第七期學生來校，我仍教授原課。

　　我到任之初，軍校政治部尚未恢復，僅有少數政治教官。除我之外，尚有景亮鈞（江蘇丹陽人）、陳復光、張鑒暄、鄺振翎、賈毅、張九如（兼任教官，常州同鄉）等少數人。張九如係小有才，讀書不多，然頗有文才，中文流暢。開了一門叫作《群眾心理》的課。他係國民革命軍總司令部秘書長邵力子先生介紹來校，追隨邵先生，任總司令部諮議，後隨邵至甘肅，做了榷運局長，刮了不少錢，生活開始腐化，抗戰勝利後做了江蘇省參議會副議長、立法委員。一九四九年後去臺灣，寫了一本書，叫《和談覆轍在中國》，列為蔣介石案頭必讀書之一。時軍校校長辦公廳主任為王繩祖，教授部主任為王柏齡（後王柏齡調任江蘇省建設廳長，遺缺由王右瑜任），下轄一個編

譯處及工兵、炮兵、步兵、編譯、印刷、審查六科。訓練部主任為王右瑜（後王右瑜調教授部主任，遺缺由張治中任），下轄三個步兵大隊，一個炮兵大隊，一個工兵大隊，及杭州預科大隊（大隊長為黃埔一期生宣鐵吾），時湯恩伯即為其中的步兵第一大隊上校大隊長。

小營開學

蔣介石下野復職回南京，桂系和西山會議派去職。蔣躊躇滿志，一面以國民革命軍總司令身份，準備「二期北伐」，一面加速籌備中央軍校，自兼校長。由於北伐戰爭關係，蔣長駐徐州，而以劉光代理校務，負籌備之職。自一九二八年一月下旬開始的各項籌備工作，次第進行。各事大體就緒後，乃定於是年三月六日在南京小營原陸軍小學舊址，舉行中央軍校開學典禮，與收容在南京黃埔前期失業同學的國民革命軍軍官團（蔣兼團長，設馬標）開學典禮一並舉行。

蔣介石自命為孫中山事業的繼承人，南京中央軍校亦為廣州黃埔軍校的延續。所以典禮會場的布置一如往昔：會場搭一高臺，台中懸孫中山遺像，像左右分置黨旗、國旗各一面，遺像下方為「總理遺囑」。台前書二橫額，藍底白字，上為「天下為公」，下為「親愛精誠」，皆為孫中山生前所喜歡題寫的話。高臺左右，複有兩幅標語，左為「革命軍人要絕對服從黨紀」，右為「革命軍人要有遠大目光」。前者體現以黨領軍，後者意在二次北伐。會場四周，布滿各色彩旗和各類標語。其內容無非是向世人表明，經過「清黨」後的國民黨，仍為「革命」政黨，它的國民政府，仍為「革命」政府，而直搗幽燕，統一中國，是它的近期目標。上午十時以後，軍校全體教職員及軍官團受訓學員率先進入會場。為迎接各方來賓，還在典禮會場東面特設招待室，由兩位留美學生，軍官團政治部科長霍寶樹和政治教官程天放分任招待，以茶點款待賓客。為安全起見，來賓均須佩帶特

別證章，經驗明無誤後方可入內。下午一時許，蔣介石來了，隨即舉行閱兵式，全校教職員及軍官團受訓學員，依次通過高臺接受檢閱，這時，有飛機飛過會場，拋下慶賀的標語，軍樂聲聲，與飛機的轟鳴，此起彼伏，錯雜動聽。閱兵結束後即進行開學典禮，各界來賓魚貫登場，由於高臺太小，除重要人物和女賓外，其餘來賓只有鵠立台之右傍，而台左面則設新聞記者和速記席。登臺要人有譚延闓、于右任、蔡元培、何應欽、李宗仁、李烈鈞等，還有廖夫人何香凝、蔣夫人宋美齡亦居臺上。

開學典禮由蔣介石主持，蔣宣布典禮開始，軍樂奏響，先奏軍校《校歌》，後奏《馬賽曲》。軍樂奏畢，由蔣介石帶領全體與會者朗讀「總理遺囑」。蔣讀一句，眾隨聲附和一句，有如小學生讀書。嗣由軍官團副團長黃慕松報告軍官團籌備經過；由代校長劉光報告中央軍校籌備經過。兩個報告以後，各界來賓致賀詞，首由何香凝代表國民黨中央黨部講話，她在講話中數次提及先烈廖仲愷之死，強調軍人責任的重大，頗為動情。次由譚延闓、蔣介石分別代表國民政府和國民革命軍總司令部致詞。其餘蔡元培、于右任、黃郛、何應欽亦先後講話。最後，由黃埔一期出身的軍校政治訓練處主任曾擴情代表官生發言，他發言以後，還振臂帶領全體官生高呼口號，在進行攝影留念後才結束了這場前後長達六小時的聚會。

南京軍校開學典禮後不久，原隸屬總司令部的軍官團縮編，改隸中央軍校，成為其附設軍官團，原兼團長蔣介石、副團長黃慕松、政治部主任曾養甫均去職，原團附馮軼裴任團長，程天放任政治部主任。

第一次政治教育會議

軍校開學典禮半月後，在政治教官室舉行了第一次政治教育會議。會議議題有四：第一，教程編制講義問題；第二，講義深淺以何

為標準問題；第三，各教程分配問題；第四，各教程講授時間問題。都是開學以後迫切面臨解決的問題。

當時的情況是，主管政治教育工作的軍校政治部已經恢復，惟其正副主任內定人選周佛海、酆悌均未到任，而開課在即。所以，這次本該由政治部主任主持的會議就先由相關各課程的政治教官自行開會，擬定計劃後再報政治部備案。

會議推政治教官景亮鈞主持，我任記錄，到會專任兼任教官有張鑒暄、張九如、陳復光、廓振翎、賈毅等。

經過眾教官議論，結合個人專長，最後，決定政治課程暫定八類，確定了該八類課程的主講教官：三民主義（景亮鈞）、政治學（張鑒暄）、經濟學（廓振翎）、社會進化史（張九如）、各國革命史略（張九如）、中國國民黨史略（賈毅）、帝國主義侵略中國史（陳復光）、國際政治經濟概況（沈清塵）。

依照軍校學生授業期為一學年的情況，該會議還決定每種課程均分八次講完，這樣，八種課均可於一年之內輪替講完。

上述課程和主講人，在周佛海、酆悌到任後，特別是其後周去酆繼以後，多有調整和變化。

政治部重新成立及政治教官同仁

早在一九二七年四月，南京國民政府成立後，即擬將黃埔軍校由廣州遷南京（後決定黃埔軍校為預科，另在南京設本科），仍設政治部主持各項政訓事宜。惟至是年八月，蔣氏下野，群龍無首，政治部無形解散。及至一九二八年初，蔣氏復職。三月，中央陸軍軍官學校成立於南京小營。四月，政治部重新成立，以周佛海為主任，黃埔一期生酆悌副之，陶希聖任政治總教官，谷元俊為秘書。下轄黨務、訓練、總務三科，還有總教官辦公廳與編輯部（編輯《黨軍日報》、

《黨軍月刊》、黨軍叢書等）。由此以後，政治教官人數增加很多，多係留日、蘇、法、英、美學生，亦有黃埔畢業生，階級為上中少校。我所記得的有：

文聖舉、文聖律兄弟，四川人，皆留日學生，由陶希聖介紹來校，教授中國革命史及各國革命史課程，文氏昆仲學問很好。

酈振翎，江西人，號石溪，留日出身，中央軍事政治學校時代即為政治教官，後為上校政治總教官，教授中國經濟概論課程，著述甚富，惜後早逝。

賈毅，河北人，黃埔四期生。屬孫文主義學會派，在校講授中國國民黨史課程，早逝。

白瑜，這是一個與我稔熟的同仁。字上之，湖南人，肄業湖南省立第一師範學校，與毛澤東、蔡和森、蕭瑜有同窗之誼。後與鄧文儀、劉詠堯等赴蘇聯莫斯科中山大學學習（蔣經國也是在這一批赴蘇留學的）。白與我在軍校同授世界政治經濟概況課程，其性耿介，故與同仁關係不睦，後離校。抗戰後任立法委員。一九四九年後去臺灣，任政治大學教授多年。

高傳珠，字晶齋，山東人，留蘇學生。在校講授黨義課程（建國大綱研究），離校後任南昌行營設計委員，軍委會特別黨部書記長。後在任山東省建設廳長期間，因涉嫌貪污被判刑七年。一九四九年初來南京找我，我介紹其至某中學任教。其後下落不明。

劉詠堯，這亦是一個較熟悉的同仁。字則之，湖南人，黃埔一期生，肄業莫斯科中山大學，講授中國國民黨史。因其相貌英俊，深受校長蔣介石不次擢擢（蔣氏深信相面術），得以青雲直上，後任軍校政訓處長、政治部廳長、國防部代部長。一九四九年後去臺灣。

鄧文儀，字雪冰，湖南人。黃埔一期畢業，嗣留蘇。在軍校講授軍隊政治工作課程，可惜口才不佳，故不擅教書。鄧頗忠於蔣，後做蔣的侍從秘書，與劉詠堯一樣，長期擔任國民革命軍政工主管。抗戰

勝利後，任國防部政工局長，後去臺灣。至一九九〇年，據報載，鄧率臺灣黃埔同學會代表團兩次赴大陸訪問，鄧小平、江澤民、聶榮臻及其黃埔學長鄭洞國等均予以接見。

柳克述，字劍霞，湖南人，亦是時相過從的朋友。柳肄業北京大學，習政治學。其學問優長，著述亦多，來軍校任教前，曾出版過《新土耳其》一書，介紹土耳其的非資本主義與社會主義的革命領袖凱末爾（基馬爾），引起蔣介石重視。在軍校與我同授國際政治課程，嗣又與我先後給軍校高級班講授中國經濟問題。抗戰期間，為陳誠倚重，羅致門下，任其秘書長，兼第六戰區政治部主任，去臺灣後任「交通部」次長，交通銀行董事長。

倪文亞，浙江人，留美學生。在校講授建國方略課程。抗戰初期，我任軍校第二分校政治部主任，倪為第六分校政治部主任，階級相當。後為三青團蔣經國系統幹將，得以平步青雲，一直做至臺灣「立法院長」，成為一員長青政客。

孫茂柏、孫慕迦兄弟，湖南人，係酆悌的妻弟，以酆悌之關係來校，講授黨義課程。弟孫慕迦係東吳大學畢業生，後兼軍校《黨軍月刊》主編，與我較熟，常來向我約稿。孫氏做事有些大而化之。

譚振民，浙江人，留日學生，在軍校多年，主講社會問題課程，文筆較好，後主編軍校《黨軍日報》及《黃埔月刊》多年。

何漢文，湖南人，出身湖南省立第一師範，後留學莫斯科中山大學，為該校第三期生。在軍校與我同授中國政治經濟概況之課，他似與改組派有關，後任監察委員。一九四九年後居湖南。

張韶舞，安徽人，留日學生，講授中國革命史課程。後為軍校七期時代的政治總教官，任過浙江海鹽及平陽縣長。

羅君強，湖南人，教三民主義課程，抗戰期間追隨汪精衛投敵，成為漢奸，戰後被判刑。

沈明，字德建，湖南長沙人。與我頗談得來，其經歷頗具傳奇：

畢業於河海工程學校，在校就讀橋樑專業。嗣卻在軍校擔任政治教官，亦在暨南大學兼課，來往京滬。且精通岐黃，業餘行醫，醫術高明。我在北伐軍中，操勞過度，以至患肺病（結核），久治不愈，時好時發。至軍校授課，有時碰到粉筆灰即咯血，痛苦不堪。經德建兄以單方調治：他於滬上達仁堂採購中藥三昧煨湯（約半碗）讓我吃三次，嗣後又給我一單方，叫我每晚燒湯吃一次，丹方內含二味藥，我只記得其中之一為百合，我每晚睡前服一次，堅持三月，後經拍片，證實肺病已鈣化矣。至今未發，真為神術也。一九五○年代初，某次在北京東安市場內，我與德建兄重逢，互致問候，方知他此時已為中央衛生部聘為顧問，又為全國人大代表，上海中醫學院院長。真正成為醫界中人了。

徐達行，江蘇武進同鄉，教授建國大綱及方略。後來做過交通部天津航政局長，早卒。

李少陵，湖南人，抗戰期間，與我在重慶中央訓練團黨政高級班第一期同學，抗戰勝利後，曾做過湖南省安鄉示範縣縣長。一九四九年後去臺灣，參與編纂了一本名謂《國軍政工史稿》的書。

吳琪，字驚白，江蘇宜興人，留法勤工儉學同學，他來校是由我及邵力子先生介紹的，在軍校講授中國國民黨史，（後由政訓處印行）。吳是我與內子祁翬華相識的介紹人，我們亦曾為連襟。一九四九年後，曾在上海博物館任職。

周佛海、酆悌明爭暗鬥

在軍校政治部中，主任周佛海、政治總教官陶希聖與副主任酆悌不睦，明爭暗鬥甚烈。周曾是中共創始人之一，為人頗為自負，能說會道，文采亦好。陶則出身北大法科，亦能言善辯，自然瞧不起黃埔學生酆悌，酆氏曾為黃埔學生中之孫文主義學會骨幹，為人特立獨

行。惟頗忠於蔣，對周、陶兩人在「寧漢分裂」中站在漢方立場反蔣，「寧漢合作」後又搖身一變，寫了《我逃出了赤都武漢》一文。忽左忽右，政客作風，頗為不滿，嘗反唇相譏。時王柏齡亦與周佛海不和，曾於總理紀念周中，互相指責，王指周為「共黨」，周復指王為「庸才」，軍校同仁，人人皆知。

一九二八年暑期，蔣自北伐前線回到南京，重新主持校政。未幾，政治部對政治教官進行能力鑑別，此前，我曾寫了一篇對孫中山三民主義認識的文章。酆悌亦向我詢問孫中山先生之《三民主義》有關內容，見我對答不錯，乃提升我為中校教官，月薪一百八十元。景亮鈞則因授課效果不佳，學生反映不好，而遭解職。後來，又奉中央黨部通知，進行國民黨員重新登記，目的在於清除所謂「異己」份子。我與陶希聖、酈振翎、文聖舉、文聖律、孫茂柏、孫慕迦、徐達行、張九如諸教官偕往軍校特別黨部辦理。至是，我就成為一名「純粹」之國民黨員了。

是年冬，軍校人事復行改組：政治部易名政治訓練處，隸屬教授部（一九二九年後脫離教授部，仍直屬校部，並受軍委會政訓處節制），處長先為黃埔一期生曾擴情，後為酆悌。酆之對頭周佛海、陶聖希則先後離校他往。秘書先後由湖南人張羽、四川人劉騫、安徽人任國光擔任。我因授課條理清楚，學生反映不錯，又被提升為上校政治教官，月薪二百四十元。同任上校教官者有柳克述、孫慕迦、沈明、酈振翎、文聖舉、高傳珠等人。

蔣氏復職後，對軍校建設，頗為重視。時蔣住在校內，為一幢二層小樓，取名「憩廬」。他適與宋美齡女士新婚不久。每周必到校一至二次，或主持紀念周，或視察。且與少校階級以上之教官聚餐，以為聯絡感情。聚餐會由教育長主持，氣氛輕鬆活潑，餐後還有舞會。惟有一次在校內新落成的工字大廳內數百人參加聚餐時，新任教育長張治中不知出於何種考慮，竟對蔣夫人高呼「萬歲」，眾教官視之嘩

然。蔣夫人一介女流，對國家革命尚未有貢獻，張氏之舉，真是大煞風景也。

我在此類集會中，結識了不少朋友，如杜聿明，時任軍校第七期步兵第四中隊中校中隊長。杜雖為軍人，然頗有儒士之雅，待人接物，甚為得體，其後雖為兵團司令，對我仍已沈老師相稱。他如唐冠英，為江蘇同鄉，時任軍校七期中校戰術教官，卻喜修文，抗戰初做了軍委會戰幹三團的中將教育長。

教授政治經濟課程

軍校政治部成立後，依據校務會議決定，由各政治教官為第六、七期各隊學生共開設了二十一門課程。這些課程依其性質分為三大類，第一類是關於孫中山學說及國民黨黨義的；第二類是關於社會科學及史實的；第三類是關於技術方面的。其中以第二類的課程最多，共有十一門。這些課程的教材均由各授課教官自行編寫，經審訂後統一由政治部（後來改稱政訓處）以政治叢書的名義印發，一共二十種，印行前的校對工作，除由編者自校外，也尤其他教官互校，除發給學生以外，也在南京等地的各大書局公開出售，

我在軍校，前後為六七期同學開設兩門課程。

第一門課是中國政治經濟概況，該課以清季以來中國社會之政治變遷及其原因為綱，分述近百年來帝國主義侵略，新興工業興起，農業與手工業衰落，近百年來政治經濟之因果互為關係等。由淺入深，分層說明。並就如何擺脫中國境內外資勢力的壓迫、如何建設中國新的經濟基礎等問題提出探討。由何漢文、高傳珠教官及我分別給各隊學生講授，何國文基礎很好，惟其偏重於案首，口頭表達能力似較欠缺，故我二人採取長補短之法，合作有諧，亦受學生歡迎。何教官後離校，是課乃由我與高教官進行。

我講這門課，是依據當時我對中國社會的分析進行的。我對中國社會的看法是依據二點：其一為孫中山民生主義之「社會之所以有進化，是由於社會利益相調合」的學說。其二為馬克思所說「中國社會的生產方式，是一種亞細亞的生產方式。」也就是小農經濟與個體經濟的生產方式。

　　因此，我認為中國社會的發展規律與歐美社會是不同的。歐美及蘇聯那一套方法不能完全實行於中國。對於中國之經濟所以長期停留在封建經濟的階段，我的看法是：主要原因在於中國的聰明才智之士，沒有將他們的精力用於改造自然上，而是將他們的精力用於道德哲學上之故。

　　對於階級鬥爭，我認為，中國歷史上雖有階級鬥爭，但不像歐洲那樣厲害。中國自漢代以來的統治者們，很巧妙的用選舉制度與考試制度，使平民可以通過選舉與考試這兩種方式參與政治，變成官吏。同時又用很巧妙的財產繼承制度，使地主階級至多三代，復流為平民。所以，中國社會有「十年河東，十年河西」之說法。中國歷史上雖有地主與農民的對立，但此種對立不是不變的，而是流通的。由此而言，階級鬥爭至少是不明顯的。

　　第二門課是世界政治經濟概況，由我及柳克述、白瑜兩教官共同講授，教材之編寫亦由我三人分工合作。該課程講述自一八一四年維也納會議到一九一四年第一次世界大戰百年期間世界外交大勢及經濟概況，並分述英、德、法、意、日、美、蘇等國之政治經濟概況，如政府組織、政黨活動、外交國防現狀、財政產業榮衰等。其講授主旨，為使學生瞭解：世界近百年局勢變遷及現狀的形成，各國各期政治活動及經濟之概況，及其對中國政治經濟的影響。教材編撰分工如下：我編寫戰後外交（政治）與經濟概論，及英國政治經濟；白瑜編寫歐戰前及戰時、戰後初期世界政治經濟；柳克述編寫德、法、意、日、美、蘇等國各期政治經濟。講授則通講，包括：自維也納會議至

神聖同盟、意大利與德意志民族之統一（德法意及其他國家自一八四八年的革命至一八七一年的民族國家成立）、三國同盟與三國協約至歐洲大戰（一八七一年至一九一四年）、歐戰的原因與經過、巴黎和會、國際聯盟、對德問題、對俄問題、東方問題、裁軍問題、戰後國際經濟地位之變遷、戰後債務問題、戰後經濟恢復運動等課次。

柳克述在講述國別部分時，念念不忘其「新土耳其」，特增加土耳其一節，認為土耳其基馬爾（凱末爾）革命，是東方各民族運動中，首先打倒帝國主義勢力的，其獨立之精神，亦可對中國有所借鑒。

觀察當代國際政治，應自第一次歐戰結束後的戰後外交大勢談起。我認為，戰後之外交，歸而納之，可由四點觀察：（一）對德問題，即各帝國主義者的分贓問題；（二）對俄問題，即帝國主義與布爾什維主義的對抗問題；（三）東方問題，即帝國主義對於弱小民族的侵略問題；（四）裁軍問題，即帝國主義者的內部衝突問題。

孫中山先生說過「……社會之所以有進化，是因為人類求生存；人類要不斷地生存，所以社會才有不停止的進化。」我們由此來觀察戰後十年（一九一八至一九二八）之國際政治，與戰前相較，其特點有五：

第一，戰前世界外交的焦點集中於德國，而戰後世界外交的焦點集中於蘇聯。

第二，戰前帝國主義者，對於東方的侵略，是對抗的侵略；戰後帝國主義者，對於東方的侵略，是共同的侵略。

第三，戰前美國抱著門羅政策，不願干預世界政治，戰後美國處處地方想干預世界政治，並處處地方想執世界的牛耳，如「太平洋會議」、「海軍會議」、「彌戰條約」等，都可證明美國要在國際聯盟之外，另成一個政治中心。

第四，戰後歐洲產生兩個強有力的國際：一個是代表帝國主義利益的國際聯盟，一個是代表共產黨利益的第三國際，這兩個國際同時存在，同時發展。

第五，帝國主義的日本，法西斯蒂的意大利，在政治上與蘇聯處於敵對的地位，在經濟上與蘇聯卻有密切的關係。美國至今未承認蘇聯，然而美國的金融資本，在蘇聯卻非常活躍，因此，戰後世界的政治與經濟，是背道而馳的。

從政治再談到經濟，我認為，自戰後以來，則有其地位上的變遷，主要表現形式為：歐洲資本主義經濟衰退與美國資本主義的發展。它使世界經濟失其均衡，亦係當今資本主義矛盾的一大現象。

觀察當代國際經濟，已經自國家經濟而進化至世界經濟。其特點，是國與國的經濟，有互相共通的關係（比如英國的紡織業與印度的棉花種植業；美國福特公司生產的汽車與南洋群島的橡膠業的關係即是如此。），它的進退、盛衰，是以國際間調協的程度為轉移。現在世界上任何一國，如果脫離了國際關係，閉關自守，國家經濟上一定會產生重大的變化，甚至不可能繼續維持。這種事實告訴我們，世界的經濟，已有形成統一的趨勢，這種趨勢，至歐戰以後格外明顯。

而經濟上之漸趨統一，與政治上之互相對立，這種當今世界矛盾的現象，就是戰後經濟不能恢復的根本原因。

世界政治經濟概況這門課程，除在軍校養成教育的各隊授課外，也在各類召集教育（調訓教育）的班次開設過，除此之外，校外的江蘇省區長訓練所、江蘇省警官學校等單位也請我們前去講授。

戀愛與結婚

我進軍校任教不久，大約在一九二八年五月，已兩年未晤面的留法勤工儉學同學吳琪來訪。言談之間，吳告我其現任職南京市公安局秘書室，薪水不高，想來軍校任教，希望我方便時代為舉薦，我答應設法。當談及個人問題時，他說已與公安局秘書室內擔任剪報工作的祁堅（字醒華）小姐結婚。當知我尚未婚娶時，即自告奮勇說可替我

介紹，並說其妻妹祁綱（字犖華）小姐亦任職剪報室，是十分適宜的人選。旋與我約定時間，擇日同去祁小姐家中拜訪。

　　某日，吳琪偕我同至南京頭道高井祁家拜訪。經其介紹我認識了犖華之母卞氏（譜名縉昌）、姐醒華、弟式潛，及同住一院的其表兄卞泰孫（協民）、張俊夫婦。初次見面，我與祁家母女等均談得很融洽。卞老太太係江蘇儀徵人，世居揚州，知書達禮（年輕時曾往東瀛遊學），娓娓而談，頗具大家風度。協民兄人很忠厚，不善言辭。係黃埔軍校第五期畢業生，時亦供職南京市公安局。其妻張俊，廣東人，生性活潑開朗，惜這對夫婦其後卻以感情不睦，終至離異，留下一雙兒女。張後適晉人周玳，周係閻錫山部下，後來參與了北平和平解放。

　　我結識犖華後，幾經往來，彼此覺得很談得來。時犖華年僅十七歲，雖性格內向，言語不多，但宅心醇厚，秀色天成，毫無矯揉造作之勢。且頗守禮節，事母至孝。她出生於一個破敗的封建大家庭中，原籍山西壽陽，寄居江蘇揚州，父家和外家均係名門望族。有清一代，壽陽祁氏曾名噪一時，高祖祁韻士（鶴臬）、曾祖祁寯藻（叔穎）、祖父祁世長（子禾），三世顯達，加上曾叔祖祁宿藻（幼章，與曾國藩同科進士），有「一門四翰林，三代帝王師」之譽。其中尤推祁寯藻，為清道光、咸豐、同治三朝重臣，官道、咸兩朝的體仁閣大學士兼領班軍機大臣（相當於宰相）。學問優長，工詩善書，自成一格，蔚為一代儒宗。曾三授皇讀，深得倚重。寯藻正色立朝，與力主「以漢制漢」的滿清宗室肅順爭鬥甚烈。聞咸豐四年，湘軍曾國藩部破太平軍武昌城，咸豐帝聞之大喜，即任曾國藩署理湖北巡撫。對左右曰：「曾國藩一介書生，乃能建此殊勳。」左右皆附和，獨寯藻恐曾氏權傾一時，有「尾大不掉」之虞，正色道：「曾國藩一在籍侍郎，猶匹夫也，匹夫居閭里，一呼蹶起，從者萬人，恐非國家之福。」咸豐聽後，為之色變，旋收回成命。

一九七六年，臺北「聯經出版事業公司」出版了《壽陽祁氏遺稿》，影印發表了由臺北「國立中央圖書館」珍藏的祁寯藻、宿藻昆仲，及祁世長、祁師曾（鞏華堂兄）祖孫四代手撰文稿十九種，匯為一編，精裝七冊影印，堪稱彌足珍貴，足徵祁氏在世之影響。

鞏華外家江蘇儀徵卜氏，世居揚州。外曾祖卜士雲（光河），道光進士，署浙江巡撫，鴉片戰爭起，英軍犯浙，士云身先士卒，率部日夜防禦英軍。英艦入長江，鎮江危急。有人告其江北眷族恐危，他答道：「吾以身許國，身且不顧，何有妻孥！」外祖卜寶第（頌臣），咸豐舉人，官湖廣、閩浙總督，顯赫一時。在湖廣總督任上，適逢中法戰爭，寶第積極備戰。戰後上書，提議警惕列強陰謀，復任閩浙總督，整理馬尾船廠，興利除弊，有政聲。

辛亥軍興，卜寶第次子卜綬昌（鞏華舅舅）於揚州設洋書房，順應潮流，延師教授子女英日文及其他科學常識，不可不謂係封建大家庭中具現代頭腦者。然鞏華父母的結合實乃典型的封建大家「世誼」聯姻，缺乏感情基礎。後其母卜氏與其父祁友蒙（字莘敏，為祁寯藻文端公嗣孫，祁世長文恪公次子。世長逝後，清廷賜主事，及歲後引見授同知銜以知府任用，辛亥後遷居揚州東圈門。）不睦，原因就在友蒙「非複文端之風」（鞏華表兄儀征陳含光語），一個大家庭，不事生產的結果就是走向破敗。故老母決然攜子女遷居南京。雖然寄人籬下，生活拮据，卻是骨氣凜然。雖昔祁卜兩家，與李鴻藻、張之洞、李鴻章輩，俱有姻親關係，且李鴻藻子李石曾就在南京做官，決不輕求於人。故鞏華小小年紀，尚在讀書求學之齡，就要承擔生活之負擔，鞏華每與我談及父親的重男輕女，致自己失學，頗感痛苦。我對之境遇亦頗為同情，乃由情生愛。我以為唯有愛，才能使鞏華脫離現實環境。

及今思之，我們兩人之戀愛過程，至重精神。我長其八歲，鞏華實為吾之小妹。由於雙方工作俱忙，雖同處金陵城中，卻不得時常見

面，故吾二人，曾約法三章，每日必發一信給對方，將我們之情感，盡情地表達出來，至今猶存數封，我致她的第一封信是這樣寫的：

鞏妹：

借得昨天的機會，彼此暢談了三四點鐘的話，一方面，因為你溫和的態度，純潔的心腸！一方面，因為光明的月亮，澄清的玉宇，習習的涼風，把整個暑氣消盡了！秦淮河畔，夫子廟前……那時的景象，差使我胸襟得著無限的開展，無限的愉快和安慰！至少，在我們青春史上，增加了鮮明的一頁。

返校時十一點鐘了，沿路的口令，雖然喊得非常屬害，但是個中經歷慣的我，當然沒有什麼驚駭和畏懼，那時，月亮還是那樣明，涼風還是那樣吹，玉宇還是那樣澄清，但是……鞏妹！我們昨晚講的話，要請你實行，並且要請你嚴格的實行！因為愛你，所以期望你，因為期望你，所以便要督促你！

鞏妹，我希望你能夠拿我所期望你的心來期望你自己，同時，拿你自己所期望你自己的心，來期望我！那才是我的真正的期望！

文字差，是不要緊的，誰能天生就好呢？只要我們有恆心，有毅力，什麼事都可以成功！況且你還在妙齡時期呢！每天一封信，三四句也好，十句八句也好，討論問題也好，記載些瑣碎事實也好，只要能繼續下去，我相信在最近的將來，你必定可以得到很大的進步！再談罷，請你珍重，保全著健康的身體，每天給我一個很好的消息。祝你的
安好

塵
五月三十一日上午

鴻雁不斷往來，我們之間感情亦是與日俱增。至是年秋，我倆訂結了百年之好。我經多方奔走，終在市內大全福巷尋得一處住房，旋將鞏華母女一並接了去，其姐醒華及夫君吳琪，亦同住一處。

不久，我倆於南京蜀峽飯店舉行正式婚禮。主婚人為邵力子先生，參加者除雙方家長及至親好友外，酆悌等軍校同仁亦紛紛前往賀儀，甚是熱鬧。軍校教官白瑜、任培智夫婦，與我們同時舉行婚儀，更增加了婚禮活躍氣氛。

婚後，我與鞏華共同生活了五十八年，期間僅有抗日軍興之最初二年，及一九五一年春至一九五二年春，分各一方。我們互敬互愛，無論在順境，抑或逆境，始終如一。她為我及撫育二兒，做出了很大的犧牲，極具溫良恭儉讓典範，無愧為我的賢內助，龜鶴二兒的好母親，一直到她於一九八六年四月先我而去也。

江蘇省區長訓練所

我在軍校教書，除與上述軍校諸同仁時相過從外，復與在南京的一些留法同學如樓桐孫褚一飛、朱葆儒等交往甚多。其中葆儒為常州同鄉，為人活躍，時任南京特別市政府教育局社會教育科科長（局長為顧樹森先生，亦為江蘇同鄉，先前任過吾邑武進縣長）。經葆儒介紹，並轉請顧局長同意，我於一九二九年一月起，兼任教育局社會教育科科員，係委任三級，月薪一百六十元，職責是在科內主編《民眾教育》周刊。同為編輯者，有徐德嶙，湖南人，另有吉德梁、熊振德，俱為南京人。

朱葆儒時復兼任鎮江江蘇省區長訓練所教務主任。仍以葆儒之邀，我於同年三月，復兼任該所教員，講授三民主義及世界政治經濟概況課程，往來南京鎮江間。至是年五月，葆儒奉令調任江蘇省民政廳第二科科長，行前，他請准民政廳長繆斌，薦我繼任區長訓練所教

務主任，一直至第一期學員畢業。二處兼職，加上軍校任教所得，短期內月薪曾達七百元（折合七百銀元）。

孫中山先生甚為重視地方自治工作。在其撰寫的《建國大綱》中規定訓政時期由政府派員訓練考試合格人員，協助人民籌備地方自治，江蘇省區長訓練所這一訓政幹部學校即依此規定而設。因為訓政工作之首務，在於訓練幹部人才，而區長為縣與村、里之間籌備自治訓練人民之中堅人物，責任重大。應依《建國大綱》規定，由訓練考試之程序培養之，作為籌備全省地方自治施行訓政之幹部人才。

區長訓練所由江蘇省民政廳主管，以民政廳長繆斌兼任所長。繆係北伐時代孫文主義學會之骨幹，江蘇無錫人，曾任師黨代表，為人剛愎自用，任人唯親，抗戰時淪為漢奸，勝利後被處決。所長之下，設教務、訓育、事務三處，三處主任前分由朱葆儒、劉平江、沈光鑄擔任，後分由我、顧穀宜（俶南，係繆斌小同鄉，留蘇學生）、陸毓琦繼任，另有一軍事訓練總隊部，職司學員軍訓事宜，總隊長由武進鄉賢，黃埔一期生蔣超雄兄擔任（蔣兄後調警官學校總隊長，遺缺由陳超繼任）。

第一期學員招考工作自一九二九年二月開始，先由省民政廳通令各縣（時江蘇省有一二三等共六十一縣）依章保送學員，旋組織資格審查委員會，以審查各縣保薦來省考試者之資格。並組織考試委員會及考試事務所，主持考試與辦理各項考試事務。各縣共保送學員二一〇四人，經資格審查合格者有一六七二人。復於三月初舉行考試，計正取六百五十三人，備取八十六人，嗣以金山、睢寧兩縣全未錄取，加上江寧等縣錄取生員未滿規定額數，故又為金山等縣學員補考。又取四十三人，兩次考試共正取學員六百九十六人。

各錄取學員自四月一日開學，至七月十五日畢業，歷時三月有半。學員入學後生活，一方面採區村制，定名為京江自治區，劃學員宿舍為七個村，村下又分閭分室，村之上組織區公所，區公所對內負

學員演習自治生活之責，對外負學員在鎮江城關施行實習工作之責。一方面採軍隊制，全體學員均著軍服，編為七個大隊，由軍訓部派出軍事教官負責操練。

課程方面有三類：黨義方面有三民主義、建國方略、建國大綱、五權憲法、中國國民黨政綱及宣言、中國革命史、帝國主義侵略中國史等；基本學科方面有政治概要、法律概要、世界政治經濟概況、社會學概要、統計學概要，江蘇省人文地理等；地方自治方面有地方自治通論、各國地方自治制度、現行地方自治制度、地方自治實施法、市政、社會問題、公文程式等。

教員俱一時之選，除國內大學畢業者外，還有留學日、法、美、英、蘇者，或得博士、碩士學位者，共五十餘位，除三位主任教員，六位專任教員外，其餘均為兼任教員，記得名字者有黎重夫（留法，主任教員）、王天瑞（留日，主任教員，即王龍，後為大律師）、柳克述、孫茂柏、嚴世濟、陳毅夫等。

教學方式分二階段進行，第一階段自開學至五月中旬，以課堂講授為主。第二階段在五月中旬後，著重地方自治實際問題之討論。討論由教務處會同各教員，擬定討論題目及討論要點先期發交各學員，再定時間，分班進行之。擬定的討論題目分十個方面：一、民眾運動討論大綱；二、民生主義的理論及實施；三、黨部與政府的分工與調劑；四、鄉村市鎮討論要點；五、縣司法之改進；六、江蘇水利討論大綱；七、合作的意義及其實施的方法；八、鄉鎮之實況與評判；九、戶籍調查及人事登記之實施方法；十、鄉村衛生。題目之下，分列各項實際問題，由各教員及教務員、訓育員主持進行。

教務主任的工作主要有：教員、職員之延聘、教育方針及教員服務規程之制定、分配課程並考核教員服務成績、編定教務上各項規程表簿、考查學員成績並督促學習、主持各項考試及學員畢業等。

教務處除我為主任外，有徐德嶙等教務員四人負責編制課程，草

擬表簿章則，辦理學員註冊，及其他統計登記等教務工作。另有編輯一人，負責編輯《訓政旬刊》，該刊以發表學員之研究文章，及各項關於地方自治之論著為旨趣。又設圖書室管理員一人，負責圖書室內一切事項。書記四人，負責撰寫文書及各種會議記錄。

為配合地方自治課程之教學，教務處還制定各縣政務、警務、經濟狀況、風俗習慣、鄉鎮等調查情況表，發給各學員，令其按規定內容填報，作為區政實施研究之參考，並用來補充江蘇省人文地理之教學材料，受到各學員及有關課目教員之歡迎。

學員學完規定之課目，並參加完地方自治討論後，於六月二十九日及七月一日兩天舉行畢業考試，依據成績，評定等級，呈省民政廳備案。七月十五日，舉行畢業典禮。嗣各畢業及格學員，分發原各縣分區實習，兩月實習期滿後，正式派任區長。

結識史良

我在江蘇省區長訓練所期間，與兩位常州同鄉相處甚好，時他們俱在訓育處服務。

其一為主任訓育員閔毅成（東一）。他係東南大學畢業生，國文底子很好。我與其結識於北伐時代的南京市黨部，閔兄曾為大行官小學校長，至抗戰爆發前，由我推薦，他來南京軍校任文史教官，抗日軍興，隨校輾轉四川。戰後復任省立常州中學校長。一九四九年初，我任南京市社會局局長，聘他為主任秘書，惟不久，他即因病去世。其女君健，現為浙江工學院教師，至今仍與我有往來。

其二為由王天瑞介紹而初識的訓育處黨義訓練股訓育員史良。史出身武進縣立女師及上海法政大學，五四運動期間，即是常州學界的風雲人物。為人善交際，尤喜結識政要。在區長訓練所，論職務，為我部下，論年齡，卻長我三載，年逾而立，尚未婚嫁。史良很會做

人，某次，我生病臥床，她至床頭，問寒問暖，並煨雞湯及綠豆稀飯給我吃，還將其戀愛情況如實相告，請我為之參考。是時，她經濟上似較為拮据。我曾接濟過她並助其開過照相館。對於其婚嫁大事，史母曾不止一次語我：「沈先生，你能否替我家四小姐（史良排行第四）找個先生？」我答道：「你家四小姐如此活潑之人，何愁找不到如意郎君！」後來史在滬上，經宋慶齡介紹與陸殿東結為夫婦。至一九三一年，我任江蘇省奉賢縣長，除居縣治南橋外，又於滬上拉斐德路（今復興中路）拉斐坊一號，與史良合租一房，她住三樓，我偕眷住二樓，樓下會客廳及餐廳共用，租金由我付出。是時，史良已與董康、沈鈞儒等合作執律師業。她亦常來縣治南橋鎮訪我。其時我三弟沈霞飛擬入上海法學院深造，我乃就商於史良，她復將三弟薦於院長沈鈞儒，得已入學。她經辦的許多案子均與我談過，大多為遺產繼承案。期間，我應吳祖培（吳曉邦）之請，介紹吳祖培控繼母案交其辦理，後由其出面調解。在滬上於辦理訴訟之餘，史良常來我家小坐，對內子鞏華因撫養幼子而未能繼續學業，深以為憾，她並告我，她與孫夫人宋慶齡識，有許多案子的委託辯護，還是孫夫人介紹的（大概為被捕的中共人士承辯亦在其中）。其執律師業，辦理幾個大案後，收入頗豐，與當年在區長訓練所不可同日而語了。抗戰期間在重慶，為聯絡鄉誼，旅渝常州同鄉會時舉行聚餐會，我與史良時相過從，她當時與宋慶齡、宋美齡姐妹關係均很好。記得某次，史良出面請我吃飯，還請了留法同學劉清揚（時為國民參政員）等作陪。建國初，史良任司法部長，邀我去她的北京宅院（位於東總布胡同）小坐，並要介紹我加入民盟組織，惜我當時忙於教學，未能應允。

在江蘇省城鎮江，我還遇見了另一位常州同鄉，時任江蘇省建設廳（時廳長為王柏齡）技佐的楊品蓀。楊為我在武進縣師的同學，又同船赴法。我自法返國後，他隨方至剛等同學去了蘇聯，別離三載，於此相遇。承他見告，得知他經過一番坎坷，才回到國內。抗戰期間

在重慶，他也加入了留法比瑞同學會。

隨軍校戰時宣傳處赴武漢

北伐統一後，南京國民政府宣布結束軍政時代，實施訓政。然由於內部權力分配不均，國民革命軍復行分裂，呈各自為政狀態。並形成南京、廣州、武漢、開封、太原、瀋陽六大權力中心，分由蔣介石、李濟深、李宗仁、馮玉祥、閻錫山、張學良治之。

及至一九二九年初，軍隊編遣會議召開，決定實行軍政軍令統一，並裁減兵員，然由於與會各方對編遣標準認識不一，特別是蔣馮兩大勢力歧見特大，以至無法達成共識。蔣是中央的代表（國民政府主席），故軍校師生，大都擁蔣「削藩」之策。時擁兵稱雄武漢的桂系軍人發動事變，南京中央決定派兵征討，戰事以桂系敗北，服從中央而告終。其後，又發生軍校校務委員馮玉祥以「護黨救國」之名，發生異動。最終亦以馮氏下野，息影林泉而結束，由是可見，統一乃客觀大勢所趨。

武漢事件及討馮後，軍校教育長張治中奉調武漢行營主任，七期學生奉令組織學生混成團，全部出發武漢，授課中止。軍校政訓處亦奉令組織戰時宣傳處，由鄧悌率領，於一九二九年十月二十一日舟發武漢，抵步後，且深入河南原馮氏地盤，進行所謂「討逆」宣傳。復在武漢三鎮舉行盛大之宣傳周活動，利用多種方式，宣傳消弭內亂，鏟除封建地盤思想，及統一的重要性。政治教官奉令組織特種委員會，隸於戰時宣傳處下，擔任宣傳設計編輯工作，如撰寫宣言、告民眾書及時政論文、向民眾宣講等。

當時我的思想是贊成統一的。在漢期間，我除就由中東路所引起的中俄問題發表演講外，還就「破壞與建設」等問題，發表文章。宣傳高潮以後，繼續在漢給七期生講授國際政治課程。我也曾寫過一

篇偏重研究性的文章，題為《國民革命與討馮》，先發表於《黨軍日報》之上，後出單行小冊，對其內容，我於該文弁言之中，作有如下說明：

> 本篇的內容：第一，說明中國社會的現狀，與各國不同之點，指出阻止中國社會進化的根本動力，而歸結到國民革命為解決中國問題的唯一途徑；第二，說明中國國民革命的特點，指出國民革命與資產階級的虛偽的民主革命，與夫社會主義者所主張的社會革命的異同，而歸結到帝國主義與封建勢力是國民革命的唯一障礙，並闡明封建軍閥是保障封建勢力的唯一的武器；第三，說明軍閥的形成，軍閥與帝國主義及封建勢力互相勾結之狀態，再從社會進化的趨勢上，證明軍閥崩潰之必然性；第四，說明馮系軍閥所以能夠比較持久的原因，及其與其他軍閥不同之點；第五，證明討馮工作與完成國民革命關係之重大；最後說明過去對於投機軍閥優容之錯誤，以及我們將來應該努力之點，以作本篇之結論。

總的來說，當時的客觀形勢，是需要有一個政治中心人物來穩定政局，實現統一。而在上述六大權力中心人物之中，似以蔣氏較為合適。蔣氏其後違背初衷，先是以「討逆」為名，行排斥「異己」為實，後藉訓政之名，行獨裁之實，終被新的政治勢力及其領袖所替代，此亦歷史的必然。

軍校高級班招生

軍校以養成教育即正期學生教育為主（自第八期後，學制為三年），兼及其他，故自黃埔時期起，除普通班外，還設有高級班（周

恩來兼任過班主任），惟學時甚短，後因故停辦。

一九三○年初，為使各期畢業之優秀學生，得以繼續增進軍事知識、技能與政治素養，遂恢復高級班建制。旋組織招考委員會，以教育長張治中兼委員長，鄧悌等皆為委員，下設四組。

高級班為召集教育，（即調訓教育），招收軍校一至六期畢業生，授以必要之學術，並陶冶其德性，以期養成軍中堅幹部，及各兵科之專門人才。學員入學即有津貼，自黃埔第一期生八十元一月，以後每期遞減十元。招考報名自一九三○年一月十日至二月十五日，報名地點除南京本校外，武昌武漢分校、黃埔廣州分校，及北平等地，亦接受報名。

入學考試時間初定於二月二十五日起，地點在南京本校。嗣以準備工作欠周，乃延至三月十二日起進行，是日恰為總理中山先生辭世五周年祭日，氣氛肅穆，軍校特別黨部專撰祭總理文，刊載於《黨軍日報》之上。

考試課目分第一第二第三三試。第一試為體格檢查；第二試為軍事學及普通學課程；第三試為口試。惟依招考規則，第一試不合格者不得參與第二試，第二試不合格者不得參與第三試。由是可見考試之嚴格。

招考期間，我獲聘擔任高級班口試委員，參與口試工作。全部招考工作至三月底結束，旋張榜公布錄取學員名單。共取錄（包括特許保送者）一千六百餘人。

高級班於四月開學。分為甲乙兩級，甲級以培養軍事幕僚，及統帥將校為主，修業期三年；乙級以培養各兵科之專門人才為主，修業期二年。但學員第一年不分級，僅以各生原隸之兵種（步騎炮工輜）分科編隊，其中步兵隊人數最多，共有八個班，全體編為十六個教學班。　教學科目分軍事教育與政治學及普通學教育兩類。軍事教育第一年分學、術兩科進行，學科有戰術、軍制、兵器、築城、交通、地

形、經理、衛生及馬學，還有軍隊教育、演習計劃、典範令等；術科有各兵科教練、技術及各項演習等。第二年起則以甲乙兩級分別實施之，甲級教育授以高等軍學之原理原則，乙級教育授以各兵科之專門學識及技能。政治學與普通學教育，課程有黨義（三民主義）、政訓、中外史地、數理化、外文、統計、農林學等，其中政治訓練及外文課程貫穿學員授業期始終。

教員均為各方面之專才，軍事教育課程且有多位外籍專家（多數為德國人）擔任，這是軍校採德式教育之始。

為高級班學員開設中國經濟問題課程

依照軍校高級班教育大綱規定，高級班政治課程有六種，分由六位教官講授，課程及教官為：黨義（孫慕迦）、人生哲學（劉兼青）、社會科學概論（胡一貫）、法學通論（毛家騏）、國際問題（高傳珠）、中國經濟問題（沈清塵）。

中國經濟問題這門課，主要是依據我在軍校政治研究班做研究員時撰寫的論文《中國經濟的分析》，及在《黨軍月刊》、《黨軍日報》上發表的《中國農業問題兩方面的觀察》（分：（一）中國農業的重要；（二）中國農業現狀；（三）中國農田分配情況；（四）結論四部分）、《從世界經濟現狀說到解決中國經濟問題的途徑》、《中國經濟問題之研究》等論文，加上在軍校軍需研究班的有關講課稿，修訂補充而成。

我們知道，經濟之產生，源於人類的生存欲望。而經濟的要求，概括而言，則為生產、消費、交換、分配四者。

我認為，當時中國經濟問題存在三種情況：第一，中國大多數資源仍蘊藏於地，沒有開發；第二，中國的生產方式，仍為農業和手工業的生產，雖經帝國主義入侵，發生經濟分化，然大部生產系統，

仍為幾千年傳下的陳法，未有絲毫變更；第三，帝國主義在華經濟勢力，以金融資本主義、工業資本主義、商業資本主義三種混合之經濟所構成，這種以政治武力為後盾的經濟勢力，非但足以支配中國經濟的全部，而且足以壓制中國的農業經濟及幼稚的工商業經濟，使之不能發展和進步。

所以，如何脫離中國境內外資勢力的壓迫，如何建設中國新的經濟基礎，是中國經濟面臨解決的兩大問題。

面對當時中國經濟貧富不均及帝國主義經濟侵略的現象（時在農村，百分之五的地主卻占了百分之五十的土地，而百分之五十的農民，卻僅有百分之六的土地），我主張積極的發展生產，同時，也應體現分配的均勻，這應是「訓政時期」物質建設的重要部分，依據孫中山民生主義的生產方式，應積極發展國家資本，消極限制私人資本，使國家企業與私人企業同時並存，形成經濟競爭，以促進社會進步。還要實行平均地權與耕者有其田政策，使分配不公現象趨於緩和，調動生產者的生產積極性，從而實現生產與分配的兩大目標，其餘問題，才可迎刃而解。

這門課程，自接手到編寫講義，時間上極為局促。因此，有些問題並未談深談透。上課甫及一月，我即轉主江蘇省奉賢縣政，而辭去軍校教職，該課程其後我推薦柳克述兄續講。

圖書選購委員會

就學校而言，圖書資料不可或缺，其設備完善與否，及資料之多寡，亦為衡量學校辦學成果的標準之一。

軍校遷南京後，重視圖書館建設。第六期時代，圖書館由政治部訓練科管轄，其管理員階級為同少校。聘請留學歐美習圖書館專業之學人擔任。政治部易名政訓處後，圖書館隸總務科之下，至第七期時

代，總務科改為總務課，圖書館仍其所隸。八、九期時代亦然，然數年下來，圖書館之規模卻是日益擴大。

一九三〇年一月，經政訓處本年度首次處務會議決定：設立圖書選購委員會，負責圖書館之業務建設，委員有張韶舞、高傳珠、文聖舉、沈清麈、王超凡、李振翎、柳克述、譚振民、蔡聲鴻諸人。定每月集會一次，討論圖書購置等業務，召集人為張韶舞。

自是以後，圖書館工作漸入正軌。工作人員深入各方，搜羅古籍秘本，及未刊稿本等，充實館藏。並與國內外各大圖書館建立業務聯繫。復致函各教官：所著之書，一律每種十冊留存館藏。規模建設，亦益形擴大。新建仿羅馬式圖書館大樓，上下兩層，在當時之金陵城中，堪稱宏偉，行政關係脫離政訓處，改直隸校部。又發行《中央軍校圖書館月報》（于右任題籤），月出一期，未嘗間斷，館刊介紹館內外藏書，發表讀書經驗及圖書館學專文，深受員生歡迎，記得某期曾刊有近代五十年來影響人們思想行動最深刻的五十本圖書目錄，以檢討過去，把握現在，創造未來。該書目係由美國教育家杜威教授、俾爾德教授、大西洋月刊編輯維克司夫人共同選編，依出版先後排列，將馬克思《資本論》排列在首（有陳啟修及潘冬舟中譯本），另柯南道爾《福爾摩斯奇案記》（有程小青、周瘦鵑等譯本）、托爾斯泰《波子西佛殺妻》〔有林琴南題《恨縷情絲》中譯章〕、弗洛依德《夢的解釋》、普魯斯特《往事回憶錄》、愛因斯坦《特種及普通相對論》、列寧《國家與革命》、希特勒《我的奮鬥》（有佩萱譯，羅家倫作序，黎明書局出版之中譯本）等均列名其中。而排列末位之名著乃托洛斯基《俄國革命史》（有萬武之譯，泰東書局出版之中譯本）

刊出的五十本書目，時僅有十七種有中譯本，僅占全部三分之一。故期後，軍校教官中不少熟悉外文者，亦自圖書館借得原版，從事譯述，以滿足國內讀者之需。

第五章　初次從政的前前後後

出任奉賢縣長

我在江蘇省區長訓練所兼任教務主任期間，經友人介紹，得以結識時任江蘇省政府秘書長的葉楚傖先生。葉為國民黨元老，江蘇吳縣人，生得南人北相。為人謙和，毫無架子。且能詩善文，頗有才氣，曾為「南社」骨幹。護法運動期間，於滬上主持《民國日報》筆政，名噪一時。

及至一九三〇年春月，葉楚傖繼鈕永建後任江蘇省政府主席。葉知道我在區長訓練所後期，因與民政廳長繆斌及其親信不睦，而遭繆氏打擊，憤而辭職事。乃約我談話，先對我表示慰問，（葉亦與繆氏不對），繼而詢問區長訓練所的有關情況，我據實以告。葉嗣告之，因區長訓練所畢業學員中，良莠不齊，故擬成立區長補習班，抽調部分畢業生來省重新訓練，並請我主持此項工作。我答稱此事恐仍由民政廳（時民政廳長為胡樸安先生，一位古典經學家，係葉之老友）方面出面較好，我去不盡適宜。未幾，葉復邀我往，告知他準備對江蘇省各縣縣長進行鑒別，以年輕的同志取代老朽之官僚，以保持縣政之清明。他並問我是否願意擔任縣長職務？我答容我考慮，另行告之。

後我經過考慮，認為縣行政工作雖然繁瑣，然薪水卻比軍校任教高出許多，時政府推行公務員高薪制，縣長月薪四百元，另有二百元的特別辦公費支配權，且縣城生活比大城市便宜許多，空氣亦好。乃函告於葉，同意就任。嗣由邵力子、劉蘆隱兩位先生推介（時在國民

黨以黨治國之訓政時期，縣長一職人選，依律需由執政黨兩位中央委員薦舉方可，邵先生時為國民黨中央監察委員，劉先生為國民黨中央執行委員、中央黨部宣傳部長，合於規定），復經江蘇省政府會議決定通過，委任我為江蘇省奉賢縣長，敘薦任一級。時為一九三〇年五月，我剛滿二十七足歲。在江蘇省六十一縣縣長之中，算是年齡較輕者（時縣長平均年齡均在四十歲以上）。是月中旬，我攜眷赴奉賢縣治南橋履新。

我到任後，即巡視縣下各區，復於縣政會議上，提出施政四原則：一、鏟除積弊，建設廉潔的地方政府；二、縮減行政費，擴充事業費；三、增加警衛實力，維持社會秩序；四、啟發人民知識，訓練人民技能，鞏固地方自治基礎。對自己則以「不腐化，不畏難」六字自勉。

為使地方自治順利實施，我於一九三一年奉令重新調查戶口，新辦人事登記，按月登記戶口變動，據最新統計數字，全縣人口有男性九萬九千二百四十四人，女性十萬零一千三百七十四人，共計二十萬零四百二十三人，四萬四千六百四十六戶。在江蘇省六十一縣中，依地域、人口、政治、經濟發展情況，分為三等。其中一等縣十四，二等縣十七，三等縣三十，初奉賢列為三等之列，惟自一九三二年起，升格為二等縣。

縣政紀實

一、教育方面

（一）開展社會教育

時奉賢人民，識字率不高，據調查所得，不識字者，竟高達百分之六十有餘。故社會教育，實有擴充與發展之必要。我到任後，乃

通令所屬機關，必須附設民眾學校，訂定《行政機關附設民眾學校辦法大綱》，交縣政會議通過後，公布施行。民眾學校每期四個月，招收失學民眾入學，分設成人、青年、婦女各班，以識字教育及技能教育為主。課程有國語習字、珠算、常識等。頗受一般民眾歡迎。全縣共開設民校十六所，有學生逾千人。又批准教育局舉辦民眾茶園，以提倡正當娛樂，改良社會陋俗，增進民眾知識為宗旨。於一九三〇年八月先在南橋、奉城、莊行、胡橋四鎮試辦。園中注意環境用具之美潔，內設置書報樂器，開展琴棋書畫等正常娛樂，禁止賭博及一切不良消遣，試辦成績尚佳。乃決定擴大舉辦地點，以受益民眾。其他社會教化設施，有開辦南橋奉城兩公園，及民眾教育試驗區，試驗民教新法等。

（二）增籌教育經費

教育為立國之體，應予以特別重視，而教育畝捐費，幾占教育經費來源的百分之五十，不能不切實維持。我到任後，自一九三〇年度新預算起，規定實增為七分四厘，較上年度增加二厘，目的旨在維護教育事業之發展。

（三）督促宣傳抗日

社會教育之職，以指導及教育民眾為務。我到任次年，「九一八」國難起，東北淪陷。暴日橫行，慘不忍睹。當此國難之際，自宜喚起民眾，精誠團結，一致抵禦外侮。乃訓令教育機關，制定抗日宣傳大綱，向民眾宣傳日本侵略中國歷史，日本侵華政策，及國民抗日應有之態度與準備等，並製成文字、圖表等，向民眾演講，起到了很好的效果。

二、建設方面

（一）增設公路及敷設電話

奉賢交通，昔之以小路為主，港巷分歧，小舟四達。而汽划兩船，或接閔行上海，或接松江，尚稱靈便。近者始規劃公路，縱橫聯繫，脈絡貫通。其中以南匯閔行一線為通滬孔道，故有閔柘路修築之議，此路以奉賢南橋為中心，北達蕭塘，經南匯縣之太行鄉，渡浦江通閔行，南迄松江、奉賢交界處之柘林鎮。自北而南，分二段施工，首段為南閔段，於一九三〇年冬開始建築，至次年五月，路面橋樑等均告工竣。二段為南柘段，復於一九三二年五月開工，至同年十月十日完工通車。而滬杭省道即接此線向南展布，直達杭州。其他有金奉路闢築之議，自東往西，亦為貫穿全縣之重要公路，且西通浙江平湖，以上為幹線。至支線者，有奉柘（奉城至柘林鎮）、奉南（奉城至南匯大團鎮）、奉新（奉城至南匯新場鎮）等，亦均在擬議之中。惟限於地方財力，上述公路計劃，至我離任時，亦未能付諸實施也。

電話為交通之利器。我上任後，即訓令撥補地方經費，自一九三二年春敷設城鄉電話，同年五月工竣。自是，不惟縣境內各區可以互通聲息，且與東北之南匯、川沙二縣，西南之金山、松江二縣，俱實行聯話。此後浦江電纜之鋪設完工，則可徑直與滬地直通。

（二）拆城修監

一九三〇年七月，奉賢舊監發生沖監案。我即令成立募捐委員會，分頭募集資金，以修固監所。並於同年十二月開工，在補助無著的情況下，我呈請拆卸東南西各門甕城，將城磚移建監牆，藉以節省經費，其他公路上橋樑涵洞，所需磚石，亦可取給予城磚，實為一舉兩得。經省府同意後，修監工程，得以迅速進展，於一九三一年六月

工竣，也從而改善了服刑之人的生活。

三、財政方面

（一）地方預算

經濟為事業之母。我上任之初，即召開縣預算會議，首先解決畝捐分配問題，時各機關各以本身事業畝捐數目為省令所規定，且各以發展事業為言，立場不同，持論各異。而以教育與建設二者，爭持尤力。我乃以客觀之眼光，以事實為依歸，通盤籌劃，移緩就急，確定各項事業畝捐分配標準。

（二）清理舊欠

奉賢縣田賦，歷年均有積欠。惜以前未能積極辦理，致清理終無眉目。至一九三一年四月，我令改組清理舊欠委員會，推財政局長潘江、款產處主任宋廷修等七人為委員，職司其職。並決定催繳辦法四條，嚴厲執行追繳，已逐漸繳納清楚。

四、地方自治方面

（一）完成組織

地方自治為孫中山先生《建國大綱》之重要方面，奉賢自一九二九年籌辦自治，改行政局為自治區公所，共設八區，以縣市為第一區，區公所設南橋；城市為第二區，區公所設奉城；東一鄉為第三區，區公所設南四團；東二鄉為第四區，區公所設頭橋；東三鄉為第五區，區公所設青村港，東四鄉為第六區，區公所設金匯橋；西二鄉為第七區，區公所設法華橋；西三鄉為第八區，區公所設莊家行；由縣府委派任區長者，或為江蘇省區長訓練所畢業生（一、四、五區

長），或為經嚴格訓練者，為有給職。區下設鄉、鎮、閭、鄰，全縣共有二○八個鄉，二十二個鎮，一七八三個閭，八八二六個鄰。初各鄉鎮長人選由區長遴保請委。茲為完成縣組織起見，我復於一九三○年冬，令各區轉飭各鄉鎮長，調查候選人，造冊呈報，審核公布，辦理鄉鎮長直接選舉。為監督選舉公正，同時成立鄉鎮監察委員會。至一九三一年二月，各區鄉鎮選舉先後完畢，六月繼辦閭鄰選舉，鄉鎮長、閭鄰長均為無給職。至是，縣組織乃告完成。惟以選舉過程中之公民宣誓內容，多被放棄，故是項選舉，猶不能認為係真正民意之表現也。故訓練民眾，實為當務之急，徒有組織，必難堅固也。

（二）戶口調查

在辦理各區鄉鎮閭鄰長民選之際，亦為江蘇省戶口開始調查之期。我奉令後，召集區長會議，討論實施辦法，擬定預算。並將民政廳頒各項調查表式，印發各區，督率區鄉鎮閭鄰各長，切實奉行。調查完畢，由縣派員專赴各區抽查，復經詳細審核，一再更正，彙造全縣戶口統計表六種，計：（一）遊民統計表；（二）縣監獄人犯統計表；（三）學校工廠公共處所戶口統計表；（四）住戶及船戶戶口統計表；（五）寺廟教堂戶口統計表；（六）職業及年齡統計表。均呈由民政廳轉報省政府及內政部備案。

（三）公民宣誓登記與人事登記

遵照內政部所頒《宣誓登記規則》，奉賢在前縣長任內，已開始辦理。我接任後，復嚴加督促，積極續辦。至一九三○年十一月，完成全縣公民宣誓登記。

戶口調查完畢後，復舉行人事登記，以便考查戶籍變更狀態，作為施政之標準，遵照省頒《人事登記暫行條例》及表式，我召集區長會議，制定統一辦法，分區實施。由縣政府編制戶口變動總統計表暨

比較表兩份。

（四）積極訓練

欲求地方自治真能實現，而不致流於形式，必先使民眾有自治之知識與技能，而欲使民眾有自治之知識與技能，又必先使籌備自治人員，接受嚴格之訓練，然後方可擔負指導之責任。我有鑒於此，曾多次巡視各區，並每月召集區政會議一次，將自治之事務與自治心理之建設，向各區長詳為解釋闡明，以期轉而訓練鄉鎮閭鄰長，而化及於民眾。其他如擬訂《公民信條》，設立國民訓練講堂，亦均為自治訓練之實際措施。

（五）改組保衛團

保衛團之組織，為完成縣自治之必要機構。然經我視察結果，其成員中努力工作成績斐然者固有之，而敷衍塞責毫無建樹者亦所不免。復經召集各區區長，切實磋商，擬定改進辦法。決定先事宣傳，並定期舉行保甲運動大會。復著手改編原有招募團丁，給資遣散。然後按戶從新抽丁造冊，除每區規定若干甲為長期訓練者外，其餘者則於農隙舉行訓練，以不誤其生產。至一九三一年七月，各區保衛團改組完畢。我委徐德麟為縣保衛團團務主任，並訂定《奉賢縣保衛團訓練辦法施行細則暨訓練大綱》、《奉賢縣保衛團基本團丁軍事訓練大綱》、《奉賢縣保衛團義務團丁軍事訓練大綱》、《奉賢縣保衛團政治訓練大綱》四種，以資參照執行。

（六）設立保衛委員會

我上任後，遵照省民政廳所頒縣保衛委員會簡章規定，於一九三一年三月成立奉賢縣保衛委員會，負責本縣人民自衛事宜。我兼任委員長，下設辦公廳，及總務訓練二股。後因經費困難，將訓練股裁

撤，其事務統由總務股兼任。每月由我召集常會一次，復於一九三二年三月，召集保衛團集中訓練班，計受訓者一百六十餘人。

五、救濟事業方面

（一）救濟蘇北水災

　　一九三一年夏，長江數省大水為患，而蘇北高郵、寶應、興化一帶，湖河泛濫，潰堤決防，皆成澤國。其受禍之慘，為民國以來所未見。為救災民，乃由縣府會同縣黨部，及各機關地方熱心人士，發起救濟本省水災委員會，印刷捐冊，分頭勸募，共捐得大洋一萬一千餘元，衣服鞋帽六千餘件。至於縣內各項救濟事業，如貧民之借貸，積穀之平價等，均依事實需要辦理，故是年奉賢之年歲雖未見豐稔，然卻無「餓虎沿」現象發生。

（二）設置食糧管理委員會

　　糧食為人類生存之本。查奉賢之社倉，始於清乾隆十七年。光緒年間廢儲穀為積錢，各倉遂廢置。至一九二九年九月，又恢復義倉制度，設立倉儲管理委員會。我到任後，為擴大規模，於一九三一年六月改組為食糧管理委員會，儲存穀米，以借貸貧民，以我兼任委員長，下設總務、調查、統計、管理、運輸各股。我復於一九三二年春提出儲倉之米穀十分之六借貸於各區，以充各區貧民借貸所之不足。

（三）成立戒菸醫院及戒菸所

　　奉賢菸賭嚴重，嚴重影響平民生計。全縣受理之刑事案中，以鴉片案為最，由此可見一斑。前任縣長時，即有縣救濟院之籌設計劃，其經費，擬由各慈善機關攤派，然僅為紙上談兵。我到任後，為擴大救濟事業，曾召集各慈善團體集會，商議首先成立戒菸醫院及平民工

廠事宜，以解決菸害問題。當議決抽收慈善租金，以充成立戒菸醫院基金之用，竟遭捐裔出面反對，出爾反爾，實出意料之外。然其時各界對於戒菸醫院之捐款，已達相當數量，我即令組織戒菸醫院籌設委員會，於一九三〇年十月正式揭牌，分甲乙兩部，甲部收自費戒菸者，乙部為勒戒者，由我兼院長，下設醫務、事務兩組，主管治療及管理事宜。至一九三一年四月，戒絕出院者，有三百六十餘人，惜嗣後以經費無繼，使此一善舉，被迫結束。

戒菸醫院停辦後，而關於禁菸之法令，仍需積極執行，經我與各界協商，復有籌設戒菸所之議，一九三一年八月，戒菸所成立，委孫克鐘為所長，然規模比戒菸醫院小得多。至一九三二年三月，為節省經費起見，又改由縣公立診療所兼辦戒菸事宜。

禁菸問題，國民政府是雷聲大雨點小，雖則中央、省及縣均設有禁菸委員會（我兼奉賢縣禁菸委員會主任），也訂有各項禁菸之法規及辦法，然其工作，頗難開展，究其因，一則經費困難，二則各級官吏中，亦有不少的「癮君子」，陽奉陰違，官官相護，以致菸毒問題，始終不克解決也。

與縣黨部之關係

在國民黨「以黨治國」的訓政階段，雖標榜「黨權至上」，然在縣一級單位，卻實行縣長主導，黨部從輔的原則，且規定縣行政主管，一般由非本縣人擔任，而縣黨部成員，一般由本縣人擔任，故黨政關係之合作程度如何，至關重要。歷史上奉賢縣有國民黨組織，始於軍閥孫傳芳據蘇時代。時黨部工作尚處於祕密時期，至北伐軍次滬蘇，方始公開。至一九二九年初，召集全縣第一次黨代會，並選舉執監委員。前任縣長洪立本因種種原因，與黨部關係不睦，摩擦甚烈，黨部代表朱文熙等，赴省坐控洪氏，云其為政貪贓枉法，應予撤職查

辦。及我抵任未幾，黨部復召集黨代大會，邀我蒞會，我初赴黨代會，乃以從政黨員及行政首長身份，就縣政與黨務的關係，及地方自治實施諸問題，發表演講，深入淺出，頗受歡迎，演詞後於黨部所辦《奉賢民眾》報上發表。由此可見，黨政雙方，只要互相尊重，是可以創融洽合作局面的。嗣後二年間，全縣復舉辦二次黨代會，黨部俱邀我參加並演講。我對於黨部事務，從不干涉，黨部同仁，亦尊重政府，有事均來縣府相商。初黨部辦有《奉賢黨聲》報，以「宣傳黨義，傳達政令，披露消息，指導輿論」為宗旨。後改名《奉賢民眾》報，至一九三二年改出日報後，經費頗為拮据，黨報執委兼該報主編朱文熙，來縣府拜訪，告之該報經費困難之事，我當即決定，其辦報經費不足部分，由縣府予以補貼。黨部執委蔣文鶴，留日出身，有行政工作能力，我委之為第七區區長，以發揮其長。六十年後，蔣仍健在上海，被評為上海市健康老人，致函於我，談及他曾為「清黨」委員，且知道我過去的身份。我回函問他，既然如此，當時為何不控告我？他覆函答曰：「兄工作努力，且有業績，我如何控告正人君子耶？」。

《奉賢縣政概況》之編纂

我主政奉賢，係我平生初次從政。至一九三二年六月，已逾二載，確有總結之必要，就兩年縣政工作之所得與所失，作一概要的說明。且擬據以往之經驗，作一個未來工作計劃，以告示民眾及同人，乃成《奉賢縣政概況》一書，分上下兩篇，上篇為過去之各項工作概況（包括總論、黨務、行政、司法、社團等），計列綱目八，子目四十有三。下篇為未來之三年計劃，計列綱目十三，子目八十有七。匯訂壹冊。稿成之後，曾請中央及省府有關人士，如黃紹竑（內政部長）、蔡元培（中央研究院長）、顧祝同（江蘇省政府主席）、褚民

誼（行政院秘書長）、趙啟騄（江蘇省民政廳長）、周佛海（江蘇省教育廳長）、董修甲（江蘇省建設廳長）題詞，並刊印於正文之前。且除文字以外，增列多幅圖片和圖表，以增直觀印象。

對是書的編纂，我有一個概括的說明，內容如下：

> 總理之言曰，「管理眾人的事，曰政治」。夫眾人之事，至繁且複，辦理者，苟無過去之紀錄，則難知得失；苟無未來之計劃，則難資推進。清塵一介書生，未嘗從政，自十九年五月，奉命攝纂以來，幸賴地方人士之指導，同人之匡襄，兩載有餘，雖無政績之可言，而隕越得免，斯則差堪自幸！而可告於地方父老昆季者。茲將本府及縣屬各機關，過去工作之概況，及未來之三年計劃，彙印一篇，題曰《奉賢縣政概況》。印行以後，使本邑注意地方政治人士，得明瞭縣政措施之情狀而督促糾正之，在各機關同人方面，則更可藉知過之得失，而益努力於未來；則斯刊之印行，未始非推進本邑政治之一助力也，惟是經費支絀，未能多所搜羅，時間局促，難免遺漏蕪雜；是則須求讀者所鑒諒，至增補刪削，俾成一完帙，惟有俟諸異日。茲當付棗之際，爰識數語，以弁其端。

印行之後，分送中央及地方有關方面，反應頗好。時至今日，主持奉賢工作者仍言：「歷屆縣長均未有編撰縣政概況的，沈某人是第一個。」

離職經過

一九三一年十二月，顧祝同繼葉楚傖後任江蘇省政府主席，是為第五屆江蘇省政府。顧氏係軍旅出身，不諳地方政事，且軍人主地方

行政，弊病頗多。顧主政後，又任其南京陸師學堂同學，且為兒女親家之趙啟騄為權力最大的民政廳長。趙氏亦行伍出身，上任伊始，對下攤派頗重，各縣議論紛紛。後發展到賣官鬻爵，公開標賣縣長，在上海租界交款，以此作為聚斂的手段。且對各縣縣長，公然索賄，以滿足其私欲。如有不能滿足其者，則假借懲治貪污之名而打擊之。不僅若此，趙還借禁菸之名（趙兼江蘇省禁菸委員長），行吸食鴉片之實。知之者甚多。我是時年輕氣盛，在某次的縣政會議中，談及「若民政廳長吸食鴉片，此菸如何禁得？」好事之徒，加以添油加醋傳至趙氏耳中，加上趙氏曾假借名義，向我索賄，被我以蕞爾小邑生產無多，而予以婉拒，使趙對我心懷恨意。乃千方百計，尋機報復。後利用一樁始於一九三二年夏的控告案陷害於我。致我身陷囹圄九月，幸省府復行改組，顧趙去職，始還我清白於天下。

閘北抗戰後，一九三二年三月間，縣府奉到駐滬十九路軍命令，令徹查奉賢縣第四區朱錦文（係該區一鎮長）販賣軍火給日軍案。我令秘書楊長佑查實後具報，楊赴四區後，偕同該區區長徐永江共同辦理此事，令朱至區公所談話。然是年六月，楊等反被朱父到省控告詐財，此事經過，我毫不知情。但身為民政廳長之趙啟騄聞知後，卻親自出馬誘使當事人提供偽證，同時借題發揮，經過一番策劃，以我和楊秘書「互為師生，情誼甚篤」不無嫌疑之由，於一九三三年三月末假借赴省開會之名，召來省會鎮江，時前後奉召來省者，尚有嘉定縣長潘忠甲，泰縣縣長張燀，東台縣長黃次山，及前任吳縣縣長吳葭等，除吳葭調主宜興縣政外，餘者均遭撤換。趙氏復下令將我及秘書楊長佑、四區區長徐永江等一並拘捕，送省會公安局看管羈押，自是再未回奉賢，移交工作亦由縣府總務科長董金釗代辦。繼任者為曾任江都縣長之湘人楊卓茂（周佛海岳丈）。

此事當時影響甚大，省府藉整頓吏治之名，隨意更換以至拘押縣長，時江蘇省六十一縣縣長，更調者竟達四十四位，幾占全部三分之

二以上，媒體為之嘩然。省會鎮江之《新江蘇報》於一九三三年三月二十九日以「奉賢縣長沈清塵被看押後」之題，發表如下報道：

> 奉賢縣長沈清塵，突以被民廳扣押聞，查沈少年英俊，為留法學生，回國後，曾任軍校教官等職，於葉楚傖主蘇政時，由中委陳果夫保薦而來蘇主持縣政，垂年餘，在昔操守尚稱廉潔，此次應趙民廳長召到省，面詢某案被控違法瀆職之處，聞因其秘書楊長佑有重大關係，趙廳長以沈身為縣長，不無嫌疑，遂於二十七日午令省會公安局長鄒華文，將沈清塵及秘書楊長佑一並扣留，暫行看管候核。二十八日又由奉賢公安局一分局駐所巡官吳華盛，押送案中關係人习也白一名來省，亦經民廳交省會公安局看管。現縣長因案看管在省者，計邳縣縣長彭國彥、阜寧縣長洪福元、興化縣長華振，以上三人被押將近一年，連銅山縣長楊蔚，暨沈清塵共五人矣。

報道中除由中委陳果夫推薦之說有誤（應為邵力子、劉蘆隱）外，大部均符合實際。其他媒體，亦作有程度不等的報道。

我被拘押於省會鎮江公安局中，同拘一起者，尚有江蘇省數位縣長。期間，對我們既不審理，又不移交法院，且門禁森嚴，一律不准媒體探往。然多行不義必自斃，省府一些人之所為除引發輿論嘩然外，亦引起監察院的注意。及至一九三三年七月，仗義好俠之士，監察委員劉三（即劉季平）揭竿而起，在監察院提案，以趙身為民政廳長，非法拘捕縣長，應予彈劾。八月，監察委員李夢庚復以趙氏藐視法令，再予彈劾。時《中央日報》社長程滄波及立法委員樓桐孫等，亦為此案提出質疑，幾經往復，顧、趙無法再幹，只有向行政院請辭。行政院於是年十月議決改組江蘇省政府，以陳果夫繼顧祝同任江蘇省主席。陳氏於十月中旬至鎮江履新，時媒體對此公然違反法律，

對公務員久久羈押，既不判，又不刑，其有罪乎？其無罪乎？其有罪為如何罪乎？提出嚴厲責問。陳氏既到，即行辦理顧趙任內積案，以彰公正。旋經新任民政廳長調卷審核，將所謂「瀆職」縣長之案，一律移送法院辦理。十二月，我經法院偵辦，認定無犯罪事實，不予起訴，交保開釋，為九月之囚，畫上了一個句號。

暨大教書一學期

我自鎮江回到南京，於中華門許家巷，貸屋而居。未幾，留法同學樓桐孫兄，來寓訪見，談及奉賢種種，不勝感慨，皆為吏治之腐敗，憂心忡忡。樓時任國立暨南大學政治經濟學系主任，言畢，即邀我至暨大任教，謂政治經濟學系開設「縣政制度」課程，缺乏得力師資，兄主持縣政三載，當有深切之體會，可勝任也。我推辭不得，只有允諾。樓兄旋請准暨大代校長沈鵬飛同意（時校長鄭洪年赴南洋考察華僑教育，由沈氏代理校務），將聘書發下，時為一九三四年一月。

暨南大學為國家創辦的僑校，以招收海外華僑子弟為主。其前身，為清末兩江總督端方創辦於南京的暨南學堂。民國建立後，遷至上海真如新址辦學，各界名流張謇、史量才、黃炎培、范源濂、孫科、陳立夫等皆為校董。除大學部外，還設有中學部及實驗小學，以體現其一體化辦學方針。

二月，我赴真如，主持「縣政制度與地方自治」課程。教材由我自編，並由暨大印行，以孫中山先生之《建國大綱》精神為綱，將縣政制度與地方自治之關聯，遂一加以分析說明，引起諸多學生的興趣。許多同學自南洋來，還是初次聽說地方自治與縣組織法的名詞，覺得很新鮮。在課中提出了不少實際的問題，希望我給予解答。我有鑒於此，經徵得校部同意，乃率諸生就近赴江蘇省江寧地方自治實驗縣（治地土山鎮，另一個地方自治實驗縣為浙江省蘭溪實驗縣）參

觀，是為理論與實際之結合，深得學生的歡迎。在江寧自治縣，學生實際操作自治實務，分任縣、區、鄉長一日，辦理各項自治事宜。如此一來，對課堂所學內容，更加深了印象。時實驗縣長為梅思平所兼，下屬的區鎮長許多是南京中央政治學校的畢業生，梅對我們師生到來，甚表歡迎，指示屬下，予以協助。梅為浙江人，曾為中央政治學校教授，後從政，與留法同學樓桐孫、楊公達、阮毅成諸兄甚熟，我與梅為初識。他知我曾在南京軍校任教，即問我陶希聖熟悉否？我答認識但不熟。他即語我，陶與其為北大法律系同學，又告我許多其在北大期間的趣聞。惜梅氏其人，其後政治欲望膨脹，不安於位，竟於抗戰之初，追隨汪精衛，下海做了漢奸，一失足成千古恨，終遭槍決，亦可悲矣。

我在暨大，僅任教一學期，即辭去教職。原因有三：一為南京真如兩地忙碌奔波，頗為勞累；二為暨大薪水偏低，不敷家用；三為南京軍校政訓處長劉詠堯，請我回軍校任教。有此三點，故我離開暨大，惟對暨大印象尚佳，同仁之間，相處亦好。

書生論政的《時代公論》

一九三二年「一二八」淞滬抗戰以後，國難日深。此後不久，在南京中央大學及中央政治學校任教的一些年輕教授有感於國事之不可為，自籌資金，創辦了一份政論性質的雜志《時代公論》周刊，發起人是我留法同學，時任中央大學教授兼法學院長的楊公達。參加者有張其昀、薩孟武（本炎、薩本棟堂兄）、樓桐孫、阮毅成、梅思平、雷震、程其保、顧毓琇、田炯錦、劉運籌等二十人。以「對內鼓吹國家統一，對外號召全民抗戰」為辦刊宗旨，於是年四月一日正式創刊。

公論每周出一期，為十六開本，三十六頁，社址在中央大學門首。內設時事述評、政治、外交、法律、財政、經濟、教育、中日問

題、國際問題，及雜著、藝文等欄目。其中最有意義的是其中的政論評述文章，涉及方方面面，有些文章矛頭直指當政者，如公達兄的一篇時論寫於公論創刊兩週年之際，針對所謂的對日「一面交涉，一面抵抗」的優柔國策，提出「鬼混政治」的說法，讀後使人痛快淋漓。在公論的諸多撰稿人中，也以楊公達與阮毅成兩位主編所撰文章最多。（其他撰稿作者除發起人外，還有陶希聖、杭立武、葉元龍、褚一飛、陳鐘浩、柳克述、陳耀東、胡次威、丁作韶、梅汝璈、馬寅初、徐悲鴻、程天放、方秋葦等）。我在任奉賢縣長期間（一九三二年秋）曾應樓桐孫之約，以《縣組織法》頒行以來，計劃與現實不能統一（主要表現為縣府組織散漫，縣長事權不能統一），草成一篇整頓地方行政意見的文章，內容包括確定縣政府的職權與地位、以縣行政會議為地方行政之最高決定、統一公安財政權、明確縣屬各局與自治區公所關係等方面。發表於公論之上。豈知此後，竟一發不可收，在暨大教書時，因空餘時間多，又寫了《中國革命的失敗與其出路》、《為新生活運動進一言》等時論，均在公論上發表。

前文，我認為從東北淪陷、華北危機、內蒙離心，到全國工商業衰敗、農村經濟破產、農民赤貧，再到軍閥割據、吏治黑暗等十個方面而言，國民黨標榜的國民革命，已經失敗。時局之危急，未有如今日者。如何面對失敗？我主張需回到一九二四年的改組精神，對帝國主義和封建勢力決不妥協，徹底改造黨，真正實行中山先生的治國原則。針對蔣介石提出的「攘外須先安內」，我主張：「安內必先救黨」。

後文，針對蔣氏在是年於南昌發起新生活運動，以儒家的「禮義廉恥」來規範人們日常行為準則。我認為，新生活運動確有提倡之必要，惟其實行對象，須從黨員，特別是從政黨員及各級公務員，首先是簡任以上的高官實行起，倘各級高官不能帶頭實行新生活，以身作則，為民前鋒，則所謂「新生活運動」不啻為一句空話。為此，我提了八項建議：

（一）最高黨政機關，應即通命全國各黨員及公務員，務於三
　　　個月內，一律實行新生活。

（二）養成忠、孝、仁、愛、信、義、和、平之健全人格，而
　　　以禮、義、廉、恥、痛自惕勵。以早起早眠，衛生整
　　　潔，耐勞耐苦，樸實儉約，忠於職守，勇於任事，服用
　　　國華，不染不良嗜好，為日常生活之信約。

（三）各黨政領袖及部會長官，應以身作則，在此國難期間，
　　　薪水最多不得超過三百元，最少不得小於五十元，以表
　　　示其與下級同甘共苦之決心。

（四）嚴懲貪污，要從高級公務員辦起，黨的方面要先辦貪污
　　　的中央委員。政的方面，要先辦貪污的部會長官。地方
　　　方面，要先辦貪污的廳長或主席。以次及於下級公務員。

（五）組織新生活監察團，直隸最高黨部，做特殊工作辦法，
　　　凡違反新生活者，不問其地位高下，皆應予以非常之
　　　制裁。

（六）公務員之盡忠職守，著有成績者，應極力予以宣傳或褒
　　　獎，宣揚之方法，以報章行之。褒獎之方法，以榮譽獎
　　　狀或勛章行之。俾公務員雖不得物質之享受，而可得精
　　　神上之安慰。以轉移為公服務之志趣。

（七）如有在三月後仍有不屬行新生活者，第一步公布其姓
　　　名，使之知所警惕，第二步記過或減俸，第三步停止其
　　　職務。

（八）俟公務員確能實行新生活者，再設法推行於民眾。

　　　新生活運動提倡以來，凡十四年（一九三四年至一九四九年），
表面上轟轟烈烈，實際上僅作為門面，並未解決黨政官僚之腐敗問
題，不然，焉有國民黨在大陸之失敗？

公論歷時三年，共出一六五期（合訂本共六冊），發表了四百多萬字的文章，於一九三五年三月未終刊，終刊原因，楊公達後來告訴我，為言論逾越當局所能容忍的尺度，且發起人之間，亦產生許多歧見，這一點，他在所撰的終刊詞中亦說得明明白白：

> 《時代公論》創刊於二十一年四月一日，到現在恰滿三年。三年來，同人等對社會國家雖無若何特殊貢獻，但確曾盡心地努力，而今決定休刊，寧不可惜？
>
> 為什麼休刊呢？這當然是：一方面感覺到言論不自由，他方面同人等又不願意說些不願意說的話。國事既不可談，風月幽默亦不會談，提起筆來找不著題目，大家只好暫時閒閒了。
>
> 顧我們很盼望讀者不要忘記了我們三年來的主張，於黨要求恢復總理制；於國要求組織強有力的政府；於教育以適合國民生活之需要為方針；於社會屬行救濟事業，特別替失業青年呼籲……這些主張，果為實現，則復興民族的目的，始克逐漸達到。
>
> 也許不久的將來，倘若環境容許的話，本刊有復活的可能。因此，《時代公論》的名稱，我們始終保留，這是要特別聲明的。

今天看來，一份在國民黨內產生的，對國民黨及其政府抱著「恨鐵不成鋼」的態度，由一批書生創辦政論刊物，竟然也不能被當局容忍，其氣度之狹小，令人感嘆！

中華政治經濟學會與中國留法比瑞同學會

我卸任縣長後，與一些在南京的留法同學時相往來，其中有：張

道藩、謝冠生、毛慶祥、褚一飛、樓桐孫、楊公達、阮毅成、朱葆儒諸人，除張道藩外，多為留法習法律出身。抗戰前在南京，張道藩任內政部常務次長，其要見蔣，卻要通過蔣公子緯國轉達，做官至此，亦可嘆也。

抗戰期間，張一度擔任侍從室第二處副主任，與主任陳布雷相得益彰，外界有「陳筆張口」之說。陳布雷曾據張之從政從藝經歷，作了一首膾炙人口的長聯：

> 交通內政教育，一次二次三次，是何其次也，豈真萬不得已而求其次；
> 革命著書作畫，心長才長藝長，既無不長矣，何妨一塌刮子盡其所長。

平心而論，張是書生從政的典型。其從政後仍持書生本色，由於其頗忠於蔣，這也是他成為政壇不倒翁的秘訣之一（張氏一九四九年去臺灣後，仍做了十年「立法院長」）。他如謝冠生先生，浙江人，學貫中西，弱冠之年，即在滬上商務印書館參與修訂《辭源》，名重士林，於震旦大學法科畢業後，官費赴法留學，獲巴黎大學法學博士學位。回國以後，亦教亦仕。為人正直，為官清廉，他於司法院任秘書長，後又任司法行政部長，卻無一點架子，我去他家訪見，見到其太太仍自己洗衣服，而未雇保姆，在國民黨高官中，為數是不多的。冠生精通法學，一九三七年初，我與他同應阮毅成兄之邀，至中央政治學校法律系兼課，我教中國法制史，他講中國司法問題。曾對我說，中國的老莊與申韓之說，看起來互相不容，實際上是殊歸同途，都求得一個「平」字，此「平」字，即法律之基本事理也，給我以很大啟發。褚一飛兄，係國民黨元老褚輔成先生公子，留學法國，習統計學，為中央政治學校專任教授。一九四九年後，他亦留居大陸，任

北京鋼鐵學院教授。樓桐孫、楊公達、阮毅成諸兄，均為巴黎大學法科出身，相識多年。桐孫兄曾任浙江法政學校校長，太太為法人，長公子為其中西聯姻結晶，家中生活亦中西合璧。惜夫婦不能白頭偕老，法國太太終以性格、生活習慣不能適應等因，離異西返。公達兄娶的亦為法國太太，金髮碧眼，楚楚動人，女公子生得頗像其母。毅成兄且為我武進縣師國文教師錢逸塵（倬）先生的乘龍快婿，亦可稱為吾常州人的女婿（毅成係浙江餘姚人，然生在江蘇興化），夫婦伉儷情深，於婚後同去巴黎留學深造，一時傳為佳話。三十三歲做了浙江省民政廳長，為官十載，歷經數任省主席，現在臺灣，聞仍筆耕不輟。公達兄為四川人，性格率直，回國後為朱家驊所重，抗戰後做了國立英士大學的校長。

由以上諸兄發起而於一九三三年成立的中華政治經濟學會，係一學術性團體。留法同學參加者甚多，中央政治學校教授中，亦有不少加入，與我較熟者有陳耀東（中央政校教授，後為南京市財政局長，中華人民共和國成立後，曾在中國人民銀行計劃處研究室工作）、余森文（做過浙江省麗水地區專員，一九四九年後曾任杭州市副市長、主管城建園林工作）、邵遂初（邵力子先生長公子，一九四九年為杭州民生藥廠主任，）、何學璉（浙江人，中央政校講師）、白午華（留法，何學璉前妻）、陳宗經（暨南大學教授）、張渺等人。

中華政治經濟學會會址設在南京市新街口破布營同賢裏一號。設有理事會，上述發起人均為理事，而以諸一飛兄等為常務理事，主持日常事務。由於中央政校的關係，該會雖標榜學術超然，然與黨方（即CC系）關係較密。一九三六年的年會，還邀陳果夫蒞會並作講話。時國民黨內，派別甚多，黨方與軍方（即黃埔系）矛盾甚烈，互相指責，實為蔣氏所樂見，因可互相牽制也。我參加中華政治經濟學會後不久，即回南京軍校任教，且又加入黃埔系的革命青年同志會，軍校為黃埔系力量之中堅，惟我仍與這些留法同學過往甚多，在軍校

教官中，可謂殊少見也。

中國留法比瑞同學會，係一留學生的聯誼團體，仍由上述在南京的留法學生發起成立。凡留學法國（不論勤工儉學、官費、自費）、比利時、瑞士等法語國家者，經同學二人介紹，均可加入為會員。雖名曰法比瑞同學會，但仍以留法同學人數最多。設有幹事會，公推留法同學毛慶祥為幹事長，負責具體工作。毛氏，奉化溪口人，留法習農科，獲工程師學位。為蔣介石的內侄（毛夫人之侄），長期在蔣介石身邊工作，時任軍委會機要室主任秘書。至一九四九年，中國社會發生大轉折的時代，毛氏乘飛機赴臺灣，其太太等眷屬，未能與毛氏同往，在滬乘太平輪赴台，因船載過重，在舟山群島海域沉沒，此事當時各大報均有報道。留法比瑞同學會在南京時期，為聯絡留歐同學，做了許多工作。抗日軍興，首都淪陷，同學會復遷陪都重慶，又聯絡和發展了一批會員，有不少為響應共赴國難，在戰時回國的同學，如何筆緒（以端）同學，即為此期自法返國的。至一九四九年後，因同學四散，活動始無形終止。上海解放後，滯留滬上的留法比瑞同學，在華東軍政委員會聯絡局及何以端同學（時為聯絡局長）的領導下，組織旅滬留法比瑞同學聯誼會，開展各項學習和聯絡活動，亦具一定影響。

南昌・牯嶺

一九三四年暑期前，我接到原南京軍校教官同仁高傳珠自南昌來函，邀我赴廬山一遊。並告知許多當年軍校教官，如鄧文儀、白瑜、倪文亞、羅君強諸人，俱在贛服務，歡迎我前往敘舊。

六月，暨大開始放假，我自南京乘船前往，經九江至南昌。高傳珠來接並邀我住在他家。數年未見，他似變化較大，已任南昌行營黨政軍設計委員，與政學系要員熊式輝與楊永泰似有平起平坐之勢，言

談舉止之中，頗有躊躇滿志，春風得意的樣子。與高交談敘舊之間，高告知：南昌行營於去年（一九三三）成立，宗旨在「安內」，即對付在贛南的中共紅軍，及「閩變」之發動者。並言，近者蔣採其秘書長楊永泰之「步步為營，穩打穩扎之碉堡封鎖」方案，日前對紅軍的「圍剿」已取得很大勝利，國家統一有望。我告之在奉賢工作，及在暨大教書近況，說暨大待遇不高，難以維持生活。高聽後快人快語，即語我曰，軍校同仁鄧文儀時任南昌行營調查課課長，下有一研究性機構，需人甚多，兄願去否？我答曰：「請老兄代為先容」。高一口答應。不數曰後，我自盧山回來，高告我其已與鄧文儀說好，並說鄧文儀請我吃飯。次日，鄧在某飯店請我，作陪者有高傳珠及白瑜兩位軍校同仁。席間，鄧正式邀我至行營調查課編譯室任編輯。並告訴我調查課的情況：成立於一九三三年，初隸屬於行營秘書處，現亦兼負情報使命，但其中的編譯室仍具研究性質。鄧還說戴雨農（即戴笠）的手升的太長，他主持團體（指復興社的特務處）不說，現又想插手調查課事務，對戴頗為不滿。我即告之，特工工作我不願做，且不適宜，研究工作可利用暑期試試，惟請暫不發表。鄧允諾，隨即預支我一百元薪水。

　　未幾，我去編譯室上班，由鄧文儀介紹編譯室幾位同仁：編譯室主任吳壽朋，曾入中共，江蘇無錫人，畢業於上海交通大學。抗戰期間復與我在重慶復興關黨政高級班第一期同學，後做過浙江省嘉興地區行政專員，一九四九年後，聞參與商務印書館「漢譯世界名著」的翻譯工作，翻譯了幾本古希臘哲人亞里士多德的名著。蕭作霖，湖南人，軍校六期生。一九四九年夏隨程潛在長沙起義。建國後見其在全國政協的《文史資料選輯》發表不少談復興社的文章，有些是事實，有些亦不儘然也。王新衡，浙江人，留蘇學生。許新×，湖北漢口人，留日學生等等，共十餘人。後來，又來了一位曾廣勛，留學德國，湖南人。鄧文儀似很重視他，曾氏來調查課時請其吃飯，參加作

陪者有軍委會政訓處副處長袁守謙（企止，湖南人，軍校一期生，處長為軍校一期生賀衷寒）、李厚徵（行營調查課副課長，原為軍校政訓處的少校科員，抗戰時任過中國茶葉公司長沙分公司的經理）、吳壽朋、蕭作霖、王志文（調查科組長，留蘇學生，做過軍校政治教官）及我等。席次，曾廣勛極力吹捧德意志的所謂復興，對德國政治機構之嚴密，民族精神之堅強，佩服之至。

時蔣介石及其黃埔系，崇尚霸道與集權，對德、意等極權國家之崛起經驗，極感興趣，曾先後派黃埔學生多人赴德意等國考察取經。故編譯室亦購置了大量關於愷撒、希特勒、黑索里尼等強權及法西斯蒂人物的自撰著作及他人所撰的傳記，亦有蘇聯出版的有關「契卡」（政治保衛）方面的書籍，以德、意、俄文為主，也有其中的日文譯本。編譯室的工作，即由諸編輯將上述材料編譯成中文，出版發行，以資政客們借鑒。我因不諳德、日、俄文，又無英、法文版的材料。吳壽朋即讓我參與編輯中文材料，擬定編著題為「歷代帝皇治國術」（具體名稱不記得了）的書籍，似意在為集權找尋歷史依據。我接手後，找了許多歷代著作，如《資治通鑒》、《貞觀政要》等，從中搜尋羅列，並擬定大綱。但正準備編寫，即發生南昌飛機場失火案，見鄧文儀神情沮喪，不可終日，不久，責任追到他身上，鄧只有引咎辭職。編譯室主任吳壽朋亦離職他往，與鄧同進退。時暑期將盡，我也打點行裝，準備返寧。嗣後，聽說調查課整個歸並至戴笠的屬下，成為軍統局的一部分，亦聞鄧文儀之下臺，與戴笠在蔣面前進讒言有關。

調查課這個機構，屬下除編譯室外，另外還有三組，從事情報業務，其成員大多為留蘇學生，及中共脫黨份子。每組的辦公室均不掛牌，組員之間亦不可互相交談業務，更不准對外宣傳，違者將受紀律制裁，顯得頗為神祕。某次，我伏案過久，外出散步，在院中適遇留法同學方至剛，一問之下，才知他老兄也在調查課某組工作。（方建國後任湖南省政府參事室參事）。

在此期間，我還去看過昔年軍校教官同仁羅君強。羅時任南昌行營辦公廳秘書科長，他亦請我吃飯敘舊，言談之間，牢騷滿腹，謂得不到重視，寄人籬下，沒有實權。我說，在軍校時，論階級，你在我下，如今你已為上校，屬簡任職了，何來不被重視？惟羅仍不以為然。人的欲望是無止境的，抗戰軍興，他果隨其舊長官周佛海，落水投敵，當了漢奸。汪精衛委其為特任級高官，先後任偽司法行政部長、偽安徽省省長等職。戰後羅以漢奸罪被判處無期徒刑，應屬罪有應得。

第六章　南京中央軍校憶往（二）

復回軍校

甲戌暑期將盡，我自九江乘輪返回南京。某日，我去黃埔路軍校訪劉詠堯，劉為當年我任教軍校時的同仁，數年不見，似乎春風得意，已升任政訓處副處長代行處長職務。時政訓處人事變動甚大，自一九三二年秋處長酆悌赴歐考察，政治總教官柳克述等隨行後，復由劉健群任政訓處長（似未到職），而以劉詠堯副之。下設政治總教官及訓育總教官各一，分由譚振民及仇碩夫擔任。至一九三三年春，劉健群北上，主持華北抗日宣傳工作。校部復任邱清泉為代理處長，惟實際負責者仍為劉詠堯。

劉詠堯當年在軍校與我相處甚好，故當我告之別後從政酸甜苦辣情況後，他即邀我重回軍校任教。惟斯時因同上校員額已滿，劉請我暫屈任中校階級，迨上校額缺出後，我仍回任同上校教官。

我回到軍校後，適逢軍校實行緊縮，改訂新編制，部門及人事多有變化，其中縮編處有八：（一）編譯處裁撤，該處之印刷所改歸圖書館管理；（二）軍械處裁撤，其職掌合並於經理處；（三）總務處裁撤，其職掌合並於辦公廳；（四）校舍設計委員會裁撤；（五）馬匹管教所裁撤，所有馬匹管教事宜直接歸騎輜兵科辦理；（六）教育處工兵科交通兵科合並為工交兵科；（七）官生同樂會改歸政訓處管理；（八）衛兵隊三連改為練習營，並將重兵器教導連合並為四連制，直隸於校本部。

新編制實行後，軍校在校務委員會、校長、教育長之下，設辦公廳、教育處、政治訓練處、經理處、軍醫處、圖書館、畢業生調查科等處室，其下分隸各科、課、所、院。

員生方面，有第十期學生第一總隊、第十期入伍生第二團、第十一期入伍生第一團、第十一期入伍生預備班、軍官高等教育班、空軍入伍生營、德文譯述班、軍官教育隊、練習營及教導總隊等，另有直屬機構軍校洛陽分校。

政訓處依據新編制，取消總教官名義，改設教務訓育兩科。調政訓處上校秘書仇碩夫為教務科代理科長，仇之遺缺由訓育教官任國光擔任。原上校政治總教官譚振民改任上校政治教官，至訓育科長一職，則由劉詠堯兼任。

黃埔系政治團體之設立

我回軍校任教之初，大約在一九三四年九月間，我去訪見軍校政訓處長劉詠堯。言談間，劉向我談起我離校四年來的軍校情況，特別提及在「民族復興運動」中，軍校同仁創立革命青年同志會團體，以行動實行民族復興。劉說，兄若有意，可以加入進去（劉時兼任革命青年同志會書記），我當時答應考慮。後我答覆劉，說我同意加入團體。嗣不久，即由劉詠堯推薦，而以仇碩夫（湖南人，係仇鰲之姪，時為軍校政訓處教務科長，一九四九年夏，參與湖南和平解放，後任湖南省參事室參事）、韓城（江蘇常州同鄉，時為軍校第十期入伍生第二團訓育員，後任軍校畢業生調查處秘書，係軍委會政訓研究班畢業生，一九四九年後去臺灣）二人作為介紹人，完成加入團體的手續：填寫了入會登記表，並編了組，組長即為仇碩夫，仇他調後，復由政治教官向理潤擔任。

團體約每月集會一次，內容為討論團體工作，及議論吸收成員，

傳達上峰文告等。記得談論最多的話題，是所謂「安內攘外，護黨救國」的問題——當時蔣介石針對「九一八」後的國家狀況，提出「攘外須先安內」的主張，所謂攘外，即為抗日，惟需作長期準備，即蔣氏所謂之「和平未至絕望時期，決不放棄和平，犧牲未至最後關頭，決不輕言犧牲。」所謂安內，即指國內統一，旨在「圍剿」及分化中共紅軍及其他異己力量，時青會成員多係黃埔學生，對蔣極為崇仰，奉蔣之旨意為聖旨，唯蔣氏馬首是瞻，在軍校，甚至將蔣介石的小像嵌入教職員校服第一粒紐扣之中，且模仿德意等國，改呼蔣為「領袖」（我在一九三五年十月攝於南京新中國照相館的一張照片，即著蔣像的校服，後收入軍校高教班第四期同學錄中）很少有人提出不同意見。其時，我在軍校授課，又要編書，時間較緊，故加入團體後，參加活動甚少。後與仇碩夫兄接觸較多，才從其處漸漸知道團體的一些情況：革命青年同志會之外有中華復興社（此前很長時期中，我曾誤將革命青年同志會作為復興社之外圍團體），復興社為團體之總名稱。青會內層亦有團體，名謂「三民主義力行社」（簡稱力行社），由軍校畢業生滕杰、蕭贊育、賀衷寒、康澤等人發起，經蔣首肯，於一九三二年春在南京黃埔路勵志社成立。同期，還由康澤主持（後由留法同學顧希平接任）創辦了其喉舌《中國日報》，據說力行社之名，乃蔣氏所取，取王陽明「致知力行」之說。力行社之核心為其中央幹事會，幹事有賀衷寒、鄧文儀、周復、滕杰、康澤、桂永清、酆悌、蕭贊育、曾擴情、潘佑強、葛武棨、胡宗南、杜心如（一說為劉詠堯，一說為戴笠）等十餘人，而以滕杰為首任書記，具體辦理日常工作。繼滕氏之後，復有賀衷寒、劉健群、酆悌、鄧文儀、鄭介民、康澤擔任過書記。故外界有所謂「十三太保」之說，若加上其候補幹事及各處長等，又有「二十八星宿」的傳聞，之所以有如此之傳聞，我以為，主要還在於團體的祕密性所致。

革命青年同志會在軍校內部廣泛吸收同志。軍校的政治教官

（特別是高教班教官），及政訓處的幹部之中，不少人均為青會成員，有些更為內層之核心人物。我熟悉者，如向理潤、顧穀宜（兼任教官）、文重孚（一九三八年長沙大火後與酆悌同遭槍決的三人之一）、劉公武、侯志明、湯武、黃雍（中央軍校畢業生調查處副處長）、李曙（黃埔六期生，軍校政訓處訓育科員）、胡軌、余拯（軍校政訓室主任，後任三青團訓練處副處長）、周上璠（黃埔六期，湖南人）、任覺五、顧希平、李厚徵、舒興宇、鄒行、干國勛（軍校政訓處秘書，湖北人，黃埔五期生）、陳介生（黃埔四期生，四川人）等，均為團體成員。

團體（力行社、革命青年同志會、復興社）的成立，代表了黃埔系的政治力量。其後臺為蔣介石。惟蔣氏深諳中國傳統帝王之道，喜歡利用部下的矛盾來造成自己獨裁支配的目的。他深知，政治力量光有一方不行，需有對立方，才能保持局面之平衡，以供其驅使。故對其他各方政治勢力，他亦同樣予以重視，所以當時有這樣之說法，謂蔣某人是「左手拉住保定系，右手拉住政學系，左腳踏住CC，右腳踏住黃埔。」成四足鼎立之勢，確當之言也。

我當時任教軍校，別人當謂我係黃埔系。但我非黃埔學生，且又與在南京的留法同學（不少人屬於黨方之CC系）過從甚密，故黃埔同學對我有戒心。而黨方人士，則以我系軍校教官出身，與黃埔系關係深遠，亦深以為忤。這些現象，從一個側面，也反映了國民黨內小組織對立與鬥爭的情況。

到了抗戰階段，蔣氏以為國家已經統一，祕密團體應予解散，遂成立了公開的團體──三民主義青年團，仍以黃埔團體為其骨幹，任力行社末任書記康澤為三青團中央團部組織處長。

政治教官分組編纂教材

我回校任教之際，適值軍校招收軍官高等教育班第三期學員、軍官教育隊學員，及十一期正取生備取生等，後均入學來校報到，開課在即。

政訓處由劉詠堯主持召集全體政治教官會議，討論政治教官分組編纂教材事宜。會中決定政訓課程分黨義、人生哲學、政治、經濟、法學、歷史六大教程，編纂教材亦分六個組進行，這六組及其教官（包括專任和兼任，亦有交叉）是：黨義組有蘭本、張仲樂、包惠僧、劉孟純、龍潛、章建新；人生哲學組有顏道鵬、戴鴻猷、程式、李驥、章柳泉；政治組有柳克述、秦琰、陳永珍、向理潤、王文宣、龍潛；經濟組有屈鳳梧、杜式垣（代汪向震）、吳金堂；法學組有張仲樂、蘭本、羅澍群、朱啟超；歷史組有顧德鈞、劉石肱、康庾梅、高振禧、劉騫、杜式垣（代汪向震）、包惠僧、吳金堂、沈清塵、劉繼宜、章建新。

此外，自「九一八」事變後，日寇侵華日甚，為適應環境需要，軍校決定開設東亞歷史、東亞地理等課程，向學生介紹中國歷史及東鄰日本等國歷史，旨在知己知彼。東亞史課程由我講授，並負責編纂教材。

與我初次任教軍校時相較，教官人數增加不少，除柳克述、譚振民、劉騫等外，大多為新識。其中包惠僧先生，為記者出身，曾參加過中共「一大」，時任國民政府陸海空軍總司令部參議，亦在軍校兼任教職，言談舉止均甚得體，惟對昔之往事，似不願多談。抗戰後，包任內政部人口局長。中華人民共和國成立後，居北京，為國務院參事，有《包惠僧回憶錄》行於世，記述中共初創時期史料頗多。另劉孟純（粹文）兄，廣東人，時任軍校高等教育班第三期政治教官，與

我頗談得來。劉為人笑臉常開，各方人緣甚好。後長期擔任張治中之幕僚，一九四九年後我在北京，亦與之常相晤面。新識章建新（安徽人，留蘇生）、程式、戴鴻猷後與我同在軍校高教班授課，屈鳳梧（湖南人）其後與我在南京城南八府塘比鄰而居。

「民族復興運動」之產生

一九三一年「九一八」事變後，東北三省淪於日寇之手。次年，又發生「一二八」滬戰，日人復在東北成立「滿洲國」，國難曰深。由於外來之刺激，國民黨內部分治的南京、廣州兩國民政府，及對立之蔣介石、汪精衛、胡漢民三個權力中心，以蔣、汪合作為依歸，胡則以在野之身，為政府之助。抗戰禦侮、救亡圖存，成為舉國一致的呼聲。遂有「民族復興運動」之產生，喧噪一時，振蕩全國。鼓噪者以為，國內經濟貧困，政治不良，分崩離析，文化落後，教育不普及，加上外敵侵略，這一切均構成我中華民族民族精神的淪喪，非花大力氣，不足以重振民族精神，於是，各種民族復興方案應運而生，有人以為，須從教育入手，提高國民心理素質，並譽之為治本之法。亦有人主張，從政治經濟出發，在政治上集中少數精英份子為救國之前驅，用政治力量去推動一切，以挽救危局，在經濟上實行統制經濟，以挽回利權。更有甚者，亦有主張借鑒與仿效德國、意大利，及蘇聯的政治體制，柔和法西斯主義與斯大林主義的集權特質，加以改造和利用，奉行領袖集權。「一個主義，一個黨，一個領袖」的口號，遂應運而生。時中國文化書局（學會）發行的「青年叢書」，其中有劉健群的《復興中國革命之路》、鄧文儀的《青年戰爭與革命》、賀衷寒的《學與幹》、蔣堅忍的《民族復興與中國革命》、滕杰的《如何復興中國革命》等，即為其中之集大成者。而中央軍校之《黃埔月刊》，於其編輯計劃中，亦有：一、獨裁與領袖；二、法西

斯之政治思想；三、法西斯主義之政治機構；四、墨索里尼下之意大利獨裁政治；五、蘇聯現行政治；六、希特勒治下之德國獨裁政治；七、法西斯蒂運動與民族精神之發揚；八、獨裁政治與中國等論著題例出現。其他有設於上海之《前途》月刊（一九三三年創刊），設於南京之《中國革命》周刊（一九三三年創刊）等，更是連篇累牘地發表「復興民族」之專論，內容從主張復古，而至全盤摹傚西洋，五花八門，無奇不有。

在「復興民族」呼聲振蕩全國之際，我在軍校為軍官教育隊第一期學員講東亞史之中國史，自上古時代講起，至春秋越王勾踐生聚教訓誓雪國恥一節，十年生聚，十年教訓，終至復國。課上，某學員以「如何生聚？」「如何教訓？」發問。遂引發我對勾踐復興政策之研究興趣，旋以《越語》原文，分析其生聚教訓經驗，並聯繫當前民族復興話題，成一短文，以《十年生聚十年教訓》為題，發表於《黨軍副刊》。

我以為，勾踐之生聚者，在於：（一）獎勵生育以增加戶口；（二）扶殖壯丁以培養元氣；（三）豁免賦稅獎勵生產以充實國民經濟。其教訓者，則在：（一）以復仇雪恥之大義激發人民愛國之精神；（二）以明紀律守秩序服從命令統一指揮為其訓練戰士之要素。有此五點，故其能夠復國。

聯繫當前復興民族，我寫道：

一、越王勾踐之對於人民，不特禦之以術而已，抑且懷之以德也。「葬死者，問傷者，吊有憂，賀有喜，送往者，迎來者，去民之所惡、補民之不足」人民安得不心悅誠服，而為之效死乎。軍行之日，「父勉其子，兄勉其弟，妻勉其夫，」卒三戰而沼吳，宜也，非幸也。

二、生聚教訓之計劃，今法意德諸國，正在實行。獎勵生育

也，發展生產也，集中指揮也，激發人民以國家為前提之觀念也，皆希特勒、墨索里尼之所提倡而一般人所認為時髦政策者。中國在一千年前，固早已實行之矣。

三、現在我國之環境，比之越王勾踐時代為何如？較之德意志、意大利又何如？我古昔聖賢之文教，外人方奉為金科玉律而極力運用者，我國人反唾棄而鄙視之，撫今追昔，寧不痛心。

四、中華立國五千年，數亡於異族而不為同化者。自有其一貫之民族精神在。越王勾踐之事蹟其一例也。故欲復興中國，必先恢復我固有之民族精神……

實際上，中華民族之復興，其途徑，既不能盲目摹傚西洋，又不能由此而復古，而在乎二者之間，擇一新路。西洋社會與中國社會，就社會之演進與民族之精神而言，大相徑庭，故東施效顰，是一條走不通的路。至於全盤復古，更為智者不取。蓋時代之潮流已邁入現代，科學之發展，日新月異。試以刀矛戈戟與大炮機槍相較，以牛車帆舟與飛機電輪相較，以散漫之部落與有組織系統之社會相較，孰優孰劣，奚待復言。所以，我認為：

夫西洋之所長者，在於科學的方法，所謂有組織有系統是也。中國之所長者，在於正確的人生基本概念，所謂倫理與道德是也。苟能採取西洋的科學方法，糾正中國散漫無組織之缺陷，恢復我國固有道德，糾正西洋階級社會之錯誤。融會貫通，發揚而光大之，以造成一種優良的新民族精神，然後民族之復興乃可期。德意志之復興，意大利之崛起，人皆以為由於科學之進步，工商業之發達，政治機構之嚴密所致，殊不知此乃復興的必要條件，而非復興之根本原因也。德意復興之根本原因，

在其民族之堅苦卓絕，百折不撓之精神。基於此優良之民族精神，以之研究科學，而科學自進步矣，以之辦理工商業而工商業自發達矣，以之致力於社會政治之改造，而社會政治之機構自嚴密矣。中華民族之復興，夫何能外。

以上我的觀點，後經整理成文，以《從民族歷史之演進觀察復興民族之途徑》為題，發表於軍校《黃埔月刊》之上。

滕杰主持政訓處

一九三五年二月末，「民族復興運動」之骨幹滕杰，自歐洲考察回國後，被蔣氏派來軍校主持政訓處務。滕來校後，原掛名處長劉健群因病休養辭去職務，未幾，校部復令時任軍委會軍事交通研究所所長之鄺俤兼任處長，而以滕杰為副處長，代行處長職務。原副處長劉詠堯則調軍校畢業生調查科主任（至是年十月，調查科易名中央各軍校畢業生調查處，以劉詠堯任處長，黃雍為副處長），主持軍校各期畢業生聯絡事宜，在校外設有辦公處，軍校團體的活動有時以調查處名義進行。

滕杰為軍校四期生，任過蔣的侍從參謀。後由軍校選送赴日本留學，與蕭贊育、賀衷寒同學，滕在日本研習政黨組織，成立力行社的原始動議，即出自滕給蔣上的簽呈。與黃埔一、二期老大哥相比，資歷雖淺，然為人尚謙沖，來校履新後，即召集全體政治教官，一一點名，握手言歡，並全體攝影留念。旋主持教務會議，討論各政治教程編纂情況，會中，滕拱手抱拳，說教程之事全仰仗各位教官，請務於四月底前將編稿送處。他為聯絡各教官，復於春光明媚之五月，組織太湖春遊團，由政訓處秘書干國勳帶領，二十餘位教官及其眷屬參加，乘京滬車南下，遊覽黿頭渚太湖風光，甚為盡興。

此期，軍校教育長張治中回籍，職務交教育處長李明灝代理，黨部事宜，則由滕杰負責，故其時軍校事務，實由李、滕二人共同負責。

關於東亞史教程

東亞史之教程，係軍校在「九一八」國難後為同學開設的一門新課，以激發愛國情緒、堅強奮鬥精神、提高民族意識、增強民族自信為教授方針。

參加編著者，除我之外，尚有國立中央大學教授兼任軍校歷史教官顧穀宜。此次合作編纂教材，我撰中國之部，顧撰外國之部，各自擬定編寫提綱，分章撰寫。完畢後，先自行校訂，復互相校訂，嗣送校部審核後，印行出版。

全部編著工作，自一九三五年一月開始，僅三月時間，即行完稿，時間之局促，可想而知。

全書分上下二部，上冊為中國之部，分中華民族史概論、上古史、中古史、近古史、晚近史五篇。下冊為外國之部，分日本、俄國、朝鮮、印度、印度支那半島諸國五篇。其中中國史部分以帝國主義侵華之鴉片戰爭後的近代史敘述較詳，分帝國主義侵入、晚清之失敗、國民革命運動、民國建立後之大勢、國民革命後之復興、民國十五年來之外交、民國十五年之政教生計七章，每章之首均加列提綱，以便學員自學。外國史部分則對東瀛日本之歷史及其背景，詳加介紹，自日本之開國、甲午前之中日外交、中日戰爭至近年日本之對外關係，共十一章。目的在於知己知彼。另外，將過去列為西洋史範圍的俄國史（含蘇聯，自俄羅斯之開化至十月革命後之政治與經濟，共十七章）轉列入東亞史，亦體現為適應當時聯蘇抗日的時代需要。

《東亞史》編就以後，由軍校政訓處分別於一九三五年七月（上冊）、一九三五年九月（下冊）以中央陸軍軍官學校史地教程名義印

行出版，並於開學前發至高等教育班學員手中。經高教班同學兩學期試用後，反映較好。各分校聞之，亦開設此課，並將教科書翻印（如廣州分校於一九三七年出版印行《東亞史》二冊）。除高教班外，由教官唐圭璋、閔毅成、張以禮三人以我之教本為藍本，加以增刪、改編，成《東亞史教程》一書，凡四十章，印行發行，作為普通班之教本。抗戰軍興，軍校遷成都辦學，東亞史教本復呈軍委會政治部審查，並遵部頒《各軍事學校政治訓練計劃大綱》內關於東亞史之講授要點，略作補正，由軍校以黃埔叢書名義印行，繼續為各期同學講授。

華北事變後的北平招生

「九一八」事變後，東北遼寧、吉林、黑龍江，以及熱河相繼淪陷。日本帝國主義者得寸進尺，繼而染指華北。首先在冀東建立偽組織。利用華北地方勢力，積極推行所謂華北五省（冀、魯、晉、察、綏）「自治」運動，網羅漢奸，意圖將華北變成東北第二，華北危機日趨深重。

至一九三五年五月，由於兩位居住在天津日租界內的漢奸報人胡恩溥與白逾桓被國民政府軍統局的抗日鋤奸團擊斃，引起日本人及北方親日勢力的極大震驚，遂向時代表南京國民政府駐北平主持工作的軍分會委員長何應欽交涉，向何提出：（一）撤走河北省黨部，罷免河北省主席于學忠；（二）駐河北及北平之五十一軍及中央軍第二師、二十五師、憲兵三團須撤退；（三）罷免憲兵三團團長蔣孝先及北平軍分會政訓處長曾擴情；（四）嚴禁一切「排日」行動等苛刻要求，逼何表態，簽署書面協議。

弱國無外交，蔣介石、汪精衛（時任行政院長）、何應欽等人在日本帝國主義逼迫之下，只有委曲忍讓，口頭全部答應日人無理要求，並一一實行之，造成了嚴重的後果及危機。中央軍校就是在此一

背景之下，組織招考委員會，赴北平招收軍校第十二期入伍新生的。

　　中央陸軍軍官學校作為國民黨黃埔系的搖籃，其赴外埠招收的歷史，從一九三一年春招考第九期入伍新生時即已開始。由教育處、政訓處組織各教官分赴黃河與遼河流域的豫、魯、晉、陝、冀、遼、熱諸省，分別招考。至一九三四年夏，達到高潮。是年，在北平、洛陽、漢口、上海、廣州及南京等大城市，分區設招生辦事處，廣招第十一期入伍新生。主持軍校北平區招生者，為教育處高級教官唐光霽（後任十二期入伍生團團長），他告訴我說，他們抵故都以後，曾在平市各大報章刊登廣告，號召青年在此國難時期，發揚岳飛精忠報國精神，投筆從戎。各界青年踴躍響應，有一千多人報名，復經嚴格體檢和初試，取錄者近五百人，轉赴南京複試，圓滿完成了招考任務，然儘管如此，在全部招生過程中，也受到日本人及北方親日勢力的干擾。

　　一九三五年七月二十三日起，軍校教職員生放假四周，一般同仁均準備利用暑假輕鬆一下，而軍校的北平招生，卻在緊張進行之中，是次招考委員會主任改由教育處少將步兵科長李亞芬（達雲，湖北人）擔任。我及兩名軍事學教官朱某張某，一名普通學教官孫某任委員。行前，軍校教育長張治中曾找我們談話，告知華北局勢的最新進展情況，及抵北平後應注意之點。我們均表示，一定不辱使命，完成招考任務，返京覆命。

　　我們一行在是年七月末由南京乘津浦路火車抵北平。抵平後，設招考委員會於平市宣武門內太平湖之民國學院（前身為民國大學）內，此地為前清醇王府舊邸。招考人員則分別居住，我住在北平基督教青年會（YMCA），位於東單牌樓附近，為一紅磚三層歐式古典建築，內部設施尚稱完善。時北平生活低廉，以房屋為尤甚，南京百元一月之房租，北平僅須三四十元，乘汽車每小時一元，黃包車每小時一角，飲食亦覺極便宜，雞蛋每個銅元一枚，鴨蛋更賤。各類商店的店員（夥計），待客和顏悅色，老少無欺，絕無慢客之舉。體現了故

都特有的溫良恭儉讓品性，給我留下了深刻的印象。旋開始辦理各項招生準備工作，時北平已為王克敏（代理行政院駐平整理委員會委員長）等親日派所把持，故我們去各大報章聯繫刊登招生廣告時，竟遭婉拒，理由是避免過分「刺激」日本人，最後只能於報端之下，發一消息。我們作為國民政府軍事委員會所辦學校，在自己的國土上招收員生，竟無法廣而告之，這不能不說是莫大的諷刺。所謂「華北特殊化」的表現，非親眼所見，不會相信。

　　儘管出師不利，然我們既定的招生工作，仍是有條不紊地進行。在留北平的軍政人員協助下，軍校再次來北平招考的消息，不脛而走，迅速傳遍四方，北平及相鄰各省熱血青年紛紛奔走相告，數日之內，即有近千人前來報名，復經體格檢查（軍校係培養軍事人才，對體格要求甚嚴），合格者參加學科筆試。我們在民國學院內分設數個試場，並臨時聘請監考人員多名，加以協助。考試的科目分黨義（政治）、國文、外國文、數理化等，我擔任黨義試卷的出題、閱卷工作。各科試題係由南京帶去，在北平由各考試委員監督印刷，以為保密。為方便考生，試場還準備了午餐供應點，及飲水、暑藥等。

　　學科考試畢，嗣由各考試委員分別閱卷，評定各科分數，經綜合平衡，及格者獲參加口試。口試主要是現場考查各考生的思想認識，按順序個別進行之。我記得有位來自東北的流亡學生談及家鄉淪陷於敵，自己有家難歸之狀，聲淚俱下，聽者無不為之動容。這次招考工作與上次相仿，我們仍在北平設東北學生招收代辦處，凡流亡關內的籍隸遼吉黑熱四省青年及學生，文化程度高中畢業或相當，年齡在十八歲至二十二歲之間，且品行良好，均可應試。報名者眾多，反映出東北青年的拳拳報國之心。

　　經過體檢和筆試、口試三關，最後錄取者皆經張榜，予以公布，並南下南京入學，與在其他地區招考錄取的學生一起，編為軍校十二期學生總隊。這批學生經過軍校學習，於一九三八年元月畢業於武

昌，此時抗戰已經爆發，畢業生旋即分發各戰區部隊，投入到抗擊日寇的戰鬥中去。

與中央軍校赴北平招納優秀青年同期，另一所與中央軍校齊名的，由中國國民黨主辦的，亦具高度政治影響的學校——中央政治學校，同期亦來北平招考新生。主持政校招生事宜者，為我的朋友及留法同學，時任政校法律系主任的阮毅成兄。阮與我交誼甚篤，乃邀我兼任政校北平區招生口試委員。政校與軍校招生程序，正好相反，軍校為先筆試，後口試；政校則先口試，後筆試。因政校是為國民黨培養黨務行政人才，較重視考生口頭表達能力所故，口試成績不及格者，不得參加筆試。我在政校招生處北河沿北京大學三院，及景山東街北大二院的口試場上，亦親聆眾多青年考生，對於抗日國事問題發表慷慨激昂的見解，令各口試委員，印象深刻。

在招考工作閒暇，阮毅成約了我及另一位留法同學，時任北大教授的吳俊升（江蘇如皋人，抗戰期間做過國民政府教育部司長，現旅居美國）同遊故宮（門券銀元一枚）及北海公園。我們在湖中划船，到位於五龍亭附近的「仿膳」吃宮廷菜。席次，聽吳俊升介紹北平情況，才知南京政府在北平的有關黨政軍機關均已撤離故都，其人員及眷屬等亦隨之離去，一般公教人員均人心惶惶，日本勢力已滲透至北平的方方面面。聽了吳君的介紹後，我們都為中國國力的軟弱，及南京政府的委曲退讓而倍感痛心。

當時阮毅成和我同為設在南京的中華政治經濟學會幹事。該學會北平分會諸同仁，知道我們來北平後，乃尤其幹事沈晞（上海人，留法同學，時任北平軍分會諮議）、丁作韶（留法同學，河南人，時任北平《世界日報》主筆）等出面，假北平南河沿歐美同學會會址，邀我們餐敘。到場各界會員有二十餘人，引人注目的是北平中法大學的一對教授夫婦：楊堃和張若名。楊係一九二一年由吳稚暉率領來法入里昂中法大學的官費生，也是北平分會的幹事。張若名則與我同船赴

法，曾為CY健將。後來抱「科學救國」想法，考入里昂中法大學深造，夫婦倆均獲博士學位，生活優裕。在這次聚餐會中，我們經北平會友的介紹，更進一步瞭解了北平的時局，痛感到整個華北在中國的版圖上已是名存實亡了。

中央軍校這次北平招生，適逢華北事變之後。抗日已為中心工作，故在國民黨軍事、黨務、行政機關撤離後，仍有不少人員留在北平，他們以各種合法的身份對外，實從事祕密的抗日工作。在平期間，我巧遇原南京軍校政治教官同仁王志文。王為留蘇學生，後來加入了軍統機構。他告訴我，他及許多調統機構成員均受命留在北平，搜集日人情報，提供給最高當局參考。王氏從情報工作者的角度出發，告誡我在平期間，說話千萬要注意，以免遭到不測。後來，我有幾次上街，但見偌大的一個北平城，一般公共場所已不見懸掛國旗，僅在天橋附近見到一面。沿途一些茶館和餐廳，在牆上都貼有「莫談國事」的告示，生意清淡。惟一到夜晚，前門以南一帶，卻是熱鬧非凡，妓院、私娼等，比比皆是，有不少日本人，在此尋歡作樂。在市南琉璃廠出售古玩的店家中，亦有許多東洋客，在與店主討價還價。我在此地文寶齋，購得一套銅墨盒及銅書尺（鎮紙用），並於其上刻字留念，是我北平之行至今猶存的唯一紀念品。

軍校北平招生，前後二十餘日，八月下旬，我們離開北平返南京。兩年後的一九三七年七月七日，盧溝橋事變爆發，此後不久，北平即淪入日人之手。

政訓處學術研究會與教官制度變革

我自北平招生返校未幾，校內人事復有異動：教育處長李明灝奉調入川，籌辦軍校成都分校，李之缺，由軍校高教班第三期主任徐權繼任。嗣後，李復調教育處步兵科長李亞芬入川，亞芬遺缺則由教育

處高級教官童元亮兼代。

　　九月開學後的首次政訓處處務會議中，滕杰向我們介紹其下的兩位新科長：教務科長湯武及訓育科長賈毅。湯武，字季平，湖北人，時年約三十左右，係留美學生，抗戰初隨張治中去湖南，復轉入外交界服務，任駐北非埃及公使館代辦，一九四九年後，任過臺灣駐西非利比里亞，南美智利、厄瓜多爾等國「大使」。賈毅為軍校初建的老人，與滕杰係四期同學，口才甚好，曾對十二期新生演講，時年約四十許，當選河北省出席國民黨「五全大會」代表，惜到校甫兩月，即因病而逝。其遺缺由秘書干國勳兼代，直至軍校洛陽分校政訓科長胡步日（軌）調校，始由胡氏接任。

　　是次處務會議，決定組織學術研究會，以研究學術，聯絡感情，增加工作效能為宗旨，凡軍校政訓處教職員均可參加，並草定會章十條。

　　是月末，舉行學術研究會首次會議，與會教職員五十餘人，由滕杰主席，先討論學術研究會會章，經眾逐條討論，予以鼓掌通過，依據會章，學術研究會以教育長張治中為名譽會長，政訓處長滕杰為會長，政訓處秘書干國勳為副會長，另有幹事若干人，分由政訓處教務科長湯武，訓育科長賈毅，及各主任教官（即首席教官）、研究組組長充任。繼討論研究會分組辦法，經眾議，分政治、經濟、文哲、史地四組。旋通過該四組組長名單，分由向理潤、屈鳳梧、賈毅、閔毅成擔任。

　　在首次學術研究會中，我以軍校政訓處歷史首席教官名義，入選學術研究會幹事，擔當處理會務之責，並參加研究會史地組活動。

　　學術研究會一般每月集會一次。其研究之內容，以組為單位，分政治、經濟、文哲、史地、外交等組。研究方式，分為交付研究和自動研究兩種。研究結果，或由軍校機關刊物《黃埔月刊》、《黨軍副刊》等發表，或經由會長滕杰分別呈校長蔣介石及教育長張治中，以做參考。

研究會史地、經濟、政治三組之組務會議於是年年末舉行，同仁提供論文甚多，史地組有閔毅成教官的《儒家思想之體系》，彭樹邦教官的《中國邊疆未開發民族種類及其概況》等，我提供了《秦漢時代之國防》一文（後蒙發表於《黃埔月刊》之上）。政治組有向理潤教官的《中國外交的出路》，陳鐘浩教官的《太平洋問題與中國》，劉孟純教官的《地方自治》等。

至一九三六年，研究會各組組務會議，經同仁建議，其形式改為座談會或聚餐會方式進行，氣氛較前更為活躍，同仁研究成果亦更豐。

軍校政訓處教官制度，幾經變易。在第六期時代，有主任教官，並設有主任教官辦公廳，第七期有總教官。八九期時代，則分設政治、外國文、自然科學總教官，後又分設政治總教官及訓育總教官。十一期後，又於各班隊，設首席教官制度，及至滕杰職掌政訓處，亦即十二期入伍生後，於一九三五年十月，又將首席教官制度改為主任教官制度，並派任下列主任教官：政治教官向理潤為高教班政治主任教官，地理首席教官彭樹邦為十期一總隊政治主任教官，政治教官屈鳳梧為十期二總隊政治主任教官，歷史首席教官沈清塵為十一期第二團政治主任教官，地理教官馬振堯為十一期第一團政治主任教官，國文首席教官洪任材為十二期入伍生團政治主任教官，政治教官龍潛為空軍入伍生營政治主任教官。

各主任教官之職責在總和其所在各班隊團營之政治教育事宜，並出席政訓處處務會議。以利教育方針之貫徹。

軍官高等教育班

所謂軍官高等教育班，為軍校在第八期後增設的一個單位，簡稱高教班。創辦於一九三二年秋，學員均為部隊中上級軍官，其職級，以少校級人數最多，次為中上校，亦有少數少將級的，有部隊長，亦

有幕僚人員。學員以調訓方式來校，施以學科術科及精神教育，時間為二學期（一學年），期滿經考試合格，復回原部隊。每期約有學員三百人左右，編成十餘個教學班，設班本部，由少將職級之部隊長兼任，記得徐權（保定軍校畢業生，繼李明灝後為軍校教育處長）及范漢杰（黃埔一期老大哥，曾任陸軍第一軍副軍長。）等，都兼任過高教班主任。學員方面，我熟悉的朋友如公秉藩、杜聿明、鄭洞國等，均先後參加過該班一、二期的受訓。蔣介石對舉辦高教班甚為重視，認為高教班是造就高級將領及指揮官的途徑之一，要求在學術科以外，加強修養，加強對中華歷史及地理的瞭解。

一九三五年十月，高教班第四期開始上課。全體學員分成四組，班主任為陳芝馨（時為陸軍少將），陳係老粵軍將領，北伐期間，曾代理第四軍二十六師師長。政訓處曾派教官作精神講話多次，首由湯武主講，繼各任課教官分別講授。上課二月後，始舉行開學典禮，結合軍校擴大紀念周，由校長蔣介石致訓，參加者達萬人，盛況空前。數日後，全體官生又冒嚴寒，赴中山陵謁陵。

在該班擔任教學的政治教官同仁有：政治主任教官向理潤（澤蓀，留美學生，四川人，抗戰期間任軍委會政治部第三廳副廳長，戰後任西康省教育廳長），教授國際政治。向氏以外，有政治教官譚振民、陳永珍（國儒、四川江津人）、戴鴻猷（建新、雲南鹽津人）、章建新及我等。另有地理教官彭樹邦（谷之，江西萍鄉人）、日文教官傅恩霖（雨農，湖北江陵人）、丘璞，德文教官王樹芬（四川人），及數學教官等人。此期的軍校校務會議主要成員，校長教育長之下，有辦公廳主任江煌、教育處長徐權、副處長唐仲勳、步兵科長童元亮、騎兵科長關義之、炮兵科長傅正理、工兵科長梁亞雄、政訓處代處長滕杰、政訓處秘書干國勳、教育科長湯武、訓育科長胡軌、畢業生調查處長劉詠堯、經理處長李鄞等。

高教班教學方式，與普通班相較，教員上課的時數少，而分組

討論的時間較多（教員亦參加討論），注意實際問題之研討與解決。除此以外，還有各界人士之演講，如中央大學校長羅家倫來班作「國際形勢」，滕杰作「民族之路」，第五屆中央委員劉健群作「國際情勢」的專題演講，深受歡迎。時師生間關係融洽，印象深刻者，有一九三六年二月末，金陵城大雪，全體官生舉行夜間雪地行軍：出中山門經孝陵衛至靈谷寺，復折由中山陵經四方城入中山門返校，為時四小時，頗能鍛鍊意志。

在是期的調訓學員中，有不少同學後與我較熟，亦生亦友，他們後均成為國民革命軍的重要幹部，如隸第一組的謝承瑞（蒼孫），江西人，係一九二○年十一月七日在滬同乘法輪「波爾多斯」號赴法的一百九十七名同學之一，居法十載，習炮兵工程。謝與其江西同鄉桂永清友善，來高教班調訓時為桂氏主持的軍校教導總隊教官。在班中虛心向學，不恥下問，課餘常與我談起在法國求學時的種種，頗有一番感慨。其畢業名績名列前冠，盧溝橋抗日軍興後，擔任教導總隊上校團長，在南京保衛戰中壯烈殉國。隸第二組的顧錫九，係顧祝同堂弟，時以陸軍第五十師團長身份來校受訓。抗戰勝利後任陸軍第一二三軍軍長，駐節江蘇崑山，恰我三弟沈霞飛任崑山縣長，顧嘗謂余弟曰：「令兄是吾之老師，彼之課，吾人都很愛聽！」隸第二組的方先覺，字子珊，江蘇人，黃埔三期畢業，時以陸軍第三師九旅十八團少校營長身份入班受訓，方原來文化程度較高（大學肄業），故在小組討論時，常作專題發言，給各位老師的印象較深。抗戰中方參加衡陽保衛戰，聞在重慶召開的國民黨六全大會中，中央執行委員王昆侖（中共地下黨員）指方降日，有損大節。蔣氏聞之大怒，反指王污辱抗戰將領，重慶各報均有報道，事實究竟如何，不得而知？還有一位受訓同學姓鄭，抗戰勝利後，我任湖北省恩施地區專員兼區保安司令，未幾，原保安副司令離職，我即請准鄂省保安司令部批准，任他為保安副司令，具體負責該地區的治安事宜，期間，我們合作很好，

初為師生，後為同僚，亦為幸事。

兩位西北（陝西）籍的學員，亦值得一提，一位是第三組的黃埔一期生張耀明，以旅長身份來高教班受訓。結業後即升任少將師長。抗戰勝利後，張任首都南京的衛戍總司令，又成為關麟徵之後，黃埔學生任軍校校長的第二人。另一位是隸第一組的軍校四期畢業的光頭營長劉玉章，性豪邁，喜豪飲，對戰術頗有研究，後來做了臺灣的警備總司令，陸軍一級上將。此外，楊遇春（柳青），亦係贛人，黃埔三期生。抗戰開始後任廬山游擊指揮官，指揮廬山孤軍奮戰十餘月，安全突圍，為史所讚。

另曾在一九七四年至一九八一年間任臺灣「國家安全局」局長之王永澍，亦係當年軍校高教班第四期的受訓生。王，浙江人，他原為浙軍出身，入訓後改敘軍校七期畢業資格。抗戰勝利後任青年軍團長、師長、投入蔣幕，去臺灣後由於蔣經國的關係而得以從軍界轉入情治。一九八一年夏，在余弟沈霞飛的治喪委員會名單之中，王列名主任委員之尊，大概是王時為「國安局」局長，而霞飛曾為「國安局」主任秘書之故也。

及至一九三六年夏，高教班同學經過七個多月訓練後，經過期考及畢業考試，學成畢業，各學員復回原任職部隊。

滕杰率十教官見蔣

一九三六年二月，政訓處兼任處長酆悌辭兼職，調任駐德國使館武官，滕杰正式接充政訓處長職。

滕氏到任後，似有革新意圖，以打破因循已久之官僚氣習。他特別注重於蘇浙籍的教官中進行活動，以養成其所謂革新勢力。當時教官之中，以梁客潯及湯武兩位最為滕所重視，梁氏系滕之江蘇阜寧小同鄉，一直追隨滕至抗戰勝利，後任陶峙岳的新疆警備總部政工處

長，參加了新疆起義。湯氏來校則為蔣介石親自推薦，故滕對亦湯另眼相看，初滕擬通過梁湯兩位，在教官中活動聯絡，由於鄉誼、觀點等關係，教官向理潤、陳鐘浩（留法同學，江蘇蘇北人，建國後任上海市文史館館員）、洪君培（留法同學，抗戰後任江蘇省教育廳長）、胡欽甫（浙江人）、譚振民（浙江黃岩人）、程式（江西臨川人）、龍潛（湖南人，即龍志霍）及我等共十人，通過聚餐及座談等形式與滕交談甚好，共議如何在教官中發生核心作用。我們每隔二周集會一次，或在政訓處長辦公室，或在各教官家中。

不久，滕通知大家，說蔣校長將在軍校內官邸「憩廬」召見。某日，由滕氏率領，我等十教官前往蔣寓，「憩廬」在軍校校內，為一兩層西式小樓，我們一一進入客廳就座。以前我曾於軍校聚餐會中見過蔣，但這次為第一次近距離地觀察蔣。但見客廳牆上掛有中山先生為「介石吾弟」手書條幅：「安危他日終需仗，甘苦來時要共嘗」，條幅下方有中山與蔣之合影照（中山坐於前，蔣氏戎裝立於後），以顯示孫對蔣之重視，與關係的非同一般。當時我們這批教官大都以蔣為中山的繼承人及學生，對其寄予期望。蔣有一句名言：「生命的意義在創造宇宙繼起之生命，生活的目的在增進人類全體之生活」，當時對我輩影響甚大。我們入座不久，蔣氏著黃色中山裝來到客廳，雖已為知天命之年，惟精神很好。嗣由滕杰一一介紹各教官之姓名、階級及所教之課，蔣與我們一一握手，旋請我們坐下，他也落座發表即席談話，內容大多記不清了，但有一句話卻記憶猶新，蔣說：「希望諸位要好好工作，好好教學，國家需要人才，以後可用學校的名義介紹出去！」一語既出，眾人皆很興奮，以為真是「核心」了。以前認為滕氏資格不夠者，亦對其刮目相看。以前與之關係較密者，當更進一步。故次年，滕氏隨張治中去湖南時，眾教官皆為之雅集送行，有梁鼎銘作畫，唐圭璋賦詞，其他人或作詩，或揮毫，熱鬧非凡，不是沒有關係的。

提起梁鼎銘教官，此處略為一表：鼎銘系廣東人，與我相交甚洽，他為戰史畫家，亦擅繪馬、虎、獅、鷹等獸，曾送我一幅下山虎圖，栩栩如生。當時創作了許多國民革命史跡畫，幅面巨大，如「南昌戰跡圖」、「濟南戰跡圖」、「一二八戰役圖」等。另有一幅「惠州戰跡圖」，畫高二十尺，寬七十尺，描繪國民革命軍東征攻打陳炯明老巢惠州城之役，蔣介石、何應欽均在畫中。該畫於創作時，梁氏曾邀我前往觀之，其畫室位於中山陵園旁之靈谷寺，梁自署：「戰畫室」三字，故人咸稱梁為「戰畫室主」。我觀梁氏畫作，想起在巴黎參觀盧佛宮時觀拿破侖戰跡圖之景，畫中人達百人之多，且多有名有姓，場面宏偉浩大。梁氏的兩個兄弟中銘、又銘，亦擅丹青，人稱「梁氏三杰」。重慶時代，鼎銘與我同任政治部設計委員，時在政部會議中相逢。至一九四九年後，梁氏三兄弟均去了臺灣。一九八〇年代，我侄兒沈以正（臺北故宮博物院編輯）編輯出版《中國美術專題研究》一書，其中首位畫家即介紹梁氏三兄弟。

中國國防史

這段時間，我在軍校教書之餘，筆耕甚勤。國家多難，外患日甚。故我思索之問題，亦以國防建設為主，以史為鑒。時政訓處所辦之《黃埔月刊》行將復刊，主編譚振民向我約稿，我允之。乃將平日所思，成《中國兵制之史的分析》一長文（約數萬字）交譚，承其不吝，分三期連載發表於《黃埔月刊》之上（復刊特大號、三卷二期、三卷三期），內容包括：古代寓兵於民之特徵、漢代之禁衛兵與郡國兵、唐代之府兵與擴騎、宋代招募制度之三要素、遼金元兵制之特色、明代之軍衛法、清代之二大軍制：八旗兵與綠旗營七個方面。僅就歷代兵制之特點，加以簡略分析，文前，我寫了一則短言，說明本文寫作之由：

大抵開物成務之人，必有懲前毖後深謀遠慮以求其所以長治久安之計。及其衰也，因循苟安敷衍失職，宵小奸佞之徒又從而利用之。於是昔之所謂經邦濟世之策者，往往為後世辱國亡身之源。此無他，凡制度有利必有弊，審時度勢融會貫通，在於人之運用而已。由是可研究我國歷代兵制，而按其時代背景，究其利害得失，實足為今後改革之借鏡，要不可以其為陳腐而忽之。

拙作經由《黃埔月刊》發表後，反映甚好，嗣由南京正風書局某公前來相晤，約我略作增補，由彼等印行單行本出版。印行後，銷路甚好，本擬再作補充，條分縷析，成中國兵制史專著，惜以教學及公務繁忙關係未能完成。

由歷代之兵制史，及而引申至歷代國防史。某日，譚振民兄復來晤，囑我續寫國防史文稿，以應急需。乃先試作二篇，其一為《漢代之國防與國策》，略述漢代之：統治政策；邊防概觀；防邊三方略；經略西北政策；戰時財政。其二為《五千年來之中國國防大勢》，內容分：秦漢以前之國防；漢族全盛時代之國防；漢族衰微時代國防；帝國主義侵入後之國防四部分。先行交卷，蒙獲發表。旋以二文為基礎，廣泛搜羅材料，閉門謝客，埋首書案，窮六月之功，終得將此約十二萬字書稿完工，譚兄閱後，認為很好，惟文稿於《黃埔》刊載已不適宜，後由葉楚傖先生將其推薦給正中書局，該局吳秉常（即吳大鈞，美國留學生，為陳立夫同學，時任該書局發行人）先生閱後，也認為書稿文筆簡潔流暢，並謂該書局擬編一套「國防教育叢書」，我之稿可為其中之一，並致送稿酬大洋六百元（以千字五元計酬。

一九三七年三月，國防史書稿由正中書局印行出版，定名為《中國國防史略》，自秦漢前至近代分十一章，以中華民族之發展為徑，歷代防維制禦之方策為緯，說明五千年來之國防大勢，而關於兵制、

屯田、馬政、邊防、海防各點更作有系統之敘述，以供關心國防者之研究。發行後，各界反映甚好，第一版不久即告售缺。

至抗日軍興，正中書局遷重慶，復印行二版（一九三九年四月），及三版（一九四二年一月），仍不能滿足需要。抗戰勝利後，正中上海分局又印行四版（一九四七年三月），四版共印行二萬餘冊。該書發行後，為陸軍大學採作「中國國防史」課程教學參考書，陸大主講是課教官為江蘇溧陽人史久光先生，史曾對人說：「看了許多參考書，還是沈先生這本較好。」

政訓處教務科

滕杰真除政訓處長後，我與其接觸往返頗多。論年齡，滕似小我二歲，惟其為人之道卻是駕輕就熟，我所不及。後來，教務科長湯武辭職離京（據說與其夫人，軍校教育處英文教官成錦遭解聘有關）。滕即以我代理教務科工作，故我教學之外，又增行政事務工作。時政訓處人事：處長以下，胡軌為訓育科長，秘書干國勳調政治教官後，復由胡氏兼過一段時間秘書，《黨軍日報》主編為顧德鈞，黨軍報設有每日評論委員會及社論委員會，梁客潯、陳鐘浩、譚振民及我等均為委員，各委員不時在《黨軍日報》上發表署名評論文章，記得特約評論委員徐仲年兄（留法同學，江蘇人，係吳稚暉外甥，一九四九年後任上海外語學院法語系教授）於《黨軍日報》發表題為「離憂」的每日評論專文，談中國的國民性問題，引發諸多討論。梁鼎銘教官則於《黨軍日報》上，刊登軍校各位官長的簡筆畫像，從蔣介石、張治中像開始，直到各處主管、教官，抓住每人的特徵寥寥幾筆，躍然紙上，生動異常，也為報紙上增加了活潑氣氛。

是時軍校之團隊有：高教班第五期，十一期一總隊，十二期學生總隊，十三期學生總隊等。

我到處辦公之初，即出席政訓處訓育教務科長聯席會議，我任主席，就下學期的工作計劃提出研討。

一九三七年春，教育長張治中辭職，調主湘政。嗣由陳繼承繼任教育長，陳氏江蘇人，畢業於保定軍校（與張治中同校），軍校黃埔時代，曾任戰術教官。張治中離任時，全體教官於工字廳舉行公宴，為之送行，旋舉行告別閱兵式，可謂功成身退。張頗忠於蔣，故蔣以軍校教育長之要職委之，前後近十載，不是偶然的。是年五月一日，陳繼承正式來校履新，員生五千餘人參加歡迎會，亦是盛況空前！

陳繼承到任後，已為軍校南京時代末期，到任之初，即分別約見各處隊、班、官長談話，並聚餐，且對政治教官，至為重視，自六月二十一日至二十五日，每日下午二時起，於其辦公室，分三批傳見，每批十五人，均由我率同前往，抵步後，首由我向陳氏介紹各教官姓名、階級、所授課程等，嗣坐下談話，陳對各教官過去經歷，授課情形等，問詢甚詳，亦談及戰前準備與戰時搬遷問題。並決定成立第十四期招考委員會，然未待實施，抗戰即已爆發，軍校西遷，後來，十四期學生的招考工作是分別在武昌和成都完成的。

我就任政訓處教務科長後，所做的主要工作是改進政治教育。我召集全體政治教官集會，討論改進辦法。有四十餘位教官到會，首先由我就軍校政治教育實施情形，及應改進注意之點，作一報告。旋請各教官貢獻政治教育改進辦法，以便教務科制定時參照。劉道俊、林桂圃、龍志霍、屈鳳梧、張九如、黎盛東、王楊時教官等，先後發言，就政治教育改進辦法發表意見，極為中肯。復由教務科就各教官意見，制定政治教育改進方案，發交各教官討論，討論結果，議決以課目為單位，組織分組研究會，就教材內容、教授進度、教授技術等擬改進事宜，進行研討。

教務科旋將分組研究會各組教官分配名單及召集人和開會辦法妥為規定，依授課課程，共設十二組，其組別及召集人為：黨義組

梁客潯；黨史組　康庚梅；政治學組　陳頤慶；各國革命史組　文聖舉；國際政治組　陳永珍；地方自治組　薛伯康；經濟學組　龍志霍；法學通論組　蘭本；國際公法組　陳鐘浩；地理組　彭樹邦；歷史組　李驥；國文組　唐圭璋。

　　課程研究會成立後，教務科還召開各組召集人會議，商討各組研究範圍及方法。討論結果，認為各組開會研究改進應特注重：現授教材何處應行修改及如何修改；各班隊教育性質不同，應如何分別規定，以適應其需要；依據員生之需要情形以研究現在各該政治課所占時間，應否增加或減少；各教官之講解態度及課業管理方面應如何改進等等。嗣後，又召集了十三期任課全體政治教官會議，討論分科後的課程教授進度問題。

兼課中央政治學校

　　金陵城中與中央軍校齊名的是中央政治學校（簡稱政校）。該校初名中央黨務學校，抗戰勝利後升格為國立政治大學。政校一九二七年成立於南京，顧名思義，以培養國民黨幹部為辦學宗旨。仍由蔣介石兼校長，另設校務委員會，由國民黨元老如丁惟汾、戴季陶、胡漢民、葉楚傖等人，加上陳果夫、立夫兄弟組成，決定學校的大政方針。其中實際負責者，為陳氏昆仲，所以後人稱政校為CC系的搖籃。一九三四年春，我率暨南大學政治經濟系學生，赴江蘇省江寧地方自治實驗縣參觀，見縣府內許多科長及區長大多為政校畢業生，而兼縣長梅思平也任過政校的教職。

　　政校採軍事管理方式，學生均著統一校服，享公費待遇。畢業後統一安排工作，沒有一般學校的「畢業即失業」之虞。故與軍校相仿。其入學考試嚴格，亦要經過初試和複試，錄取比例很低，大約三十人錄取一人，每年的招考大約有三四千人報名，經層層淘汰，錄取

者也就一百多人。

　　幾經發展，至一九三七年初，政校在規模上已有大學部（分行政、法律、財政、經濟、教育、外交諸系）、研究部，以及地政、合作、計政等學院。

　　教員俱一時之選，且大多為留學生出身（以留美者為多，亦有留學英、德、法、日、俄者）。教法律學的有：阮毅成、吳振源、崔書琴等；教行政學的有：薩孟武、劉百閔、俞銓、湯惠蓀等；教外交學的有：徐謨、左舜生等；教新聞學的有：馬偉（即馬星野，為政校第一期畢業生，後派赴美國密蘇里大學研修新聞學，抗戰勝利後做了《中央日報》社長）等；教教育學的有：汪懋祖、程其保等。除了馬偉係專任講師外，其餘均為專任教授。

　　除專任教員（分教授、講師、助教、助理四等）外，政校還敦聘校外具學識專長者為兼任講師，時我在軍校教授國史，承留法同學兼好友阮毅成兄盛情邀請，聘為政校大學部法律系兼任講師。教授中國法制史課程。授課宗旨擬從廣義的法制史角度出發，注重史之分析。自商周始，中經秦漢、兩晉南北朝、隋唐、元明清，直至民國。不僅敘述「律」之演變過程，亦涉及歷朝歷代之典章文物教化經濟等，以增學生聽課興趣。

　　由於黃埔系與CC系的微妙關係，軍校教官在政校兼課者，寥寥無幾。在我之前，政校僅聘文聖舉、向理潤、譚振民三教官為兼任講師。我到政校後，他們均已離去，只有一位湖南人長沙人羅敦偉先生，北京大學畢業，與黃埔系關係較密，在政校經濟系講授經濟政策課程。羅與黃少谷稔熟，抗戰勝利後曾任上海《和平日報》社長。無巧不成書的是，一九四九年他去臺灣後與我三弟沈霞飛成了兒女親家。

　　在政校大學部學生中，以法律系學生人數最少，如法律系四年級僅有學生九人，三年級和二年級亦只有十餘人。究其原因，恐在於法

律學課程較為單調枯燥所致（一年級不分科）。與我同期在法律系任兼任講師者，有許多頗具才學的公職人員，如謝冠生先生，在系教授中國司法問題，梅汝璈先生，係留美法學博士，教授英美法及近代法律思想，後來在戰後成了審判日本戰犯的大法官；史尚寬先生，留法出身，時以專職立法委員身份至政校兼課，教授經濟立法及破產法。其他留法同學在政校兼教職者還有宋國樞兄，任政校大學部法文教授。一九四九年後，宋任北京外國語學院法語系教授，參加過《毛澤東選集》法文版的編譯工作。沈煉之兄，時任政校地政學院方志門研究員。一九四九年後任杭州大學歷史系教授兼系主任，主講法國大革命史。陳仲明兄，研究合作主義，頗有心得，在南京發起中國合作經濟研究會，自任會長，亦在政校兼課，教授合作行政、合作法課程。一九四九年後任上海財經學院教授。「文革」以後，宋、沈兩兄尚與我時相晤面。其他友好李蒸、樓桐孫、楊公達、陳耀東等，先前亦均在政校兼過教職。

兩位常州同鄉，一位是我在武進縣師的錢逸塵師，先前由我邀至軍校任教，亦在政校兼授寫作課程。一位是萬國鼎先生，在政校地政學院任教授，著有《中國田制史》一書。學生儘管人數很少，惟歷經歲月滄桑，大多已記不清他們的名字了，只記得一名叫唐振楚的同學，湖南人，文筆很好，時在校刊上發表文章，為學生中的佼佼者。

黃埔系政工主管及其派別

在中國國民黨內，派別是自然存在的。查該黨之歷史淵源與傳統，自中國同盟會到國民黨，再至中華革命黨，再至中國國民黨之過程，組織鬆散，派系充斥。北伐統一後，又發生中央與地方實力派之爭鬥，故胡漢民之所謂「黨外無黨，黨內無派」主張，實為不可能實現的烏托邦理想。由於地域、鄉誼、觀點等，黃埔系政工主管，亦是

派別眾多。雖然，彼等在忠於三民主義及蔣介石個人方面是一致的，惟在具體的做法上，卻各行其是，歧異頗深，據我之觀察，彼等至少可分為下列五派：

一、賀衷寒為首湖南派

在黃埔軍校早期畢業生中，以湖南籍者人數最多，而賀衷寒在其中又是一個突出人物。賀出身黃埔一期，後留學蘇、日等國，回國後一直主持軍中政工，任過軍委會政訓處長，堪稱政工元老。賀能言善辯，又會寫文章，但為人自傲，領袖欲亦特強。與其關係較密之政工主管大多為湘籍或留蘇日出身者，其中有：袁守謙，一直為賀之副手，黃埔一期生，為人謙和，似可補賀之不足。鄧文儀，黃埔一期，留蘇生，長期擔任蔣介石侍從秘書。劉詠堯，黃埔一期，留蘇生。為湘籍政工主管中年齡最輕者。蕭贊育，黃埔一期，留蘇生，與谷正綱、正鼎兄弟同班，蕭長於思索，也任過蔣介石的侍從秘書。還有白瑜、高傳珠、倪文亞、蕭作霖諸君，亦與賀衷寒過從甚密。賀本人其後在「西安事變」發生後，領銜於報端發表「全國青年將領通電討伐張楊之變」，並擁戴何應欽，表示聽從驅策，為蔣所不滿，嗣被投閒置散。賀氏之湘派，在政工人員中，人數最多，內部亦較團結。

二、酆悌、曾擴情派系

酆、曾二人均為黃埔一期生，以「老大哥」自居，且均任過軍校政訓處長。酆氏能力亦較強，惟做事及待人接物，主觀性較強，往往特立獨行，故結怨甚多。後代人受過，以長沙大火之罪受極刑處置，亦云慘矣！曾擴情在黃埔學生中，以擅於左右逢源，工於心計而著稱，以「擴大哥」自居，四川籍的黃埔同學，對其執禮甚恭。後任軍校政訓處長之滕杰時與酆、曾等頗為接近，滕氏後自組江蘇派集團。酆曾派與賀氏之湖南派摩擦甚烈，各不相讓，且不能合作。

三、康澤與特訓班派

　　康澤出身軍校三期，後入莫斯科中山大學，雖期別較後，但卻後來居上。康出身貧寒，頗能吃苦耐勞，做事尚儉樸，不喜鋪張，故口碑較好，亦為蔣介石所喜。抗戰前，康多年主持軍校特訓班（即星子特訓班，位於江西省星子縣，背靠廬山五老峰下），並組織「軍委會別動總隊」入川，打垮四川軍閥，深得蔣氏重視。故康其後雖受賀衷寒排擠，卻亦不甘示弱，利用特訓班及別動隊，組織小集團。抗戰期間又執掌三青團組織大權多年，屬下很多。軍校四期以下者，很多為其驅使，如胡軌（黃埔四期生，江西人）即與康來往甚密。

四、劉健群與政訓班派

　　劉氏貴州人，任過何應欽的秘書，後由何將其推薦給蔣。劉能言善辯，長於宣傳工作，他曾寫過一篇「貢獻一點整理黨的意見」（後自印成冊），提出所謂「安內攘外」的具體謀略，為蔣所重。擢其為軍委會政訓處及軍校政訓處長、廣州行營政訓處長。他主持軍委會政訓研究班，有學生近五百人，人稱「五百羅漢」，出力甚多。該班學生奉劉為「師爺」。「華北事變」後，劉又率領畢業生組織華北宣傳總隊（華北軍分會政訓處前身，下轄十個宣傳大隊）宣傳抗日，為日人所忌，也宣傳「攘外必先安內」主張。期間，劉廣為散發其《復興中國革命之路》小冊子，主張國民黨應即行改造，清除腐敗份子，實現其所謂的家庭化、軍隊化，防止官僚化、資產化。號召組織布衣團，深入民間進行宣傳。所謂「藍衣社」之稱，即由此不脛而走。嗣任過中華復興社核心組織「三民主義力行社」書記。

　　由於劉本人非黃埔出身，故深受黃埔系其他政工主管的排擠，而不能施展其才（康澤與賀衷寒、袁守謙、蕭贊育等對劉均表不滿，認為劉太「招搖」不能腳踏實地的工作）。

五、滕杰與江蘇派

滕杰，江蘇阜寧人，軍校四期生，後留學日本，係復興社第一任書記。滕長於思索，待人態度亦謙和儒雅，為蔣所重，故將復興社首任書記一職委予四期門生滕杰。嗣後軍校政訓處長劉詠堯為部分黃埔同學所不滿，蔣即派滕接替劉職，滕接長軍校政訓處長後，通過政治教官梁客潯（抗戰時為政治部二廳副廳長，廳長為滕杰），吸收蘇浙籍教官多人參加滕之小團體，是為江蘇派之始。

以上五派，大體概括了抗戰爆發前的軍隊及軍校政工主管情況，上述分析，俱依據他們與我的談話，及我個人的觀察，掛一漏外，在所難免。

至抗戰勝利，蔣氏刻意培養蔣經國介入軍中政工，形成所謂「太子系」，並形成主流。上述政工各派，俱經分化組合，有的融入「太子系」之中（如胡軌的叛康投小蔣），其餘則不復存在。

頒發「非常時期黨員信約」

及至一九三七年夏，自各方傳來的消息看，和平似已絕望，在軍校，易地教育，已提上議事日程。時我以政訓處教務科長名義，自是年六月末起，參加多次校務會議，其中討論最多者，一為遷校，二為本年不放暑假，均經議決通過。

盧溝橋事變後，北平天津相繼淪陷，抗日軍興。蔣介石於是年八月一日出席軍校總理紀念周，謂中國已至最後關頭。八月十四日，軍校特別黨部（特派員為教育長陳繼承兼）頒發中國國民黨第五屆中央常務委員會第四十九次會議於八月五日通過之《非常時期黨員信約》，並以特大字體刊載於《黨軍日報》之上。信約主要有先人民而犯險，後人民而退息，滅絕平日黨內外一切彼此之偏見，親愛精

誠，同生共死。及整飭各級組織一律軍事化等。其前言寫得非常慷慨激昂：

> 國家當存亡絕續之際，正本黨同志赴義成仁之時。平日讀總理遺訓，聖賢遺書，所立何志，所學何事，此而不各奮忠誠，同遵約束，繼戰士以浴血，為人民之前驅。則國家之生命絕，本黨之歷史毀。生負全國之寄托，死為總理之罪人。吾同志素敦志節，久歷艱屯，赴難之義，無待煩言。爰申信約，俾共凜依。

自是不久，我即隨軍校西遷，離別了金陵古城，開始了抗戰轉輾生活。

第七章　抗戰風雲：

從政治部一廳到中央軍校二分校

抗日軍興：從南京到武漢

　　一九三七年七月七日，北平盧溝橋事變起。七月十七日，蔣氏於盧山發表談話稱：「如果戰端一開，則地無分南北，人無分老幼，無論何人，皆有守土抗戰之責任，皆有抱定犧牲一切之決心。」一改昔之委曲求全之態。八月十三日，淞滬抗戰爆發，抗日軍興。國民政府下達國家總動員令，建立戰時體制，將全國劃分為五個戰區，時我任南京中央軍校政訓處上校政治教官，並代理政訓處教育科科長，是校務會議成員。八月二十六日午夜，南京鍋底塘一帶復遭日機轟炸，我恰在軍校開緊急會議，四弟祥霖剛自國立山東大學畢業，路過南京，住在八府塘我寓。凌晨返家，見室內吊燈落地，玻璃窗破裂，轟炸引發的火舌距宅僅咫尺，有多人中彈死傷，惟祥弟幸免。是月底，我隨中央軍校由南京西遷，此前（八月十日）家眷（內子犖華、龜鶴二兒，岳母卞氏等）已先期疏散離京，彼一行溯長江西上至漢口，復經長沙至常德，又往湖北宜昌，轉四川重慶，最後到了瀘州，始安頓下來。我與家眷，天各一方，直至二年後，方於湘西南之武岡團聚。十月，軍校抵牯嶺休整。並於盧山海會寺舉行十一期二總隊畢業及十三期入伍生升學典禮，充滿抗戰激昂之情，至為壯觀！旋奉令繼續西撤武漢，及抵漢不久，傳來首都淪陷於敵，我三十萬軍民慘遭殺害的「南京大屠殺」事件。

是時之武漢三鎮，已成為國民政府之政治、軍事、經濟中心，實際上的戰時首都。一九三八年二月，軍事委員會政治部成立於武昌，以陳誠為部長，第三黨人黃琪翔及中共黨人周恩來分任副部長，下設四廳，其職司範圍：第一廳主管軍隊及軍校政訓，第二廳主管戰地民眾組訓，第三廳主管文化宣傳，第四廳主管總務，另有一秘書處，負責電訊文書及部與各廳間之上下行文工作（處長為我軍校教官同仁柳克述），時我首度軍校任教即相識賀衷寒（君山，時為軍校六、七期學生總隊長）調任第一廳廳長，需人孔亟。某日，去廳拜訪，南京軍校時代同仁白瑜兄亦在座，交談甚好，賀乃以一廳二處一科上校科長之職相邀，我因不願再隨校西遷成都，乃欣然應命。於三月到廳就任斯職。

在政治部第一廳

一、政治部第一廳下設處科職能及人事

　　政治部一廳下設兩處，第一處分司軍隊政訓，處長徐會之，黃埔一期生，湖北黃岡人，抗戰勝利後任漢口特別市長，聽說一九五〇年去臺灣，後以「匪諜」之名被殺。下轄三科，科長分由侯志明（廣東人，黃埔四期生，後與我是中訓團黨政高級班同學）、張明（湖南人，黃埔四期生）、黃錚（廣東人，黃埔三期生）擔任。第二處負責軍校政訓，處長原為孫伯騫，孫氏留美出身，曾為大學教授，我到任後，孫已他調，賀衷寒不久又任為我副處長並代理處務。工作範圍主要包括：審核各軍校政治部呈送之各類報表（工作概況、人事異動、教材等）；轉發軍委會政治部及其相關部委之行文；草擬軍校政訓計劃。下亦轄三科：第一科負責軍校政訓，科長為我，主任科員芮晉（拯中），江蘇人，畢業於劉健群主持之中央軍校政訓班第一期，抗

戰勝利後，做了國大代表，後去臺灣。科員李呈瑞，黃埔四期生，另一科員張文翰系常州同鄉，由我向賀衷寒推薦後派任，後隨我至湖南武岡軍校二分校任秘書，一九四九年後，張任常州二中教員，並擔任「民革」（中國國民黨革命委員會）常州市委駐會副主委，時有通信往還。第二科負責軍事教材編審，科長楊禮恭，留日學生，我調離後，楊接我職。第三科負責軍醫院監理及傷兵管教，科長姓名已忘。

二、主持起草《各軍事學校政治訓練計劃大綱》

《各軍事學校政治訓練計劃大綱》係依據軍委會於一九三八年三月重新頒行之《政訓令》精神制定，由芮晉、李呈瑞等起草，我修訂審核。在此之前，各軍校政訓，未有統一計劃。《大綱》分：總綱；人事與權責；政治教育；政治訓育；附則五部分組成。其總綱部分除明確規定了「三民主義為救中國之唯一主義，必須使官生絕對信仰，國民黨為唯一革命政黨，蔣委員長為全國唯一領袖，必須絕對服從」之「一個黨，一個中心，一個主義」的原則外，亦依據抗戰之現實需求，增列「倭寇為中華民族之唯一大敵」等條項。

在政治教育方面，《大綱》規定各軍校政治課程分必修課與補充課二大類。必修課為：總理遺教、領袖言行、史地課程、政治課程、經濟課程、法律課程、日本問題（將日本問題列入必修課，亦體現了抗戰之時代精神）等，補充課程則有蘇俄問題研究等。為體現抗戰教育之特點，還規定《東亞史》課程之講授，在闡明中華民族在東亞史上領導地位，中華文化對東亞各民族的貢獻之外，還以日本之侵略擴張及中國革命史實為講授重點。《東亞地理》之講授，應闡明中國領土在東亞地理上之價值，並以我國國防地理、國恥地理為講授要點。另規定設立日本問題研究課程，以研究日本之政治經濟各項問題，凡此種種，均為抗戰禦侮精神的反映。

在政治訓育方面，規定了訓育之目的，軍校指導員之職責及訓育

方式。訓育方式分為：集體訓練（小組討論，精神講話，政治報告，名人演講，競賽等）、個別訓練（個別談話，生活指導，生活考查，讀書指導，自我訓練，自我批評，各種測驗等）、補充訓練（學術研究，勞動服務，體育指導，刊物印編等）三種。

《大綱》起草畢，呈廳長賀衷寒審核，嗣送部長陳誠及委員長蔣介石核准後，旋印發至各軍校實施。整個抗戰階段，各軍校的政治訓練工作，基本依據此《大綱》進行。

赴八路軍辦事處謁周恩來

我在政治部一廳期間，正值國共兩黨合作抗日，共赴國難之初，當時政治部的組建及人事的分配安排，亦可說是兩黨合作的具體成果之一。

一九三八年初夏某日，我在武昌（時政治部設武昌）至漢口的輪渡碼頭上，巧遇兩位舊友——鄧穎超及劉清揚，當時她們兩位均被推選為國民參政員。互致問候以後，我即向鄧問起留法同學周恩來近況，承鄧相告，說周現除在政治部辦公外，其餘時間大都在漢口十八集團軍（即八路軍）辦事處內，我頓生與周再次相晤的想法（我與周自北伐前於廣州一別後，迄今已有十二年未得相晤），於是，乃對鄧穎超說：「請轉知周公，擇日一定專程拜訪，以敘別情。」 數日以後，我約了留法同學，也是南京中央軍校教官同仁的葉法無（葉劍英堂叔），相偕同行。過江到了漢口，在舊日租界中街，找到了八路軍武漢辦事處，該處為一幢四層建築，原為日本人所辦的大石洋行。但其斜對過即有一座屬於軍統系統的機關，其設於此地之目的可說是不言而喻的。

經門衛通報後，我們來到辦事處樓上，適周恩來外出未歸，而葉劍英（時任十八集團軍參謀長）在。葉為人很熱情，即請我們坐下，

為我們倒茶，這時葉法無為我和葉劍英互相作了介紹，握手相識。葉劍英落座後，即與我們談起抗戰形勢，重點談及游擊戰爭與戰術，滔滔不絕，談鋒甚健。後來軍訓部在湖南衡山設立南嶽游擊幹部訓練班，葉劍英作為中共代表團團長參加其中，任副教育長，及我到南嶽，兼任游幹班政治主任教官時，碰見葉的副手李濤，才知他剛離去數日，與之失之交臂，失去了再向其請教游擊戰爭的機會。

我們談興正濃時，周恩來外出歸來。十二年不見，周公還是老樣子，濃眉炯炯有神，頭髮修剪得很短，頗為精神。我見他至，即迎上前去。他一見我，順手把外衣往沙發上一扔，伸出雙手與我握手。

「老沈，你還活著?!」周劈頭一句即問。旋請我坐下，這時葉劍英與葉法無敘談，周與我交談。

我們談了許多，雖然彼此睽違十二載，且現已分屬兩黨，然同學之情猶存。我首先向周簡略談了廣州別後的情形，他很注意地聽著。旋即我們的話題又轉向當年留法勤工儉學的歲月。這時周開始用法文同我交談，他說：「老沈，還記得聶榮臻嗎？在巴黎時，你們倆時常爭論的。他現在冀察戰區統率十萬軍隊對日作戰。」又說：「老沈，你現在統率多少軍隊？」周一連串的話使我感愧交並，亦使我初來時的拘謹得以一掃而空。後來，我問及舊友李富春及蕭勁光近狀時，周亦態度自若地一一告知。

當談及目前軍隊抗日政治工作時，周說政治工作很重要，北伐時，我們就是靠了革命政工，而得以以小勝大，以弱勝強，打敗了北洋軍閥。目前，中心工作要喚起全民族的持久抗戰意識。我點頭稱是，並將我即將赴贛南履新（時我已內定為駐江西吉安的軍委會戰時工作幹部訓練第三團的政治部副主任，負責該團的政治教育）情況告知。周告訴我，關於抗日宣傳方面，政治部第三廳（郭沫若主持）做了不少工作，積累了不少經驗，可資參考。後來，在我赴贛之前和赴贛之初，許多抗日宣傳材料，即是通過另一位北伐時代的舊友，時任

第三廳主任秘書陽翰笙而獲取的。

我見周工作甚忙，我們談話期間，不時有人進來請示工作，即起身告辭，對周說：「來日方長，多請指教。」周送我下樓，至辦事處門口，又對我說了一句：「年輕時我們在巴黎的情景，你一定不會忘記吧！」意味深長。旋與我握手言別。

歲月如流，五十餘年過去了，許多事情都已淡忘。惟見周公之景，仍歷歷在目，似在眼前。周具有一種特殊的人格魅力，記憶力尤佳，非他人所能比擬也。

持久抗戰之我見

抗戰之初，我在武昌南湖之中央軍校，接觸各方人士甚多，有力主抗日者，如救國會諸君（沈鈞儒、史良等）。亦有主張所謂「和平」者，如「藝文研究會」（由周佛海、陶希聖等主持，外界稱作「低調俱樂部」）諸人。

我是主張抗戰的，且是唱「高調」者，對「以空間換時間」的抗戰方略，甚表擁護。期間，我寫過一篇文章，名曰《持久抗戰的基本概念》，刊載於一九三八年二月末於武昌出版的軍校《黃埔月刊》上。

在這篇文章裏，我就：持久抗戰的意義、抗戰為什麼要持久、怎樣才能持久抗戰三方面問題，談了自己的看法。

關於持久抗戰的意義，我認為：

> 半載以來，敵人盡其三分之一以上的海陸空軍力量，占領我華北的大部，及沿海各省，屠殺我民眾，摧毀我經濟文化，這種殘暴的凶焰，現正在繼續擴展。所以今日中國最大的危機，實在外而不在內，今日民族的最大仇敵，是唯一的日本帝國主義者，因為不抗日，無以談建設，不抗日，無以談革命，今日的

對日抗戰，是國家民族的最高無上的工作，超過其他一切內部的利害關係，我們為完成五十年來國民革命的使命，為求民族國家的自由平等，為維護五千年來光榮的民族歷史，與民族文化，只有一致團結起來，抗戰到底。

所以，持久抗戰的意義是非常偉大的。

至於抗戰為什麼要持久，這是因為有三方面的因素：一方面敵強我弱。故弱國與強國的戰爭，弱國苟能相持愈久，敵人之消耗則愈大，勝利之把握就愈多。史所多見。二方面敵人先天經濟力量脆弱（無論就財力，抑或資源來觀察，均為如此），且隨著戰事的延長，而格外嚴重。三方面國際形勢的演變發展趨勢，得道多助，失道寡助。我們抵抗愈久，敵人的罪惡愈顯，國際間之關注，亦愈強烈，終能聯合一致，予侵略者以嚴重的打擊。所以：

> 我們認清了自己的地位，抓住了敵人的缺點，軍隊的傷亡不足慮，土地的淪陷不足慮，最後的勝利，一定在我們持久抗戰的決心中，產生出來。

對於如何才能持久抗戰，我認為，持久抗戰的關鍵，在後方而不在前方，若後方的基礎鞏固，則前方雖受損失，仍可不斷補充，於整個大局，並無動搖。然鞏固後方的基礎，必先使全國的物力，統統動員起來：

> 我們要利用廣袤的土地，使之生產化，利用龐大的人口，使之組織化，利用豐富的資源，使之工業化，利用優秀的文化，使之行動化，使全中國一切人力物力，凝結成一個堅強不撥的整個力量，來做政府抗敵禦侮的基礎，要這樣，吾們的抗戰，才

能持久，才能得著最後的勝利，因此，吾們對於抗戰的必要條件，尤其是軍事、政治、經濟、文化諸點，應該有切實的準備。

此外，我於文中，還對抗戰的必要條件，尤其是軍事、政治、經濟、文化等諸方面的改進，提了具體翔實的建言，我的結論是：

總之，我們這次的持久抗戰，在質量上要把過去在軍事政治經濟文化上所暴露的一切錯誤與缺憾，統統改正過來，使之日趨健全而合理，在運用上，又要將軍事政治經濟文化種種組織，實行密切的聯繫和配合，並積極使之強化，必如是然後才能發揮我們的偉大力量，與倭寇作持久抗戰，必如是我們的持久抗戰，才能達到最後勝利的目的。

我的上述抗戰觀點，其後在江西吉安的戰幹三團、湖南衡山的南嶽游幹班，均發表過多次演講，受到員生們的歡迎。

軍委會戰幹三團成立

盧溝橋抗戰軍興以來，國家建設以軍政為中心，軍政高於一切。故於軍委會下，設置四個戰時工作幹部訓練團，以戰區為單位，召集和訓練逃亡至後方來的戰地及敵佔區青年，及各機關團體人士，是為戰幹一、二、三、四團。受訓目的在使受訓員生加強國家觀念，提高服務能力，恪守紀律，健全人格，以造成智勇兼備之戰時工作幹部。誠如一首反映戰幹三團的詩中所云：

永恆的記著吧！這慘痛的仇恨。是誰？將我們這一群，年輕的

孩子，從南天，從北國，從不同的階層，從不同的省份，有的
是被敵人，毀滅了可愛的家鄉，失掉了慈祥的爹娘；有的是不
忍忘著，祖國山河的淪亡，來獻身之革命的集團。今天我們站
在了一起，讓三千顆滾熱的心，匯成了一道悲壯的洪流！不作
奴隸，還我河山，擁護領袖，抗戰到底，是我們堅強的信念。
留住六個月，珍貴的時光，在侵略者的炮聲裏，細心的學習，
艱苦的鍛鍊，養成一付，鋼的意志，鐵的心腸，把挽救祖國，
危亡的重任，加在了，我們的肩上。

一九三八年六月一日，戰幹三團成立於鄂垣。旋在武漢招生，
並派招生委員分赴湘、贛、皖、浙、蘇諸省招考學生，第一期共招考
學生及學員三千六百餘人。時國民黨及國民政府駐漢之黨政軍機關開
始撤退，黨政機關移四川重慶，軍事機關則暫駐湖南。武漢會戰即將
開始。戰幹三團奉令於七月中旬遷達江西吉安，團部駐建國路。進入
團部大門，抬頭仰見一副巨聯，青底白字：為抵抗侵略魔鬼之日本而
戰；為建設自由平等之中國而幹。充分體現了戰幹團的性質。吉安位
於贛江西岸，舊稱廬陵，為宋歐陽修及文文山（天祥）之故里，民風
淳樸，文氏重氣節，其「人生自古誰無死，留取丹心照汗青」為千古
之絕唱。在此，戰幹三團於是年八月一日正式始業，蔣氏題詞：奮臥
薪嘗膽之精神，赴報國復仇之志事。

戰幹三團以南京軍校同仁，亦為江蘇同鄉之唐冠英（超伯）任該
團中將教育長，負實際責任（團長由蔣介石兼，團附由第三戰區司令
長官顧祝同兼，均係掛名）。唐與我在軍校甚熟，此次主持戰三團工
作，乃邀我就該團政治部少將副主任職，為此，曾三度來一廳商調，
前二次均為廳長賀衷寒以工作繁忙，人手尚缺之由，予以婉拒，惟唐
堅調之，至第三次，賀終同意放行。遂辦理各種善後交接工作，及至
八月中旬，方得以成行。

隨我同行者，有曾在軍委會政治部舉辦之「留日學生訓練班」第一期受訓過的留日女學生魯沙白，魯係廣東南海人，畢業於日本法政大學，此次由一廳科長張明介紹至戰幹三團服務（後任少校政治教官）。她生性活潑，善交際，故一路不覺孤單。一九五〇年，我與魯在滬上重逢，她說她當年是中共地下黨員，其夫君周濟忍，時任上海華東軍政委員會交際處長。近自上海來人獲悉，她已故世，生前擔任上海美術館館長。

各方人士來戰幹三團

戰幹三團成立之初，需人甚多。及我發表為該團政治部副主任後，亦有不少過去的同仁、故舊及留法同學找我，希望前往該團工作，後經我介紹，至吉安者有：

葛建時，江蘇寶山人，亦為南京軍校政治教官同仁（由我介紹），此次復介紹至戰幹三團，升任為少將政治總教官，兼政治部第一科科長。我辭職後，葛氏接替我職，任政治部副主任。一九四九年後去臺灣。

謝嗣昇，字履平，江蘇溧水人，留法同學，曾任大廈大學教授。來團後，任上校政治教官，後由我邀至武岡軍校二分校任秘書。

吳崇毅，江蘇人，留學法國格勒諾布爾大學，獲經濟學博士。來吉安後，任為上校政治教官。

戴元志，字揭塵，江蘇人，中央大學畢業，南京時代軍校政治部同仁（曾任南京中央軍校政治部科員），到三團後，任中校政治教官。抗戰勝利後，戴任交通兵學校政工處長。

方至剛，字釋之，湖南臨湘人，留法同學，後赴莫斯科中山大學學習。他來武昌政治部找我，我對他說：「如今國共合作，你可做事了。」來贛後，任為中校政治教官、教國際政治，後隨我至武岡軍校

二分校任校。近者（一九八〇年以來），尚常有魚雁往來。

其他如席文軻（麗生）、楊洪晉、孫以增諸君，均係大學畢業生，亦我所介，任為少校指導員。

戰時，常州同鄉離鄉背井，至武昌者不少，經人介紹，來政治部找我，我介紹其中數位前往吉安戰幹三團。如包泰任政治部上尉科員，沈有斌任上尉指導員，萬舜祥任女生第一中隊上尉隊附等。其中萬氏畢業於兩江體專，後在中央軍校特訓班受訓，擅體育，一九三〇年曾有田徑成績破全國紀錄。一九四九年後任常州一中體育教員，是民革黨員。

一九三八年春天在武漢時，某日，妻弟祁式潛（字樂陶，時與沈鈞儒、史良一起，在武漢救國會工作，是中共黨員，），來政治部看我，目的是請我替他幾個南京金陵大學等校畢業的同學吳大閑、胡篤弘、薛葆鼎、劉慈元等介紹工作，我允擇機設法。嗣不久，唐冠英來部邀我赴贛，就戰幹三團政治部副主任職，並告之戰三團籌備成立，需人甚多等情況。我即去找妻弟，告之成立戰三團，需人很多，你的那幾位同學願意前往否？他答可。我旋問他，那幾位同學能力如何？適宜做何工作？有否參加什麼團體？他答，他們均與其同級（不一定同校），能力俱強，適宜做宣傳組訓工作，沒有參加團體。我即去找胡軌（時內定為戰幹三團政治部主任），說我有幾個青年朋友，係金陵大學等校畢業生，能力甚好，可否介紹至戰三團服務？胡答，我們正需要人，你叫他們來談談，再確定什麼工作。胡還問我，他們參加過什麼團體沒有？我答他們是應屆畢業生，未曾聽說參加過團體。

我與胡軌談好後，即通知妻弟，囑其轉知吳、胡等前來面晤，第二日，他即偕同吳、胡、薛三位前來，在一廳會客室見面。我乃一一問他們姓名、籍貫、年齡、畢業學校，願意從事何種工作，他們一一回答。關於工作問題，他們說，願意聽從調遣。談話後我即寫了一封介紹函給胡軌，囑吳等面呈。函的大意為：茲介紹吳大閑、胡篤弘、

薛葆鼎等前來，請予接見，吳等係金陵大學等學校畢業，能力甚好，請委派適當工作等語。後來他們見胡軌後，胡即委其為少校政治指導員。過了幾天，劉慈元亦來廳，我亦經談話後，寫介紹函給胡軌，胡亦任劉為少校指導員。

吳大閒，胡篤弘兩位於是年八月初，與唐秉光（君照，江蘇人，中共黨員，後任戰幹三團少校政治教官）同赴吉安，薛葆鼎、劉慈元稍後亦往。

後來，我才知道，吳、胡、薛、劉四位均係中共人士，受組織派遣至國民黨統治區從事工作。

吳大閒，今名吳伯文，江蘇宜興人，金陵大學文學士。一九四九年後，任國家計量總局副總局長。

胡篤弘，今名胡叔度，湖南湘潭人，與妻弟相交甚久，自中學而金陵大學，均係同窗。南京時代，常來我家，對內子以小姐姐呼之，其母與我岳母亦甚熟，曾與老太太商議、兩家結為連理，後因妻弟與居正六女居瀛棣相好，故而作罷。一九四九年後，胡任外交部西歐司副司長，北京外交學院黨委書記等職。

薛葆鼎，江蘇無錫人，中央大學畢業。一九四九年後，任中國社會科學院工業經濟研究所所長、學有專長。據聞其表兄係立法委員王昆侖，後來他告訴我戰前中央軍校的教官同仁吳茂孫為其姐夫。

劉慈元，今名馬彬，江蘇揚州人，畢業於中央政治學校行政系。惟到任未及數月，即被迫離團。一九四九年後任中共甘肅省委委員兼秘書長。

他四人在戰幹三團工作期間，能力均強。薛劉兩位文字亦好，常有文章發表於戰幹三團之《戰幹》雜志上，及我於一九三九年十月調主武岡軍校二分校政訓，復調其中吳胡兩位，前往服務。

不久，妻弟告訴我，他要去「敵後」工作（所謂「敵後」，即中共控制之鄂東游擊區），向我辭行，時其正與居正六女瀛棣戀愛，

尚未有正式職業，沒有收入。我當即送他盤纏若干並將自己一枝勃朗寧手槍送他，請他珍重。至六年後（一九四四），方在陪都重逢，是時，他已與居小姐結為連理，並已是三個孩子的父親了。

戰幹三團舉辦之際，正值國共兩黨合作初期階段，中國共產黨從其抗日民族統一戰線戰略出發，亦通過各種關係，介紹人員來團。除我介紹任少校政治指導員的吳、胡、薛、劉四君外，還有中校政治教官張曼羽及政治部準尉司書陸英。張係湖南湘潭人，畢業於軍校特訓班第一期，曾於戰幹三團主持第一期特務組工作。一九五〇年，在華東聯絡局聯歡會上，魯沙白告訴我，張係中共人士，並已與戰三團第一期畢業生王燕生結婚。陸英為南京人，畢業於上海鄉村師範，一九四九年後，任中共南京大學黨委副書記。前述之少校政治教官唐秉光，更是一九二六年即加入中共的老資格。唐氏後在抗戰勝利後，參與策動江陰要塞起義，起了很大作用，一九四九年後任南京工學院副院長。

戰幹三團的政治教育與政治教官

戰幹三團教育宗旨有所謂的「五育」（德智體群樂）和「文武合一」之說，具體訓練方式為：（一）管教訓學做合一；（二）一面學習，一面實習；（三）對內強調娛樂教育，生活訓導；（四）對外加強民眾運動，社會調查諸方面。

我在戰三團具體主持政治教育工作（政治訓育則由胡軌負責），包括制定政治教育大綱，審核政治教材，督促指導政治教官之工作，具體事務則通過政治部一科（教育科）實施。科長原由政治總教官葛建時兼，後改由戴元志擔任。一切有關政治教材之編輯，課程之調度安排，政治教育大綱之實施，講義之核對、付印，政治教官之考核（通過政治總教官）均由一科辦理。

戰幹三團政治教育課程分兩期進行，第一期有：總理遺教、領袖言行、抗戰建國綱領、國際問題、日本研究、兵要地理、現代民族復興史、民眾組織與訓練、政治偵探、宣傳技術等。第二期有：中國國民黨及國軍建設、戰時經濟與法律、全國總動員要義、地方行政、軍隊政工、防護常識等。其中政治部編纂的教本有《力行哲學》、《總理遺教六講》、《軍事教育之要旨》、《科學的學庸》、《抵禦外侮與復興民族》等十餘種。

　　除政治課程外，還邀集各界名人來團，就抗戰諸方面做報告。記得救國會之孫曉村與王造時（留美學生，江西人，救國會「七君子」之一）均來團演講，頗受歡迎。

　　為培養學生演說宣講能力，政治部發起演說比賽，以大隊為單位，最後決賽成績以女生大隊為最優，可謂巾幗不讓鬚眉也。也為其後組織戰三團「學生戰時服務團」，協助地方工作，奠定了基礎。此外，還組織戰幹劇社，定期排演抗日宣傳劇目，如軍委會政治部三廳第六處科長洪深的劇本《米》。即為劇社的保留劇目。

　　戰幹三團第一期設有兩個學員大隊，三個學生大隊，另有一個女生大隊。轄男生二十二個中隊，女生兩個中隊。採軍事編制，大隊相當於營，下設四個中隊（連），中隊下設三個區隊（排），區隊下設三個分隊（班），每個大隊約有員生五百餘人，授業期六個月（學員隊為三個月）。前期（自八月一日至九月三十日）為基本教育，後期（十月一日後）為分組教育，分軍事、軍訓、政訓、特務、醫護五組，其中包括男生軍事組七個中隊，軍訓組四個中隊，政訓組六個中隊，特務組四個中隊，醫護組一個中隊；女生軍訓組一個區隊，政訓組二個區隊，特務組一個區隊，醫護組二個區隊。分別實施特殊教育，以適應抗戰之需。訓練期間，第三戰區長官司令部陸續奉調前方服務及選送至軍校第二分校深造數百人。

　　我到任不久，即分赴各大隊演講，題目為「國際危機與抗日前

途」，從日前歐洲兩大危機的西班牙內戰和捷克問題，聯繫中國之抗戰，預測今後局勢演變的兩種趨勢。並預言抗戰必勝，建國必成！深受員生歡迎，紛紛索要講稿，後經整理，發表於《戰幹旬刊》上。《戰幹旬刊》由戰幹三團政治部主辦。一九三八年九月在江西吉安創刊，其主要宗旨為宣傳抗戰建國，「將我們的血肉，築起一條新的長城」。（《發刊詞》）。辟有戰時工作、國際評壇、青年園地、訓練與使命、組織與紀律、認識與修養、宣傳行動、戰地通訊等專欄，每期還介紹旬日國際動向及旬日國內時事。自十八期（一九三九年四月下旬出版）後，還增加了動態與感片專欄，請戰幹三團第一期畢業分發同學發表工作報告及生活萬相，並發行了國慶特輯、三民主義青年團宣傳特刊、軍事教育專號、政治教育專號、民眾組訓實習專號等專刊。發表的文章主要有《本團之使命》（唐冠英）、《戰幹前奏》（童伯璋）、《抗戰與地形》（周廷儒）、《吉安的先賢與我們的責任》（毛禮銳）、《從紀念國慶說到政治民主化》（方至剛）、《婦女戰時工作與幹部訓練》（李雪荔）、《軍隊政治工作的改進》、《從吉安到雩都》（盧偉林、劉定中）等，作者均為戰幹三團的各級工作同志。

政治部屬下之政治教官有六十人左右，均為上中少校階級，學歷除留學生外（以留法、日為主），其餘系國內大學（如東南大學及其後身中央大學、中山大學、北平師範大學等）的畢業生，亦有少量軍校畢業生（期別較後）任為政治教官，教官除由我介紹者外，其他系由政治部主任胡軌、教育長唐冠英等推薦任命的。

教官學問均各有所長，印象較深者如賈書法教官，東南大學畢業，賈為唐冠英小同鄉，由唐介紹來團，任為上校政治教官，撰文及著述較多，後隨我至南嶽游幹班及軍校二分校任教，寫了一本《國際現勢》教本。抗戰勝利後，任通訊兵學校政工處長，後去臺灣，時常在臺北出版之《江蘇文獻》季刊上有文章發表。毛禮銳教官，江西吉

安人，留學英倫，習教育學，學有所長，後任中央大學教授。一九四九年後，任北京師範大學教授。黃慎懷教官，廣東人，係黃琪翔堂弟，留美出身，由軍校教官葉法無介紹來團。俞浩（蔭香）教官，蘇州人，留日學生，後亦由我調任南嶽游幹班及武岡二分校。一九四九年後，聞任蘇州市民革主任委員。音樂教官朱宗敬，江蘇人（後經顧祝同介紹，與在三戰區辦報的馬樹禮兄喜接良緣），畢業於國立音樂專科學校，教授學生傳唱抗戰歌曲，及《戰幹第三團進行曲》（即《團歌》），團歌原為戰三團某隊壁報上寫的新詩，後由政治部童君推薦在《戰幹旬刊》上發表，題為《三千條年輕的好漢》。其詞慷慨激昂：「戰幹！戰幹！三千條年輕的好漢！斗大的頭顱，柱粗的臂膀，壯氣若層雲之捲舒，熱血如江流之浩蕩，挺起胸，豎起肩，挑起時代的重擔。為抵抗日本魔鬼之侵略而戰！為建設自由平等之中國而幹！卷起革命的風暴，掀起救亡的巨浪！掃盡舊中國的污髒，洗清舊時代的血賬，戰！戰！幹！幹！三千條年輕的好漢！」嗣由朱教官譜曲並教唱，傳唱一時。

籌建三青團戰幹三團區團

三民主義青年團一九三八年夏成立於武昌，目的是以發動全國青年參加「抗戰建國」工作。由蔣介石兼任團長，政治部長陳誠兼任書記長（朱家驊代理），政治部二廳廳長康澤兼任組織處長。

中央團部成立後，積極發展組織，各省市及其他重要機構均建立支團區團。是年十月，中央團部派令由唐冠英、胡軌、傅恆伯（教育處處長）、沈清塵、葛建時、朱楚藩（軍事總教官）、李人祝（政治部秘書）等人組成三青團戰幹三團區團籌備處，以唐冠英為籌備主任，其餘均為籌備幹事。籌備處成立後，胡軌專司組織，我長宣傳。為此，專赴各大隊作「發展三青團的力量及其對抗戰建國的重要意

義」的演講。區團正式成立後，以胡軌為區團書記，我任執行幹事，學生及學員定期舉行集體入團儀式。

籌備區團部期間，團中央組織處長康澤由其副手（秘書）湯汝炎等陪同，來吉安視察團務，並召集發展區團組織工作會議，全體籌備幹事均出席會議。康出身黃埔三期，家境貧寒，靠個人奮鬥至今，頗得蔣氏之信任，其人頗有實幹之精神，與胡軌關係較睦，我與其原來並不熟識，惟我弟沈霞飛曾在其主持的軍委會別動總隊任過指導員，此次來吉，經胡軌介紹，彼此才有交往。次年（一九三九）秋，我主持軍校二分校政工，康曾介紹二人來校，均任為指導員。

康澤一行在吉安期間，除與籌備幹事見面，還召集全團分隊長以上幹部講話，宣傳青年加入三青團之意義及使命，自此以後，團務發展工作當進展順利。

三青團的成立，為國民黨增加了新鮮血液，它名為國民黨青年團體，內部卻具相當獨立性。蔣介石曾設想用三青團來包容一切小組織，並以之來改造與復興國民黨。然卻事與願違，黨團關係一直未有改善，成為抗戰前復興社與CC系矛盾的繼續。抗戰中三青團坐大，成為重慶時代「倒孔運動」的要角，引人注目，致戰後形成所謂「第二黨」傾向，為蔣所不容，只有實行「黨團合並」，另在國民黨中央設青年部而代之。

以上為團務方面，至黨務方面，直至戰幹三團第二期始業，始成立國民黨特別黨部。任唐冠英為特派員，胡軌為書記兼執行委員。其他任執行委員者有：沈清塵、傅恆伯、葛建時、朱楚藩、李人祝、李曙（兼總幹事），下設組織、訓練兩科。

吉安會議

是時，顧祝同以三戰區司令長官之身份，兼任戰幹三團團附（副

團長），某日，其托唐冠英轉達我們，邀戰三團幹部前往相晤，三戰區司令長官部時駐節安徽屯溪，離吉安路途甚遠，且交通不便，故吾等分批前往。第一批唐冠英傅恆伯，第二批胡軌葛建時，第三批沈清塵朱楚藩，見面後，顧詢問有關教育情況，並約共進午餐，有上官雲相、冷欣等作陪，席後模仿蔣氏向我們每人贈送其四寸戎裝題名照一幀。

抗戰期間，小小吉安縣城各方軍政單位頗多。除戰幹三團外，計有江西省第三區行政督察專員公署（專員劉振群）、贛南師管區（司令楊挺亞）、江西省新生活運動委員會（總幹事曾廣梅）、保安六團等單位，極需協調。後由吉安縣長胡某召集行政聯席會議，戰幹三團主管均出席會議。其後戰三團學生組織「學生戰時服務團」協助地方工作，即為此會中所制定的計劃之一。

在進入二期抗戰之際，軍委會曾於吉安召集軍事會議，檢討對日作戰計劃。計到會陳誠、白崇禧、張治中、薛岳、顧祝同等將領，及蘇、浙、皖、贛等省的黨政首腦，一時官蓋雲集。戰幹三團領導亦應邀列席，研討黨政軍各方協調，阻擋日寇進攻。

贛南行

戰幹三團第一期學生，包括男生十九個中隊，女生兩個中隊，於一九三九年一月二十八日按期畢業，時軍委會政治部曾派黃錚（一廳一處科長）任分發組長，來團主持畢業生分發，至二月中旬，除男生軍事組兩個中隊，特務組一個中隊，因入團較遲，需延至三月底畢業，及留團服務同學一百四十餘人，選送將成立的軍校第三分校三百五十多人外，其餘均分發至各戰區，記得宋美齡主持的一個戰地團體，也至戰三團要了一百五十多名女生前往工作。

第一期同學畢業後，又派員至浙、皖、閩、贛等省，續招第二期

新生二千餘名。後來成為蔣經國股肱的王昇,即為戰幹三團第二期在贛招收的新生。

一九三九年三月初,軍事委員會部署南昌會戰。三月十七日,吉安城遭遇了自抗戰以來敵機最猛烈的轟炸,從中山路到文山路,再到永叔路是一片斷牆殘瓦,死難同胞無數。三月二十七日,南昌淪陷,這證明日寇的魔爪已升入至江西腹地。移地教育,已為當務之急。

三月底,戰幹三團奉令南遷雩都。在吉安八個月,軍民惜惜相別:「何日君再來?別忘了血債!吉安被敵機炸壞,叫我們怎能忍耐?別忘了吉安市街,別忘了我們敬愛,何日君再來?洗清這血債!」第二期全體學員(生)以中隊為單位沿著公路行進,各部官長亦隨行。經泰和,渡贛江,沿途眼見贛南鄉村的荒蕪:壯年男子很少,僅有些無助的老幼及婦女。戰爭的影響,隨處可見。

途中,政治部組織宣傳隊,一面行軍,一面開展宣傳,受條件的限制,宣傳工作以口頭宣傳為主,包括演講、張貼抗日標語、漫畫等,除對學員進行宣傳外,還深入到沿線駐地的民眾中去。到了興國附近,看到大片的田地荒蕪著,無人耕種,被炮火摧毀的樓房。及豎立著的危牆,隨處可見。這一帶昔年是中共的蘇區,斷牆殘壁間還可約略見到紅軍留下的標語。進入城內,到還繁榮,行人川流不息,商店也不少,與城郊迥然不同。印象深刻的是這裏的婦女特別勤勞,許多繁重的勞動都是由婦女來完成的,這與我的家鄉蘇南有相當的不同。

四月十日在興國,戰幹三團和興國各界在萬年台廣場舉行了一場空前的軍民聯歡大會。戰幹團與興國各界的民眾有三千多人參加,其中有戰幹團各中隊的代表;有興國的中小學生;有興國農、商、工、婦各界的代表;還有從南昌戰役前線下來的傷兵代表……把整個廣場擠得滿滿的。

軍民大會由我任主席。我首先從江西的革命歷史,談到今天的持久抗戰,希望同胞們有錢出錢,有力出力,爭取抗戰的最後勝利。

先後發言的還有戰幹三團、興國縣政府、縣黨部、平川中學、傷兵管理處等各界的代表。臺上慷慨激昂的演說，台下的鼓掌和口號聲，此起彼伏。接著，多姿多彩的遊藝活動拉開了序幕。有大合唱《民眾起來》、《救中國》、《中華萬歲》；有雙簧、歌詠、口琴及獨幕劇的表演。當獨幕劇《死裏求生》中最後日寇被殺的場景出現時，台下爆發出「打倒日本帝國主義」的震天口號。最後，戰幹三團的戰幹劇社排演了由劇作家洪深（常州同鄉），創作的反映米商響應政府號召，投入抗戰行列的話劇《米》，將會場的氣氛又推向了高潮。自中午開始的聯歡大會，至結束時已是暮色蒼茫了。

離開興國後的第三天，我們終於到達了雩都。後來，戰幹三團奉令又遷瑞金，建制撤銷，歸並成立於一九三九年七月的中央軍校第三分校，其第二期學生均以第三校十六期學生政訓總隊名義畢業。

兼職南嶽游擊幹部訓練班

自「七七」抗日軍興開始至武漢失守為第一期抗戰，以正規戰為主。其後為第二期抗戰階段。在南嶽高層軍事會議上，蔣介石提出第二期抗戰應是「政治重於軍事，游擊戰重於正規戰。」遂有南嶽游擊幹部訓練班之設立，蔣親兼主任，軍訓部長白崇禧及政治部長陳誠兼副主任。任三十一集團軍總司令湯恩伯為教育長，負實際責任，另派十八集團軍參謀長葉劍英為副教育長，襄贊一切。

我在戰幹三團，負責政治教育，取得了一定成績。嗣後卻與政治部主任胡軌不睦，胡氏在南京軍校時，曾任政訓處訓育科長，後我繼湯武后，接任政訓處教育科長職，與其經常晤面，胡出身軍校四期，在黃埔學生中算是小弟弟了，惟生性木訥，不善言辭，且氣度狹小，頗有心計。在戰三團，我們朝夕相處，他以政治部主任身份，主持全團訓育，包括指導督促政治指導員的工作，卻未能做到用人不疑。我

介紹的一位指導員劉慈元，胡懷疑他是共產黨，竟指派政治部訓育科長李曙（黃埔六期生，浙江永嘉人，曾任南京軍校訓育科股長，後來做了胡軌手下的軍三分校政治部副主任。）偕同另一科員，趁劉不在之際，進入劉的宿舍檢查其筆記本，後劉被迫辭職他去。此事引起部分指導員及教官的不滿，且事前事後均未通知我。當我向其指出時，他顧左右而言他。事後，更指使下屬（李曙、李人祝、許太空等）寫匿名信恐嚇我。我知其不能容人，乃藉赴政治部述職之機，決意辭職。時政治部已遷重慶，乃由吉安飛機場某副主任以小車送我至贛州，復經衡陽、桂林、貴陽而至渝，時為一九三九年一月下旬。

抵重慶後，我即向軍委會政治部請辭，惟政治部不同意我辭職，而予慰留。考慮人事因素，令我以戰幹三團政治部副主任身份，兼任衡山南嶽游擊幹部訓練班少將政治主任教官。並讓我從戰幹三團政治教官中，選派得力者若干，前往游幹班任教。一九三九年三月，我離渝，先返江西戰幹三團，待至南嶽，已為春夏之交。在衡山，與游幹班代理教育長李默庵（後真除）接洽，時游幹班教育長湯恩伯剛離任，湯之三十一集團軍派駐游幹班的幹部大部亦隨湯離去。副教育長，中共的葉劍英亦已他調。比湯遲走數日。惟十八集團軍即八路軍派駐游幹班之教官李濤（一九四九年後，任中央軍委作戰部長，中國人民解放軍副總參謀長，上將）、薛子正（一九四九年後，任北京市政府秘書長，國家經委副主任）、吳奚如（湖北人，黃埔學生）等仍在衡山，他們單獨居住，與其他教官接觸不多。嗣後，由於工作關係，我與其中李濤、吳奚如（均為政治教官）稍有往來。

我在贛省戰幹三團，一方面調配幹部來游幹班任教，一方面招收該團第一期畢業學員來游幹班受訓。在戰幹三團，經徵得本人同意，調葛建時、賈書法、俞浩等數十位教官來衡，時游幹班第一期學員大部已結業，第二期學員正在徵集，尚未報到。不久，新任政治部主任戴之奇（黃埔四期生，貴州人）到任，我改兼政治部副主任。斯時

不少政工主管亦在游幹班兼職，如第三戰區政治部主任谷正綱、桂林行營政治部主任梁寒操均為兼任講師，講授「組織訓練」與「三民主義」課程。擔任政治部副部長的周恩來亦是游幹班的國際問題兼任講師，先前曾來南嶽作過抗戰問題的演講。

游幹班各隊分散在南嶽諸峰中，其開辦目的在於為開闢敵後戰場，廣泛開展游擊戰爭，培養游擊幹部人才。調訓對象為各戰區部隊中級軍官（營長以上）及各地各級政工人員，訓練三個月，結業後仍回原服務單位。

在游幹班，我仍負責政治教育工作，曾在總理紀念周上作過國際形勢的報告，並於《游幹》周刊發過若干文章，同仁方面，劉嘉樹（教育處長，湖南人，黃埔一期生），彭曠高（湖北人，軍事教官，後任鄂省七區專員，為我之前任），吳裕後（政治教官）及妻徐卓如（常州同鄉）均時有往還。離別多年後，及至一九四七年二月，我在武漢公幹，應邀參加游幹班留漢同學發起的春季聚餐會，復與劉、彭二人同列一席，敘舊言歡。

南嶽游幹班第一期受訓學員共分八個隊，每隊下設三個區隊，共有學員一千餘人，其中第六隊第三區隊為女生隊，其隊長為胡蘭畦。胡為四川人，留德，參加過反帝大同盟，在抗戰初期於滬上組織戰地婦女服務團，隨陳誠部將羅卓英部，轉輾東戰場，及皖南、贛北等地，頗為出名。我初到南嶽，於上山途中，恰與其不期而遇，經人介紹，彼此握手寒暄，胡談鋒甚健，善交際。一九四九年底至一九五○年初，我在上海參加由華東聯絡局召集的座談會，以「團結進步」為號召，召集人為聯絡局專員侯雨民，胡亦在座。一九五一年九月，我發表任華北大學工學院（後易名北京工業學院）教授，講授企業管理課程，胡亦已在京工，任總務處副處長。一九五七年，胡被劃為「右派」，下放勞動。現聞在四川，已為耄耋之年的老婦了。

一九八○年代，我受聘為浙江省政協委員。某日，在參加政協組

織的聯誼會上，與我同桌者，有一秦姓女士，年約七旬左右，風度猶存。不知如何談起抗戰往事。我謂戰爭初期曾往衡山，主持南嶽游幹班之政治宣傳。她聽後，即說她原為游幹班第一期女生隊的畢業生，並問我姓名，我告之後，她說聽過我的演講。我即問她，知道胡蘭畦否？她謂甚熟，並謂她本人即胡蘭畦組織之戰地服務團的成員，隨其由滬至贛而湘，參加抗日工作云云。言畢，感慨不已！

軍事政治教官研究班

一九三八年三月，中國國民黨臨全大會提出「訓練重於作戰」之口號，復設立中央訓練機構：指導機關為中央訓練委員會，實施機關為中央訓練團，隸屬於中央執行委員會下，負責分期分批調訓全國黨政軍各級幹部，以為抗戰建國之需。中訓會及其中訓團成立後，由蔣介石兼任中訓團長，另設教育長、副教育長各一，負實際責任，分別由政治部長陳誠，副部長王東原任之（後陳辭教育長兼職，由王繼任之）。武漢失守後，中訓團遷湖南零陵，復遷四川重慶浮圖關，在關下遷墳建設團址。浮圖關因語音不雅（在川語中，有糊塗關之稱，社會上亦有「浮圖關訓練糊塗官」的諧語。），蔣氏乃提議易名復興關，意思是民族復興訓練，並為之題寫關名，刻於石壁之上。故此後中訓團之訓練，亦以「復興關訓練」稱之。

一九三九年七月，我奉政治部部令，離南嶽赴重慶，入中訓團軍事政治教官研究班受訓，並兼任指導員。

軍事政治教官研究班，名為中訓團一個訓練單位，實由政治部主辦與召集，共辦兩期，每期受訓時間為二周。第一期自八月一日至八月十五日，第二期自八月十五日至八月三十日。班址設在渝市沙坪壩之南開大學內，調訓對象為各軍校之政治教官及各高中以上學校之軍事教官。設有班本部，班主任張厲生，但張不常去，實際負責為賀衷

寒。下設教務組（組長楊麟）、訓育組（組長杜心如）、總務組（組長路邦道），及醫務所等機構。全體學員編為一個大隊（第五大隊，大隊長部子舉），下設十七、十八、十九三個中隊。第一期有學員三〇三人，第二期有學員三七八人。

八月一日，該班第一期始業，其修業方式除聘請講師如何應欽、白崇禧、陳誠、陳立夫、張群、翁文灝、周鐘嶽、葉楚傖等來班。講授國家總動員、軍政與政訓、領袖言行、抗戰建國綱領、戰時生產問題、內政問題、戰時宣傳方針及總理國防十年計劃外，還要整理各軍校政治教材，包括：（一）制定各軍校政治課程計劃草案；（二）擬定六大類十四種政治課程的講授綱要；（三）審定政治教材，非部訂教材，一律停授。並注重小組討論，由政治指導員主持。討論之前，先召開指導員聯席會議，商訂討論大綱。一般上午聽講，或講演，下午分組討論，研究交流政訓經驗及體會（包括政訓課程之種類，內容，教授時間等），指導員尚需要將本人對政治訓練之心得與體會，向學員報告。這是衡量政工主管口才優劣的標準，有的口若懸河，滔滔不絕，有的則木訥呆板，語句含混不清。兼任指導員有五十餘人，多系各軍校政工主管。記得有曾擴情（陸軍大學政治部主任）、賀醒漢（賀衷寒兄，工兵學校政治部主任）、李厚徵（軍校四分校政治部主任）、滕杰（戰幹一團政治部主任）、胡軌（戰幹三團政治部主任，後為軍校三分校政治部主任）、倪文亞（軍校六分校政治部主任）、孫伯騫（戰幹四團政治部主任）、任覺五（軍校成都分校政治部主任）等。部分政治教官，如成都中央軍校之向理潤、唐圭璋，武岡軍校二分校李琳等，亦任為指導員。主任指導員為鄧文儀（遷蓉中央軍校政治部主任），鄧出身黃埔一期且留俄，資格很老，惟口才欠佳，言不及義，演講時「這個！」「那個」，語句不連貫，引為笑語。最後，指導員還要將受訓教官所撰的自傳、論文，及小組討論的發言分別評分，綜合確定受訓者的成績。

我因在指導員所作的政訓方法報告中，普遍反映較佳，引起政治部長陳辭修的注意，乃約我談話，陪見者有其秘書長柳克述，柳為南京軍校政治教官同仁，深得陳氏倚重。時軍校各分校訓練擴充，其中軍校二分校十七期擬擴大招收四個總隊，將進入全盛期，故極需得力幹部。而恰此前二分校政治部主任劉公武因事去職，職位空缺，陳乃徵詢我意，是否願去二分校，我允諾。受訓結束後，即發表任職令，同時發表者，有李俠公（貴州人，一九四九後，任民革貴州省委主委）任陸軍大學政治部主任。時為一九三九年九月。

主持中央軍校第二分校政訓工作

自一九三九年秋至一九四二年夏，我任駐湖南武岡之中央軍校第二分校同少將政治部主任，主持該校的政訓工作，為時近三載。時為抗戰之最艱苦歲月（相持階段），政訓工作亦以抗日政工為主要任務。在武期間，亦為第二分校全盛時期，全校八個總隊（十六期八、十九總隊，十七期六、七、二十一、二十七總隊，十八期十二、十三總隊）有官生兩萬餘人。這些抗戰軍事政治幹部畢業後，分發第六及第九戰區前線，充實基層幹部力量，為抗戰之最後勝利，補充了生力軍。由於二分校訓練嚴格，故畢業生頗能吃苦，絕大多數遵照分發準時抵達各部隊，受到軍委會校閱之好評，名列各分校之首。今日在臺灣的軍方高級將領中，據聞亦有不少二分校畢業生。近者（一九九〇年），有朋自臺北來訪，談及臺灣「國家安全局」局長宋心濂（官至陸軍二級上將）即為昔年武岡分校十六期學生。還有一個楊敬斌，系二分校十七期學生，去台後，做了高雄陸軍軍官學校副校長，陸軍步兵學校中將校長。

到校次年，分校國民黨特別黨部成立，我兼任執行委員、書記長（實際工作由國民黨中央組織部另派專任秘書負責），並兼校刊《戰

鬥日報》（後改《黨軍月報》武岡版）社長、發行人，宣傳主義及戰地消息，鼓舞軍民之抗戰鬥志，不遺餘力。後期，由於環境的改變（抗日政工向防共政工之演化），我素所主張的團結各黨各派共同禦侮的觀點（即任人唯賢，而不論其何黨何派），與某些力主限制「異黨」之極端份子，產生矛盾，終至遭人控告，指為「包庇共黨，危害黨國」，被記大過兩次，為形勢所迫，我被迫赴渝請辭。回憶及此，無限感慨！

一九三九年九月，我接任職派令後，先赴四川瀘州接眷，一行舟至重慶。復自重慶啟程，過江至海棠溪車站，轉乘公路車南下，經貴州之桐梓、遵義、而達貴陽。稍事休息後，轉玉屏，進入湖南境內，復經芷江而達洞口。洞口為川湘公路之盡頭，由洞口至武岡六十裏路，不通公路，我等一行坐滑竿（湘西的一種交通工具，由兩位挑夫抬行，類似江南的轎子）前往，將至洞口，前方來報，軍委會政治部長陳誠來湘西視察，已抵洞口。我接報後，令眷屬稍候，已率隨行人員趕赴洞口。時二分校主任李明灝獲報後，亦率二分校部分主管來此迎接，旋李與我共謁陳氏，陳聽取吾等彙報後，囑我召集政部工作人員（秘書、科長及部分政治教官）集合，由我向其一一介紹與會各人之姓名、階級，嗣陳即席於一草坪中發表講話，內容涉及二期抗戰後之形勢，所面臨任務，及軍隊政工之作用等。陳氏離去，我等復上路，一路風塵，歷時十餘日，及達二分校校部武岡，已為十月矣。

二分校校部人事機構

抗戰時期之中央軍校第二分校，其前身為武漢分校。抗戰爆發後，分校擴充，冠以數字為名，乃易名第二分校。及武漢淪陷，遷湖南邵陽，以營地不敷，復遷武岡。武岡地處湘省西南，為丘陵地區，周圍田園繁茂，林木蔥蘢，物產豐富，為清初吳三桂之行宮所在地。

從戰術訓練學上來看，為良好之軍事訓練場地。二分校遷武後，其各總隊星羅棋布般地分散在武岡、高沙、山門等地。其規模（開辦班次、類型、畢業生人數等），在戰時中央軍校的九個分校之中，位居第二，僅次於胡宗南之第七分校（設西安王曲，留法同學顧希平任副主任，政治部主任為抗戰前南京軍校七期時代政訓處訓育股長王超凡）。

我在武岡期間，二分校主任（校長由蔣氏自兼，系掛名，主任負實際責任）為李明灝。李為湖南醴陵人，留學日本士官學校，北伐時，曾任程潛部團長、師長，後任南京軍校少將教育處長。為人嚴肅，不苟言笑，辦日式軍事教育很有一套。一九四九年夏，參與策動湖南起義。中華人民共和國成立後，任湖北省副省長多年。「文革」結束後，舊友唐友漁（常州同鄉，昔日二分校之上校通訊教官）來訪，代李向我致意。

副主任周磐，字砥平，湖南邵陽人。出身保定軍校及陸軍大學，曾任何健部的師長，為人頗講江湖義氣。在任期間，與李明灝在許多問題上不睦，後繼李任二分校主任。

與校本部（設武岡東之法相岩山）在一起的有辦公處（處長姚償垣）、教育處等機構。教育處長李亞芬，字達雲，湖北黃安人，抗戰前在李明灝下任南京中央軍校教育處少將步兵科長。一九三五年夏，我與他代表軍校同赴北平招生，為時一月，朝暮相處。李為人實在，惟不得志，後調軍令部中將部附閒職。一九四三年秋冬，內子一行離武岡往重慶，李親率九十七軍兩部軍用卡車至武接眷來渝，沿途通過種種關卡，終於平安抵渝，至為感激！

另外，總務、經理、軍械、軍醫等處，亦設於法相巖。其中軍醫處中校醫官朱曄，浙江杭州人，畢業於日本東京帝大醫科，我在武岡期間，某次發副傷寒症，病勢凶險，朱力排眾議（時年僅二十八、九歲），用抗生素治療，終得以痊愈。朱太太嚴汝瑛，為滬上老報人嚴

獨鶴之女，大家閨秀，在武期間，與內子蕐華，相交甚篤，時常一同出遊。武岡城內，傳為美談。一九四九年後，我與內子，與其夫婦，仍時相往還。朱任職中華醫學會上海分會，已為三級教授。一九八六年春，內子病逝，朱夫人寄來輓文，情深意切，內中憶及武岡時代之種種，讀之催人淚下。

政治部人事安排

軍校二分校政治部主任原為劉公武兄，湖南華容人，留德兼留日學生。戰前任過康澤主持之軍校特訓班政治總教官，能力較強，此次因事為政治部長陳誠解職，就留在武岡任縣長。與我合作逾一年，甚為融洽。至一九四〇年冬，劉調西南游幹班（南嶽游幹班後身）任政治部主任（時政治部長已為張治中），方與之分別。後又與之在重慶復興關黨政高級班第一期同學半載，抗戰勝利前夕，劉隨王東原先生去湖北恩施，任三青團湖北省支團幹事長。王東原邀我赴鄂西，主持七區區政，即托劉來渝轉達邀意。一九四九年夏，劉參與程潛起義，後長期任職湖南省參事室。至一九八〇年，留法同學方至剛（釋之）兄自長沙銀盆新村來函，提及劉囑代筆問候之意，我即回函，請方代向劉致意。

我對劉前任之屬下，俱依據其才幹，予以任用。如政治教官李琳（字淡如，湖南平江人，留學莫斯科中山大學），與我在重慶沙坪壩軍事政治教官研究班時相識，頗具才幹，我即請准校主任李明灝，委其為政治部上校副主任，輔佐我工作。李妻方陶，亦出身莫斯科中大，口才較好，我亦任其為二分校附設之和平小學教務主任（我兼該校董事長）。另一留蘇出身的王平一，山東人，原為二分校政治總教官，《戰鬥日報》總編輯。我到任後，委其主持十七期山門政訓總隊。劉尚均兄，江蘇常州人，原任二分校大隊指導員，我見其文字流

利，任其為《戰鬥日報》總編輯（我兼社長）。他如施浩達（江蘇武進人，政治部上校科長）、姚素昉（湖南人，上校政治教官，政治部戰時青年服務社總幹事）、馬健（安徽人，上校政治教官，姚素昉調任《戰鬥日報》總編輯後，馬繼姚職）、王漢中（江蘇人、中校政治教官）、薄冰（河北人、中校指導員）、郭明德（江蘇人，中校指導員）等劉前任屬下，均予以留任。接任之初，需人甚多，除對上述原在二分校之同仁予以留任外，我復自江西戰幹三團（後並入軍校三分校），及衡山南嶽游幹班調教官及指導員多人來校，且大多提升任用，記憶所及，計有：

謝嗣昇，來校後任為上校秘書。惟未及一載，就辭職他往。謝與蔣經國關係甚篤，後任青年軍某師政工處長。一九四九年一月，我任南京市社會局長，曾邀謝來局任主任秘書，後辭職赴杭州。

賈書法，自戰幹三團而南嶽游幹班，俱隨我往，來武岡後，任為上校政治教官。

方至剛，來武岡後，升為上校政治教官。任內編著《蘇聯研究》小冊子，經我簽准付印。

開濟，字化國，安徽桐城人，畢業於金陵大學，原任戰幹三團中校政治教官，我調其來武，委以政治部一科上校科長。

張文翰，常州同鄉，上海法政學校畢業，原任軍委會政治部一廳二處一科上尉科員，我參加軍事政治教官研究班，張亦以政治部工作人員身份參加服務。及我發表二分校政工主管，乃邀其來武，先任少校政治教官，至秘書謝嗣昇辭職，乃以之繼任政治部中校秘書，信任有加。後我被控辭職，張亦受人排擠，辭職後即在武岡城內執律師業。

習文軻，河南人，北平輔仁大學畢業，原戰幹三團少校指導員，來武后升任二分校中校指導員，習妻劉自慕，亦大學畢業生，隨夫君來武，任為和平小學教員。

孫以增，浙江人，出身暨南大學，原戰幹三團少校指導員，來武岡後，升任中校指導員。

沈有斌，係我江蘇武進前橋同族人，原戰幹三團上尉指導員，升任二分校少校指導員。

俞浩，江蘇吳縣人，隨我自戰幹三團而南嶽游幹班，復邀至二分校，任中校政治教官，俞後與我為中訓團黨政高級班第一期同學。

許復，江蘇宜興人，留法同學。原係戰幹一團政治教官，由我邀至衡山南嶽游幹班執教。來武岡後，擔任上校政治教官。離武后，擔任江蘇省民政廳主任秘書，一九四三年初，與我在高級班同期同學，後與我同時發表為江蘇省政府委員。

潘旦明，浙江溫嶺人，與許復同為戰幹一團教官，後以我邀，轉南嶽游幹班任教，來武岡後，任二分校上校政治教官兼政訓室主任。近者（八十年代中期），他不知從何處知我住址，來家訪見，幾十年未見，敘說別後坎坷，已垂垂老矣！

周啟才，浙江江山人，留法習教育學，一九四〇年初，由其昔日東南大學同學賈書法介紹給我，我委其任上校政治教官，兼軍校附設和平小學校長。抗戰勝利後，周任浙江省黨部常務監察，國立杭州藝專訓導主任。

此外，妻弟介紹的胡篤弘、吳大閒兩君（中共黨員），原任戰幹三團少校指導員，俱邀來武岡，升任為中校政治指導員。

還有一位北伐軍中的舊友劉錫疇，字柏如，留日學生，湖南邵陽人。北伐時，我任第二軍第六師政治部秘書，劉為團指導員。北伐至江南時，劉轉任第二軍軍醫院黨代表，「清黨」後失去聯繫。此次來武岡找我，要求參加抗日工作，我當即應諾，旋請准李明灝，任為中校政治教官，後升上校，並兼《黨軍日報》總編輯。抗戰勝利前夕，日寇侵犯武岡，劉不幸為日軍殺害，以身殉職。

政治訓練概述

我到任後，即依據軍委會《政訓令》及政治部《各軍事學校政治訓練計劃大綱》之原則，並據二分校之具體情況，主持制定《中央軍校第二分校政治訓練計劃綱要》，對政訓之各方面（政治教育、政治訓育），規定至為詳盡，時為抗戰階段，政訓計劃突出抗日精神，各類政訓教材之編纂，報刊文章之撰發，精神講話之內容，無不照此辦理。是為抗日政工之重要方面也。

二分校政治部，設武岡城外星雲山腳之三里亭，與校部不在一處。我住東山湖家，後遷五里牌，離部尚有許里路程，地處郊野，有不少無主荒墳，且晚間無電，路過此地，燈籠常會無故熄滅，故民間常有「鬧鬼」之說，傳播甚廣，一時人心惶惶。

政治部下設兩科一室，第一科即政治教育科，負責政治教育計劃之制定（通過政治教官）、檢查、考核；政治教材之編印、審查、修訂；政治課程之安排等。第二科即政治訓育科，負責政治訓育計劃之制定與實施（通過政治指導員）；政治指導員工作之安排、督促、考核；畢業生登記等。秘書室則負責文牘、檔案及其他不屬第一、二科之事務工作。

另據軍委會政治部之規定，分校政治部每月需呈送工作報告書一份（由我簽核），內容涉及有關政訓情況（如政治教育、政治訓育、宣傳工作、集會、黨團活動、人員異動、經費收支等），分門別類，至為詳盡，且列為政治部工作考績科目之一。

時在「以黨治國」「以黨領軍」時代，黨務方面，二分校設國民黨特別黨部，主持黨務工作，辦理學生集體入黨，由政治部兼理之。所謂特別黨部，即其組織關係直隸國民黨中央黨部，而不屬所在之省市黨部（時各軍隊、軍校及高級軍事機關均設有特別黨部，而於中央

黨部內設軍隊黨務處負責管理之）。特別黨部設執行委員四人：李明灝（兼特派員）、周磐、李亞芬、沈清塵（兼書記長），具體事務由中央黨部派幹事負責之（時幹事有二，先為皖人伍俊德，後為粵人袁滌非）。並於各總隊及校部各處室設區黨部、區分部。團務方面，設三民主義青年團武岡區隊部（隸三青團邵陽分團），以我兼區隊長，姚素防副之，易瑞芝（武岡縣黨部書記長）為監察員。各總隊（包括武岡、同亦、高沙、山門等）各設分隊，區隊部成立大會於一九四〇年四月假武岡三義宮戰青社舉行，由我任主席，儀式隆重熱烈。在茲「宣傳重於作戰」之大時代，政治部辦有校刊《戰鬥日報》，日出四開一張。戰報前身為武漢分校時代之《軍人魂》校刊，一九三八年四月創刊，自一九四一年二月起，奉命易名《黨軍日報》武岡版。另有學術研究性之軍事政治綜合刊物——《武岡月刊》發行（一九四一年創刊）。還編有《戰鬥叢書》多種，如政治教官劉曉桑編撰之《軍國民日課》一書，圖文並茂，以普及全國識字教育及軍國民常識為宗旨。

為了活躍員生生活，政治部屬下之戰時青年聯誼社（亦稱三義宮俱樂部，設於武岡城內之三義宮，取三國時劉關張桃園三結義之意）辦有戰鬥劇團，設平劇（京劇）、話劇諸組。其中話劇組演出的反映華北危機，揭示光明未來的四幕抗戰話劇《黑地獄》，於三義宮俱樂部（後改稱古今演義場）公演後，反響強烈，歷久不衰。京劇組陣營亦很齊整，曾連演《楊家將》等劇目，深受歡迎，不少教官及其眷屬都係京劇票友，以發揚國粹為己任，後來，又成立了武岡民眾國劇社，使京劇在武岡得以復興。其他方面，如開設戰時講座，每周三、六下午舉行，邀各界人士劉侃元、李仲堅等主講，主題為現階段之抗戰形勢。並舉辦「七七食堂」，「九一八筵宴」，意在毋忘國恥。另開設職業介紹所及英、日文補習班等，均為青年提供了良好的精神生活，在艱苦的抗戰大時代，於湘西南之一隅，有此「弦歌不絕於耳」，亦為民族復興之先聲也。

二分校附設和平小學及私立洞庭中學

　　二分校遷武岡後，隨校眷屬頗多，為使子弟不致因戰時而延誤學業，乃由政治部出面，創辦和平小學。和小設在武岡大隖城楊氏總祠內，於一九四〇年二月行始業典禮，我以董事長身份應邀到場致訓。其教師大多由政治教官（或眷屬）中學有專長者兼任，校長由留法同學，畢業於巴黎大學教育學院之上校政治教官周啟才擔任，周對教育心理、教育行政頗有研究。教師王毅、劉自慕、章煥等，均一時之賢。章煥老師，時年二十四歲，畢業於戰幹一團，喜著武裝，英姿颯爽，為我二子（龜年、鶴年）之班主任，時來家訪。另一劉老師，經內子鞏華撮合做媒，與政治教官賈書法相識戀愛，終成百年之好，亦堪稱郎才女貌。學生方面，李明灝之女李吟波、李琳之女李露華，時均為和小學生。光陰似箭，現均至花甲之年了。教師中還有一位教音樂的周老師，教授學生傳唱《義勇軍進行曲》、《太行山上》、《黃河大合唱》、《游擊隊歌》、《大刀進行曲》等抗日歌曲，並在二分校之運動會中，帶領和小學生作反映抗日內容的團體操表演，引來掌聲不絕，惜其後遭人控告為共產黨，被迫離校。嗣周校長辭職他往，和平小學亦易名為中正小學。

　　私立洞庭中學，創辦於一九三九年夏，先為初級中學，後增設高中。由李明灝、劉公武（時任武岡縣長）、周磬（時代理政治部主任）、張鳳翔、許浩然（武岡紳耆）等發起創辦。先設武岡城內茅坪裏陸公館，後遷武岡縣大隖城李家祠，聘湘人劉侃元任首任校長。董事會由各方各界人士組成，以李明灝兼董事長，我到任後，亦聘為董事，規模有所擴大。在戰時之湘西南地區，洞庭中學學生的成績及校風均名列各校之前，名揚三湘四水。

　　李明灝頗具軍事戰略家眼光，其以為要在武岡堅持軍事訓練，培

育軍事人才，非解決後勤供應不可，以打破日寇封鎖。乃於校務會議上提出在湘西靖縣（離武岡一百五十里）購置土地數千畝，籌組歸田農場，擬自力更生，解決後勤問題。並組織管理委員會，各處長、辦公廳主任、總隊長等，均為當然委員，我亦列委員之名。惟此計劃雖好，卻因人事關係，錯綜複雜，實行不易，及李調渝後，終成虎頭蛇尾之勢也。

討汪集會

一九四〇年三月三十日，汪偽政府於南京粉墨登場，汪精衛自任偽「行政院長」兼代偽「國府主席」。重慶國民政府立即宣布南京偽組織為非法，並下令通緝汪逆等漢奸。四月十日，武岡各界軍民二萬餘人，於公共體育場集會，舉行盛大之「討汪除奸，反對偽組織」大會，由我及縣長劉公武共同主持。在向國軍抗戰陣亡將士默哀三分鐘後，由我致詞，歷數汪逆從「引刀成一快，不負少年頭」之慷慨革命者，墮落成國人皆曰可殺之漢奸賣國賊的歷程，汪逆及其老婆陳逆璧君之行徑，比昔之秦檜王氏，有過之而無不及，我們反對偽組織，就是要實行國民精神總動員，實踐抗戰建國綱領，加強抗敵力量，爭取最後勝利！致詞畢，各界人士高呼口號，慷慨激昂。嗣持汪陳兩逆跪像，列隊遊行，一路口號及歌聲，不絕於耳，會後通電全國，以張正義。電文如下：

全國黨政軍各機關、各學校、各報館、各同胞鈞鑒：

汪逆兆銘，背叛黨國，屈膝敵寇，早經國人共棄，政府通緝。殊逆喪心病狂，怙惡不悛，更集漢奸大成，簽訂賣國密約，盜竊名義，傀儡登臺，舉國家民族，有形無形之權利，完全奉送敵手，將中華民族千世萬代之子孫，永遠陷於奴隸，雖

數千年來降敵事仇，叛國竊名者，未有如汪逆之極。吾人黃炎後裔，憤恨何已，誓與若輩敗類，不共戴天，願以犧牲一切之精神，保護我祖國歷史之光榮。料彼等敵閥，扮演汪逆醜劇，掩飾本身，聲嘶力竭之敗象，冀轉國內人民反戰之視線，於我抗戰信念絲毫無所動搖。特電聲討，用張正義，敬望全國同胞加緊抗戰，痛殲敵偽，光復河山。湖南武岡全縣人民同叩。

我與《戰鬥日報》及《黨軍日報》武岡版

《戰鬥日報》及其後身《黨軍日報》武岡版在戰時武岡乃至湘西南地區，是一份頗具影響的報紙，以其每天均有的抗戰電訊、戰事消息發布，起到了鼓舞軍民鬥志的巨大精神作用。其時，我以政治部主任身份兼任該報社長及發行人。一九四〇年四月在《戰鬥日報》創辦二周年之際，我在一篇署名文章中曾論及抗戰宣傳的重要：

> 宣傳是戰鬥的一種，近代戰爭，宣傳戰尤占重要的地位。第一次世界大戰，德國戰敗，一般人說是失敗於宣傳。這一次歐戰發生後，英法和德國的宣傳戰，反比軍事戰更劇烈。「宣傳重於作戰」這是我們最高統帥的第二期抗戰中的戰略上一個重要啟示。「攻心為上」「先聲奪人」雖是古代作戰的要訣，也是今天作戰的原則。所謂「攻心」「先聲」都是宣傳，由此可見宣傳的重要。

> 一個貧窮的中國，要從事現代戰爭，要和準備著幾十年而具備了帝國主義條件的倭寇作戰，所恃的不是物質，而是至高無上的革命精神，也只有精神可以戰勝物質。這種革命精神的喚起，就靠宣傳，而宣傳的利器，莫過於報紙，這是本報的第一個使命。其次現代戰爭的特色，是全面戰，全面戰的重要條

件，是要全民族意志的融通和精神的團結。假如消息隔絕，在精神上就會受到不好的影響，甚至因此減低國民的鬥志。在交通阻隔，地處偏僻的武岡、新寧、城步各縣能對外溝通消息，傳達意志的，只有本報，這是本報的第二個使命。

　　該報雖為四開小報，但為配合抗戰，其內容卻頗為豐富，設有抗戰論壇（主編謝嗣昇）、敵情研究（主編俞浩）、政訓研究（主編李清峰、施浩達）、國際問題（主編賈書法）、照妖鏡（主編劉尚均）、人物素描（主編劉尚均），及戰地通訊、抗戰新歌曲、東南半壁等多種專欄，聘請政治教官中特具專長者主持之。有些副刊上的文章，還印成單頁，分發武岡縣各機關、團體、學校張貼傳閱，以擴大宣傳。一九四〇年二月，戰報於一版下方發表了作家老舍（舒舍予）寫的《西北歸來》一文，記述了其以全國文藝界抗敵協會代表身份，隨北路慰問團赴陝甘綏等處勞軍時的所見所聞。舒先生以樸實的文筆，描寫八路軍及友軍的抗戰情況，給讀者留下深刻印象。增加了抗戰必勝的信心。

　　應總編劉尚均之請，我亦主持該報三民主義研究專欄，發表有關研究主義之專文《從中華歷史上說明三民主義的實際性》，回顧中華民族發展史，值此危急存亡之秋，必須發揚民族主義精神，增強民族自信心，方能取得抗戰的最後勝利。其他如胡秋原之《民族主義論》，張文翰之《總理遺教提要》，陳學才之《民生主義的雙重使命及其實踐》均在該欄發表。常州同鄉張九如時任中央宣傳委員兼國防最高會議秘書，曾撰有《請出總理遺教來駁斥汪精衛的謬論》一文，刊載於重慶各大報，一時膾炙人口（後收入其《不得已集》中）。我赴渝市公幹，即住在其家（重慶中一路嘉廬九號），張曾於中央戰時學術討論會中，有關於三民主義思想之演講，頗為深刻，我乃請准張同意，索得講稿，發表於《戰鬥日報》上，題名《民生主義與共產主

義》，並為之撰志。

　　一九四一年二月，《戰鬥日報》奉命易名《黨軍日報》武岡版，以與成都軍校之校刊統一。編輯人員雖有所調整，（時編輯為黃河），但編輯方針仍一如既往：第一版為重要國際新聞版；第二版為國內外要聞版；第三版為專欄版及各省地縣消息；第四版為專欄版。發行量從最初的一千份增至五千份，發行範圍遍及武岡、新寧、城步、靖縣、東安、辰溪等縣及湘省駐軍各單位。

　　一九四二年夏，我卸任政治部主任以後，該報仍繼續出版，直至抗戰勝利，二分校奉令裁撤止。

　　在我任內的一九四○年四月，發生了《戰鬥時報》總編輯，第三黨人劉尚均被控事件。劉與周恩來系天津南開中學的先後期同學，參加過北伐戰爭，後加入第三黨（即鄧演達主持之中國國民黨臨時行動委員會）。原任二分校大隊指導員，我到任後，見其文字流利，乃邀至《戰鬥日報》社服務，先任編輯，後升總編輯。並決定於報名欄發行人之下，增添編輯名，委以重任，讓其放手工作。劉為人耿介，曾語我曰：「你善善而能用，惡惡而不能去。」其工作尚稱努力，接編戰報，內容增色不少，其本人亦於戰報上發過不少文章，主持該報《人物素描》專欄期間，撰有《關於周恩來》一文，經我簽准，發表於一九三九年十二月二十一日戰報之上，反響頗大，文中回顧與周同學歷程後有謂：「總之，恩來在革命過程中，功罪互見，但西安事變獲救委座之功，卻不可泯滅，講到交朋友，或周君的辦事精神，卻亦不可多得也。」等語。又發表《湘鄂豫之行》（記述三省抗戰情形）、《賊繆斌》（揭露漢奸繆斌）等專論文章，編有《國魂永在浩氣長存》一書──記述歷史上戚繼光、袁崇煥、于謙等民族英雄事略，以激發抗戰鬥志。一九四○年二月二日，發表《鄧演達》一文，對鄧之被執，深表痛惜：「雨花臺前，一彈而終，揚子江畔，三魂縹渺，憐哉！惜哉！痛哉！」文末一段，意味深長，謂：「鄧君辦事，

無一刻不緊張，待人接物，無一處不誠懇，如遇貪官污吏，土豪劣紳。則頭筋暴脹，顏色嚴肅如秋霜，使小人魂魄皆喪，部下有暗取回庸者，立置重典，行路時鏗鏘有聲，聞之膽裂。閒時手不釋卷，惜不甚好讀中國古書，遂缺修養之功。黃埔軍校全體官生。至今猶多追念之。吾願今後青年，讀斯篇效法郤公之人格與精神，再益求做人修養之功夫，則不為國家棟石，吾不信也。」不幸，劉因此文，觸犯禁忌。政治部及特別黨部某些極端份子，將劉文剪下，劃了紅槓，聯名控告至軍委會政治部，謂劉利用《戰鬥日報》，替「第三黨」張目，對「領袖」之大不敬，應予「嚴懲」。時值推行「一個國家、一個黨、一個領袖」時代，政治部下文：令將劉撤職查辦，復令將其「押送至渝，聽候處置」。李明灝接公事後，約我至校部，將政治部公文及控告函（略去控告人）交我辦理，劉聞知後，亦神情緊張找我相商。我以為，劉雖有缺點（其在戰時背景下在戰報上刊登為其母祝壽之文，為人所不滿），但以言制罪，尚不足取也，考慮再三，乃囑劉於戰報上刊登緊急啟事，自行辭職，並說明原委。復請准李明灝批准，由我親陪劉赴渝，面陳一切。在政治部，我向賀衷寒力陳劉平時工作努力，雖有錯誤，但非「異黨」，請予以寬恕。賀當面將劉訓斥一番，亦指我「用人不當」。才未進一步「處置」劉。

劉遭撤職後，其遺缺由政治教官姚素眆代理。劉回武後，曾在武岡縣城開設寄售行以維持生計。一九五二年期間，我在北京東安市場內，恰與劉不期而遇，互敘別情，方知劉已被聘為中央文史館館員，聞後甚感欣慰也。

中訓團黨政班第九期受訓

一九四〇年六月，奉政治部令，我離武岡赴重慶，參加中央訓練團黨政訓練班第九期受訓，並兼任該期訓育幹事，離武期間，政治部

日常工作由副主任李琳代理。

中訓團黨政班之訓練，自開辦之日始至抗戰勝利前，共舉辦三十一期。第九期與其他各期相較，有三個特點：（一）受訓時間特短，僅為二周。第一周為入伍力行周，第二周為自治檢討周，而其餘各期均四至五周，乃因日機猛烈轟炸之故；（二）受訓人數特少，僅三百餘人，其餘各期均為千人左右；（三）受訓地點在復興關上，其餘各期，則大都設於山下。

入團之初，依軍事編制，分組編隊。九期共調集各界學員三百餘人，編為三個中隊，第一、二中隊以黨團務、軍事、行政人員為主，第三中隊以政工人員為主（我編入是隊，中隊長劉某），中隊下設區隊分隊，每分隊派駐一員訓育幹事（專任或兼任）主其事，訓育幹事工作項目有六：指導、談話、考核、會議、編擬、研究。政治部曾選調政工主管多人參加九期訓育工作，擔任指導員或訓育幹事，記得有楊麟（黃埔一期生，主任訓育幹事）、艾時（黃埔四期生，訓育幹事）、張桓（黃埔六期生，訓育幹事）、魏希文、李鐘茵（均一、二廳內上校階級之政工人員，訓育幹事）、張明（指導員）、杜心如（指導員）、汪洪法（政治部設計委員、指導員）等，另派李勁翔（憲兵司令部政治部主任）、丁國保（二十四軍政治部主任）任第三中隊附。

受訓課程分黨義、黨團務、抗戰建國理論三類，聘請各主管及社會名流擔任講師。還有專門問題研究及特約講演、精神訓話及軍事訓練（術科學科均有）。有美髯公于右任老先生（時為監察院長）著一襲長衫，飄然而至，來團講授《革命精神與時代》，一口陝西鄉音，頗難聽懂。課後之小組討論圍繞本職工作進行，由各訓育幹事主持之。討論課題有：如何加強部隊政治教育；如何加強軍民合作並與地方黨政力量相配合；如何加強對敵工作。各學員各抒己見，氣氛活躍。

七月七日，適值盧溝橋抗日軍興三周年紀念日，舉行畢業典禮，團長蔣氏到會主持並致詞。禮畢，全體同唱由中訓團音樂幹部訓練班副主任華文憲撰詞作曲的《中央訓練團團歌》，歌云：濟濟多士，峨峨干城，起舞崑崙山下，揮戈太平洋濱，服從我革命領袖，恪遵我總理遺訓，養成親愛精誠之德性，抱定殺身成仁之決心，樹立復興民族之基礎，完成國民革命之使命。」慷慨激昂，體現抗戰之時代精神。

畢業前一日，每位學員需作畢業論文一篇，題目為《根據受訓心得，簡要的檢討自身工作缺點並提出具體改進意見》。畢業後，由訓育幹事依據各學員受訓情況（體魄、品性、學識、才能、經驗、反應、特長、宜任工作等）進行總考核，填寫總考核表。以百分制計算成績，分甲乙丙三等，八十分以上為甲等，七十至七十九分為乙等，六十至六十九分為丙等。

受訓結束，我受校主任李明灝之囑，面見何應欽於軍政部，何時任軍政部長，主管經費、編制，二分校因擴大招生，極需增撥編制與經費。復見蔣於中訓團團部，向其彙報二分校組訓情況（蔣兼分校校長）。期間，國共兩黨關係似處低潮，由於中共領導的軍事力量（八路軍、新四軍）漸次壯大，為持政治軍事統一，軍令政令統一的蔣所難容忍，故謂中共是「發展第一，抗日第二」。會見時蔣不時問起二分校「異動」及「異黨份子」情況，並讓我返武岡後，寫出書面報告呈其。由是可見，在抗戰過程中，蔣始終堅持其「攘外必先安內」之既定方針，而這也是二分校其後發生的系列事件的總根源。

發生在二分校的幾件事

一、自十七期起延長授業期

軍校養成教育（即正規學生教育），修業期不一。黃埔時期僅為半年，南京時期初為一年（六、七兩期皆如此），至第八期始，方定

肄業期為三年。抗日軍興以後，為適應抗戰培訓速成軍官之需，復將授業期改為一年。惟從二分校教學實際來看，一年時間似嫌不夠。對軍官質量造成影響。加之二期抗戰以後，戰爭進入相持階段，理應增加訓練時間，以使學生提高作為初級軍官的素質和技能。鑒於此況，乃由校主任李明灝及我呈文軍訓部及政治部，請延長授業期限。後經兩部轉呈蔣氏批准，決定自十七期起，肄業之各兵科學生一律延長教育時間為一年半。旋由我們制定延長六月（自一九四○年十月至一九四一年四月）的教育綱領細則呈部批准。其中規定十七期六、七兩總隊的政治課程比例由原來的百分之十五上升為百分之二十，在軍事課程上增加野外實地訓練的術科（如戰地演習、築城教練、現地戰術等）時間，適當減少課堂講授的學科（如步兵操典、兵器學、築城學、戰術學等）時數，這樣做的目的是為前方戰地輸送有實際經驗的合格基層軍官。對於十七期的政訓總隊（二十七總隊），因其培養目標與六、七兩總隊不同，故調整不多，只是將其軍事與政治課程之比例由昔之百分之四十軍事，百分之六十政治，改訂為各占百分之五十。

二、山門政訓總隊風潮

二分校十七期政訓總隊，系由軍委會政治部委托二分校代辦，以培養軍中政治指導員為目的。該總隊設距校一三○里之山門，故亦稱山門政訓總隊。總隊長張植標，政治總教官王平一（其時，軍委會政治部並未設政治總教官之編制，王平一之職係李明灝以校部名義所委），因經濟（伙食費）不公開，且對學生動輒訓斥，乃至監禁毆打，引發學生不滿，群起指責，並有罷課之勢，事態一度無法收拾。校部派教育處長李亞芬及我前往調查，經查情況屬實，乃令張王二人將關押之學生釋放，並請准校主任批准，將張植標撤職，王平一記過，風潮方漸平息。

政訓總隊後改二十七總隊,學生畢業後,大部分發至六、九戰區部隊中任基層政工,政治部亦選留少數文筆較好者工作,記得有翟紹武者,湖南武岡人,畢業後任《黨軍日報》助理編輯。一九四九年初,我任南京市社會局長,曾委其為該局薦任秘書。

三、《限制異黨活動辦法》等條文下發

二期抗戰以後,國民黨於黨內頒布《限制異黨活動辦法》等一系列條文,謂:中共計劃打進國軍及各級學校中,做士兵及學生工作,冀圖分化與瓦解國民黨。故其宗旨在限共與防共。其中,有一份《防止異黨兵運方案》由國民黨中央組織部以公函方式,交由軍委會政治部辦公廳機要組轉發各軍隊、軍校單位。時在各黨派合作抗日階段,故該方案係油印件,以凸顯其祕密性。其內容分前言、目的、原則、方法、注意事項等方面。在前言中指稱中共在陝西方面挑選其精幹士兵作為補充兵員進入國民黨部隊中,藉機在其中發動「兵運」。並提到「異黨」所採手段:(一)極力與國民黨聯絡,以取得活動之機;(二)爭取國民黨思想轉變;(三)宣傳抗戰勝利後的前途,即是蘇聯十月革命後的前途等等。為此,方案提出國民黨應「革命不能脫離鬥爭」,需制定對策。所以,方案在方法篇中提出建立偵察與密告網,並實行聯保連坐及檢舉法,訂定了「保證書」及「退出異黨聲明書」條例,且規定「聲明書」需交由報端公布,以擴大「影響」。一九四〇年夏(秋?),其中某些條例發至二分校,當由李明灝用電話通知我前往校部法相岩,由李親將該文交我,並囑由政治部及特別黨部擬定執行辦法。

對於限制「異黨」做法,我內心並不所以然,然因系李明灝交辦,又不得不做,予以應付。回部後,乃召集副主任李琳,第一科長開濟,第二科長施浩達,秘書張文翰,特別黨部幹事伍俊德,及各總隊主任教官、大隊指導員等開會研究。經議決:(一)由二科科長施

浩達、特別黨部秘書伍俊德至各隊調查情況；（二）令各總隊主任教官及大隊指導員注意學生思想狀況，並限期上報。會後，由我至校部將執行辦法送李明灝核准。

四、第六總隊六個學生攜槍逃跑事件

未幾，校部接到控告信，檢舉駐高沙（離校六十里）之第六總隊（總隊長王橄鰲）某大隊有學生六人，企圖攜槍逃跑（開小差），校部將控文發交政治部辦理，當由政治部派人（施浩達、伍俊德）對其進行詢問，惟該六人均否認上述指控，僅承認對大隊管理教育方法不滿，當將詢問筆錄，送請校部核辦，由李明灝決定將該學生六人，備文送芷江（即抗戰勝利後，國民政府受降地）警備司令部處理，後經該部審訊，以證據不足，均予開釋。

五、第六總隊大隊指導員吳大閒、胡篤弘等先後被控

處理完駐高沙第六總隊六學生事件以後，該總隊某大隊長周醒寰（國仲，湖南岳陽人，軍校六期生）等聯名控告該大隊指導員吳大閒「為共黨宣傳」，「煽動學生、圖謀不軌」，「需予嚴辦」。控告信寄達校部，李明灝知吳為我介紹來校，乃電話通知我往，當面將控信交我，並於信封後批：「交沈主任查辦」六字。我經過瞭解，確認吳有對學生宣傳友軍八路軍參戰之「百團大戰」之偉大意義，及張貼標語、出壁報為之宣達事實。然吳係我介紹來校，平日工作尚稱努力，必須設法救他，以策萬全。考慮良久，乃在一次政治部例會中（政治教官，指導員均到），藉故將其訓斥一番，吳當時不明我意，起立與我爭辯，我乃云：「你若不服氣，可以辭職！」吳乃於次日將辭呈送上，我簽批「照准」（經李明灝簽准）。吳離校後，已明我之良苦用心，曾於宜昌附近寄我一函，大意云：「對主任之好意，深表感激，待決定工作去處後，當另函告……」。

吳辭職不久，六總隊另一大隊指導員胡篤弘亦遭政工人員之注意，派員暗中予以監視。二科科長施浩達曾數次側面問我妻鞏華：「胡篤弘係何人所介？」「令弟現在何方？」胡人較聰明，見此況，知已無法再幹，旋亦呈請辭職，我亦照準，並送其路費若干，使其得以安全離校，並回到了中共蘇北根據地。

　　其他還有十七期二十一總隊大隊指導員汪一濤被副總隊長林豐炳（福建人，軍校六期生）等人控為「共黨」，由政部偵辦，後辭職。山門政訓總隊學生王濮、汪仁杰被控為「共黨」，王遭退學處分，汪留政部察看。通訊教官周繼佶（湖南邵陽士紳周鰲山之子）被控，遭教育處監禁，後令其在邵陽《中央日報》刊登脫離中共啟事，方獲釋。《黨軍日報》編輯黃河（總編輯姚素昉之妻弟）被控為「異黨」宣傳，後辭職。

我亦遭控，被迫辭職

　　我在二分校後期，政訓工作由抗日政工向防共政工演化，我的一些溫和措施，竟招致校內（特別黨部、政治部、總隊）某些極端人士不滿，他們乃聯名致函重慶軍委會政治部（時部長為張治中）、中央黨部、監察院，控告我「包庇共黨，危害黨國」要求將我「撤職查辦」，特別黨部幹事袁滌非（廣東南海人）甚至放出空氣，說沈某人有「殺頭之罪」。重慶政治部及中央黨部將控文發交校主任李明灝查實據報。李囑我前往，告之被控之事，並將控文給我看（具控人名單政治部未發下）。我問李：「你準備如何呈復？」李答：「當然不會如他們所要求的那樣」。並語我曰：「環境險惡，我也不準備再幹下去了。」旋以「用人不當」呈覆上峰，然政治部仍給予我記過處分。在此情況下，我無法再幹，唯有辭職一途。

　　一九四二年春，軍委會政治部於重慶召開年度政工會議，李明灝

與我偕同參加，會議由張治中主持，軍政部長何應欽等皆到會講話，旋由各戰區政治部主任報告過去一年之工作情況，並進行交流。計到各單位政工主管三百餘人。會後，我遞上辭呈，惟繼任者未定之前，職務仍掛在二分校，至是年八月，張泰祥（湖北黃岡人，黃埔四期生）來武岡接手時方克卸任。

我辭職後，政治部副部長王東原先生對我之境遇，深表同情。緣王在政部，負責批閱各軍校政訓公事呈文，對我所呈之政工報告，十分讚賞。所以，王見我落難，即向政治部長張治中建議，派我當政治部的同少將設計委員。因渝市無房，內子鞏華及二子、岳母等仍留武岡，由五里牌搬至城內許家大院，由於我的關係，迭受勢利小人的歧視。直至我在重慶保安路租下房屋，一家人方得團聚。

第八章　陪都春秋

兩部設計委員

　　一九四二年夏，我以政治部長張治中（文白）之聘，擔任政治部設計室同少將專任設計委員。時在國民政府推行所謂「設計、執行、考核」行政三聯制階段，設計委員系名譽職，地位似較高，然無實權。以「草擬計劃，編纂教材，執行審議，實施聯絡，及為部長之諮詢」為工作職責，其業務範圍包括十項：政治部業務改進之設計建議；各種計劃方案濈陳之審議；專門問題研究報告；政治法規之起草審核；政工材料之彙集與整理；政訓教材之編纂審查；政治部各出版機關發行之叢書刊物編纂審核；政治部內有關單位與部外機關之聯繫；政工實況之視察；部長交辦之事項。唯實際工作中，能實行者不多，故有人曾作諧謔詩加以諷刺：「大事不知，小事不問，無計可設」，語雖尖刻，確亦反映部現實。設計室下設四組：第一組（政治訓練組）；第二組（宣傳業務組）；第三組（人事行政組）；第四組（政治經濟國際問題組），凡遇特殊問題之研討，還可臨時組織小組。委員均一時之賢，各黨各派各界人士均有，分專任、兼任、名譽委員三種，除專任委員需到部工作外，其他均可不坐班。設計室主任委員係張文白保定軍校時的老師，名字不記得了。

　　在設計室（原名設計委員會，主任委員黃少谷，後因縮編，我到任時，已易今名），我參加政治經濟組活動，從中結識了不少設計委員，如鄧初民，系中國民主同盟負責人。一九四九年後，曾任山西大

學校長。閻寶航，東北軍耆宿，他可能是中共地下黨員。一九四九年後任職外交部。李俠公，貴州人，前陸軍大學政治部主任，後加入民革組織。還有留法同學、軍校教官同仁陳鐘浩，軍校教官同仁、戰史畫家梁鼎銘，留法同學畢修杓、張申府等。期間，鄧初民、閻寶航兩氏，因立場觀點與其他委員相左，招致某些黃埔學生圍而攻之，語言激烈，幾至動武，我起而解圍，力勸雙方息怒。於言語中力為鄧、閻掩飾，始未對兩人難堪。國民黨推行一黨專政，不容不同意見存在，由是可見。

　　我旅居重慶期間，適逢抗戰最艱苦之年月。軍公教人員生活艱辛，我亦不例外。政治部設計委員雖有三百二十元月薪，然其時物價飛揚，甚或一日數漲，大米每擔六百三十元，白糖每斤一百三十元，連哈德門香菸亦賣至九十七元一包，故每月之薪水，實際上只能購半擔米，其後，便只能買二袋麵粉。經濟上通貨膨脹，終至失控，加上不法商人囤積居奇，欺行霸市，使人民對政府失去信心（對孔宋尤為不滿）。民以食為天，吃且如此，住就更不必說了，房荒嚴重。我在重慶任職，家眷不得不留湖南武岡。至一九四四年，方在市內保安路十六號租某醬園店之樓面房（閣樓）一間，將家眷接來，四人同居一室。為生活計，內子鞏華不得不將其陪嫁物典當，以貼補家用，且替樓下醬元店管賬，換取一點薄薪。老實的公教人員過的即是如此生活，但亦有少數會鑽營者，藉機大發國難財，如某軍校同仁即利用軍校畢業生調查處之關係，在重慶辦新生活俱樂部，利用黃埔同學關係，倒買倒賣，獲取豐厚利潤。

　　在重慶，留法同學及南京時代的同仁甚多，時留法同學楊公達擔任中央黨部組織部長朱家驊之主任秘書（後任重慶市黨部主任委員），一九四四年初某日，來政治部訪我，彼此言及戰時生活艱苦及吏治腐敗，均不勝唏噓。嗣後不久，楊即介紹我與朱家驊見面，交談甚好，朱邀我兼任中央組織部設計委員會委員，每月核發諮詢車馬費

若干。朱留德出身,以書生從政,在國民黨內頗以革新者自居,他與二陳(陳果夫、陳立夫)兄弟不對,聘用一批「黨內民主人士」為設計委員,故人咸以「新CC系」呼之。設計委員每月開會一至二次,提供對中央黨部及各級黨部組織設計之建言,及對有關法規、條文之修訂,提供審核意見(但僅供參考,不作決定)。分組與會時,我與同為設計委員之許德珩、張國燾編為一組,討論中央秘書處下發的有關各區分部組織規程。許、張兩人均為舊友,許系留法同學,張曾任中共負責人,一九二七年夏,蕭勁光偕我拜訪其於漢口寓次,期間,張正處上升階段,談鋒甚健,惟此次在渝重逢,頗感其人與昔之判若兩人,沉默寡言,頗有寄人籬下之感。

不久,組織部長改由陳果夫擔任,朱家驊調主教育部,陳邀我繼任,我以系朱前任所邀之故,婉辭之。

中訓團黨政班與黨政高級班

一九四二年春末,我自湖南武岡抵重慶不久,政治部副部長,同時亦為中訓團教育長的王東原即邀我擔任中央訓練團黨政班二十期專任訓育幹事。

黨政班二十期受訓對象以各級政工人員為主,全期一千餘人,於一九四二年五月十日開學,六月七日畢業,為期一月。分為三個大隊,下轄十一個中隊,中隊之下為分隊。大隊長由現任軍長(中將)職人員擔任,第一大隊長范漢杰,第二大隊長周福成(保定軍校畢業,時為五十三軍中將軍長),第三大隊長陳沛。我任第二大隊第五中隊訓育幹事,中隊長為張正非少將(字學愚,浙江仙居人,出身軍校六期)。一九四九年後,張任山西省參事室參事,「文革」期間,山西來人曾通過我「外調」其況。訓育幹事每分隊設一人,從事評閱學員自傳、工作報告、日記、畢業論文;與學員個別談話;訓育講

話；主持有關座談會、班務會、交誼會；學員總考核表之合成等項工作。我於此結識了不少訓育幹事同仁：專任訓育幹事有陳必睨，吳景新（兼中訓團特別黨部書記長）、劉俠任、王耘莊、李冶民、屈卓吾等，兼任訓育幹事有臧克家（山東人，作家），于永滋（即于樹德）、李蒸（雲亭）等。期間，曾以王東原教育長之約，在全體紀念周儀式上，作題為《政訓方法論》之專題演講。其他課程方面，有袁守謙（政治部一廳廳長）主講《軍隊政訓》，黃少谷（政治部三廳廳長）主講《宣傳工作》，萬耀煌（陸大教育長）主講《政戰與戰略》，王東原主講《步兵操典》、《政工人員負責，盡職之要道》等。

六月七日，在復興關下大禮堂行畢業典禮。由蔣介石主持，禮畢舉行全體聚餐會，蔣亦出席，並發表即席講話，以所謂「自我訓練」相號召。

是年八月十日至十月四日，我復參加黨政班二十一期訓育工作，其受訓對象以社會、交通、經建人士為主，所不同處為開學典禮由林森（國府主席）代蔣主持，受訓學員畢業論文題目為《受訓後自身之工作計劃與進修計劃》與上期學員相仿。

未幾，即有舉辦黨政高級訓練班之計劃：選送黨政班一至十期畢業學員中「成績優良、品格純正、資歷相當」者參加集訓（所謂「資歷相當」，一般即文職簡任，武職上校以上者），以「加強其主管機關之能力，補充其領導辦事之學識」。王東原問我是否願去高級班受訓，我允之，旋尤其保送入學（經政治部長張治中同意）。

黨政高級班第一期共調訓各方面學員一百五十三人，江蘇籍有二十七人，以省籍而言，人數最多。

一些熟識者又相聚在一起，如劉公武（西南游幹班政治部主任）、程式（防空學校政治部主任）、仇碩夫（三青團監察會處副處長）、吳壽彭（浙江省政府處長）、許復（立信會計學校主任）、俞浩（江蘇省黨部委員）等。

高級班於一九四三年一月十日假中訓團大禮堂舉行開學典禮，同時行始業式的，還有國防研究院第一期學員三十人。國研院名義上不隸屬於中訓團，其調訓對象為陸大畢業之三軍青年軍官，受訓期一年，以研究孫中山《國防十年計劃》為訓練要旨。始業典禮由蔣介石主持，蔣就創辦兩班之目的發表講演，指出兩班之創設，「一在造就高級的黨政幹部，一在造就高級的軍官幹部」

黨政高級班之訓練方式與黨政班相比，多有不同，具體表現在：（一）調訓時間為六個月（黨政班則大多為四周）；（二）設班本部，（班主任張厲生，主任秘書鄭彥棻，秘書陳桂清，下設教務編輯總務三組）；（三）全體學員編為一個中隊（獨立第一中隊，中隊長劉振世，湖南人，陸大特別班第三期出身），直隸中訓團團部；（四）訓練課程圍繞孫中山《實業計劃》進行之；（五）訓練方式以授課、討論、論文撰著三段式進行，而以後二者為主；（六）不設訓育幹事及其他專職訓育人員，而有各類討論會及讀書小組，定期活動，以強調所謂「自動、自覺、自治」之精神。

授課課程分共同必修課和專業課程二類，共同必修課全體學員必須聽講，除蔣氏之「精神訓話」（蔣在半年期間，曾多次來班，作有「培養踐履篤實的精神」等演講）外，印象較深者有馮友蘭、錢穆《中國固有哲學》、陳立夫《實業計劃之綜合研究》、錢端升《現代各國政治演說》、翁文灝《科學在近代國家組織中之地位》、陳果夫《機關組織》、楊杰、俞大維、王東原《軍事基本原理》等。

專業課分組聽講，依學員所從事職業及個人興趣，分民政、財政、經濟、教育、外交五組。我參加之民政組，人數最多，主任教官為李宗黃。李研究地方自治問題多年，後發起成立中國地方自治學會，該組課程有關於省政、戶政、警政、地政諸問題的論述。

高級班上課方式較黨政班活躍，採取討論教學，強調自我訓練。每日上課二小時，研習六小時，討論一小時，體育活動一小時。不論

共同課或專業課，各講師之授課大綱及參考書目，均於開講前兩周發至學員手中，以便學員先行研究，並進行課堂提問。教師嗣根據學員討論意見，對教材進行增訂修正，印行成書，然後再發給學員。討論形式有分組討論及全體討論兩種，分組討論每周舉行二次，就各組必修之有關問題提出研討，注重實際問題。全體討論每二周舉行一次，就共同必修之有關問題，提出研討，側重理論及一般黨政問題。

高級班學員雖多係各方面中高級幹部，但仍嚴格實行軍事管理。全體編為一個中隊，下設三分隊九班。一舍六人，其著裝、吃、住等及作息時間均有嚴格規定。有一條規定記憶猶新：洗臉用冷水，一則為了培養意志（重慶之冬天還是較冷的），一則亦為強身。生活雖然緊張，卻是一種有序的緊張，當然，忙中有閒，如是年春季之赴留園的踏青，及懇親大會等，均辦得有聲有色。

作為中訓團長的蔣介石，對高級班之舉辦，可謂是煞費苦心，他數度來班，找各同學談話，對同學讀書聽課筆記詳加批閱，並為同學規定許多必讀書目，如《禮運大同篇及張子西銘》、《黃梨洲明夷待訪錄》、《王船山俟解》、《管子》、《王陽明傳習錄》、《顧亭林日知錄》《曾文正公家書》，及以其名義發表的《中國之命運》等。皆其所謂「凡孔孟以來一貫的達人之道，足以經世濟民而不流於空談心性者」。時為抗戰最艱苦之年月，同學中不少人對蔣曾寄予厚望。

我在高級班受訓期間，曾發生數十名同學（內有數名來自軍統中統機構）聯名向教育長王東原控告外交組學員侯裁荀（雨民，即侯桐）為共產黨之事。侯為留英學生，廣東人，時任中國工業合作協會渝區主任。為人機智，好交友，人緣較好。此事經王東原派人調查後（一說王氏擔保），不了了之。

一九四九年秋，我在上海華東軍政委員會聯絡局與侯不期而遇，時其任聯絡局專員。據侯語我，他確係中共地下黨員，奉組織之命，打入高級班工作。侯說，由於其人緣好，故上述控告他的同學，事後

又將訊息透露給金寶善（中訓團兼任講師，時任中央衛生署署長）轉告他，要他注意。私誼勝過立場，此為一例也。文革結束後，雨民擔任中國人民對外友好協會常務副會長，與我時相魚雁往返，我從事對外聯絡工作，得其協助不少，一九八三年病故於北京。

高級班同學畢業前，需撰寫畢業論文。論文內容依規定，圍繞孫中山《實業計劃》與《國防十年計劃》進行。但非個別撰寫，而是以組為單位，集體討論撰寫之。論文內容分政治建設、經濟建設、社會建設、文化建設諸大類。全部合成後，題為《國父國防十年計劃研究方案提要》一冊，內容廣泛，原擬公開出版發行，後因其中軍事部分以蘇聯為假想敵，蔣氏閱後，認為不擬公開乃作罷。

是年七月十一日，高級班行畢業典禮，蔣氏主持，以「做政治家專門家」相號召。會後聚餐，蔣亦出席並發表即席講話，強調「禮樂」之重要。同學間互贈紀念品，依依惜別，一曲《Auld Lang Syne》樂曲響起……

高級班第一期舉辦後，至抗戰勝利前，中訓團復舉辦了第二、三兩期，我熟悉者，如王原一、陳必覭、劉瑤章、谷春帆、盧則文、楊玉清、張泰祥、湯如炎、查良鑒、胡一貫、沈遵晦等均為二、三兩期畢業生，三期人數相加，共有四百五十餘位中高級幹部接受訓練。

張群向蔣建言「慎重使用」

高級班畢業後，中訓團長蔣介石召見每一位同學，分別談話，由教育長王東原陪見。先由王向蔣介紹該同學姓名、階級等，嗣坐下談話。由該同學報告受訓感想，及心得體會。歌功頌德者有之，亦有提建言的。同學莊智煥（浙江人，時在經濟部企業司任處長）即陳述改革政治、經濟意見數條，呈奉於蔣。我去見蔣時，曾引證唐太宗李世民納魏徵諫之典故，向蔣提出「接納忠言，清除奸佞，重視輿論」

的建言。對我之談話，時蔣頻頻點首。王東原送我出來時，亦謂我：「你講得好！」其後在一次高級班全體同學聚餐會中，王還提及此事：「有一位同學向團長建言，並舉魏徵諫唐太宗為例，我們應發揚這種關心國事的精神，以爭取抗戰的最後勝利」。唯蔣受群小包圍（孔宋財閥），亦缺乏政治領袖風範，不能處理大事，終至失敗。

由於高級班係為國民黨培養「中堅」「直接」幹部之階梯，所以，學員的畢業任用，曾有「受訓期滿，經考查成績，分發有關高級機關以機關首長，或幕僚職務任用」之規定。但學員以二陳（陳果夫、立夫）兄弟介紹的人為最多。時陳果夫任侍從室第三處主任，執掌組織與人事大權，安排了少量同學。引發張群（代表政學系）的反對，向蔣建議要「慎重使用」為要。故期後，蔣氏又決定：「黨政高級訓練班學員畢業後一律暫回原職」，以平衡各方派系。儘管如此，蔣對高級班各畢業同學工作情況，仍十分關注。至抗戰勝利後，還向侍三處的後身國民政府政務局調閱各同學工作動態，並囑梅嶙高（安徽人，黨政高級班教務副組長）等負責新印高級班一二三期畢業聯合同學錄供其參閱。

在黨政高級班將畢業時，曾討論過組織同學會的問題，以聯絡畢業同學感情，互通聲息。唯當時政府明令禁止各學校（尤其是軍校和政校）組織同學會一類的團體。鑒於此況，有同學提出，我們高級班之舉辦宗旨，乃為研究孫中山之《實業計劃》如何實施，不妨就以國父實業計劃研究分會名義對外（時重慶有陳立夫組織之國父實業計劃研究會團體存在），一則為同學研究及撰寫論文相聯繫，一則可作為變相之同學會而存在。經眾同意後，乃公推同學楊錦昱、莊智煥、程厚之等為代表赴侍三處請示，經侍三處報蔣首肯後核准成立。

國父實業計劃研究分會成立後，由在渝之同學負其職。於聯絡同學方面，做了許多工作。抗戰勝利後，復員南京，以大行宮附近中央飯店東向一棟二層樓房作為會所，定期舉行集會和聚餐，以聯絡各方

同學，會所內設有客房，外地來京同學如無歇腳處，亦可於此休息，條件亦甚方便。至一九四九年春，因同學四散，才無形中止。近讀王東原先生回憶錄《浮生簡述》，方知部分高級班同學到臺灣後，仍有「國父實業計劃研究學會」團體存在（僅改動一字），以研究學術，聯絡同學為旨要，且每年將研究所得，發行《國家建設》論文一冊。

主編《復興關訓練集》及其他

高級班第一期畢業後，我仍回政治部設計室。至一九四三年冬，中訓團召集高級班第二期學員來團受訓時，復有編纂《復興關訓練集》計劃。旋由王東原、陳儀、段錫朋、黃仲恂、金德洋召集，組織復興關訓練集編纂委員會。王東原見我回部後無甚具體工作，乃邀我參加《復興關訓練集》之編纂，我允之，旋明令發表我為編纂委員兼總纂，具體負責是書編纂工作。

《復興關訓練集》為一部反映國民黨中央訓練團自一九三八年七月成立起，迄一九四四年七月黨政班三十一期結束止，舉辦黨政班、黨政高級班及其他班隊情況的大型史料叢書。內容分：總述；訓練實施；環境建設；團務行政；學員動態；五年來之檢討六部分；並附以大事記、教材選輯、團長訓詞等。編纂人員除我任總纂外，另有編纂四人：汪大海、盧則文（盧一九四九年後任南京工學院圖書館副館長，「文革」中有外調人員找我瞭解盧況，方知他系中共地下黨員）、王耘莊、樂永年，均系中訓團內專職訓育幹事或簡任職工作人員。後來，又另聘谷正綱、吳兆棠等五人為特約編纂

編纂工作自一九四四年初開始進行，為保持進度及聯絡方便，各編纂集中居住在留園。留園為復興關之一景，原為私人園林，花木繁多，比鄰而居者有馮友蘭、錢穆、錢端升、陶孟和、蕭公權諸先生，皆為高級班第二期所聘之講師。擬定編寫大綱後，各編纂分工進行，

我擔任總述及檢討篇之撰寫，其餘各人亦各司其職。文字修飾由王耘莊負責，全文內容由我過目統稿，嗣經編纂委員會數次討論修正後，交盧則文負責排版付印。時重慶缺乏印刷紙張，為此，由王東原函令張業（中訓團警衛組長）專程赴江西採購之。編纂過程中，我曾數度前往侍二處（主任陳布雷）搜集蔣介石給陳誠、王東原等手諭，交盧則文製成珂羅版，從中亦可見蔣氏對復興關訓練之煞費苦心——小至團內房屋之遷移，大至教育方針之制定，無所不包。又請國民黨元老居正（司法院長）、于右任（監察院長）、戴傳賢（考試院長）、張繼（國史館館長）及吳稚暉先生等為訓練集題詞作序。應我之請，于、戴、吳三位老先生還為我書寫條幅及對聯相贈，彌足珍貴。復員南京後，我經裝裱後一直掛在八府塘故居牆上，一九四九年四月我離開南京後，不知所終，殊為可惜。吳稚暉先生係武進鄉賢前輩，昔年與我外祖父文與公有交，其題寫之《訓練小解》序文，蠅頭小楷，一絲不苟，拍照製成珂羅版後，為全書增輝不少。馮友蘭先生為哲學家，因亦居住在留園，乃就近請其題詞，馮允諾，旋寫下洋洋萬言之題言，大談中訓團標語中「頂天立地」與「自覺自動自治」之引申含義。馮為哲學家，儒家信徒，唯其在「文化大革命」後期中的表現，（可能也是格於形勢），卻為識者不齒。

編纂過程中，編委會曾數度召集會議，研究進度，並聽取各編輯彙報，會議由王東原及段錫朋（中訓團教育委員會主任）主持。全部編纂工作，至一九四四年秋始定稿，乃由盧則文等負責付印。不久，我即離開編委會。至一九四七年秋在南京時，某日，我去孝陵衛中訓團團部公幹，盧則文送我一套印畢的《復興關訓練集》，分裝五冊，計三千餘頁，可謂洋洋大觀也。

我住留園主編《復興關訓練集》之際，於工作之餘，曾與同學多人為工作安排之事，謁陳果夫、孔祥熙二氏，惟陳、孔兩人對我輩同學態度，完全相異，從中亦可窺見兩人之個性。陳果夫時任侍三處

主任，主管人事，參加高級班受訓者，以他介紹的最多。高級班畢業後，有同學建議：我們應該拜訪一下果夫先生，順便問問其工作安排事宜。某日，我隨同學陳桂清、貢沛誠、許復、程厚之、楊錦昱等赴南溫泉中央政校看陳，適陳生病，我們即入其臥室探視。先問其病情以示關切，嗣有同學即提出工作安排問題，陳答他正以侍三處名義呈請蔣給高級班同學派任適當工作，大家聽了都很高興，隨即辭去。後來，貢沛誠任浙江省政府委員，許復任江蘇省民政廳主任秘書，程厚之任四川省遂寧地區行政督察專員，楊錦昱任湖北省武昌市長，俞浩任上海市公用局視察……我及另一些同學則接受王東原（王后從中訓團教育長調任湖北省主席）之邀。我任湖北省第七區行政督察專員，程式任第五區專員，劉公武任三青團湖北支團幹事長，王原一任湖北省政府秘書長，吳大宇任湖北省黨部書記長。

孔祥熙時任代理行政院長，並兼任中央銀行總裁多年，時重慶一般軍公教人員待遇清苦，而銀行收入則較豐。某日，高級班同學佘凌雲、王洽民、程厚之、陳桂清等一行約我偕往孔公館拜訪，表面係問候性質，實際是希望孔能介紹我們至銀行工作。但孔完全是商人派頭，見面後東拉西扯，空話連篇，顧左右而言他，完全避開工作問題不談，大家失望而歸。

孔為國民政府內官僚商人化之典型，時輿論對其批評甚多，如《大公報》登出的其女孔令儀用飛機載洋狗之事，遂引發倒孔風潮。

我住留園編《復興關訓練集》期間，還有一件記憶猶新的往事：某日，南京軍校同仁，時任政治部辦公廳副主任之劉孟純兄來訪，寒暄之際，劉拿出一包材料，語我曰：「煩兄代為謄抄一下，如何？隔數日來取」。待劉走後，我打開一看，乃為各級軍隊政訓部門密報之有關各軍師兵員、軍械情況，屬於密級很高的軍中材料。在上報的一百七十餘個師級單位中，人槍在六千以上的很少，絕大部分為三千左右，還有些師，僅有七百多人槍，最少的一個師，僅有三百人！而當

時一師之編制為一萬二千餘人。這說明除了陣亡將士外，軍隊中吃空缺現象頗為嚴重，一些軍官即依此手段大發戰爭財。這樣的軍隊，如何有戰鬥力？軍隊腐敗至此，國家又如何有威信？我對國民政府開始感到失望。至於劉兄如何選擇讓我來做此事？他要作何用處？至今仍為不解之謎。劉兄係廣東人，深受張文白（治中）信任，追隨張多年，與中共方面亦多有聯繫。一九四九年參加新疆起義（時為新疆省政府秘書長），中華人民共和國成立後，在北京，我在某次聚會上與其晤面，當問及當年之事時，他笑而不答。今他已物故，此事亦成千古之謎矣！

籌組中國行政管理學會（稷社）

重慶時代，通貨膨脹嚴重，物價飛騰，致軍公教人員及一般百姓生活艱苦，一般人由此對政府產生信任危機，特別對其中孔宋財閥不滿，各類團體遂應運而生。

記得我於高級班畢業後，某日，妻弟祁式潛來訪，談及局勢，我說壞得很，蔣被群小包圍，政治經濟都很危險。式潛旋問我對中共作何看法？我答，中共發展民眾似較有辦法，惟其理論太高，一時恐亦難有大的作為。他復問我知道中共最近的政策否？我答知之甚少。他即與我約略談了中共邊區情況（祁式潛在新四軍淮南邊區工作逾五年，屬高級幹部，先後擔任中共蘇皖省委委員、皖東路東省委委員、路東區委委員等職務），我聽後，頗覺新奇。但我當時主要想法，仍為在國共兩黨之間，能走第三條道路。

一九四三年秋，馬博厂（四川省訓練團縣政研究部導師）、孔大充（江南政治學院教務長）、李宗義（中央政治學校教授）、張鴻鈞（社會部司長）、楊玉清（中央政校教授）、楊顯東（財政部貿委會專員）、孫濂泉（四川省第三區行政督察專員）、楊開道（復旦大學

教授）及我等，於重慶貿委會楊顯東（定青）兄寓集會，議論時局，眾人一致同意成立以「畏友、益友、契友」為旨趣的團體。團體名稱，馬博厂、張鴻鈞二兄主用「稷社」之名，孔大充、李宗義二兄則主用「中國行政管理學會」最後會中同仁決定對內稱稷社，對外則以行政管理學會之名（後稷社名稱不用）。並決定積極發展會員，凡軍工商界者，簡任以上，或大學教授，經會員兩人介紹，即可入會成為會員，此為團體成立之始也。

學會成立後，曾於渝市召開數次會議，討論國內外形勢，及各黨派動態，政治上反對二陳之黨化，經濟上反對孔宋之腐化，每次集會均有新的會員參加。

中國地方自治學會及中法比瑞文化協會

同期，中訓團黨政高級班民政組主任教官李宗黃（後任雲南省民政廳長、代理省主席）倡導地方自治，不遺餘力。我於高級班畢業後，受李氏之邀，在其寓開會，商討辦理地方自治問題，參加者另有馬博厂、孔大充、張鴻鈞、貢沛誠、黃右昌、張金鑒諸人。經數次討論，乃共同議決成立一半官方性質之地方自治研究所，以協助政府，辦理地方自治，並以研究地方自治之理論與實踐為旨趣。後部分發起人建議：與其採半官方性質，依賴政府，不若自力更生，成為純民間之地方自治學會學術團體為佳。經眾同意後，復依照民眾團體組織法令，呈請社會部立案批准。又經數次籌備會議，通過章程等案。於一九四五年一月二十六日，假重慶廣播大廈舉行成立大會，由李宗黃任主席，報告籌備經過。社會部派洪蘭友次長到會。最後通過學會章程及工作計劃，票選李宗黃等三十一人為理事，潘公展等九人為監事，理事有李宗黃、關吉玉、黃右昌、張金鑒、趙棣華、張鴻鈞、馬博厂、陳長蘅、王德溥、葉秀峰、鄭震宇、蕭錚、孔大充、周淦、貢沛

誠、壽勉成、朱靜濤、周應人、瞿菊農、金寶善、余井塘、劉國明、陳方、沈清塵、柳克述、賀衷寒、賴璉、康澤、李士珍、羅衡、陳逸雲。監事有潘公展、王雲五、盧錫榮、魯佩璋、祁雲龍、周毓、江恆源、羅時實、劉不同。

此外，還有候補理事楊玉清、趙祖康、李宗義、熊芷等十人，候補監事陸晶清等三人，推李宗黃任理事長，除李外，理事中前六名為常務理事，（關吉玉、黃右昌、張全鑒、趙棣華，張鴻鈞、馬博廠），監事中前三名為常務監事（潘公展、王雲五、盧錫榮）。依據工作計劃，學會下設出版、研究、實驗三部。

所謂地方自治，通俗而言，即用地方的人力和財力，處理地方上的事，以達到「政通人和與百廢俱興」的一種政治制度。唯政府貫徹地方自治已有多年，成效不彰，究其因，為僅重視其政治性之組訓工作，而忽視其經濟性之組訓工作。致使地方上生產建設，無從進行，自治財政沒有基礎，自治工作徒有外表沒有實質，甚至以攤派、勒索、增加苛捐雜稅，為籌措自治經費的手段，以致民窮財盡，民眾怨聲載道。

若使地方自治工作，納於正規，非加緊地方生產建設不可，而公共造產，即為地方生產建設最優良進步的方式。本此設想，我曾撰《地方自治與公共造產》一文，發表於中國地方自治學會刊物《地方自治》經濟中心專號，其內容包括公共造產的範圍、原則、機構、資本、種類、實施程序、督導、收益的保管和支配諸方面，各界反映甚好，我亦收到不少熱心讀者來函，與我探討。

中國地方自治學會成立後，其活動一直持續到大陸解放前夕，後來李宗黃等人到臺灣後，仍沿用其名，開展活動。

抗戰期間，重慶作為陪都，各界各方人士皆聚居於此，留法同學亦然。戰前成立於南京之中國留法比瑞同學會，戰時先遷武昌，復遷重慶。於市中心臨江門順成街覓得一很好的西式樓房作為會所，內部

設備齊全，有餐廳、彈子房，及其他娛樂設施。總幹事仍為留法同學毛慶祥，但毛不常去，實際工作由陳耀東和朱葆儒兩人主持，旅渝的留法同學經常於此集會，互通聲息。

一九三九年春，為溝通與法語國家的法國、比利時、瑞士等國文化及國際宣傳，開展國民外交起見，復於重慶設立中法比瑞文化協會，呈請社會部備案。凡留法比瑞同學，旨為當然會員。

協會推舉吳稚暉為會長，李石曾、蔡元培及法國國民議會議長赫禮歐（Herrjot）等五人為名譽會長，王寵惠、鄒魯、邵力子、魏道明、張厲生、張道藩、周恩來、吳玉章，及法國、比利時、瑞士駐華大使皆為名譽理事。毛慶祥為理事長，樓桐孫等三十五人為理事。會員有留法同學為主的各界人士逾千人。下設總務組（組長蔣子英）、宣傳組（組長陳耀東）、學術組（組長褚一飛）、編譯組（組長徐仲年），及秘書室（秘書樓桐孫，後改陳耀東），從事具體工作。協會成立後，做了許多工作：參加國際反侵略中國分會；舉辦法文專修班；編印《歐亞文化》月刊（主編陳鐘浩）；主辦慰勞將士美術展覽及音樂會、時事座談會；響應獻債運動等，皆受各界讚頌。

我作為上述兩會會員，旅渝期間，亦應邀出席過兩會多次聚餐會，與老友敘舊，與新友結識，獲益匪淺也。

另一戰前成立於南京的以留法同學為主體的中華政治經濟學會，抗戰時播遷重慶，會址設渝市中一路嘉廬一號，由留法同學褚一飛主其事，柬邀我出席年會，亦得與各會友敘歡。

發表任江蘇省政府委員以後

一、康澤擬派我兼任三青團江蘇省支團幹事長

一九四四年九月，國民政府明令發表我為江蘇省政府委員，敘簡任一階（省府委員兼主席為韓德勤），同時發表任省政府委員的

還有高級班同學許復。時江蘇省大部城市皆為日寇占領，省政府設皖豫交界之太和（安徽阜陽附近），離重慶路途遙遠，且中間需經過日寇占領區。初我準備赴任，某日，與高級班同學湯汝炎（時任三青團中央團部組織處副處長）在渝市街頭相遇，乃將派任事相告，湯謂，空頭委員無事可做，兄是否可允兼三青團工作？我答可。湯乃說，容我與康兆民（澤）通報後，再告於兄。不數日，接湯電話通知，云康已同意派任（時康任三青團中央團部組織處長）。未幾，我去中央團部見康，適康不在，而湯氏在，湯復謂，派任事原則已同意，只要幹事會通過就算決定。又過了幾天，湯正式函告我，代康約我吃飯。我抵康府，寒暄過後，康即語我，幹事會已通過任我為三青團江蘇省支團幹事長，席間，康告訴我三青團在江蘇敵後的工作情況：原由吳紹澍兼管，而吳人在上海，江蘇省府在皖省太和，聯絡不便，工作頗難開展。康旋將通知書及密電碼一本交我，囑我到任後，注意吸收流亡至太和的蘇籍青年加入團體，以擴充支團組織，並與中央團部保持密切聯繫。

後我因考慮交通不便等種種原因，江蘇省政府委員職未克赴任，三青團之工作自然亦未接手，嗣將密電碼交還於康。惟此事亦可見三青團組織的擴張及其在國民黨內的相對獨立性。然康澤個人其後卻以其「獨立」而開罪於小蔣（蔣經國），遭到閒置，自是一蹶不振。

二、與恆社之聯絡

我發表為江蘇省政府委員，一度曾想回江蘇工作，而在敵後做事，沒有關係是無法立足的。蘇皖一帶，向為青幫勢力天下，我要去那裏工作，非與彼輩聯絡不可。遂有與杜月笙之恆社聯絡之意（時恆社於重慶設有分社機構，地址在渝市臨江路，其名譽理事長杜月笙、常務理事陸京士等均在渝）。

某日，於九十七軍軍長李明灝之司令部，巧遇杜月笙大徒弟張某（係一富商，亦為恆社常務理事），經李明灝介紹後，彼此談得頗為

投契，時在座者還有常州同鄉，原武岡二分校通訊教官唐友漁（權）兄。張氏後邀李明灝吃飯，並邀我和唐權及王曉籟夫婦作陪。飯後，張留我與唐權敘談，提出請我們加入恆社，並約我們同去見杜月笙。數日以後，張偕我們至重慶交通銀行樓上謁杜。這是我與杜初次見面，杜文化程度不高，然言談舉止，卻頗具溫文爾雅，對文化人以禮相待。最後，杜囑我們去找陸京士談談（陸為杜之大弟子，時負責接納會員）。未幾，我們即到社會部找陸京士，陸見為其師傅介紹而來，對我們甚為客氣，當即拿出社員登記表交我。後因我省政府委員未到職，亦未再與彼輩聯繫，此事亦就不了了之。青幫勢力在國民黨政府中的影響，窺此一斑，可見全豹也。

三、陳繼承邀我任鄂川陝甘邊區總司令部政治部同中將主任

陳繼承抗戰前夕任中央軍校教育長，到重慶後，任重慶衛戍總司令部副總司令，與我時有往來。一九四四年冬，陳繼承被任為鄂川陝甘邊區總司令，駐節陝南安康。陳派其參謀長張世希來找我。張係安徽人，黃埔一期生，亦為軍校同仁（七期時代的總務課長），抗戰爆發前，升任軍校少將步兵科長，與我熟識。陳以該部政治部同中將主任職相邀，經我首肯後，乃報請軍委會批准，復由政治部正式派任，並送了兩星之中將領章前來。我且已開始籌備人馬，委常州同鄉萬光國為政治部總務科長。惟不久，該部奉令裁撤，未克到任。

四、陳繼承曾內定為江蘇省主席，邀我參加省府工作

一九四五年春，江蘇省政府即將改組，陳繼承積極活動省主席一職，並已獲內定。某日，陳請我吃飯，席次，邀我參加省政府工作，以省府委員兼秘書長相邀，說名單均已呈行政院核准，後不知何故，蔣將省主席人選換了政學系的王懋功。陳聞後，頗為不滿，但亦無可奈何。

第九章　勝利前後

來到鄂西

　　中訓團教育長王東原於一九四四年夏接任湖北省主席職務，駐節鄂西恩施（又名施州）。是年冬，中訓團高級班一期同學，時任湖北省政府委員之劉公武兄自恩施來渝，轉達王之邀意：請我就鄂省第七區行政督察專員職。時為抗戰之最艱苦階段，日寇攻陷桂林、南寧，重慶危急，人心惶惶。我允之，旋組織人事。遂於次年四月乘車前往專署駐地鄂西宣恩曉關履新，同行者有萬光國（專署總務科長）、吳熹（專署代理秘書，係戰幹三團畢業生）、王昆祿（專署會計）、謝亞雲（副官）等，家眷亦隨行。

　　行政督察專員此一職務，為國民政府統一全國後，為彌補地方行政省縣兩級制之不足，在省以下實行分區制度後的產物。行政督察專員公署為省政府的輔助機關，省下轄區的保安司令一職，亦由行政督察專員兼任，其名稱定為某省某區行政督察專員兼區保安司令，擁有審核、統籌轄區內各縣行政工作計劃；審核轄區各縣地方預決算；處理轄區各縣爭議；執行省府交辦事宜；訂定單位法規及辦法；兼理軍法事務等權限。然這些權限說到底，僅為虛職而已（因為上有省，下有縣，夾在中間的行政層級很難發揮實際作用）。

　　鄂西時為抗戰之大後方，為日寇尚未插足之地，亦為陪都重慶之屏障。惟地瘠民貧，糧產不豐，交通閉塞，全區僅有兩條公路，其中南線通咸豐，與川湘公路相銜，兩旁皆為崇山峻嶺，北線通巴東，

與長江水運相銜接。且教育落後。第七區下轄恩施、巴東、來鳳、利川、建始、鶴峰、宣恩、咸豐八縣。

到任伊始，正值抗戰之戰略反攻階段，時軍事委員會與美國援華顧問團決定共同擴建位於鄂湘邊界之來鳳機場，以為盟軍飛機降落之用（戰時鄂西地區駐有美國空軍，其中來鳳機場內駐有美軍的運輸及地勤部隊）。除由美方出部分經費及技術外，其餘均由軍委會派遣技術人員組成修建工程處來實施，由於工期要求緊，需要甚多民工。來鳳屬七區轄區，我奉令乃召集屬下各縣縣長開會，布置各縣按鄉派徵，日夜趕工。後機場未及修竣，日寇即已投降。

我到任之前，即聽七區前專員彭曠高說，七區所屬咸豐縣代表地方勢力的縣臨時參議會與縣政府存在矛盾甚深。縣長陳文為人忠厚，由於缺乏地方行政經驗及得力助手，加之其非鄂籍，被人控告涉嫌貪污，縣參議會且將此事上報省臨時參議會（時議長為沈肇年）轉省府查辦，省府偵辦結果，認為貪污之說證據不足，陳聞後亦不服，指縣參議會為土豪劣紳、封建餘孽所把持。繼而引發該縣參議會議長徐某被拘事件。至是，某些所謂民意代表，不是化解矛盾，而是推波助瀾，於媒體廣為宣傳，並指我袒護陳氏。省府為息事寧人，安撫地方勢力，只有將陳撤職，遺職由我兼代，至新任李縣長到任止。事發後，一般輿論，議論紛紛。稱之為辦事愈多，控告愈多之典型事例也。

建設新鄂西設想

是年夏，美國在日本廣島及長崎先後投下兩枚原子彈，蘇聯亦遵守國際公約之決定，派兵進入東北，並擊潰了日本關東軍。日皇裕仁始下令無條件投降，抗戰勝利之日終於來臨。消息傳來，全國一片歡騰。時我適在鄂省戰時省府所在地恩施公幹。眼見施垣各處，爆竹聲

聲，不絕於耳，民眾載歌載舞，歡慶勝利。省府旋召開盛大之慶祝抗戰勝利大會，宣布不日將還治武昌，七區專署亦將遷恩施辦公。

不數日後，我於省幹訓團（高級班同學陳必晛任幹訓團教育長）會議室主持「第七區縣長會議」，召集屬下八縣縣長參加，計到：咸豐縣長李澄閒，宣恩縣長董中生，來鳳縣長劉瀛洲，鶴峰縣長魯堅，恩施縣長何清銘，建始縣長金重威，利川縣長蔣銘，巴東縣長張世愛，並邀王東原主席及各廳主管蒞會指導。會中，就抗戰勝利後七區之工作，包括：如何安定後方秩序、如何發展地方經濟、如何提高教育效能、如何促進地方自治諸問題，進行了討論。

在七區縣長會議中，各縣長踴躍發言，氣氛熱烈。並通過了《省府復員後第七區工作計劃大綱》，大綱內容包括上述四方面及臨時動議等凡五十二項。條分縷析，綱舉目張，無掛一漏萬之嫌，具革故鼎新之效。嗣後不久，下轄八縣，亦相繼制訂各縣施政計劃綱要，以配合一九四六年之「建設籌備年」，奠立新政強固基礎，一般輿論反映亦較好，譽之為鄂西一百七十萬父老昆季之幸也。

同期，發生了妻弟祁式潛（時任重慶花紗布管制局視察，後從事中共地下情報工作）遭重慶衛戍總司令部稽查處（軍統單位）拘捕事。一九四五年八月某日，我突接常州同鄉，時任重慶衛戍總司令部稽查處副處長張達電報，謂：「君之內弟祁樂陶云費鞏教授失蹤事為君所告，是否盼復。」突接電文，頗感蹊蹺，我與張達素昧平生，只是一九四三年前後在幾次常州旅渝同鄉之聚餐會中，方互知對方，然並無來往，張如何知道我與祁式潛的關係？再者，費鞏教授我亦不認識，更不知其失蹤內幕，亦從未與祁式潛談起，祁如何說是我告訴他的？經與內子分析，認為祁可能已被捕，而被捕原因可能與費鞏失蹤案有關，且祁認為以我之地位及關係，即便說了也不會有事，故推說是聽我講的，以應付詢問。我旋覆電張達，大意是說，關於費鞏教授失蹤案，我似與祁式潛講過。

電報發出不久，又迭接岳母（即祁的母親）自渝發來快函，證實祁已被捕，關在衛戍司令部稽查處，並說聽說此處有你的同鄉，望速至渝救他等語。我因當時公務纏身，不克分身，乃決定由我親致張達一函，由副官謝亞雲專程帶往重慶面呈，擔保祁無甚問題，請予以關照。謝副官抵渝見張達後，方知妻弟日前已由其岳丈居正保釋回家，一幕有驚無險的事，就此落幕。

在湖北省省政府於一九四五年九月還治武昌後，為確保鄂西地方治安（鄂西盜匪甚多），省府乃於十月設恩施辦事處，以省政府委員黃仲恂（前中訓團副教育長）任主任委員。同時，抗戰勝利後，原負責（恩）施巴（東）一帶治安防務之施巴警備司令部奉令裁撤，其所轄業務由第七區行政督察專員兼保安司令公署接辦。時值冬防期間，我乃就商於黃仲恂委員、師管區司令丁友松等，組織恩施軍政聯席會議，統一指揮附近駐防部隊，分區負責維持治安，軍政聯席會議由黃仲恂兼主任，我及丁友松兼副主任，具體事宜則由師管區及保安司令部人員負責辦理與實施，時保安副司令鄭某，系抗戰前軍校高教班畢業生，我教過他書，相處當好。

為考察鄂西鄉政及農村狀況，一九四五年十二月，我曾巡視各縣。時鄂西山地，交通不便，有些地方連公路都無，只有徒步前往，自恩施出發，南往宣恩，北至建始、巴東，及沿途各鄉鎮三裏店、野三關，茶店子等處，對發展農村經建，實行鄉政造產，辦理墾荒造林，種草畜牧各項事業，頗有感觸。回恩施後，即據考察所得，草成開發建設鄂西計劃，提出利用山區特產，發展經濟之構想，頗為當地人士所注意。此前，我曾主持過兩次第七區專署經建座談會，就鄂西水利、公路、電訊、運輸、林產等開發，請與會者提供計劃，並討論籌措經費問題。視察後，又成立了第七區農林協進會，以我兼任主任委員，各縣縣長兼任委員，具體辦理鄂西經建開發事務。

依據視察所得印象，鄂西諸縣，雖屬地瘠民貧，然經濟開發，前

途可觀。惟需因地制宜，充分利用山區特有之農林與畜牧二大事業，以奠定基礎。此外，尚需發展教育，開發人力資源。以上數點，加上考察所得數據，成《建設新鄂西的途徑》一書，其內容，我先於一九四六年元旦慶祝會上有扼要之說明，復提綱挈領發表於是日《新湖北日報》（鄂西版）上。嗣復在省府恩施辦事處的擴大紀念周上，向各界作專題說明報告。此發展經濟之構想，曾頗為當地有識之士重視，紛紛來電來函，建言獻策，《新湖北日報》（鄂西版）的「鄂西副刊」專欄，亦為此開展討論。經迭次修訂，又印行單行小冊出版，可惜未及實施，我即調離鄂西，引為憾事。

調任鄂南及援救楊顯東兄

一九四六年一月，我奉調鄂南一區，遺缺由于國楨繼任（于為前鄂省六區專員），行前，分別拜會施垣各機關人士，依依惜別，並於擴大紀念周報告建設鄂西計劃，以有計劃而未能實施，深表歉意。報告畢，各界鼓掌甚為熱烈，我亦甚感欣慰。

王東原緣何將我由鄂西山地調至魚米之鄉的鄂南？據高級班同學，省府秘書長王原一事後語我，王東原認為我文化程度雖高，但不懂軍事，而鄂西匪患嚴重，故不盡適宜，乃調往治安較平穩之一區。

是年二月底，我攜眷先自恩施乘車至長江邊之巴東，由此租用兩條民用木船，溯江東下，沿途三峽風光，盡收眼底。途中與某客輪相遇，客輪濺起之浪，險將小船掀翻，隨行衛士見狀，乃對空鳴槍示警，大船始停下，待我等通過後，復開行，甚為驚險。船抵宜昌，復換乘盧作孚民生公司的「民勤」號客輪，直達武漢。去省府拜謁王東原主席後，轉乘火車沿粵漢路南下，不數小時，即抵專署所在地咸寧（抗戰前，第一區專署駐地為蒲圻縣，抗戰勝利後移駐咸寧。）。專署設咸寧官埠橋，專員官邸為昔之日本人的一個旅團部，後來，屋前

屋後曾挖掘出不少人的骷髏，大多為我遇難同胞，由此亦可見抗戰中日人的殘暴無道。

一區位於鄂東南，係魚米之鄉，河流眾多。與七區相比，交通便利，離省會武漢亦很近，下轄咸寧、武昌、漢陽、大冶、鄂城、陽新、蒲圻、崇陽、嘉魚、通城、通山十一縣。

到任之初，鄂南蒲（圻）咸（寧）嘉（魚）發生災情，以蒲圻最重，其原因為去歲糧食歉收，顆粒無收，民眾生活艱苦，甚至以食樹皮草根為生。我經視察蒲圻災後街市後，即召集各縣長座談，切實組織救濟，並親赴省申調救濟糧，以解燃眉之急。

不久，發生了楊顯東兄被控案。

楊顯東，湖北人，留美習農業，為重慶時代中國行政管理學會發起人之一。一九四六年春，楊以行政院善後救濟總署湖北分署副署長（署長由湖北省政府委員周蒼柏兼）身份，調撥了大量救濟物資給受圍困的李先念等領導之中共中原解放軍部隊，使之得以突破封鎖，安全轉移。時雖在抗戰勝利不久，然國共內戰局部地區重又爆發。顯東兄之舉後遭人檢控，云其「貪污瀆職」，且「勾結共黨，危害政府」。新聞媒體對此事亦大加抨擊。為此，湖北高等法院檢察署對其下達了拘票，令將其收押。楊與我素友善，其妻湯漢清找到我，希我設法救其夫君。恰時任湖北高等法院首席檢察官毛家騏為我昔之南京中央軍校同事，在軍校高級班，我教中國經濟問題，毛教法學通論，時相過從。我即去見毛，力保楊非共產黨，並允將毛介紹給居正及王東原為條件（因毛想做湖北高等法院院長，苦於無人推薦），毛大悅，旋當我面，將捕顯東兄之拘票撕毀，說：「清塵兄，看在你的面子上！」我當表謝意，從而使其得以幸免於難。後來，我每次赴漢口，楊必來看我，與我分析時局，還介紹周蒼柏與我相識。楊還熱情邀我就「行總」鄂分署的專員兼武漢辦事處主任，我因東歸心切，未能應諾老友。

一九四九年後，我與顯東兄在北京重逢，他（時任中央人民政府農業部副部長）對我說，當時在漢口他是奉了中共董必武、李先念、王震的面示而辦救濟事宜的。此事經過他已寫在其入黨報告中（顯東兄於一九五六年加入中共），並對我再次表示感謝。

萬耀煌主鄂以後

一九四六年四月末，王東原調主湘政。五月，萬耀煌接任湖北省政府主席，以體現所謂「鄂人治鄂」。萬氏，湖北人，曾任陸軍大學教育長多年，調主鄂政前，為成都中央軍校教育長。為人很爽直，但喜擺架子，故在重慶陸大任教育長時，有人送他一副對聯，上聯：「耀武揚威前呼後擁三區馬」，下聯：「煌煌萬言東拉西扯一團糟」，橫額：「萬惡滔天」。首字合起來即萬耀煌三字，以諷其好大喜功，內容接近事實，唯諷刺過甚了。萬氏接任之初，即赴鄂南各縣視察災情，我以專員身份陪同，盡了地主之誼，交談甚洽。後在鄂省行政會議開會期間，萬曾提我為省政府委員，因省籍關係，與鄂省地方勢力之標榜相左，致以未果。

我對經濟素有興趣，在鄂西時，有計劃而未能實施，深以為憾。此次來鄂南，亦曾赴各縣鄉視察。某次在赴蒲圻考察中，發現該地有一質量很好的露天煤田，煤層淺，極易開採，我乃呈報省建設廳，請准予核辦。惟建設廳長譚嶽泉認為由公家來辦此事不合適（實際是怕負責任）。後經與朋友程煜（程潛之姪，時為長江實業公司董事長）、熊東皋、宋漱石（皆中訓團高級班同學）等商議，眾均主張組建股份公司開採。旋由他們約集多人入股投資，並推程煜為董事長，我因公務員身份，不便入股，但仍被邀作名譽董事之一。公司成立後，曾作適度規模開採。規模雖小，但營利甚豐。

一九四六年九月，為父親七十壽辰。我攜妻鞏華、長子龜年同返

故里常州，為之祝壽。自一九三七年抗日軍興，離別江南後，在外已屆十載，見到父親及繼母身體康健如常，甚感欣慰。三弟沈霞飛（時任江蘇省崑山縣長）攜弟婦春波及子女六人，四弟沈祥霖（時任職無錫某工程處）攜弟婦海波及尚在襁褓中的建國侄亦同往，闔家團敘。祖孫三代計十七人同列一堂，在沈家歷史上，亦堪稱為盛況空前了。

我任一區專員期間，幾乎每月要前往武漢公幹。一九四六年五月，高級班同學楊錦昱任新設置之武昌市長，楊及其太太熱情好客，常邀在漢之高級班同學熊東臯、宋漱石、吳嵩慶、劉公武、王原一、吳景新、侯雨民諸兄聚餐，我如在漢，必來相邀，互敘情誼，互通聲氣。

萬耀煌主鄂後，開過數次省行政會議，以「促進縣政復員，接收人心」為議題。一九四七年二月中復於省垣武昌省幹訓團禮堂召集一、二、三區行政會議，議題為檢討去年工作，交流今年計劃。會期一周，除開閉幕式外，共舉行了六次大會。計到三地區專員及轄下三十二縣縣長。鄂省黨部主委袁雍、新任省參議會會長何雪竹、副議長習文德及省府各廳主管亦到場。萬耀煌任大會主席，省府鄧翔海秘書長任大會秘書長。萬致詞後，即由各專員做工作報告，時二、三兩區位於鄂東、鄂北，治安問題突出，其專員蔡文宿和彭曠高係軍人出身，其報告中多談軍事問題。一位國民黨第六屆中央委員，在抗戰時被中共方面以「摩擦將軍」稱之的黃岡縣長朱懷冰，亦在發言中大談所謂的縣長事權「軍政合一」問題。獨我於報告中，談及行政效率問題：格於省縣兩級制限制，專員公署僅為省府之輔助機關，而非地方行政層級，故行政督察專員對各縣只有監督權而無直接指揮權（各縣縣長均由省民政廳委派，縣府之財政、建設、教育諸局又各由其主管廳直接掌握），政出多門，政令繁複為行政效率低下的根本原因，此乃省政制度之一大缺陷也。一語既出，震驚四座。會後，萬耀煜曾約我談話，囑寫出報告以作為省政革新之參改。

三區行政會議期間，前軍委會南嶽游幹班畢業留漢同學陳疇、李鐵生、胡武、黃俊球、鄭介民、梁尚賢、王一鷗等，得知我及劉嘉樹（前游幹班教育處長）、彭曠高（前游幹班軍事教官，後任西南游幹班教育處長）等適在漢，乃函邀吾等參加其之春季聚餐會。在漢口青年館內舉行，師生重聚，氣氛熱烈。這些同學的名字我大都叫不出，因我在游幹班時間甚短，只在紀念周上，作過幾次報告，惟他們都記得我，以沈老師相稱，蓋乃儒家之尊師重道精神體現也。

我赴常州省親之際，便途經南京時，曾去拜訪行政管理學會的朋友，時任社會部福利司長之張鴻鈞兄，遂有東歸之意。一則，地方行政工作，阻力頗大，做事愈多，控告愈多。地方主管，任期無一，故雖有計劃，無法執行。二則，我年已近半百，且身體不好，十年漂泊在外，也該有個歸宿了，加上子女教育諸問題。故張語我，他處由於幫辦王某長期病假，無法前來上班，兄是否可先屈任時，我當表同意。旋由張向社會部長谷正綱請示，谷見我係中訓團高級班一期出身，立即同意，隨即以社會部名義兩次函商湖北省政府，省府始同意放人。

一九四七年七月，我攜眷自武漢啟程東歸。楊顯東兄通過善後救濟總署的關係，為我們聯繫了一艘美軍的登陸艦，一行沿長江，順流東下，終於回到了闊別十載的南京。

社會部及其同仁

一九四七年夏，我回到闊別十年的南京，任社會部社會行政計劃委員兼社會福利司幫辦（副司長，敘簡任四級）。主要工作是協助司長張鴻鈞兄辦理各項社會福利之設計與推廣事宜。至翌年初，行政院通過新的《社會部組織法》，社會部增設社會救濟司，我轉任該司司長（簡任三級），主持全國難民救濟事務。是年底，新任南京市長

滕杰邀我擔任京市社會局長（階級與司長同），主要工作仍為社會救濟。計從事社會福利及救濟工作近兩年。

國民政府社會部為全國最高社會行政事務機關，其前身為國民黨中央民眾訓練部。抗戰之初，經臨全大會議決，易名社會部，仍隸屬中央執行委員會。至一九四〇年冬，黨之社會部裁撤，另於行政院下設社會部，主管全國社會運動、民眾組訓、社會福利與救濟、合作事業、人力動員、工礦檢查等項業務工作。其中，民眾組訓和社會福利與救濟為其主要的兩大職能。故行政院社會部組織訓練司人員大多為黨之社會部所移下，而社會福利司人員則有行政院賑濟委員會的，亦有內政部民政司的（在張鴻鈞當司長時，亦有少量的鄉建派成員）。至一九四八年，行政院善後救濟總署（賑濟委員會後身）裁撤，社會福利司又一分為二，分別成立社會福利司和社會救濟司。

由於社會部與黨方的歷史淵源關係，故在二陳（陳果夫、陳立夫）兄弟主持中央組織部時代，所有社會部介紹出去擔任各省市社會處長或局長者，大都要經過組織部同意，有些還係組織部派遣的。故其後，人們咸稱社會部為CC系的大本營，稱社會部的中層幹部及各省市社會處長為CC份子。到了「文化大革命」中，更有人將社會部與中國共產黨中央社會部（由康生主持，負情報職能）之職能相類比，指其為「特務機關」，並將在其中工作過的人員說成是「國民黨特務」，追本溯源，CC系的影響恐為主要原因。

其實，這只是情況的一個方面，許多方面亦不儘然。據我所知，各省的社會處長中，有些與黨方無緣，如廣東的社會處長有一個時期由余漢謀的秘書擔任。廣西、雲南等省的社會處長亦由當地主管所舉薦。一九四八年，湖南省社會處長，乃由張軫司令部的少將參議謝某擔任，安徽省社會處長范某，曾任顧祝同秘書，後任社會部計劃委員，均與CC無涉。

各省設社會處，乃行政院社會部成立後所設。至於各特別市（即

行政院直轄市）的社會局，則早於一九二八年國民政府統一全國以後即已存在，它的局長人選，依例均由該院轄市市長推薦任用（上海似為例外），亦無黨方的關係。

我到社會部時，部內主管及機構：部長谷正綱，是首任部長，亦為末任部長。谷氏留學德、蘇等國，原係汪系改組派，又與CC系較睦（後與二陳兄弟不對）。一九三五年十一月，與其長兄正倫、季弟正鼎一起當選國民黨第五屆中央委員，媒體有「谷氏三兄弟，一門三中委」之譽。後為蔣所拔擢，故頗忠於蔣。一九四九年初，蔣氏下野故里，以李宗任代總統。谷與蔣同進退，辭去部長職務，由次長黃伯度代理部務。谷氏為人操守廉正，且勇於任事。谷夫人王氏亦為賢妻良母型女子，從不拋頭露面，與後為南京市長滕杰的夫人戴氏，不可同日而語也。

部長之下，次長有黃伯度（黃為前行政院賑濟委員會常務委員，係賑濟委員長許世英的助手）、洪蘭友（CC系主幹，後調職，由賀衷寒繼任）、賀衷寒（前社會部勞動局長，係黃埔系政工元老，因鋒芒太露，致失寵於蔣，貶至社會部）。賀並不熟悉勞動業務，故有人作聯諷刺他，上聯：勞而無功，下聯：動輒得咎，橫批：如何了局。其與部長谷正綱不對，所以很少來部辦公。參事有黃夢飛（安徽人，一九四九年後曾任安徽省政協委員）、鄭若谷，及主任秘書楊放等人，均為前改組派成員。統計長為汪龍。下設各司中，社會福利司司長張鴻鈞係行政管理學會發起人之一，河北人，畢業於燕京大學社會學系，受校長司徒雷登所愛，曾為燕大學生會長，也是鄉建派重要成員，曾於河北定縣輔佐晏陽初從事以平民教育為內容的鄉村建設實踐，與我甚熟。一九四九年夏，赴美國紐約聯合國工作。司內職員，除我為幫辦外，還有王金標（科長）、李艮、竇季良（均為科員）等。組織訓練司司長先為陸京士，後為曹沛滋。總務司司長為黃埔學生楊某。黃埔學生在社會部組訓司工作，可謂鳳毛麟角（社會部之

重要職位成員，大部屬於黨方──即陳氏兄弟之CC成員擔任，陳立夫亦曾為黨之社會部的首任部長）。其他同仁，記憶所及者有陳仲明（一九四九年後任上海財經學院教授）、萬錫九、張翼鴻、劉昆祥、趙天宇等，或為專員，或為科長。時社會保險業務亦歸社會部辦理，設有社會保險局籌備處，以張永懋為主任。

社會福利司幫辦任上

　　社會福利司在社會部中，為最大之業務部門，工作至繁且複。其業務範圍如下：（一）促進社會力量辦理社會福利事業；（二）加強社會救濟事業；包括實施社會救濟法之款項，繼續建立救濟制度，督促改善並增設救濟設施，以加強抗日家屬遺孤老弱殘疾之救濟，整理救濟事業產業並寬籌救濟經費，充實並增設直屬救濟設施，試辦家庭救濟，實施醫療救濟，續辦冬令救濟及失業救濟等諸項。（三）實施兒童福利；包括兒童法立法程序之完成，試辦家庭寄養制度及家庭補助，督導獎助地方政府及社會團體改善充實現有育幼院所，辦理新的兒童福利站所及增設托兒所，調整充實部各直屬幼院所，增擴兒童福利實驗區（原僅有南京兒童福利實驗區一所），實驗並改善特殊兒童輔導設施，擴展棄嬰保護及抗屬遺孤救濟，推廣貧病兒童免費醫療等。（四）推展社會服務事業；包括調整並改進社會服務設施，充實直屬社會服務處，增設九江、臺北、長春、瀋陽四城市社會服務處等。（五）推廣職業介紹；包括擬就國民就業法，制訂職業介紹標準及辦法，督導改進並增設公私職業介紹設施，充實調整並籌設京、滬、渝、漢、津等大城市之直屬職業介紹所，創辦榮譽軍人就業輔導。（六）推進工人農民福利；包括推進勞工福利，設置規範工人福利社，推廣農民福利，辦理國際勞工工作，設立亞洲勞工會議籌備委員會機構。（七）推行各地工礦檢查；（八）實施社會保險。其中後

兩項具體工作雖由新成立之工礦檢查處及社會保險局承辦，仍由福利司督導。我在任社會福利司幫辦期間，主要參與了其中兒童福利之設計與調查推廣工作。期間，曾赴各地育幼院視察，時李宗仁夫人郭德潔女士擔任某育幼院長，該院設施堪稱一流，惟郭仍不滿足，來部訪見，要求增撥經費。這是我與郭氏初次見面，她性格直爽，快人快語，聞其夫君受其影響不小（李宗仁與孫科競選副總統中，李夫人作用發揮得淋漓盡致，而孫科夫人簡直無法與其相比，加上其他原因，孫終敗北）。同期，留法同學毛慶祥、傅國韶的二位夫人，亦在南京開辦了一所育幼院，規模甚大。亦請我前往視察，目的也是向社會部申請經費。

此外，我也做了部分屬於社會救濟範圍的工作，如視察了南京市傷殘重建院（該院「為傷殘人員獲得身心治療並恢復其生產技能與健全之生活」而設），並據該院實際情況，及要求增撥經費之報告，建議批准增撥經費，以使更多的傷殘人士得到照顧。在一九四七年秋視察徐州社會部所屬育幼院期間，還經歷了一段插曲：辦完公事，我訪見前南京軍校政訓處長滕杰，互敘別後之況。時滕在顧祝同下任陸軍總司令部（設徐州）秘書長，兼中央訓練團徐州分團教育長（分團主任由顧祝同兼）。當我談及日前於社會部從事兒童福利工作之時，滕謂：「兄之專長，非此等機械單調工作，而為宣傳長才，若兄有意，我薦兄來此任陸總徐州司令部政工處長，如何？」我無意就斯職，因我深知，此一時非彼一時，徐州今已為國共內戰之前沿，若就是職，就需直接與中共方面為敵，此非我願也。但滕係我多年朋友，不好當面回絕。我乃謂：「容我考慮。」次日，滕還引我見顧祝同於其司令部內，顧亦表示同意發表我任斯職，待我允諾後即報國防部政工局（局長鄧文儀）備案。

我返回南京後，即致函滕氏，推說社部工作繁忙（亦係事實），無法辭職，故不能來徐就職，希請鑒諒，云云。後來聽說，滕氏複薦

吳一舟（安徽人，滕杰親信，滕任徐州綏靖公署政治部主任時的主任秘書）擔任斯職。時陸總徐州司令部已易名徐州「剿總」，以劉峙為總司令，更與中國人民解放軍三野部隊直接對峙，後來在徐蚌（淮海）會戰中，該「剿總」部隊被解放軍打敗，死傷無計。

轉任社會救濟司長

《禮運‧王制篇》有云：「少而無父者謂之孤，老而無子者謂之獨，老而無妻者謂之矜，老而無夫者謂之寡。」這裏所謂「孤、獨、矜、寡」四者，即為社會救濟實施之基本對象。而進入近代社會以來，其範圍更有所擴大，幾遍及於全體民眾。至於從事該項工作人員之訓練，事業組織之嚴密，調查制度之完備，更臻完備。救濟方法亦更趨靈活，包括：留養救濟（設置安老所、育幼院、傷殘重建院、習藝所等機構，以留養鰥孤獨孤者）、現金救濟（給予或無息、低息之借貸）、實物救濟（粥廠之開辦，及衣食物品之發放）、醫療救濟（免費醫療）、住宅救濟（興建平民住宅或宿舍，免費或廉價供平民居住）、職業介紹（辦理職業介紹所，為無業或失業提供就業機會）等。

國民政府成立以來，為辦理救濟事業，曾頒布有多項救濟法規（如《地方救濟院規則》、《監督慈善團體法》、《非常時期救濟難民辦法大綱》等），設置了不少規模不一的救濟院（如重慶實驗救濟院及其後的首都實驗救濟院等），均取得了一定成效。而是項工作之籌備規劃，於全國而言，則由社會部統一辦理，於地方言，則由各省社會處（科），及院轄市社會局辦理。

我到社會部時，國內局勢變化極大：國共內戰重開，烽火遍及東北、西北、山東一帶。難民問題，日顯突出。時行政院善後救濟總署即將結束，該署之救濟業務將移交社會部辦理。故來部未及半載，

社會福利司即一分為二，分設社會救濟司與社會服務司。依張鴻鈞本意，擬兼長二司司務，未被部務會議通過。嗣經谷正綱部長提名，而以我先行代理社會救濟司長職。這樣，我又做了一年救濟司長，主持全國難民救濟工作。至一九四八年底，南京市長滕杰邀我就任京市社會局長，方克卸任。

新設之社會救濟司職掌範圍主要有：社會救濟事業之實驗及推行、救濟設施之登記指導與考核獎勵、災難救濟之實施、國際救濟之合作與聯繫、其他社會救濟事項等。

我就任後，首先會同司內同仁，擬定工作計劃，並制定分月實施進度表，以資參照。

依照救濟工作計劃中推進經常救濟、加強難民救濟、配合國際救濟之原則。我在任期間，主要做了如下工作：（一）呈請聯合國善後救濟總署及行政院美援會，增撥大量救濟物資，以應急需。（二）改進首都實驗救濟院及南京傷殘重建院工作，包括增築院舍及其他設備，擴大收容人數。（三）遷移青島等地過境難民赴江西屯墾。此為社會部長谷正綱交代之任務，為辦理此事，我轉請胡軌主持之國防部青年服務隊協助辦理難民的編隊組織，得以完成。（四）於難民集中區，增設救濟站及粥廠。當時各地難民至南京者甚多，並以各地旅京同鄉會名義申請救濟，原有設施不敷應用，極須擴大。（五）奉令辦理空投救濟物資，給予徐蚌（淮海）會戰中被圍困的杜聿明部隊及其周圍民眾。

除此之外，為難民救濟工作，我還親赴各省視察與調查。我在河南省各地，自東而西：開封、鄭州、洛陽及所屬各區，沿途所至，見到土地荒蕪，民眾流離失所，幼兒嗷嗷待哺，慘不忍睹，皆戰爭使然也。復至江蘇各地及浙江省，具體瞭解難民情況，以便如實核撥救濟款及救濟物資。所到之處，地方主管招待備至，究其因，實均想為己轄區多爭得一點救濟款物也。在浙江省會杭州，省主席（時為

沈鴻烈）親自主持招待會，並介紹有關各廳主管相見。兩位擔任浙省政府委員的中訓團高級班同學貢沛誠與陳惕廬，還專程至我下榻處新新旅館探視，交談甚歡。陳貢兩氏，當時似為一反蔣小團體成員，後來，貢在杭州策動陳儀，陳在上海策動兵運。老友阮毅成任浙省民政廳長，多年不見，於此相晤，感慨萬千！阮氏復以地主、朋友之誼，陪我遊了西湖。並請留法同學，時任國立藝專校長的汪日章作陪。舟泊花港蔣莊，我謁錢逸塵老師於其寓（時錢師受聘任國立藝專國文教員），錢師見昔年學生來訪，十分高興，當場作詩贈我，並款以龍井新茶。此為與錢師最後一面，不久，他即隨其女、婿（即毅成兄）去了臺灣。這是我第一次至杭州（憶北伐時，我隨二軍六師擦浙西之境而入皖南，未及赴杭州），西湖風景秀麗，令人難忘。惟與市面蕭條之狀，形成鮮明對照。十年後，我復來杭州，且一住三十年，亦為半個杭人了。遊途中，與毅成兄談及時局，均不勝唏噓，國家殘破至此，實為最高當政者政令失誤，一誤再誤之所為也。阮氏並語我，新一輪省政府將產生，他亦將辭去已任十載之民政廳長，回學校去教書，並說杜偉兄（行政管理學會同仁，浙江人）繼任。嗣不久，果見報載，陳儀繼任浙省主席，發表杜偉為民政廳長。

我任救濟司長期間，正值國共內戰日趨激烈之際。國民黨政府為挽救危亡，通過國民大會，制定所謂《動員戡亂時期臨時條款》及一系列與之適應的法案。中共方面，則以推翻國民黨政府為己任。各派政治力量，亦於此危急存亡之秋，不斷分化與改組，以適應飛速發展的時局。

期間，還有一事可以敘述：朱學範先生為「恆社」發起人之一，是時朱以中國勞動協會理事長身份在赴歐期間，宣傳反蔣（朱時似已加入「民革」），社會部在某次部務會議中，由部長谷正綱提議建議政府飭令外交機構，吊銷朱之護照，並電令駐歐機構監視朱之行動，

嗣由部務會議通過決議。後朱擺脫了監視，去了中共解放區。中華人民共和國成立後，朱任郵電部長多年。我參加了是次部務會議，故知其經過，如實寫出，以為歷史參考。

稷社等團體的聯誼活動

一九四八年四月五日，為戊子年清明節，亦為軍事委員會戰時工作幹部訓練團組建十周年。又適逢在南京召開第一屆行憲國民大會，各方人士，聚集首都。經戰幹團留京同學倡議，於是日集會京市青年部，舉行聯歡。會場氣氛熱烈，在為陣亡團員默哀後，各界團友紛紛發言，暢述友情，情景至為感人。會後聚餐，並全體合影留念，參加者估計約近千人，我亦應邀出席。惟是次集會後，局勢更行惡化，同學師生之間相約在戰幹團成立十五年二十年到來之際，再行聚會之議，已成不可實現之空想了。

抗戰勝利，全國復員。我為發起人之一的中國行政管理學會（即稷社）團體同仁，亦自陪都復員京滬兩地。自一九四七年起開始積極活動。會員由最初的十幾人，發展到七十多人，囊括了除青年黨外的一些各界各派人士，主要有：

于永滋	王竹尊	王慕尊	王性堯	方 東	杜 偉	江人龍
姜書閣	汪祖華	吳 椿	李文杰	李 蒸	李宗義	李慶麐	李秉德
喬啟明	李安宅	馬博廠	馬樹禮	楊玉清	楊開道	楊顯東	查良鑒
周從政	林希謙	沈清塵	姚曾廙	張鴻鈞	張慕聃	張大同	伍純武
徐淵若	劉平江	劉井西	劉維漢	富伯平	徐晴嵐	徐雍舜	陳柏心
鄒靜陶	谷春帆	張敬禮	孫濂泉	鄭通和	俞慶棠	熊 芷	梁耀祖
黃正銘	盛 瑜	曾大鈞	梁伯高	孔大充	葛克信	童潤之	蔣旨昂
鄂 森	高柳橋	冷 通	陸麟勛	項昌權	錢乃信	錢宗起	曾啟新
錢納水	韓聞病	倪征㶉	王艮仲	孟雲橋	程 式	戴克光	蕭雨清

會員以政、經、商界人士為主，亦有大學教授。如于永滋（樹德）為監察委員，李蒸為三青團副書記長，馬樹禮為上海前線日報社長，查良鑒為上海地方法院院長，富伯平、錢乃信為行政院參事，王慕尊（白雲）為國立政治大學教授，王竹尊為桂林交通銀行經理，吳椿為國民政府簡任秘書，林希謙為南昌中正大學法學院長，姚曾廣為財政部視察室主任，鄭通和為善後救濟總署江蘇分署署長，盛瑜（子瑾）為中美實業公司總經理，李文杰為上海市參議員，徐晴嵐為吉林省建設廳長，谷春帆為儲金匯業局長，汪祖華為南京市民政局長，高柳橋為江蘇省立教育學院教授，李慶譽為立法委員，韓聞痀為江蘇銀行無錫分行經理，張慕聘為交通銀行專員，還有兩位名字記不得了，一位由張鴻鈞介紹的任社會部顧問的河北人，另一位由馬博厂介紹的任東北行轅參諮室主任的湖南人。會員中，以原鄉建派、政學系、CC成員較多，也有少量原黃埔係成員。燕京、金陵等教會大學及留美出身者亦較多，唯一的女性會員可能是俞慶棠先生，俞是江蘇太倉人，為太倉名士唐文治長媳，美國留學生，民眾教育家。

會員中南京會友集會，有多次在我寓八府塘傅家菜園十七號內舉行。如第三次會員大會、第三次幹事會及在京會員、第八次幹事會等。在第三次同仁大會中，推定馬博厂、富伯平、汪祖華、姚曾廣及我等五人為幹事，並推馬博厂兄為總幹事。其餘幹事分工：文書幹事汪祖華，事務幹事姚曾廣，組織幹事富伯平，財務幹事沈清塵。並議決在各地設聯絡員，以推動各地會友工作。上海方面會友聯絡由馬樹禮兄負責（馬時為上海《前線日報》社長），無錫方面由劉井西兄負責，鎮江方面由劉平江兄負責，武漢方面由楊顯東兄負責。復於學會中設立理論研究委員會，以會友楊玉清、張鴻鈞、王慕尊、李宗義、李慶譽為委員，並任李慶譽兄為召集人。在其後的幹事會及在南京會員大會中，又增設計劃委員會及財務委員會，推富伯平、鄭通和、楊玉清、韓聞痀、劉平江、王良仲及我為委員，並以富伯平兄為

召集人。計劃委員會的任務有二：一是提供意見與建議給本會會員所從事之業務，二是為本會發展方向提供設計。財務委員會由會員孔大充、劉井西、王艮仲、李文杰、馬樹禮、張慕聃、王竹尊及學會幹事組成，參加者均為對團體捐款多多益善且熱心會務者，記得馬樹禮兄獨捐助資金法幣五千萬元，精神至為感佩。馬兄為人耿直，直言不二。一九四八年秋，某次同仁集會，在南京我寓舉行，議題為時局及個人出路問題。時遼瀋戰役已開始，國民黨軍戰勢失利，政府實行所謂「幣制改革」，發行金圓券，導致物價飛漲，民不聊生。與會會員對前途俱感失望，認為維持不了很久了，政權之轉移已為可預見之現實。談及個人打算，多數會員主張留在大陸，靜觀時局發展，再作計議。獨馬樹禮發言，說若政權易手，他則一定離開大陸，態度堅決。眾人復問其具體行動，他答稱，準備去南洋辦報（馬為南洋華僑），後其果去了印度尼西亞。另外，王竹尊及富伯平亦準備離開大陸，另圖發展，後王至香港，任職交通銀行，富則往臺灣，執律師業。

在上海之團體會員集會，由王艮仲兄負責，王拿出七根金條，頂下了滬上陝西南路某號亞爾培公寓某樓，作為會友集會場所。時在滬會員有冷遹、馬博厂、孔大充、劉平江、方東、王艮仲、李文杰、楊顯東、葛克信、鄂森、高柳橋、戴克光（江陰要塞司令戴戎光之弟）、劉井西、王白雲、徐雍舜、張敬禮、倪征燠等，還有非會員的董贊堯（江蘇省建設廳長），我如在滬，亦到會參加。王艮仲兄時設計鄉村建設計劃，於其故里江蘇南匯辦有「鄉村建設實驗區」，並於滬上創辦建設銀行，發行《中國建設》雜志，頗有改革政治之抱負。會中，乃由艮仲兄將其已行及未行計劃，報告諸位同仁。惟時局動蕩，計劃雖好，無法實施，紙上談兵而已。會中滬上同仁亦談及時局及個人去留問題，俱不主張再走，做流浪者。但對究竟作何計劃，多數人亦心中無數。惟與會之楊顯東、高柳橋兩兄似與中共方面早有聯繫，言談舉止之間，顯得成竹在胸，躊躇滿志，與其他會友頗為不

同。時會員張敬禮（江蘇南通大生紗廠董事長，張謇之侄）原擬將其實業遷至香港發展，為馬博廠、冷遹等兄勸阻後，留在國內。張在建國後任全國政協委員、江蘇省政協副主席。對於學會人事，會友咸主張暫停發展會員，俟時局穩定後，再行計議。

一九四九年以後，局勢丕變，部分會友去了臺灣和海外（張鴻鈞、富伯平、王竹尊、馬樹禮、李慶麐、汪祖華、查良鑒、徐晴嵐、鄭通和、黃正銘、錢納水等），其餘仍居大陸。上海解放後的一九四九年六月，學會同仁於亞爾培公寓集會，討論學會存廢問題，當即決定派會友王艮仲、李文杰兩兄至上海市人民政府有關部門請示能否予以立案，作為一個民主黨派存在。同時，因楊顯東兄將赴北京，亦請其就近就學會問題請示中共中央有關方面。後經有關方面研究，認為行政管理學會成員複雜，（確實如此），不宜作為單獨團體立案，但各會員可以個人身份加入其他民主黨派，王、李兩兄嗣向在滬會友傳達上級此一意見，經與會者同意，學會旋予以結束。後來，孔大充、李文杰、冷遹、張敬禮等加入了民建，楊玉清、谷春帆、于樹德、李蒸等加入了民革，馬博廠加入了民盟，只有楊顯東加入了中共。

同期，成立於重慶之中訓團黨政高級班同學會——國父實業計劃研究分會，亦於抗戰勝利後遷南京，設會址於大行宮，定期召集同學聚會。時在京同學甚多，互相間亦輪流做東，於各自寓所或其他場合（如飯店）舉行小規模的集會。某日，同學劉公武自湖南來京公幹，由我做東在寓請吃飯。並邀同學莊智煥、季源博、陳必睍、劉承漢、汪祖華、程式、程厚之、唐際青、谷鳳翔、韓梅嶺等參加，濟濟一堂。席間，有同學某發言，慷慨激昂，認為在此時局動盪之際，我們高級班同學彼此應加強聯繫，並使之成為一種「核心」力量，方不負團長（蔣介石）的「期望」。惟多數同學間最關心的仍為時局變化，及個人前途問題。唐際青同學（湖南武岡人）在中央社任編輯部主任，應屬消息靈通者，故各同學均圍著他問長問短，唐雙手一攤，謂

時局變幻莫測，他亦無確切消息可以奉告。其實，所謂消息，亦僅為未經證實的傳聞而已。對於個人出路，各人眾說紛紜，莫衷一是。與行政管理學會諸會友不同的是，高級班同學大多與黃埔、CC有較深的淵源，故三十六計，走為上策者居很大部分，後來多數同學均去了臺灣或海外。

第十章　歷史的轉折關頭

我做了末任南京市社會局局長

　　我對時局的看法，自徐蚌（淮海）會戰結束以後，即認定國民黨非失敗不可。其原因，在於抗戰勝利以來，官吏貪污腐化，以權謀私，接收大員「五子登科」，大發橫財。其程度，甚於北洋軍閥時期和日偽時代。所作所為，已完全喪失民心。政治、經濟、軍事，方方面面，俱告失敗。有三民主義之名，無三民主義之實。而中國共產黨奉行新民主主義方策，確為一股新興力量。

　　一九四八年十二月，行政院孫科新閣組成，為抗戰後期與戰後，自宋子文、張群、翁文灝後的第四個內閣。旋南京市政府亦將改組，時任南京市黨部主委的滕杰將繼沈怡之後，出任南京市長。在滕籌備市府組成人員期間，曾邀我赴其寓相商，希望我參加市府工作。滕對我說：「兄隨我多年，在此非常時期，望兄助我一臂之力，共渡難關。」復謂：「現有兩個職位，請兄考慮，一為市府秘書長，一為社會局長，擇一而就，如何？」我當時內心很猶豫，從時局來看，遼瀋、徐蚌會戰已告結束，平津會戰正在展開，前兩次會戰均以國民黨軍失敗而告終，後一會戰前景亦十分不妙，有錢的達貴官人及其眷屬，早已收拾細軟，南下逃亡。金元券發行造成的財政失敗，足以顯示政府的無能。若就斯職，無論天時、地利、人和均為下策。惟滕杰是我多年的朋友、上司，我們相交尚好，他今誠意相邀，我若力拒，亦非妥當之策。於是我乃對滕說，容我考慮，隔數日再予答覆。

回家後將此事告之內人，她在這點上確清醒於我。對我說，此事非同小可，非徵求一下至親者意見不可，又說，九弟（即妻弟祁式潘）現在滬，何不就近徵求他的意見？我認為很對，旋於當晚即乘京滬快車抵滬，找到妻弟，將此事告知，並問如何辦理？妻弟考慮一下，答覆我說：「這個工作不在於可否做，而在於如何做？做得好，姐夫還可以做市長！」時妻弟在吳克堅的領導下，從事中共地下情報工作，並負相當責任。上海解放後，才知道他是吳克堅之下地下黨的副書記，（其公開身份為上海中央銀行稽查）。我理解他說此話之意，是讓我「身在曹營心在漢」，為自己的今後，留一條後路。我即問他，你這說法可否代表中共團體，他答稱可以。我說：「請即轉知南京中共地下負責同志與我聯繫。」他亦滿口答應下來。

　　回南京後，我即答覆滕杰：「如兄不棄，我願就社會局長職，因我已在社會部工作一年半，其工作可以駕輕就熟。」滕稱謝。事後滕告訴我，當初為何讓我二擇一之因：原來，南京市社會局長一職，社會部長谷正綱曾屬意讓高級班同學曹沛滋（社會部組訓司長）擔任，向滕推薦。滕不願接受，惟當面不好回絕，對谷說考慮。在我允就後，滕才答覆谷，謂人選已定。谷見亦為社會部同仁擔任斯職，自然無話可說。事後，為安撫曹沛滋，發表曹任青島市社會局長。至上海解放前，又繼吳開先任上海市社會局長。

　　抗戰期間社會部成立後，國民政府行政院議決，在省設社會處。故蘇、浙、贛、鄂、川、閩、粵、滇、黔、隴、陝、桂、豫、皖、冀、晉、湘、隴、青、新、遼、吉等省均設有社會處機構。

　　而南京市社會局，在國民政府定都金陵後，即已設立（其他如上海、北平、重慶、天津、青島、哈爾濱等行政院直轄市亦設有社會局）在我之前，歷任局長有八位，依次為：鄧剛、黃曾樾、李捷才、馬洗繁、王崇植、李德新、陳劍如、謝徵孚。我是第九位，亦是最後一任。自一九四八年十二月二十七日，發表為京市社會局長始，至一

九四九年年四月二十三日凌晨三時，我離開南京，行前將社局印信等交秘書吉德梁妥為保管，以便向新政權移交時止，為時近五月，為歷任社會局長中任期最短的。

是年十二月二十七日，於夫子廟南京市政府舉行了新舊市長交接儀式。媒體等均到場。新市長滕杰向各界一一介紹首批發表的市府各局主管：市政府秘書長吳一舟、社會局長沈清塵、民政局長駱東藩、市府新聞處長胡行健。時在國民黨實施所謂「動員戡亂時期」，軍人干政，駱東藩與胡行健均為軍人，駱為滕杰小同鄉，黃埔六期生，做過團長，後畢業於中訓團縣政訓練班，轉任文職江蘇武進縣長及徐州市長。胡為湖南人。曾任副師長，中訓團縣政班畢業後，曾任山東嘉祥縣長。駱東藩在任僅二月，即行辭職，民政局長又換了一個出身軍中政工的陝西人韓世俊。嗣復發表前三青團南京市負責人沈祖懋為教育局長，黃埔學生李天策為民食調配處長，徐梓楠為衛生局長，袁勇莊為地政局長，陳秉炎為市府會計長，陳耀東為財政局長。前市長沈怡任內的工務局長原素欣（留美學生，建國後曾任上海華東水利部處長）則得以蟬聯。在市府編制上，撤銷副市長一職（原由馬元放擔任）。這些新任主管中，我只有陳耀東因係留法同學，又係中華政治經濟學會同仁，較為熟悉，其餘均為新交。

到局接篆

市政府新舊市長交接儀式後三日，我至社會局（亦位於夫子廟）參加社會局新舊局長交接儀式。是日雖值寒冬，雨雪交加，然各媒體均已到場。上午十一時半，交接儀式開始，首由前局長謝徵孚將印信等交我，旋向我介紹其主任秘書高邁及其他各位僚屬，一一握手致意。我與謝氏因係前後期的留法同學，故時用中文，時用法文，交談甚好。謝為湖南人，以高小畢業生程度，考取留法，專攻社會學，為

人所重。我問及他卸任後作何打算，他答稱，準備休息一段時間，再作計議。交接儀式歷時二十分鐘，市府派會計長雍家源（係前市長沈怡所任，是時尚未辭職）到場監交接篆過程。雍氏為江蘇人，留美學生，建國後，任上海財經學院教授。交接儀式結束，我還應媒體之請，向他們發表即席談話，主要談了今後社會局工作之重點，為救濟難民。希望大家協助政府，共渡難關等語。次日，各大媒體均有所報道。與我同日辦理新舊主管交接儀式者，還有新舊民政局長駱東藩、劉愷鐘兩氏。

南京市社會局時共有各級職員及雇員七十餘人。局長之下設秘書室，負責文書擬稿等事務。另有四個科，及合作室、會計室、統計室、度量衡檢定所等機構。其中第一科分管一般社會行政事務，下設事務、出納二股；第二科分管民眾團體（工會、商會、婦女協會、同業公會等，記得婦協主任為市長滕杰妻戴日恆女士）之組訓事務，下設社團、工人、職團三股；第三科分管社會救濟及福利事務，下設救濟、服務、福利三股；第四科分管工商登記等事務，下設糧政、登記、經濟三股；合作室分管合作指導事務，下設組訓、稽核二股。

在人事安排上，我於交接儀式中，對謝前任之屬下，言明願留下者，均予留任。願辭職者，亦予照準。旋首先宣布，任謝嗣昇為主任秘書，路個代理第一科科長，閔毅成為第四科科長，第二、三科原科長暫不予更動（後均以留任）。謝嗣昇為留法同學，與我在戰幹三團及軍校二分校均共過事。路個之岳父為曾任中訓團副教育長的黃仲恂，與我在鄂西共過事，路本人亦曾任鄂省一區專署秘書。建國後，我在北京遇見黃仲恂（時在鐵道部工作），談及其婿，黃謂他曾入華北革命大學學習，現為淮南煤礦某中學教員。閔毅成兄為常州同鄉，多年舊交。

時值兵臨城下之際，人心惶惶，故我在任僅四月多，秘書卻換了三任。謝秘書任職一月有餘，即辭職往杭州，任某中學校長。我轉

委閔毅成兄兼秘書，閔因病於一九四九年四月初請辭，同年夏病逝常州。我復以原第一科科長吉德梁兄繼任，吉昔年與我在南京市教育局同過事，曾任社會部科長多年，工作勤懇。南京解放前，我委其為社會局救濟物資保管委員會主任，代我向接管社局之解放軍軍管會代表薛瑞吾辦理移交。其他新派任者有：薦任秘書翟紹武（湖南武岡人，畢業於軍校二分校十七期政訓總隊）、第一科科員兼出納股主任黃昆祿，及戰幹三團畢業生方衡中等三人，任為科員。時妻弟祁式潛曾介紹居伯均（居正侄子，國立政治大學地政系畢業生）來社局工作，惟員額已滿，只有另請他就。

留任者中，第二科科長杜章甫（江蘇南京人），曾為社會部組訓司科員，為司長陸京士所重，後調南京市社會局，任第二科科長，主管組織訓練。我來局後，他原先擬辭職，轉往社會部，我予照准，惟嗣後卻又收回辭呈，我亦予以留任。二科在社會局原為重要部門，惟在此兵臨城下之際，各民眾團體形同解體，無法指揮監督，大量的工作為難民救濟。相形之下，組訓工作，無足輕重。惟杜把持科務，自成一體。我到任後，各科均派了人，唯獨二科無法派入，杜總托詞額員已滿，加以婉拒，令我頭疼。市政府撤退時，局內各科長均留守待命，僅杜皆同該科科員張志新（兼社團股主任）擅將我之座車開往上海，至我尋車不得，只有乘民政局長韓世俊之車前往。我到滬後，該車恰被我在馬路上碰著，即予以扣下。後交人民政府上海市公安局。第三科科長陳朱敬，廣東人，家居香港。早在抗戰勝利復員之初，馬超俊先生任南京市長時代，陳即已在社會局。至南京解放後，解放軍軍管會代表接管社會局時，他仍在局，是年冬經滬轉港時，曾來滬上我寓一晤，報告社局移交情況。陳之下有一科員叫陳碩，係中共地下黨員，南京解放後，任軍管會秘書。

其他，合作室主任鄭厚博，由社會部所派。鄭從事合做事業多年，為社會部計劃委員，編輯《合作通訊》，與合作界同仁王世穎、

壽勉成均甚熟，南京解放後，至上海，聞以經商為業。

救濟難民，禁止娼妓

在新市府組成後的第一次市政會議上（我代表社會局參加），通過「南京市政府非常時期施政綱領」，計五章五十二條。五章為：（一）總綱；（二）非常措施；（三）一般政務；（四）經費；（五）附則。強化所謂「黨政軍一體化施政方針」（具體措施如加強區的保甲組織，設立軍民合作站等）。其第三章一般政務關於社會方面有：疏導糧源，取締囤積，發展人民團體，興辦社會救濟及福利事業，扶助農工及小本商人，協調勞資關係，推廣合做事業，創導勤儉運動，轉移社會風氣諸條。然千條萬緒，當務之急，仍為社會救濟。

進入一九四九年，貧民難民救濟問題，愈顯突出。故我到社會局就任後的第一件事，即為辦理冬令救濟工作。乃令各屬，於一月十日以前，完成救濟對象調查工作。調查分初查、複查、抽查三段進行，經初查後，由社會局派員送當地警局複查，並同時抽查，至為翔實。

根據冬令公民調查結果：全市貧民需救濟者計四萬戶，約二十萬人。乃據此備文呈社會部，請速撥救濟物資（包括米、麵、錢、物等）。時社會部將遷廣州，庫存救濟物資甚多，我於呈文中請準將全部庫存物資撥交社會局管理。惟社部救濟司幫辦張兆理不肯，僅允撥給一部分，計兩個倉庫的物資，其中之一為麵粉（約八千袋），另一為被服及其他日用品（內有羊毛毯數千條），實為杯水車薪，不敷甚巨。復經市冬令救濟委員會（我兼主任委員，市長滕杰，及各界代表人士吳琢之、程覺民、盧前、穆華軒等為委員）開會議決，由滕與我聯名致函各界人士及紳者：請伸出援助之手，捐款捐物，協助救濟事業。嗣有商會、銀行公會等認捐，仍數量有限，再由市長特別費中墊支若干，並由糧食採購委員會（由社會局牽頭，市商會、糧食部、中

央銀行、中央合作金庫及民調處等單位組成，我為委員）呈報行政院撥專款，用來購救濟食糧。款至後委托農業銀行、合作金庫及糧食部糧食工廠管理處派員赴市郊產糧區採購之，共購得穀子及大米數千石。

俟準備大致就緒後，自本年一月十五日起，冬令救濟物資發放工作先於珠江路第一區公所進行，我到場監發。貧民憑有關證明，每人可領食米一斗，或相等數量之麵粉、布匹、賑款，發放秩序井然。嗣分區辦理之，持續一月餘。全市十五區，包括本年市政會議議決新設的十四區（江心洲）、十五區（八卦洲），先後完成。

難民救濟，較之貧民救濟，至繁且複。難民來自各地，流動性大。故擬救濟他們，擬先調查其來源、人數、籍貫、身份及分布區域，以作統籌。嗣據調查所得，將分散之難民予以集中，以便管理。在下關、浦口、中華門外、江心洲、孝陵衛等處，分隊編組。其救濟方式，有於上述地區增設粥廠施粥，每人每日供應一飯一粥者。有核撥篷帳，供給棉被或毛毯等物，以蔽嚴寒者。各視情況需要，決定不同方式。惟此等措施皆為治表之策，欲求治本，還須難民生產，以求自救。故嗣後又有以工代賑計劃：組織青壯難民，修濬秦淮河，修濬工程計劃由工務局擬訂，經費從救濟專款中開支。經報市政會議討論通過。更有疏導難民，移墾青島等地計劃。然計劃雖好，前者以經費不繼，後者以運輸問題，均無法落實，致以擱淺。其實，上述工賑農墾計劃，自宏觀察之，仍為權宜之計，而務求根本解決難民問題，非結束戰爭，實現國內和平不可。

除貧民及難民救濟外，還有在職及被遣散員工之救濟。時市面金融極度混亂，以至銀行有千元大鈔出籠（至四月中，更有中央銀行南京分行發行幣面為五萬元的大鈔），然貨架卻空空如也。且物價一日數漲，民眾生活極為困苦。南京最大的江南汽車公司亦瀕於絕境，收入不敷，職工薪津無著，遂發生汽車停駛事件。其總經理吳琢之（江

蘇大倉人，留法勤工儉學同學）束手無策，找我相助，我當即核撥麵粉三百袋，親自押送，以解燃眉之急。後來有鑒於此，又由社會局牽頭，成立南京市工人福利委員會，（我兼主任委員），分別調查全市工廠企業及工人狀況，分別情況，予以救濟。工人救濟方在辦理中，更有學校員生，因生活困難，亦需救助。時中央大學校務會負責人胡小石教授（兼中大文學院長，一九四九年後任南京大學教授）來局相商救濟辦法，我據實批辦救濟物資，並親赴中大慰問，受到師生的歡迎。為表謝意，胡小石教授等中大同仁還請我吃飯。席間交談甚好，故以後南京撤退時，胡盛情邀我避居中大，以防不測。

除發放救濟款物外，救濟工作之另一方面，為平抑物價（主要是糧價）。由於物資極端缺乏，農人無心生產，加之來源因戰爭緣故，亦在中斷中。致使不法奸商哄抬糧價，暴漲至天文數字。我接任後，曾數度巡查各區米市，調查漲風之因，旋會同有關方面，對不法奸商進行嚴厲處置。制定平抑措施：由市政府出面，將前所購置之儲糧，以平價米方式投放於市，市民可憑購米證前往購之。惟以數量有限，僅能滿足部分民眾需要。如此，整個救濟工作，一直持續至南京撤退前。

除了社會救濟工作，其他社會問題，亦紛至沓來。有公務員請願，包圍市府；有學生遊行，遭新任衛戍總部司令張耀明下令彈壓，群情激昂；有市參議會在議長陳裕光（前金陵大學校長）主持下開會，彈劾失職官吏。種種現象，均說明政權已進入窮途末路。非常時期，世風日下。我主社局以來，曾先後兩次於市府會議室，舉行社會問題座談會，邀集各界人士，就乞丐難民救濟、娼妓流氓取締問題獻計獻策。而此二項問題，又有之必然、內在的聯繫。由於戰爭，使流民難民增多，許多家庭由於生活困難，一般女子淪落風塵。雖然國民政府定都南京後，即宣布禁娼，然直至今日，連市政府所在的夫子廟一帶，都是私娼館林立，妓女拉客甚而拉到市府大門之口。轉移社會

風氣，實為當務之急。然觀當今國家，政府貪污無能，豪門驕奢淫逸，民眾衣食不周。要想解決娼妓流氓等社會問題，實非易事。針對有人（以市參議員兼商會理事長王某為首）主張開放公娼之說，我持堅決反對意見，認為無論從社會秩序、國民健康、人道主義、現實情形而言，開放娼館均為一條死路。並以首都社會行政主管之名義，發表談話，表明態度，談話發表於張友鶴先生主辦的《南京晚報》上，題為《公娼制度不人道，調查私娼勒令擇配》：

就社會秩序而言：私娼所在之處，多為藏污納穢之地，宵小集聚，遊手好閒，飽食終日，無所用心，乃群居而為不善，是私娼所在之處，不啻為邪盜之溫床也。故就社會秩序而言，私娼實因禁止其存在。

就國民健康而言：私娼所在之處，為性病傳播之場。一經涉足，即終身之憂，甚或因丈夫宿娼而遺毒於妻子，還遭遺傳而影響於第二代。故就國民健康而言，私娼實應禁止其存在。

就人道主義而言：說者以為私娼既不易禁絕，則不如實行公娼制，在行政方面，加以管理，則可免寧之集聚，在衛生方面，加以檢查預防與治療，則可免毒菌之傳染，此說雖善，然以人道主義而言，則非所宜。蓋如實行公娼，則行政上之管理，衛生上之檢查等費，又必以羊毛出在羊身上之原則，徵取花捐，竊以彼輩同為人類，同為父母所生，困困於環境所逼迫，不得已而出此下策，又何忍再在彼輩之身再作一層剝削？故就人道主義而言，公娼制度亦不可實行也。

就現實情形而言：本市現實情形，私娼之數，多不可計，其影響於社會秩序與國民健康之巨，固不待言。然欲即行嚴禁，亦恐難於收效，為適應現實之情形，除已由主管人員詳擬辦法外，茲就個人對於處理之意見述後：一、普遍實行調查登

記；二、陷落未深而可以救援者勒令從良擇配；三、設立職業性、生產性之收容教養救濟機構，對於不願繼續操業者予以救濟，並訓練其生產職業之技能；四、在上列機構未成立之前，對於未能從良擇配又無力生存者，除設法予以救濟外，並應指定區地予以適當之管理，尤應注意衛生檢查防毒與治療。

然而，我的意見，在當時的環境下，是無法實現的。這個問題，只有留待中國共產黨的南京市新政府來解決了。中華人民共和國成立後，中共領導下的各級政府，確對娼妓問題這個社會毒瘤予以非常之重視，下了很大的力氣。不數年的功夫，終將娼妓問題，得以解決，這是時代的進步。

與王東原談時局

湖南省政府主席王東原一九四八年夏卸任，由程潛繼主湘政。王復被聘為總統府戰略顧問委員，移駐臺灣苗栗，實際上擔負了蔣介石的許多聯絡任務，在蔣下野奉化故里期間的一九四九年三月，王到南京。某日上午，偕中訓團高級班同學陳必覎兄（時任西北軍孫蔚如部駐京辦事處主任，係王之安徽同鄉），來社會局看我。時我剛到局上班，寒暄之際，方知王等尚未用早餐，我即請他二人同往夫子廟附近一小飯館便餐，邊吃邊談，談話內容主要為時局問題。王先問我：「兄在社會局工作，情況如何？」我答：「很忙碌，主要是辦救濟，目前南京難民充斥。」我嗣問王：「先生此行從何而來？主要任務為何？」王答稱，他自臺北飛上海，由上海轉南京，主要是看看在南京的高級班同學，另有其他一些事。王接著話題問我：「中訓團及高級班日前尚有多少同學仍在南京？」我答：「原來同學很多，且經常聯絡，惟近者隨著各機關遷至上海或廣州去了。據我所知，在南京者尚

有盧則文、于永滋、李光烈等少數人了。」我復問王對時局的看法。王說：「目前很難說，惟西北馬家軍一敗塗地，實出意料之外。」又說：「胡宗南對不起校長，不戰而退守川、康。」連說三遍，邊說邊嘆氣。此外，王還向我談了蔣氏旨意：必要時，準備放棄大陸，以確保臺灣。我當時聽後，為之一震，時在醞釀國共和談期間，劃江而治思潮，塵囂而上，蔣氏竟有此等計劃？國民黨看來是沒有希望了。以後時局演變，證明蔣完全照王向我透露之既定計劃行事的。席間，王還問及陳必晛和我之今後打算。陳說，他不準備再走了。我談了對國民黨的看法：國民黨已是眾叛親離，腐敗者比比皆是，而今之各方面得勢者，多為小有才，恭順權貴者，非加以改造，斷不能挽回頹勢與民心。王對我之看法，頻頻點頭稱是。只是說你們萬萬不可投降共產黨等語。

王東原之所謂另有其他一些事。後據我所聞，他是為和談問題而來。受蔣之囑，晤張治中於其寓（時張已內定為南京政府和平代表團團長，王張同為安徽同鄉，關係甚密），希望張於談判中，能討價還價，力爭好的結果（指「劃江而治」）。王離京不久，張治中即飛赴奉化，向蔣彙報和談方略。其中的蛛絲馬跡，不難看出。

對於王東原來南京情況，我曾告訴了時在南京從事中共地下工作的高級班同學侯雨民。侯問我今後打算，我說國民黨已沒有希望，自己當然不會再走了。

南京一別，我與王東原先生及陳必晛兄再未晤過面。王後擔任了臺灣駐韓國「大使」。必晛兄則如其所願，留居大陸，後聞任西北軍政委員會辦公廳副主任。對於必晛兄，聽其言而觀其行，我始終認為他與中共有密切聯繫，或其本身即為中共地下黨員（北伐至南昌時，陳必晛在郭沫若任副主任的國民革命軍總司令部任組織股長）。「文化大革命」中，曾有外調人員找我瞭解他的情況，我如實與告。

國共和談之插曲

一九四九年新年伊始，蔣介石發表聲明：願在保存法統、憲法及軍隊的條件下，與中共進行和平談判。這是自抗戰爆發前夕開始斷斷續續進行的國共兩黨談判的最後一次。

一、李宗任上臺伊始，對和談寄望甚深

針對蔣氏聲明，中共毛澤東主席發表時局聲明，提出談判的八項條件。旋蔣氏宣布下野，由桂系副總統李宗仁代理總統。李氏執政後，對和談寄望甚深。某次，我應邀出席由其召開的留京各機關代表座談會，會中李出示蔣給其的信，讓代表傳閱，信中蔣表示讓李負全職，解決國內和平，其本人僅為國民一份子，一惟國民公意是從。李在會中還希望我們和衷共濟，共渡難關。旋進行了一系列和談準備工作。在兩黨代表接觸之前，先由各方民間人士進行和平策劃。時由中國各大學教授國策會、中華政治經濟學會等團體發起之中國和平策進會組成，公布《和平談判綱領》，主張設立聯合政府之體制，由國共兩黨提出共同施政綱領。並組建「南京人民和平代表團」十人團到北平，拜謁葉劍英（北平市長）、徐冰（北平市副市長）等中共方面人士，商談和平問題。參加代表團的，有我的朋友吳裕後教授，我們之間，亦曾在不同場合，對時局問題，進行交談。均認為戰爭無論如何不應再打下去了。吳在去北平時，我曾托其代向留法同學聶榮臻致意。儘管吳等主張（如在排除蔣系的情況下，以長江為界，與中共實行分治）與中共方面存在很大距離，然吳自北平返京後，由於竭力主和，仍然受到國民黨主戰派的威脅。某次，滕杰約市府各局局長至其官邸吃飯。新任首都衛戍總部政工處長羅春波嗣後亦到（未參加吃飯）。羅氏為江蘇人，畢業於軍委會政訓研究班，抗戰初，我在武漢

任軍委會政治部一廳科長，他為科員，論職務是我僚屬。其就職後，曾至社會局向我作禮節性拜訪，我也曾參加過由其主持的各單位治安會報。飯後，羅對滕杰及我說：「我們要警告吳裕後、沙千里輩（沙為中共地下黨員，救國會七君子之一），若再「搗亂」，就休怪不客氣了。」當晚，我即轉告吳說：「他們已經注意你了，千萬留意！」並讓吳轉知沙君（沙住在吳後面一幢公寓內），為防不測，後吳沙兩人均隱蔽起來。吳裕後在解放軍渡江後，與南京市參議會參議長陳裕光、金陵女子文理學院院長吳貽芳等組織南京市治安維持會，直至解放軍南京軍管會成立始結束，為保護人民財產等做出了貢獻。

二、李蒸薦我為和談代表團顧問

南京人民和平代表團以後，復有上海人民和平代表團顏惠慶、章士釗、江庸、邵力子四公至北平，分別謁見在平主政諸公，並至河北省平山縣西柏坡村，與毛澤東等中共領導人會面，交談甚好，一時江南各地，和談聲浪高潮迭起。嗣有政府和談代表團人選的醞釀。代表為各方賢達，且與中共方面有一定聯繫者。時行政管理學會朋友李蒸已內定為政府和談代表，李與我甚熟，知道一些我過去的情況，為此，李復提我為代表團秘書長或顧問。然我知道消息較晚，未能積極進行，張治中亦不知情（指我與周恩來、聶榮臻先生過去的關係），後來發表了盧郁文為秘書長、李俊龍為顧問。李俊龍是我在法國索米爾工業學校同班同學李俊杰（後名李卓然）之胞弟，任國民黨中央宣傳部副部長，其兄俊杰為共產黨中央宣傳部副部長，亦屬巧矣。憶在某次聚餐會中，我曾當面問俊龍，我說：「你的相貌像我一個同學。」李答：「你同學為何人？」我答：「李俊杰，與兄之名僅差一字，亦為湖南人，是否兄之戚友焉？」李聽後，連連否認，顧左右而言他。我知其有難言之隱，亦未再問。巧的是，中華人民共和國成立後，我在北京又與俊龍相晤，他拉著我手，開口即言現為中共中央宣

傳部副部長之李卓然為其胞兄，並說，其兄原名俊杰，年齡長其甚多，少時待其甚好云云。我聽後，笑言：「兄之長兄，係我留法同班同學，我們早已相識矣。」

三、張治中對和談表現消極

和談代表團起程赴北平之日，南京機場氣氛熱烈，市內民眾自發夾道歡送，均以為和平從此有望。我亦去機場為之送行，並托李蒸兄帶信向周恩來、聶榮臻二先生致意。惟代表團長張治中先生對和談卻表現的頗為冷靜，在張赴平之前，我曾數度訪謁，談及時局及和談問題，張謂，遼瀋戰役爆發之前，美國顧問曾向蔣建議，為避免戰線過長，不妨將關外部隊調駐關內，以長城為界，固守關內。惟蔣氏不聽，致東北盡失，華北亦不保。其後，張往見蔣氏，向蔣建議可將駐徐蚌之軍隊撤至江南，隔江而守，又為蔣所拒。致徐蚌一役，精銳損失殆盡，張說，目前解放軍已至長江邊，直指金陵，我們再去談和，無異於投降。

四、滕杰希望和談成功

南京市長滕杰為黃埔系主幹，似應屬主戰派之列，惟其長於思考，時對和談頗有興趣。我與滕曾約略談過在昔之留法同學中，有現今在北平主政者。滕謂：「很好，你可和張文白先生再談一談，爭取為和談代表，故舊相見，這樣亦好講話些。」和談代表團赴北平前夕，CC系的張道藩來南京，找到滕杰，讓滕與其聯名上書，反對言和。然滕對之建議，頗為冷淡。張知找錯對象，悻悻而去。滕為一實際主義者，一切從實際需要出發。西安事變爆發後，在南京黃埔同學，以賀衷寒為首，聯名上書擁戴何應欽率兵討伐張楊。滕權衡利弊，未在請願書上簽名，西安事變和平解決，蔣氏返京，對賀等黃埔同學深為不滿，對滕卻信任有加。關於是次國共和談，滕私下與我談

過，他贊成和談，談成一個劃江而治的局面，有如歷史上的南北朝，以共產主義和三民主義和平競爭。如此，他之南京市長，亦可蟬聯。惟此一時，非彼一時，國共雙方實力之對比，已今非昔比。共產黨堅持「將革命進行到底」，滕之想法，雖有一定代表性，但卻是無法實現的幻想而已。

五、和談中，李蒸向中共代表團力爭

和談代表團抵北平後，與中共方面的談判，反覆進行多次，最後談出了個《國內和平協定》。對此《協定》，和談代表間頗存分歧。行政管理學會的李蒸是留美學人，深受美國政黨政治影響，力主「劃江而治」。後來，邵力子先生對我說：「雲亭先生（李蒸字雲亭）做事太認真，他對《協定》中之多款，持保留意見，並為之與中共代表力爭，引起某些人的不滿。」邵先生是個聰明人，在此兵臨城下之際，識時務者為俊杰。然李雲亭先生卻是一正派人，書生從政，不會玩弄手腕，亦因此得罪了一些人，致其後在上海解放後南返滬申接眷的路費問題上，及嗣後的工作安排中，均體現了某些不同。

《國內和平協定》終因南京政府拒絕簽字，而告和談破裂。嗣解放軍即依既定方針，「百萬雄師過大江」，突破長江防線，並迅即占領了首都南京。

組織社會局救濟物資保管委員會

在一九四八年末，我就南京市社會局長之前，即通過在上海吳克堅情報系統從事中共地下工作的妻弟祁式潛的關係，擬與中共地下工作同志建立聯繫，以策萬全。並認定從事社會救濟事業，力圖為民眾做些好事，是沒有錯的。時妻弟答應轉知中共有關方面，與我聯繫。惟時至一九四九年二月，尚未有人來聯繫，故又趁內人去滬之便，代

為催詢。妻弟謂：已托人轉達，是一位女士，不日將與姐夫聯繫。惟嗣後亦一直未有人來。時至四月十八日，我趁偕財政局長陳耀東公出滬上，至中央銀行點放委員會借貸款項，以用於產區採購儲糧，發給市民（時南京市面漲風愈演愈烈）之際，復晤妻弟於其江灣寓所，告之至今未見共方代表來洽之事。他謂，確已轉知，可以再催促一下。四月二十日（二十一日？），我返南京，即聞時局丕變：國共和談已告破裂（這是預料之中的結局），又聞江陰要塞守軍陣前反正，解放軍已開始渡江，各院、部、會及市府等，撤退在即。在與中共人士未及聯繫的情況下，我決定保護好掌握的救濟物資，包括羊毛毯五千條，麵粉一萬餘袋，被服一萬餘套，糧食八千餘擔（三萬石）等。其價值約值美金五十餘萬元。四月二十二日晚六時，我在社會局局長辦公室，召集主任秘書吉德梁、三科科長陳朱敬及其他有關人員開會，當即決定成立社會局救濟物資保管委員會。旋指令吉德梁、陳朱敬、陳碩（三科科員，中共地下黨員，後為南京軍管會秘書）等十一人（包括三科三人，二科一人，四個倉庫主任等）為保管委員，以吉德梁為主任委員，陳朱敬副之。

會中決定救濟物資保管委員會的任務為：（一）增派人員，加強對各倉庫管理；（二）對各倉庫，即派專人檢查其門窗、外圍牆壁並予以加固；（三）核對並檢查倉庫中各類救濟物資；（四）組織局內職工分班分期對倉庫周圍巡視，以防不測。

保管委員會成員確定後，我當即將名單抄錄一份交吉德梁，囑其於次日發表公布。同時，將社會局印信，及有關檔案亦一並交吉，囑其協同秘書室同仁務必妥為保管，不得有誤。當時，市政府曾下令各機關於撤退前，須將有關檔案，或銷毀，或轉移。同時，我亦接到不具名來電來函，囑我保管好檔案和印信，不得銷毀，我執行了後者。

一九五〇年初，原三科科長陳朱敬經上海赴香港，曾來滬上我寓看我，談及在市政府撤退後，解放軍尚未到達時，南京曾為真空地

帶，有兵痞流氓等企圖搶劫社會局倉庫，由於門窗堅固，加以保管人員堅守崗位，鳴槍警告，將之驅散。至解放軍南京軍管會代表前來社局接收時，是批價值五十餘萬美金的救濟物資復經清點無誤後，告完整無損移交軍管會接收人員。

對我之舉，中共方面曾給予積極評價。「文革」結束後，有關方面負責人曾當面謂我：「沈先生當時的行動，可以算是祕密起義。」

南京撤退前的一幕

社會局救濟物資保管會成立會議結束後，我回到家中。約晚上十一時半左右，電話鈴響，是市長滕杰打來的，囑即輕裝赴其蘇州路官邸開會，商議撤退問題。然遍尋汽車不著。嗣滕杰又打電話來催，並派民政局長韓世俊之車來接（韓氏為是年三月初新任的局長。因前局長駱東藩辭職，轉任第十補給區副司令，旋為市長滕杰聘為市府顧問）。此前我原計劃不走，因我前已與于永滋先生（即于樹德，行政管理學會同仁，時為監察委員）及胡小石教授（中大護校委員）等商議好留京不走，擬暫避中大。惟接車已到，只有另行計議了。

車抵滕寓，見市府秘書長吳一舟、教育局長沈祖懋、民政局長韓世俊、市府顧問駱東藩、參事任某等均已在場。滕杰當即宣布市府組成人員於今晚撤退至上海，並謂布告及留守人員等均已辦妥。時滬寧鐵路沿線常州，無錫已為解放軍占領，鐵路中斷，去滬之路只有經京杭國道轉往。至二十三日凌晨三時許，我們一行由一連槍兵護送，黯然離開金陵。車隊經孝陵衛時，看見代總統李宗仁一行亦正準備乘機離開南京，有總統府職員多人在場送行。

車抵句容，稍事休整。我於此發電報給社會局吉德梁秘書，叮囑其務將救濟物資保管妥當，並示對局內生活確有困難之職員，可酌撥一部分糧食予以接濟。嗣又至杭州，在杭州住了一晚，次日即赴上海。

至四月二十四日晚，我們一行抵滬，市府設臨時辦事處於五馬路東方飯店。同日，解放軍在未遇抵抗的情況下，占領了南京。

上海解放前一月

抵東方飯店次日，我即去江灣看內弟（時內子亦住其處），告之南京撤退，及未能與中共地下人員聯繫上等情況。內弟謂：「未及聯繫上原因很多，主要為解放軍渡江神速之故，姐夫既已來滬，則不必再與他們走了。」我答：「當然不再走。」並將行政管理學會同仁通訊名冊交內弟，請其轉知中共有關方面。

回飯店後，見滕杰、吳一舟、韓世俊、駱東藩、任某及隨行人員等均在。滕謂：「大家商議一下今後去處。」因他們知道滬戰在即，上海非久留之地，時不少機關人員多遷廣州，或是臺灣。任某謂：「此處人員複雜，不易相商，我有一小同鄉且為好友之陶家春君，為實業家，居滬上南市，較為僻靜，他又十分好客，我們可去他處商議。」眾皆同意。

次日上午，我們一行來到南陽橋一四九弄五號陶寓，為一幢兩樓兩底的石庫門房子。陶請我們至樓上東側間休息，旋大家開始商議今後去處問題。滕杰首先談，主張先至廣州，以後如何行動，視情況再定。對滕之議，除我未表態外，其他人皆附和。復談到如何走法，有說乘飛機，有說乘船。滕杰說：「全部搭機恐有困難，不若兩方面（機、輪）都交涉，惟現今經費不足，還要向中央銀行申請。」談到時局時，他們均不勝唏噓，謂想不到如此之快就變為流浪者矣！正談間，陶氏將酒菜等準備完畢，請我們至餐室落座，陶親自作陪。席間，任某起立謂：「陶先生亦為南京人，係我之小同鄉，多年的老朋友了，他在滬做花紗布生意，不會離開上海。」又謂：「陶寓今後可作為通訊聯絡地點，不走的同仁亦可常來走走，陶公是很好客的。」

繼陶起立，對眾謂：「諸位如蒙不棄，陶某願效犬馬，各位有機，請常來寒舍走走（惟時隔僅一月，上海就已解放，此恐陶等所始料未及者也）。」大家都說：「很好。」滕杰亦表贊同。飯畢，沈祖懋謂：「我有些事明晨要去蘇州，各位若等不及，可以先行，我以後趕到。」旋先離去。滕杰復偕秘書亦去。留下諸人：任某、吳一舟、韓世俊、駱東藩、我及主人陶氏，經任某提議，玩起牌（麻將）來，我看了一會，對他們說：「我要先回去看看家人，先走一步。」旋離開陶寓。

數日後，滕杰寫了報告給中央銀行，由吳一舟與我同赴中央銀行辦理遣散費事宜。市府總共領到三百億元左右（法幣，合銀元六千元）。每局僅分到銀元四百元上下，餘款由滕杰保管，以作南行費用。我個人領到遣散費十億元（合銀元二百元），另二十二億元（合銀元四百元），作為社會局職員的遣散費。款領到後，亦由我及吳一舟負責發放。時財政局長陳耀東未在滬，由我等將遣散費送至陳寓其妻手中。

大約五月初，滕杰囑我前往，對我說：「兄上次在陶君處，對赴穗之議，未有表示，不知意下究竟如何？」並說，如不願去廣州，亦可直接去臺灣，我及內子的飛機票可由其負責解決。我答：「我家人口多，父母在常州，次子在南京讀書，分處三地，且無足夠的錢，恐不能走。」因我與滕較熟，故我反問滕曰：「俊夫兄，國民黨大勢已去，兄是清楚的。兄有二個主要上司，一為顧墨三，一為張文白，二者相較，張文白似較識時務，何不聯繫文白，徐圖立功？」滕聽後默然不語，過了一會，說道：「我還是得走，兄之意既已定，我亦不復勉強。」就此與滕握手告別，迄今四十餘年矣！再未見過面。至一九八一年夏，擔任臺灣「國家安全局」顧問的吾弟沈霞飛病故臺北，滕氏為治喪委員，仍健在臺北，又聞其著書立說，教書育人，遙祝老友康健，一切如意！

同期，我於滬上馬路巧遇前社會部計劃委員兼實驗救濟院長張翼鴻，張謂：「谷部長（谷正綱）領到社會部員工遣散費銀元八千元，現正分發，凡前社會部在滬職員，每人一百元，兄可去領。」次日，我即往滬西谷寓，見社部同人黃夢飛、鄭若谷、張翼鴻等也在。當我自谷氏手中領到遣散費後，谷突然問我：「清塵兄，請你擔任京滬杭警備總司令部政務委員會副秘書長職，如何？」我答曰：「叔常先生（谷字叔常），如今時局如此，軍隊如此，民心如此，非但我本人不願幹，為先生計，我勸你亦不必再幹矣！」（時谷任京滬杭警備總部政委會主任委員）谷聽後，唏噓太息。謂：「我亦是盡盡人事罷了。」嗣復語我：「楊放（前社會部主任秘書）是不是共產黨？」我答稱，未有所聞。後來我遇見楊放，始知谷原屬意讓楊擔任斯職，楊推辭不就，谷對這位多年部屬，似起疑心，故有此語。楊放建國後在上海，他對我說，他是重慶時代「民聯」（三民主義同志聯誼會，民革前身）成員，後來曾入華東革命大學學習。

此外，我三弟沈霞飛（抗戰勝利後，派任江蘇省崑山縣長）在崑山解放後，潛來滬濱，我請他吃飯，勸他不要再走了，並謂，你的學長吳紹澍尚能留在大陸，你又何必再走？（吳與三弟係上海法學院前後期的同學，後於上海淪陷期間，主持過滬上地下三青團的工作，建國後任職交通部參事室。時三弟為三青團上海支團幹事，與吳時相往來，且受吳之領導。）三弟謂：「我與解放軍作戰，他們恐不會放過我？」我答：「你可設法立功？」三弟說：「大哥，請容我考慮。」惟數日後，他仍隨江蘇省主席丁治磐去了嵊泗（時江蘇省政府撤退至嵊泗），後來，我遇見弟婦朱春波，朱對我說：「霞飛的走是不得已的，他曾和解放軍抵抗，不得不走，然其內心是很懊喪的。」

在南京撤退之際，我的座車曾遍尋不著，後經瞭解，原來是社會局二科科長杜章甫等，擅將車開至上海。不巧恰為我滬上路邊所遇，遂將車截留，寄放威海衛路二十號舊友唐友漁宅院中。上海解放後，

將其上交市公安局。由妻弟蕭大成（祁式之）接收。

時行政管理學會在滬同仁甚多，設集會地於陝西南路陝南村某號之亞爾培公寓內。解放軍渡江前夕，我公幹上海，曾去訪見舊友，同仁劉平江、高柳橋、戴克光諸兄均勸我不必再返南京（因已知解放軍即將渡江），我辭謝諸君好意，仍返南京交差。是次我來滬後，每周必去一次訪見諸位同仁，眾皆主張，留在大陸，迎接新的聯合政府誕生。

滬上期間，我除最初住東方飯店（南京市政府駐滬辦事處）外，嗣後（五月初）即以前市府職員王某之介，搬入滬西襄陽南路某寓二樓寄居，於此親見上海之解放。

新的歷程

一九四九年五月二十七日，上海解放。時我避居滬西，然亦親見解放軍官兵不擾民傷民，席地而臥在民房之前，至為感佩。軍紀如此嚴明，焉能不打勝仗者？六月十四日，我在襄陽南路寄居處致函昔之留法同學，時任中共中央副主席之周恩來先生，向其祝賀中國革命的勝利，並彙報自一九三八年春漢口一別後的情況，請求給予學習或工作的機會。

是年六月二十六日，參加北平和談的政府首席代表張治中先生發表《對時局的聲明》後，我亦去信給張，向他問候並告知自己及有關留滬朋友情況，七月十八日，張覆信給我，全文如下：

> 清塵兄：
>
> 　　六月二十八日來函悉。承告滬上各方對我的聲明反應良好，很欣慰。近來學習進境怎樣？能有一個埋頭研究的機會，總是難得的。我在這裏，閉門讀書，聊以靜養身心，別無可以告慰的。並祝

暑佳！

張治中

七月十八日

　　據《張治中回憶錄》談到，國共和談破裂以後，他的心情曾十分苦悶，後經毛澤東、周恩來先生多次開導，思想才初步搞通。他曾對毛澤東主席說：「過去這一階段的政權是我們負責的，今已失敗，成為過去了。我這個人也應成為過去了。」但毛笑答曰：「過去的階段從你發表了聲明，等於過了年三十，今後還應從年初一做起！」從張治中給我的信中，也看出他當時的心境。

　　不久，程潛、陳明仁宣布起義，長沙和平解放。我用沈沛霖原名，致函北伐期間的老上級蕭勁光（時任湖南軍區司令員），向他報告了別後情形：

　　勁光兄：

　　　　二十載別離，恍如一夢。在北伐十八個月中你所給於我的印象是永遠不會忘記的。抗戰的第二年（民國二十七年）在武漢遇到了周恩來先生，才知道你留守陝北，當時曾寫信寄去，不知曾否收到？最近二年知道你在東北，後來又聽說首先解放長春的，是你統率的軍隊，但那時沒有法子和你通信。好了，現在江南次第解放，你勝利地回到故鄉，有重新和你見面的機會了——如果你願意的話。

　　　　在武漢與你分別後，我便回上海，不久仲止嫂和幾位朋友來滬轉蘇，我送她們上船以後，便由團體介紹到廣東許志銳部（黃琪翔部的一個師長）工作，主持這一師的政治工作。廣州事變失利後，同十幾位同志到香港，團體派我到海陸豐去工作（當時在港主持者為李立三，聶榮臻）。不幸被港政府偵知，

當我和十幾位同志乘汽油船啟錨的時候，就被許多武裝警察逮捕，禁閉了十幾天，被押解出境，我便乘船到上海，從此與團體失去聯絡。

十七年三月，得到一個同鄉潘毅介紹到中央軍校擔任教官（時劉光代理校長）。以後，一度由邵力子先生介紹到江蘇當縣長，三年以後，又回軍校當教官。抗戰開始後調到軍委會政治部當科長（郭沫若、陽翰笙等這時常見面），旋派到戰時工作幹部訓練團當政治部副主任（當時同去的有十幾位教職員，其中至少有五、六位是思想前進而且富有革命性的，如吳大閒、胡篤弘等，現均在華東局工作）。不到一年後調南嶽游擊幹部訓練班當政治部副主任（在此與葉劍英、李濤諸先生重見面）。

二十八年十月後調中央軍校第二分校當政治部主任（時負責人為李明灝先生），吳大閒、胡篤弘等均同去工作。這時的教育為抗日的教育，當能團結革命份子共同努力，所以工作尚有興趣，李明灝先生精幹實在，廉潔，為國民黨裏不可多得的人才，相處甚好，並學了不少做事的方法，為北伐以後離別我兄工作最愉快的一個時期。

但是三十一年以後國民黨內部日趨腐敗。乃決心辭去政工職務（李明灝先生亦於六個月後辭職）。改任地方行政及社會救濟等工作，以為人民服務。於三十四年到今春三個年中，曾經分別擔任湖北省行政專員、社會部救濟司司長及南京院轄市社會局長（此時已面臨解放，工作重心在辦理難民、失業工人、及公教人員之救濟）。雖然做了不少的事，甚至連身體也搞壞了，但是人民得著什麼好處呢？我實在有些茫然了。

以上種種，我於一個半月前曾經寫了一個報告給周恩來先生，同時于樹德先生到北平時，我也曾托他報告過。我希望回

過頭來遵循著光明的大道重新學習，重新努力，不知吾兄能夠給我一個有力的指示否？

　　我於十八年結婚，內人是一舊家庭的女子，現有二個男孩，一個進了華東革命大學，一個投考了大連大學，並此報告。

　　　　　此致

敬禮！

　　　　　　　　　　　　　　　受過你領導的舊同志

　　　　　　　　　　　　　　　沈沛霖敬上

　　　　　　　　　　　　　　　八月二十五日

仲止嫂前均此請安恕不另

　　九月初，楊顯東、湯漢清夫婦要去北平，參加中國人民政治協商會議，我復托楊帶信給周恩來副主席，信文如下：

恩來先生賜鑒：

　　一九三八年在武漢再度晤教，承殷殷垂詢別後情況，並承告李（富春）、聶（榮臻）、蕭（勁光）近狀，誠摯之情，至今猶深印腦海。京滬解放後，弟曾於六月十四日由上海郵寄快函，報告經過，想登記室。弟自一九二七年冬因工作關係，被英帝國主義者逮捕拘禁以後，即與團體失去聯絡，後因缺乏正確領導，對革命甚少貢獻，深自愧悔，唯認識尚清，生活亦未腐化。二十年以來，未嘗出賣團體，未嘗危害同志，遇有聯繫機會，無不悉力以赴。種種事實，差堪告慰。

　　中國革命運動，自得毛主席及先生等之賢明領導，已有空前成就。自中國革命以來，黨政軍之密切配合，融洽無間，未有如今日者；理論正確，策劃周詳，指揮若定，未有如今日者；全國廣大民眾之普遍覺悟，靡然從風，亦未有如今日者。

唯其所開創者愈大，其所待以完成者亦將愈重。今後革命工作，已由破壞而進於建設，所需於舉國一致之努力，必千百倍於往昔，弟深願以待罪之身，求得自新與學習機會，俾得在革命建設過程中，竭其愚忱，為人民服務，以贖前愆。未知能邀特許否？書不盡意，敬祈明教，附呈自傳一份，並懇垂察。專肅敬請勛安。

沈沛霖

八月三十一日

如蒙賜教請交由楊顯東先生轉交

　　此信，楊顯東於九月份在北京懷仁堂開會時，當面交周。據楊事後寫信告訴我說，周將信看了一遍，隨後將信放入衣袋中。楊問周：「周先生還記得他嗎？」周答曰：「當然記得，沈沛霖是我在法國時CY的老朋友了，向革命靠攏，不算投機。」楊嗣後，連發二信給我，謂：「信已面交周先生，周對你態度甚好，希望趕快來京，一面學習，一面工作。」我接楊信後，也甚感欣慰，並感佩周公之為人及寬廣胸懷。但我當時想，我與中共的朋友們分別已二十年了，必須有所表現，這樣去京才好。故我回信給楊說，希望留滬待來日再去京。

　　一九四九年九月十九日，妻弟祁式潛（徐大可，上海解放後，任中央軍委聯絡部上海聯絡局專員兼秘書處處長）轉交我一封中共中央華東局統戰部來函：

清麈先生：

　　頃接周副主席轉來先生信一件，須與先生當面一談。望即於明（二十日）或後日（二十一日）上午九時至外白渡橋百老匯大廈十二樓八十七號找陳子谷同志一晤為荷。

敬禮

統戰部（章）

九月十九日

　　接函後，我如約前往統戰部。當時，統戰部長為上海聯絡局長吳克堅兼，吳還兼任華東軍政委員會秘書長。接談者陳子谷同志，係統戰部科長（中華人民共和國成立後任地質部司長，中共北京地質學院黨委書記），廣東人，時年約三十出頭，顯得很精明幹練。他告訴我周恩來副主席批交我來信情況，並詢以志願，我答願意工作或學習，陳說：「我們研究一下，再告訴沈先生。」我乃告辭。

　　至九月二十五日，妻弟奉囑正式通知我，經有關方面研究決定：安排我在華東軍政委員會聯絡局（軍委聯絡部上海聯絡局的公開牌子）領導下從事有關工作。三十七年後的一九八六年三月，中國共產黨浙江大學委員會正式批准我離職休養，參加革命工作時間為一九四九年九月。

第十一章　新中國之初：

滬上兩載

關於華東聯絡局及其有關人士

自一九四九年九月，中共中央副主席、留法同學周恩來先生將我致其函批交中共華東局統戰部辦理，統戰部函約我與該部科長陳子谷同志面晤，旋經研究，安排我在中共中央軍委聯絡部上海聯絡局（後以一九五〇年初成立的華東軍政委員會聯絡局名稱對外）領導下從事有關工作，至一九五一年四月底，我離上海去北京，計在滬上近兩載。

聯絡局的主要職能為情報業務，另兼統戰方面的工作，實際上，這二者互不可分。

華東聯絡局局長為四川籍留法同學何以端（即何肇緒，兼軍委聯絡部上海聯絡局副局長，局長為吳克堅），一九二〇年十一月七日，何在滬上與我同乘Porthos號赴法，在法國聖太田礦業學校學習礦冶工程，且與我同期加入CY團體，後轉CP。任過旅法CY的書記。他在法國十九年，第一任夫人即為法國人，有一混血種女兒。迄抗日軍興後始回國，在重慶、成都等地，以礦業工程師名義，從事中共的地下情報工作。抗戰勝利後，奉命轉至南京，從事祕密工作。主要是軍運策反工作。

我至聯絡局後，何約我交談數次，還請我吃飯。他為人忠厚，毫無架子，我們從旅法勤工儉學談到抗戰勝利，談得頗為融洽。何告訴我，他在南京從事祕密工作時，對外是以一拍賣行老闆的身份出現

的，巧的是，這家拍賣行就在我寧寓附近，我妻鞏華還曾去寄賣過衣物。何還說到，當我在一九四八年底發表任南京市社會局長時，他很注意，曾設法予以聯絡，惜只知道新任局長係留法出身，其他情況則不詳。他說，南京時代我們失掉了一次晤面機會，解放了，終於見面了，然猶未晚也。

在聯絡局，與我有直接工作聯繫者為該局的兩位專員：徐大可和侯雨民。徐大可即妻弟祁式潛，時任軍委聯絡部上海聯絡局專員兼秘書處處長。就工作能力而言，式潛應該說是很強的。

侯雨民即侯桐，他之工作作風與式潛完全不同，談笑風生，頗具名士派頭，待人熱情，交友甚廣，不改重慶時代與我初識時的風度，故尤其主持旅滬歐美留學生學習班，及其後的留法比瑞同學聯誼會，是再合適不過的人選了（侯本人亦係英國留學生，英文頗為流暢）。

另外，我的另一位妻弟蕭大成（即祁式之，係式潛之堂弟，族譜大排行十二，式潛排行列九），時亦在聯絡局，任組長兼交通，常與我往來。式之弟在上海解放前夕，曾受組織派遣，進入毛森任局長的上海市警察局，從事策反工作，成績顯著。亦曾往我三弟沈霞飛任縣長的江蘇省崑山縣崑山銀行「潛伏」，與三弟夫婦均熟。並多次赴香港等地，從事情報業務工作。式之弟為人厚道，頗重情誼，可惜在聯絡局內擺撥不快，後轉業至上海市冶金工業局，任工會主席。在「文化大革命」中，受到殘酷迫害，被非法綁架關押，於一九六八年春被迫害致死。

參加留歐學生學習座談會

一九四九年九月下旬，徐大可（祁式潛）代表華東聯絡局和我接談後，即囑我可先行參加由聯絡局召集的留歐學生學習座談會。

學習座談會的負責人是聯絡局專員侯雨民。學習座談會以學習毛

澤東著作,及社會發展史、歷史唯物論、國內外形勢座談等為主要內容。每周或兩周舉行一次。參加者皆為留歐學生(留學法國、英國、比利時、德國、瑞士等國者),且大多均曾加入反帝大同盟和共產黨,後因種種原因而又脫離者,記憶所及者有:

艾毅根,比利時留學生,參加過反帝大同盟及中共,時為聯絡局科級幹部。其後調北京中國人民保衛世界和平委員會(即「和平大學」)工作。

楊一之、馮劍飛夫婦,楊為四川潼南望族出身,與楊尚昆同族(論輩分,為楊尚昆之侄,然年齡卻相差無幾),家境富有,曾留學法國及德國,攻讀哲學。在法時,經何以端介紹,加入共產黨,後因故退黨,回國後曾任國民政府黨政考核委員會參事及同濟大學教授等職。一九五〇年春去北京華北大學工學院(北京工業學院前身)任教,嗣調中國國際貿易促進會任專員、中國科學院哲學研究所研究員,建國後加入民盟,楊研究黑格爾哲學甚勤,曾將黑氏之《大邏輯》譯成中文,其他著述亦頗豐。古典文學基礎亦好。「文革」結束後,我與其得以恢復中斷多年的聯繫,一九八九年冬逝世。楊妻馮劍飛,廣東人,亦為留法出身,在法習美術,當年在留歐學生座談會中,是一個活躍的人物。

曹茂良,江蘇人,留學法國巴黎大學,反帝大同盟成員,留法後又去英、德等國學習經濟。回國後任同濟大學教授,參加座談會時為上海正華中學校長。一九五二年後調北京保衛世界和平委員會編譯室,編輯《國際展望》雜志。

曹亨聞,浙江人,英國留學生,在倫敦大學研習新聞學,亦為反帝大同盟成員。回國後任上海復旦大學新聞系教授兼系主任。參加聯絡局召集之座談會時,仍任教復旦。後加入民盟組織。

胡蘭畦,四川人。留德出身,曾入國民黨,又入CP及反帝大同盟,後脫黨。交誼甚廣,與我相識於抗戰之初的南嶽游幹班。座談會

後，去北京任華大工學院總務處副處長、校圖書館副館長。一九五七年間，被打成「右派」，下放勞動。

董問樵，德國留學生，習經濟學，時任職××銀行。

辛安世，留德學生，曾入反帝大同盟及CP，座談會結束後至北京，任保衛和平委員會編譯室主任。

張畏凡，留法學生，曾入反帝大同盟及CP，時為復旦大學教授，一九五二年秋，全國高校院系調整後，在上海財經學院圖書館工作。

張祖庚，比利時留學生，為反帝大同盟及CP成員，時任教上海正華中學。後由聯絡局介紹至東歐某國從事經濟工作。

參加學習座談會的留歐同學，由聯絡局指定楊一之兄為召集人。楊去北京後，復指定我為召集人。

學習座談會以「團結進步」為號召，除侯雨民經常來會外，徐大可及聯絡局長何以端亦常蒞會指導，擔任華東軍政委員會秘書長的吳克堅也到會並作過講話。

我參加學習後不久，經侯雨民同意，又介紹中國行政管理學會發起人之一的馬博厂兄參加。馬兄江蘇儀徵人，留學美國哥倫比亞大學習政治學，回國後做了南京金陵大學教授，且做過妻弟祁式潛的老師，抗戰前在南京即已相識，他來我家訪見，當知式潛係我妻弟，謂我：「你這個小老弟當年很激進，我們在開會，他糾集同學多人，來此散發傳單。」

馬博厂後由聯絡局派赴美國，做晏陽初（中華平民教育促進會總會總幹事）及其他人工作，回國後任上海社會科學院歷史研究所研究員。大約在一九六六年間以腦溢血病故滬上。

上海留法比瑞同學聯誼會

到了一九五〇年夏，聯絡局依據實際情況，將我們這個留歐學生

學習座談會，擴大為上海留法比瑞同學聯誼會，以進一步團結在滬的留歐同學，共同進步。會友人數，由成立之初的十餘人，增加至三十餘人。仍任我為召集人。據我回憶，聯誼會成立後，加入的留學生有：

蔡無忌，浙江紹興人，蔡元培之子，留法出身。後任上海市商品檢驗局長，國民黨員。建國後，仍任原職，後去北京，加入民盟。

李平衡，安徽人，留法學生，與我熟識。李在法期間，曾任國民黨駐法總支部委員。屬國民黨左派，回國後曾任實業部勞工司長，駐國際勞工局理事，從事勞工工作。一九四九年在海外加入民革，旋回國。後去北京，任中國國際貿促會專員。

蕭金芳，留法學生，曾任國民政府駐比利時領事。時居淮海中路泰山坊泰山公寓四號。

褚鳳儀，浙江人，一九二〇年與十一月七日與我同船留法，曾任上海法學院院長，時為復旦大學教授。高校院系調整後任上海財經學院教授。

朱尚冉，留法學生，時為滬上某醫院內科醫師。

陳仲明，留法學生，曾任上海合做事業管理處處長。建國後任教上海財經學院。

曾大鈞，美國留學生，曾任上海美商德士古油行秘書多年，時居上海常熟路二百十一號。後由聯絡局派往國外。

張××，留法習醫，當時是一個X光方面的專家，後在上海醫科大學任教授。

留法比瑞同學聯誼會，除進行有關的學習外，還在聯絡局的領導下，進行了一些社會工作，主要是利用各會友的社會關係，廣泛接觸留在上海的工商實業界人士及其他社會賢達，如冷遹、王性堯、榮毅仁、劉洪生等先生，聽取他們對共產黨和人民政府各項方針政策的看法和意見，經整理後，由聯誼會做出書面報告，交聯絡局轉有關部門參考，這項工作，後據侯雨民兄語我，取得了很大成績，曾獲得中央

有關部門的嘉獎。

我作為聯誼會的召集人,對各項工作是認真負責的。遇有情況,均請示侯雨民和徐大可同志,有時亦往滬西五原路聯絡局辦公處,找何以端同志彙報工作。在工作上承他們三位的幫助不少,當時的心情也是愉快的,對於新生的中華人民共和國和中國共產黨,是竭誠擁護的。一九五○年十二月一日,中共中央軍委和政務院聯合發布關於招收青年學生參幹參軍的決定,我支持時年十八歲的次子(時肄業上海交通大學化學系,共青團員)積極報名,後參幹上海市公安局。一九五一年元旦,聯誼會舉行新年團拜,聯絡局的各位領導吳克堅、何以端等皆到場,團拜會由我任主席,並致詞:

各位學長:

這一次會本擬在一九五○年十二月三十一日舉行。因顧全大家的時間,所以改在今天舉行。所以今天這會有總結一九五○年和迎接一九五一年的雙重意義。

一九五○年是我們新中國人民最值得慶幸,最足以自豪的一年。這是因為:

第一,全國的疆土,除臺灣外,可以說全部解放了。全國的政治軍事,可以說絕對統一了。這是滿清推翻以後四十年來,第一次的大統一。

第二,全國的土改工作,大部分已經完成,或者完成了準備工作。掃除二千餘年來封建殘餘的最基本工作已經奠定基礎了。

第三,全國財政經濟也納入正軌。全國物價已完全穩定,這也是十五年來最好的現象。

第四,由於抗美援朝方針的正確制定和執行,美帝的紙老虎面貌完全戳穿了。不但加深了帝國主義者內部的矛盾衝突,

延緩了第三次大戰的爆發，並且鼓舞了全國以至全東亞全世界人民的信心和決心，深切認識了帝國主義必趨滅亡，全世界人民必獲解放。

以上四點，是開了我們中華民族歷史的新紀元。值得我們慶幸，值得我們自豪。這就是馬列主義與群眾結合的結果。由此可以證明毛主席思想的偉大，中共領導的正確，是毫無疑義的。

我們同學們，生長在這遼闊的大時代，看了客觀環境的轉變和前進，如何來改造自己，來適應現實的需要呢？我們大家集合起來團結進步集體學習似乎是必要的。這就是我們聯誼會的宗旨和中心目標。

我們聯誼會自一九五〇年七月開始成立以來，已經舉行八次集合，會友人數從十一人增加到三十二人。開會的情緒一天比一天熱烈，內容一天比一天進步，最近三次的時事學習，尤有精彩的表現。

我們在此，不能不感謝何以端同學，因為他在華東工作的關係，給我們帶來不少寶貴的意見，足以堅定我們的立場，提高我們的認識，增進我們做人做事的方法。

一九五〇年是過去了，一九五一年的新時代已經開始，迎接一九五一年的第一個好消息，就是中國人民志願軍和朝鮮人民軍已經再度解放了漢城。美帝的無能與人民力量的偉大，更是增強了我們的信心和決心。

新中國的前程是光明的，我們大家也是光明的。但是光明中不能說沒有困難，我們不能坐等光明，而要爭取光明，克服困難。我們聯誼會的工作，在過去八次中，雖然已有相當的進步，相當的成就，但是嚴格說來還是不夠的。我們怎樣來加強團結，力求進步，是值得我們研究的。

我記得我參加的最後一次聯誼會活動是在一九五一年的三月中旬，為第十二次聯誼會，假重慶北路威海衛路口正華中學內舉行，這次會議主要內容是集體學習毛澤東主席《實踐論》，其他內容包括：會務報告；各同學研究報告（分社會科學與自然科學兩類）；參加人報告；交誼聚談等，由我主持。這次會議後不久，何以端即告訴我，由於聯誼會各會友工作多有變動，有的去北京，有的去國外，聯誼會工作似結束。

致函王東原

一九四九年秋，三弟婦朱春波（朱琴）來我住處（淮海中路上海新村十四號），面交三弟沈霞飛致我函一封，內謂：王東原先生來此（指嵊泗列島），並與弟一晤，且問及兄況，王說兄為何不來？並說以兄之能力，出來後不愁沒有事情可做，特轉知，請兄考慮云云。其後我將三弟信交聯絡局徐大可（祁式潛）一閱。他當時未說什麼，過了幾天，他問我，姐夫是否可寫信給王東原，並說信可經由聯絡局設法轉去。我允諾。時我考慮三點：第一，時王僅擔任「總統府」戰略委員閒職，沒有其他實際職務，似不得志；第二，其老友、上級張治中時任西北軍政委員會副主席，備受新中國政府禮遇；第三，聞王之母親及兄弟尚在大陸，其妻則居香港，似亦在觀望中。有此三點，故我同意妻弟建議，先致函王東原，曉以大義，如能得其反應，再作計議。

我致王東原之函，其內容大意包括下列幾點：

（一）現在全國除臺灣、西藏外，已實現了真正的統一，這是亙古以來未有的。

（二）全國解放後，新中國政府頒布了一系列政策法令，使人心安定，政治經濟很好，中山先生革命四十年所沒有實現

的，終於可以實現了。

（三）無論從那一方面看，國民黨及蔣介石是沒有希望了。

（四）新中國政府的政策是寬大的，對起義者是既往不咎，立功
　　　受獎，文白先生現在北京，受到禮遇。我在滬，目前生活
　　　工作均甚好。

（五）希望先生審時度勢，早作明斷。

大約是年十二月底，我將信交徐大可。當然，他是看過的，可
能也交上級審讀過。至次年二月，我復問他：信有否轉往？他答：早
已托人送去，尚未得到回復消息。其後，由於朝鮮戰爭爆發，又聞王
將出任駐南朝鮮「大使」，在一次與徐大可的晤面中，徐大可分析
說：「這說明蔣對他還是信任的，在這種情況下，此事只有從長計議
了。」

弟婦朱春波赴嵊泗始末

我有兩個弟弟，沈霞飛（原名沈喜霖）是親弟弟，祁式潛（徐
大可，又名祁樂陶）是內弟，二人分屬國共兩黨，沈霞飛上海法學院
肄業，抗戰期間在蘇南從事游擊工作，一九四六年後任國民黨江蘇省
崑山縣縣長，是省主席丁治磐的親信，和蔣經國也有交往。祁式潛南
京金陵大學肄業，是南京學生運動骨幹成員，抗戰爆發後進入中共敵
後根據地擔任宣傳主管，抗戰勝利後在重慶上海從事中共地下情報工
作，上海解放後是華東聯絡局的專員兼秘書處處長，負責策反和統戰
工作。

在這段時間，兩個互相知曉但並無往來的兄弟經歷了一場國共之
爭，看似平淡無奇，實則一環扣一環，因為整個事情經過我均參與其
中，現就記憶所及，敘述如下。

一九四九年四月下旬，我在上海，住五馬路東方飯店，五月初，

三弟沈霞飛（時任淞滬衛戍司令部滬西縱隊司令）亦潛來滬濱，且來東方飯店看我，我請其吃飯，席間以吳紹澍為例，勸其不要再走了，應設法立功。他當時態度猶豫（因他在崑山解放後，曾率部與解放軍作戰抵抗，兵敗來滬），只是說大哥容我考慮。但數日後，他仍隨江蘇省主席丁治磐的部隊撤退到崇明島，上海解放後，又隨丁部撤至舟山嵊泗列島一帶，據事後弟婦朱春波語我，走時甚為充忙，是坐小漁船走的，由是亦可見當時國民黨政府兵敗如山倒的窘迫之狀。

三弟走時，弟婦朱春波及子女均留大陸，分居在滬寧兩地。其中長女考取了南京大學醫療系（後並入解放軍第四軍醫大學），長子考入上海某美術專科學校，次女及次子在南京七中就讀。其餘子女，尚在幼齡。他走後不久，上海即解放，我曾往滬上靜安寺路某弄某號弟婦居所（該房係弟婦用兩根金條所頂，住有我的嫡母顧氏，即三弟的嗣母，及朱家的管家朱老二等人）訪見，問起三弟走因時，春波說，霞飛本人不願走，但被他人催促，加上時間匆促，要想立功也來不及，只有暫時跟他們走了。

後來，妻弟祁式潛問我，可否對三弟做些工作？我又聽滬上行政管理學會的朋友談及，說會員戴克光參與動員其兄，江陰要塞司令戴戎光反正，雖未成功，但人民政府還是給予嘉獎。還有中訓團高級班同學貢沛城（江蘇武進同鄉，陳儀主浙時期的浙江省建設廳長）力勸浙江省主席陳儀去策動湯恩伯起義，最後雖亦未成功，但人民政府對貢等人均以禮相待，安排適當工作。根據上述情況，我認為，三弟的家眷、父母及財產等，均在大陸，自己孤身一人在外，寄人籬下。其立場雖然與共產黨相異，但他是中國人，且早年加入過共青團，對中共的有關政策應有所瞭解。根據以上情況，我同意對三弟做些工作，並擬通過他去影響丁治磐（因三弟在主崑期間，倡導所謂「警勤區制」深為丁氏賞識，乃令推行全省，到嵊泗後，又被丁氏任命為「江蘇省政府」主任秘書、綏靖政工處長、第二區主任委員等職，兩人關

係較好）。如獲成功，則嵊泗、舟山一帶，可「不戰而屈人之兵」，實現和平解放，東南沿海局面將大為改觀，對解放臺灣亦可產生重大影響。

此事後經徐大可（祁式潛）向聯絡局呈上工作報告，聯絡局經過多次縝密研究，認為可以進行，並報請中央軍委聯絡部備案，再由徐大可通知我擇機進行。

在決定派何人前往嵊泗聯絡問題上，聯絡局亦作過一番考慮。初我提出由自己前往，因霞飛係我胞弟。但聯絡局經過研究後，認為我除霞飛外，與丁治磐等均不熟識，且我在上海的行踪那邊已有所瞭解，去了徒然犧牲生命。最後考慮可派弟婦朱春波前往，因她是霞飛之妻，且與丁治磐等均甚熟識，去了不致引起懷疑。但由於不知春波的態度，故妻弟囑我先與春波談談，瞭解一下她的想法再說。

關於弟婦朱春波其人，我是有所瞭解的，她是常州北直街長溝別墅朱潤恩（幼竹）的長女，家境富有，畢業於滬上中國公學，為人精明，頗有乃父遺風。與三弟結縭後，主持家政。抗戰期間，曾在家鄉協助從事敵後游擊及情報工作，其妹海波在抗戰期間，自家鄉遠行數千里至貴陽遠嫁我四弟祥霖。

某日，我往靜安寺路，往見弟婦，問其是否願意前往嵊泗？我對她說，中共的政策是寬大的，此事如能成功，不但三弟可以回來，你夫婦可以團聚，而且會受到獎勵，你們的財產、房屋等亦都可以得到保護。她大約經過一番考慮，不數日後答覆我說同意前往。我即將此況告徐大可轉聯絡局。

嗣後，聯絡局即令徐大可與朱春波直接接觸，徐與春波共談話兩次，第一次約春波至聯絡局五原路機關，由徐與其談話，第二次約至上海新村我寓，仍由徐接談。談話內容，據徐事後告訴我，第一次是對朱進行考察，聽其言以觀其行，第二次則向其布置任務及聯絡辦法。徐還說，朱當時為表示自己從事此項工作之誠意，主動提出將她

四個大的子女留在大陸。關於聯絡方法，徐告訴我，春波走後之信件均寄我寓，由我轉達。

談話結束後，乃由我寫一信給三弟，主要內容是告以中共的政策，希望他能當機立斷，擇機立功回來，這樣，可與父母家人團聚，個人亦可得到獎勵及安排工作云云。另外，聯絡局又請與丁治磐熟識的楊虎致丁函一封，交由春波一並帶往。

一九五〇年二月某日（具體日期記不得了），一個冬日的早晨，朱春波攜兩個小的孩子，來到我家，同時，聯絡局派交通蕭大成（即祁式之）開了一輛吉普車亦到，略事寒暄，春波等即乘上蕭所駕駛的吉普離開，離行前，春波再次謂我，她一定盡力完成任務，以不負期望。蕭受聯絡局之派，持聯絡局特別通行證，一直送春波等至吳淞，通過關卡後（當時吳淞口已封江，出外需由有關部門簽准）方返局覆命。

對於春波此行攜兩孩前往，我曾問她，既去工作，為何要攜孩前往？春波答稱，不帶孩子，恐引起對方懷疑。當時我認為有相當理由。惟其後我去看嬪母，她告訴我春波先前曾往嵊泗去過一次，帶走了三個小孩，聽嬪母所言，我對春波之工作動機漸漸有些懷疑。但因她還有四個大的孩子留在大陸，則對其中緣由也沒有深思。

春波走後約一月光景，其長子來我寓，帶來書信一封，內謂：「我到此一切尚好，魚汛期間，當帶些黃魚前來。」我閱信後，認為工作有進展，此函用的是暗語，魚汛期間，指工作成功，黃魚，似指軍隊。即速將函交徐大可，然徐將信連看二遍，說：「從信中而言，尚看不出有成功的跡象。」

收到春波信後數日，聯絡局侯雨民徵求我意：「你能否親自前往嵊泗？」我允之。旋書致三弟及弟婦一函：父親盼兒心切，望見信後趕快回家，若你們不能來，父親讓我來找，我能否前來，盼速告。隨信並附照片二張。交由春波長子托人轉去。然其後，侯雨民將此事與

聯絡局局長何以端、專員徐大可等商議後，他們均不同意我往，認為此行不會成功，徒然犧牲，此事乃作罷。

又過了半月左右，弟婦長子突偕在南京讀書的弟弟來我寓，對於弟婦長次二子的來滬，我頗感蹊蹺，乃問其因。弟婦長子答稱，是弟弟有病，來滬治病，聽其言，我亦不懷疑其他，還留他們兄弟二人吃了飯才走。不數日，我往靜安寺路看孀母，順便看看四侄的病況，然他不在。孀母說：「他兄弟倆去看病了。」正談間，見一人自樓上下來，我即上去招呼，並問其貴姓，他答姓廖，在崑山待過，現往來上海與嵊泗間做生意。這時孀母在旁插話說：「廖先生是霞飛的部下，來上海就住在樓上。」打過招呼後，廖某旋即外出。我臨走時，復對孀母說：「請轉知他們兄弟，我隔數日再來看他們。」

然待我數日後再至靜安寺路，剛進門，孀母即氣憤地對我說：「廖先生前晨已把兄弟倆帶走了，走時連我都瞞住。」言畢，唏噓不已。我聽後非常生氣，即刻往聯絡局，將此事告知徐大可，他也十分惱火，連連頓足。我們分析，可能是春波工作不成，才出此下策。為此，在其後聯絡局召開的工作會議上，徐大可還受到了工作不慎密的批評。

直至「文化大革命」中，我自弟婦次女口中才知春波策劃將其二子帶往嵊泗之事。我在南京的四弟、四弟婦，及春波長女，次女均知道此事。據三姪女說，她母親原擬將她也一並帶走的，因其不願意走而作罷，然仍要她寫保證書，保證不參加任何社會活動。弟弟的走是由哥哥自滬來接，行前，他們姐弟四人還去拍了合影照。然這一切，就是瞞住了我。（三姪女說，她母親有信給她們姐弟，囑不要將此事告訴我），我當將經聯絡局同意派其母至嵊泗進行工作之來龍去脈坦誠相告。迄近四十年後，兩姪女赴臺北探親，帶回一幀在其父親墓前的合影照片，我一眼即認出廖某其人，已是滿頭白髮的老人了。

一九五〇年五月，國民黨軍自舟山、嵊泗群島撤退到臺灣，三弟及弟婦等亦隨之到台，聽說三弟抵台之初，曾因我之關係，而遭拘捕，後經多人聯保，始獲釋放。由於子女眾多，僅靠三弟薪水維持，生活據說亦相當清苦。嗣後他受蔣經國拔擢，擔任軍中政工及情治單位的主管。而華東聯絡局主持和參與此事的兩位妻弟祁式潛和祁式之卻在其後「十年浩劫」之中，先後被迫害致死。

至一九七六年夏，我與三弟兩人得以輾轉第三地恢復魚雁聯繫，雖近三十年中斷往來，然手足之情依舊。一九八一年夏，三弟因氣喘宿疾引發心臟衰弱，病逝臺北。

菱湖化學廠恢復生產經過

我在華東聯絡局領導下，曾以聯絡局之派（聯絡局通過上海大眾科文社經理張旗，以張之名義介紹），前往浙江省吳興縣菱湖鎮，以菱湖化學廠股份有限公司顧問的名義，從事統戰工作，主要是依據國家的政策，執行發展生產和勞資兩利的任務。

菱湖化學廠係滬上實業家章榮初先生（浙江菱湖人）於其家鄉所辦的企業之一，名為股份有限，實為章氏獨資（資本額法幣一億元）。章氏於滬上主要從事紡織業，在滬辦有紡織印染廠、榮豐紗廠、新華皮革廠等數十家大中企業。章本人係海上聞人杜月笙的「恆社」中堅，人稱杜氏的「三匹野馬」之一，辦廠及辦學，均很有一套。上海解放前夕，曾往香港，徐圖易地發展，後經李濟深之勸，返回上海，因此，是一個民族資本家。

這是我自法國返國以後二十餘年，第一次到一個瀕於破產的企業去工作，心情頗為不平靜，我如何完成組織交付的任務呢？當時我在日記中曾寫有下面一段話以自勉：

一九五〇年是生產年，我跑到生產環境來學習，覺得光榮而愉快。我要研究化學廠的各部門生產程序，從而檢討其得失利弊，提供改進的辦法，督導切實施行，以達發展生產之目的。

我與同行的唐友漁（即唐權）是在一九四九年十二月五日抵達菱湖的。當時菱湖化學廠的生產情況很糟：原廠長因被地方政府扣押，釋放後跑到上海去了。由該廠出納主任章匯臣代理（章匯臣係董事長章榮初之侄），惟其接任後，亦不常來廠，致原料浪費，工務事務不能配合，故廠中的管理實際上存在著無政府狀態。加之電力不足，影響開工，致使工人平均每月僅出工二十天（三分之二的人做工，三分之一的人休息，如此輪流），工資亦打折扣，工人情緒很壞，勞資關係嚴重對立。生產效能亦很低，每月僅產碳酸鈣一千七八百包（碳酸鈣此一化學產品，採用無錫太湖西山嫩石及山西陽泉白煤為原料，經加工後製成，在橡膠、牙膏、造紙諸多行業需求甚廣，生產好時，往往供不應求）。

在我離滬前，曾訪謁該廠董事長章榮初先生於其寓。章從其自身利益考慮，囑我到菱湖後，除與地方政府聯繫外，應即行裁減工人，減低工人薪資，並停止對地方供給電力。然若照其想法做，勞資矛盾勢必愈形擴大，生產必不能得到恢復和發展。

所以，我在抵達菱湖後，首先的工作即為開展調查研究，從深入瞭解情況著手。我先後拜訪中共吳興縣委書記周笠農（一位山東南下幹部）、吳興縣長蕭河、副縣長馬××、縣委城工部長宋樹明等各位地方黨政負責同志，聽取他們的意見並請他們指示工作。復與化學廠職工代表舉行座談，共商發展生產事宜。還與和化學廠有關係的王洗（大眾科文社負責人之一）等交換過意見。最後，又將上述各方的意見和廠裏的實際情況，與章匯臣代理廠長商討改進生產的具體辦法和步驟。

經綜合各方面的建議，及參酌當時的實際情況，我們制定了下列恢復發展生產辦法：

（一）自十二月十日起，全廠全部復工；

（二）工人工資照舊，不予以減薪；

（三）努力提高勞動紀律，訂立勞動規約，並請工會籌備會及縣政府督導協助之；

（四）本廠電力全部用之於生產。但為顧及地方治安及政府機關辦事起見，改由匯豐石粉廠（亦為章榮初在菱湖所辦企業之一）發電供給地方電燈，其所需燃料，暫由化學廠津貼。

（五）迅速籌辦電燈廠。

上述辦法經召開全體職工大會，向職工宣布後，會場氣氛熱烈，工人以掌聲表示擁護。工人的幹勁提高了，生產大增，當月即生產碳酸鈣二千七百五十包。後增加至每月四千包以上。

生產的增加，工人工作情緒的提高。亦使地方政府對化學廠的態度有了改觀，對章榮初先生的看法也與前不同，我們任務可說已大體達到了。

在滬上的章榮初先生聽到這個消息後，認為我們已經替他這個企業打開了新局面，乃盛邀我擔任化學廠股份有限公司經理，邀唐友漁任廠長。他見我是留法的知識份子，還希望我兼任其屬下的另一事業──青樹中學的校長。

我經請示聯絡局後，婉言謝絕了章氏的好意。我說，我們是為發展工廠生產，增進勞資兩利而來，決非為當經理或廠長而來。現在目的已初步達到，我們的任務已基本完成。對於青樹中學校長人選，經聯絡局同意，我向章氏推薦了陳柱麟先生。

至一九五〇年五月，我完成了預期的任務後，回到上海，並將在菱湖之種種情況，向聯絡局作了書面彙報。

亞爾培公寓聚餐會

　　中國行政管理學會結束後，一部分會友，如冷遹、王民仲、李文杰、王性堯等，利用亞爾培公寓會所，發起星期聚餐會，每周日聚餐集會一次，凡前行政管理學會會友，及工商界人士等，均可參加，聚餐會主要內容是座談交流對形勢的看法，也作學習報告，請黃炎培、孫曉村等人講授社會發展史、政治經濟學和中共的政策。會友之間的聯誼（如請吃飯等），亦假亞爾培公寓舉行。甚至聯絡局組織的留法比瑞同學聯誼會例行集會，有數次亦在亞寓進行。

　　我應邀參加了星期聚餐會，並於此結識了滬上一批工商實業界人士。後來這個聚餐會實際上形同民建的外圍組織。參加星期聚餐會的前行政管理學會會友及各方人士有：方東、孔大充、王白雲、王龍、伍純武、孟雲橋、馬博厂、梁伯高、姚曾廣、徐雍舜、張敬禮、張慕聃、鄂森、葛克信、劉井西、董贊堯、程子敏、倪哲存等。

　　時在上海解放之初，與會人士對於中共，大多在政治上是表擁護的，認為比國民黨貪污腐敗要強。但也提了一些實際問題，反映了他們的疑惑。主要有：（一）各機關會務繁多，以至延誤公事；（二）做事過分講究形式，如抗美援朝和平簽名，有人說一共簽了七八次，其實，一次也就夠了；（三）還有人說，中共是上層好，中層少，下層糟；（四）對於抗美援朝之舉，有人認為會妨礙中國國內經濟的恢復，應首先力求國內社會和經濟的穩定，不擬對外作戰；記得冷遹兄（後來做了江蘇省副省長）對經常學習文件等表示不解，曾問我此舉在古代有否先例可循？我說，有的，古時學在王宮，私家無甚著作，故孔子要問禮於老聃，秦代之宰相李斯亦有「有欲學者，以吏為師」之說，故學習文件是統一思想的重要條件，古已有之也。冷始釋然。

　　憶在某次聚餐會中，不記得發起人中是誰請了一位湖南人，來

替與會諸公相面察色。大多數人對相面人所言，均一笑置之，視之為玩玩而已。惟陸麟勛（陸為江蘇人，係王艮仲所辦之中國建設銀行總經理，後由王之介，加入行政管理學會為會員）卻深信不疑。當相面人看至陸時，即謂：「你臉上有晦色，恐有難於身，易地或可避禍也。」陸君聽後，當時即面色煞白，冷汗直流，未等散會，即已離場，且在數日以後，即離開上海，去了北京。眾人對陸此舉，皆以為大可不必。惟也有為相面者所言中者，時在場之嚴寶禮（文匯報總經理）被相面人云其面顏土色，有災在身，其後在土改運動中，嚴果被其蘇南家鄉的農民以地主的名義叫回去鬥爭。所以，相面之說，時人謂其：「相在心聲」，不可不信，亦不可全信。

離別滬申

一九五〇年夏，朝鮮戰爭爆發。未幾，新中國政府發動鎮壓反革命運動，旨在鞏固新生之政權。依據有關規定，運動的重點是打擊土匪、特務、惡霸、反動黨團骨幹及反動會道門頭頭五方面的反革命份子。旋頒布一系列規定：凡在國民黨內擔任過區黨部委員者，均需限期至所在地公安部門自首登記字樣，違者將嚴懲不貸。

時我在華東聯絡局領導下工作，是聯絡局的聯繫對象，故得以不必登記，得到保護。

但隨著鎮反運動的深入和擴大，至一九五一年初，又以中央人民政府之名發布《中華人民共和國懲治反革命條例》，全國形成鎮反高潮，涉及面愈來愈大，涉及的人也愈來愈多。我過去的一些留居大陸的熟人同鄉，如國民黨第六屆中央執行委員馬××等先後被公安機關逮捕，我亦感到壓力。乃前往聯絡局，就教於何以端兄。因為在先前，楊顯東兄自北京來函給華東軍政委員會經濟部長許滌新，請許與聯絡局相商我的工作安排問題。何考慮良久，對我說：「既是如此，

兄還是以去北京為上策，可直接面謁周恩來先生，陳述一切，似較留在華東穩妥些。」我相信此乃以端兄一片好意，完全出於對朋友的關心。於是，我一面寫信給在京的楊顯東兄，謂我在滬上工作即告結束，擬來京找周先生，一面收拾行李，作離滬之準備。

當時，交通部門已接到有關方面指示，對離滬車票，控制甚嚴。當由聯絡局出具專函，並簽發通行證，仍由交通蕭大成出面，購得兩張去北京火車票，一張交我，一張聽說是給楊虎的（楊與聯絡局亦有工作聯繫）。我拿到車票後，何以端還設席為我餞行，請了艾毅根來作陪。

一九五一年四月二十七日，我乘京滬火車離開上海。

第十二章　京華歲月

楊寓三月

一九五一年四月二十九日上午，我抵達北京，並以楊顯東兄（時任中央人民政府農業部副部長）盛情之邀，住在其位於東總布胡同福建司營十八號寓中，顯東兄及其夫人漢清嫂待我甚好，特辟出一間專房供我起居（福建司營十八號為獨立四合院，由顯東兄一家獨居，甚為寬大，有大小房間十八間）。顯東兄成家甚遲，故其雖長我一歲，而其二子二女時尚在幼齡。記得其長子惺惺及三子（小名三毛）尚在牙牙學語階段，我如閒暇，必將識字課本找出，教其讀音，小傢伙亦很聰明，不數日功夫，即已識得很多字。歲月如流，一晃四十年過去，聞三毛已在美國立業成家，為機械工程師了。惺惺亦為北京一家大公司的經理。

五月二日，我於楊寓致函政務院周恩來總理，告知在華東的工作已告一段落，今已來到新中國的首都，懇請其給予指示，以便更好地學習，為人民服務。信中還談了我今後的三個工作志向：（一）至工廠從事企業管理工作；（二）到學校去教書；（三）機關工作。

信發出後，多時不見得覆。後從側面瞭解乃知周總理有病去大連療養，不在北京。待周回京後，我又轉往西四磚塔胡同三十三號邵力子先生寓所，懇請邵先生代為催詢，邵慨然應諾。不久即告訴我，周的秘書已將我函列入總理擬辦之事的行列中，至是始放下心來。

未幾，周恩來總理將我信閱後批交中央人事部辦理。旋人事部派

一局科長陳凱瑞同志及處長某某同志先後來楊寓訪我。他們對我說：「總理日前工作甚忙，故特交我們來代為辦理先生之事。」我當表感謝並請代向總理致意。當他們問及我的工作志願，我亦一一告之。最後，陳凱瑞還代表人事部送我人民幣一百萬元（合新幣一百元），以為生活之補貼。

人事部同志來楊寓訪我之時，適值中央舉辦各機關工作幹部歷史審查工作（審幹），人事部乃致函華東聯絡局，瞭解我的情況。據嗣後妻弟語我，何以端局長接函後，將其找去，囑草擬我的工作鑒定，並對其說：「事關沛霖兄的工作問題，寫得好一些。」以端助人為樂，於今思之，我仍對他心懷感念之情。

我住楊寓等待安排工作期間，大部分時間是看書和學習。我讀了中共三十年的歷史，及當時中央各位領導對中共歷史的闡述，以及毛澤東主席的著作等。有時也去參觀遊覽北京的文物場所。其間曾發生過一件事，值得在此一敘：某日，我外出遊覽，在故宮內，適逢曾任國民黨政府少將參議的一位起義將領，他一見我，頗為吃驚，旋即問我來北京幹甚，現居何處等，我據實以告。誰知他以為「立功」機會以到，即刻向北京市公安局（時兼公安局長為羅瑞卿）密報，說是曾任舊政權局長的沈某某現在新中國的首都北京，請予立案偵查。時在鎮反運動高潮期間，公安局接報後，當然亦很重視，首先通過顯東兄的司機（共產黨員）向顯東兄瞭解我況，顯東知道他誤會了，乃對他言：「沈先生是我的朋友，同時也是周總理的留法同學和朋友，政治上是沒有問題的。」後來，顯東兄將此事之來龍去脈告我，我才知道原委。這位司機同志，嗣後與我亦成了朋友，交談甚好。

由於有了周總理的批文，及華東聯絡局和有關各方的負責證明，我的工作安排應當說甚為順利。是年八月，我接人事部電話通知，前往東西三條四號的人事部辦公處，他們即正式通知我：根據我的志願，介紹我去華北大學工學院任教。陳凱瑞科長並對我說：「一般黨

外人士，安排工作，均需經過革命大學的學習，而沈先生你因為是周總理介紹的，我們就直接安排了。迄今為止，沈先生你是我們人事部介紹至高校任教的第一人。」

我由中央人事部介紹任華大工學院教授後，親朋好友聞知，皆甚覺欣慰。某連襟以為我有人事背景，而不會運用，舌頭一伸，謂：「我若有這種關係，部長亦早當上了。」對此種政客作風，我聽後一笑置之也。

任華北大學工學院企業管理教授

不數日後，我持中央人事部介紹函前往位於東皇城根四十號原北平中法大學舊址之華大工學院報到。時留法同學，前上海留法比瑞同學聯誼會會友楊一之及胡蘭畦二位已在該院任職，楊為自然辯證法教授，胡為總務處副處長，我與他二人，滬上一別，一年多後，又於新中國首都重逢，彼此覺得格外親切。

時主持華大工學院工作者為副院長代理院長曾毅（晉增），曾氏三十年代與何以端兄同在法共中國語言組工作，與何以端及胡蘭畦等均甚熟，對我來校任教，深表歡迎。旋指示該院人事部門予以具體接待，向我介紹了學院的情況：為一所直屬中央重工業部的重工業大學，以培養具有全面基礎的高度專業化的重工業建設幹部為己任，學院的一切現正在初創建設階段……

未幾，學院即正式任我為教授，並向我頒發了聘書，從這時起，我對外恢復用原名沈沛霖，而以沈清塵作為又名，一直至今。我一生之三個階段，名字是不同的。沛霖是父親給我取的名字，自出生起，至求學、留法、參加北伐一直沿用的。香港被捕後，我易名清塵，至一九五一年來華大工學院任教時止，那時的人們都只知道我叫沈清塵。自華工任教起迄今，人們又以沈沛霖稱我了，只有親人及至親好

友仍以清塵之名呼之也。學院旋為我於校內安排了住所，至次年春內子鞏華自滬來京後，又在校外東直門內，在住房十分緊張的情況下，為我及眷屬安排了住房，房屋雖不大，但總算在北京有了自己的棲身之處了。

當時全北京僅有專科以上學校十五所，教授僅數百人而已，所以，對高級知識份子可謂是以禮相待，奉為上賓。記得在發表我工作前，華大工學院有關領導曾徵詢我的意見：希望拿多少工資？薪水可由受聘者自己來定，於今而言，可謂是天方夜譚，而在當初，卻確實如此。我答：「雖然我在法國學的是工科，且獲機械工程師學位，並熟悉工廠實際。建國後，在浙江菱湖化學廠做過企業管理指導工作，對經濟核算制的理論和實際亦在不斷研修之中，然只可說是半路出家，應當支最低工資。」雖屬謙讓之詞，卻亦依據事實。嗣後學院依照我的要求，決定我的工資待遇為每月小米一千斤，後折算為人民幣一百七十七元，約等於後來五級教授。

對於我的支低薪之舉，留法同學楊一之夫婦頗不以為然。批評我說：「工資係終身大事，依兄之資歷，至少可支三級教授的工資，五級是太低了。」然當時我已覺心安理得。豈料此工資一拿三十年未有增加，而物價及家庭負擔卻增加不少，一直到前幾年，全國公教人員普調工資，才加了一級。

華北大學工學院與當時其他高校不同，它是中國共產黨創辦的第一所理工科學校。追溯歷史，其前身為一九四〇年九月創立的延安自然科學院，留法同學李富春、徐特立先後任院長。以後歸並至延安大學，成為延大工學院。抗戰勝利後，遷中共華北解放區。幾經變遷，迨一九四八年夏，成立華北大學工學院。新中國成立前夕，學院由華北遷北平。新中國成立後，接收原北平中法大學校部及數、理、化各系，並入該院，故其後學院中留法學人甚多，即為此因。至一九五一年冬，華大工學院復更名為北京工業學院（簡稱京工）。次年春，

京工逐漸發展成為我國第一所國防工業學院。增設了兵器、雷達、彈藥、軍用儀器、軍用車輛等軍工專業,並改隸第二機械工業部(主管軍工生產)領導。至一九五八年春我調離京工時,學院已有不少畢業生分布在各國防工業和國防科研單位。據一九八四年任隆清老師來杭州我家訪見告知:京工在一九五八年「教育革命」後,增設導彈專業,嗣後劃歸國防科委領導,至「文革」期間,又劃歸第五機械工業(兵器工業)部領導。「文革」以後,學院開始從單純工科大學,向以工為主,理、工、管、文相結合的綜合性大學轉變,當年我所創建的生產組織(企業組織與計劃)教研室已擴大為管理工程系。及至一九八八年春,學院再易其名,改名北京理工大學,復劃歸機械電子工業部領導。

赴皖北參加土改運動

新中國的高等學校,與民國時期的高校相比,有一個顯著的差別,就是特注重中共的領導及政治掛帥。我到華大工學院之初,首先是去中南海懷仁堂聽了周總理為北京天津兩市高校教授所作的報告,周從其本人經歷出發,談及知識份子必須要有民族主義、愛國主義的思想。後來,即在全國範圍開展了知識份子思想改造學習運動,京工旋建立學習委員會主其事,聽報告,學文件,聯繫本人思想及學校情況,開展運動,搞得轟轟烈烈。甫及一月,院部又調我參加土改工作。旋至中央土地改革工作團報到。

是年(一九五一)冬季出發之中央土改工作團,以地域分中南、西南、華東、西北、華北各大區,下轄各團,團下轄隊。經編隊後,我分在華東區第六團第四隊,並任副隊長。隊長為李端美。

行前,為統一思想(認識),全體團員集中進行學習,共學習六天(十月十六日至二十一日),由中國人民政治協商會議參加三大運

動籌備委員會舉辦，地點在中山公園音樂堂內，學習內容為聽取土改工作報告，報告人及內容有：

（一）十月十六日上午九時，人事部長安子文作思想動員報告。

（二）十月十七日下午二時半，北京市政府副秘書長柴澤民報告《土地改革政策問題》。

（三）十月十八日上午九時，北京市政府副秘書長柴澤民報告《土地改革的方法與步驟》。

（四）十月十九日下午二時半，北京市政府副秘書長柴澤民報告《如何劃分農村階級問題》。

（五）十月二十日下午二時半，教育部錢俊瑞副部長報告《參加土地改革的經驗》。

（六）十月二十一日下午二時半，全國政協副主席陳叔通、政協秘書長李維漢講話。

集中學習以後，臨出發前，以隊為單位，又舉行了兩次座談會，隊員就為什麼去參加土改、土改工作團的任務、參加土改的感想等問題分別談了看法，目的是進一步加深對土改工作的認識，統一思想。

我所在的華東區第六團第四隊，共有二十餘位隊員，大多是共產黨員和共青團員，身份有中小學教員、出版社編輯、劇院編劇等，也有民主黨派及宗教界人士，記得其中鄧友梅，他是藝術劇院的，後來聽說成了知名的作家；朱孔陽，他是民建的代表；還有崔熙納，是北京寬街基督教會的負責人；韓雙龍，是喇嘛廟雍和宮的代表。而屬無黨派人士的大學教授卻僅我一人。

十月二十六日，我們一行坐火車離京，目的地是安徽阜南（阜陽以南）。在車中，我們繼續學習了有關土改政策方針的文件和報告。

安徽省阜南縣，地處皖北和豫東交界處，為一個極貧瘠地區。我們到縣後，即分赴各區鄉，開始工作。我分到第四區（公橋區，下轄十個鄉）。主持該區土改工作的，是中共區委書記，姓周，當地人咸

以周政委呼之，他文化程度不高，但很刻苦耐勞，工作作風亦頗深入群眾。當時是實行供給制階段，生活待遇很低，周政委每月亦僅十餘元錢，包括伙食費及二元五角的零用。衣服等物則由公家發給，抽菸者，每月還有二條香菸供給。

我的工作是做周政委的文書，負責全區土改的統計工作。這項工作至繁且複；根據各鄉上報的統計數字，制定各項統計表格。惟各鄉所報數字，每每含有水份，需由我下鄉覆核，才能最後確定。

土改工作的步驟，是先發動群眾，建立農會組織，待群眾發動起來以後，即開始劃分階級，然後進行鬥爭地主，將其土地等加以清丈並予以沒收，對富農的土地則採取徵收的辦法。

今天，我手頭還有一份我到阜南後，參加土改工作會議的紀錄，因為是原始的，錄之如下，以為歷史留個見證：

第二步工作布置

時間：一九五一年十二月二十四日至一九五二年一月三日

一、講階級：二十四日－二十八日

　　（一）方法：一面講一面劃（階級），結合鬥爭，先講地貧，後講中富，在講階級中必須聯繫實際，以實例進行講解，必須做到：A，明確階級標準；B，提高階級覺悟；C，加強農民內部團結。講階級應運用各種方式進行，如土改夜校，廣播台與各種會議等，講後討論。

　　（二）開好兩個會議：A，召開鄉農委員會；黨團員、農代婦代小組長基層幹部會議；在此會議上除講階級外，必須貫徹兩個問題；一是試劃階級，統一鬥爭對象，報實地畝；二是以鄉為單位召開農代大會，其內容與農籌擴大會議相仿，明確鬥爭對象，通過試劃，動員報實（小鄉可以只開一個會）。

二、劃階級：二十八日－三十一日

　　重點鄉於二十八日開始試劃，一般鄉二十九日開始，各鄉在評劃時視幹部力量分點劃評。地富以點劃，中貧以村劃，在劃中結合鬥爭，對已鬥爭過的地主，如無活動不再鬥爭。方法自報公評，對中貧不要斤斤較量，劃的時候，召開一個農代會，以農籌委員為主席團。算剝削賬時要合情合理，每次鬥爭會後，可把地主留下訓話，告訴他只有兩條路可走，使他守法，防他破壞，劃中貧農時要防止因政治成份而提高經濟成份。

三、通過階級：

（一）要召開農代及婦代會，檢查有無錯劃漏劃通過階級；

（二）查敵情；

（三）進行教育，動員報實，防止地主分散五大財產。

四、批准階級：

　　召開農代大會，進行教育，反分散，宣布評劃結果（地富為限，中貧不宣布），成立沒收徵收委員會。

五、領導上須注意幾個問題：

（一）劃階級要有代表、積極份子弄清階級界限的基礎上，領導上要模底，不可盲目進行；

（二）在劃前要在貧雇農中做好動員報實工作，我們必須認清地敵報不實，階級劃不好。

六、領導方面：

（一）要做好一個具體工作計劃，以便發揮每個工作同志的主動性；

（二）在鬥爭上必須掌握分別對待；

（三）把鬥爭限於地主階級，防止亂鬥，要做好準備工作，第一對象要準確，第二其罪惡範圍及鄉的，以鄉為單

位鬥，其罪惡範圍只及村的，以村為單位鬥；

（四）對惡跡材料，要確定掌握；

（五）政策交代明白，思想統一（在積極份子中統一起來）；

（六）鬥爭後該管制者予以管制，但管制人數以不超過三分
之一為度；

（七）大力培養使用積極份子，使用時要講清政策交代辦
法，有布置有檢查，在放手時不要怕錯，錯了重來。

　　參加土改工作的，除我們從北京來的中央土改工作團團員以外，其餘大部均為本地區的工作人員，他們政策水平不高，在劃分階級和沒收徵收地主富農土地中出現的偏差，如劃分階級以政治成份而不是以經濟成份為標準，作風粗暴，私拿地富財物，包辦代替等問題，俱為其中某些人之所為。但他們當時生活待遇確實很低，大部分人，每月僅支小麥一百八十斤（合人民幣十元左右），除吃飯外，所餘無幾。且大部分人菸癮很大，飯可以不吃，而香菸不能不抽。所以香菸是個寶，最高級的要數飛馬牌香菸了。記得有一次我買了二包（我本人不吸菸）分給眾人，眾人都搶著要抽，得到一支就高興異常。

　　我平時與周政委吃住在一起，但為統計數字，亦經常下鄉，參加鬥爭地主大會，對鬥地主，群眾反映不一，有的積極，有的消極，作壁上觀。但對分田地，群眾積極性均甚高，當然其中也出現積極份子將地主之妻妾都作為財產占為己有的現象，所以毛澤東主席要說，重要的問題是教育農民。

　　我在下鄉時，經常去農家訪問，時地主已打倒，富農亦靠邊。我去訪問的多是貧下中農家庭，他們的住房均很簡陋，多係土屋，屋內的家具（如桌、凳、儲米器等）大部分亦係土做的，我們在農戶家訪問時，他們待我們都很客氣，往往留我們吃飯（是給飯錢的），吃的是麵條（光麵）拌紅薯葉（當菜），這是一般農戶過年才能吃的上

等飯菜，可見當時農村農民生活之苦，非親眼所見，不能相信也。而比較我們由北京來此參加土改的同志：吃的是中灶，住在沒收了的地主家中，睡的是木板床，以高粱梗為墊褥，被子用自帶的。相差不可以道里計矣。雖然如此，我們中央土改工作團成員，與當地農民的關係，總的說來，尚稱融洽。因為農民認為我們來是幫助其鬧翻身，分田地的，而我們工作隊員亦處處注意影響，不以救世主自居。

在參加土改工作後期，我所在的中央土改工作團華東區六團，發生過一起重大的自殺案：六團副團長郗國仁，在其住所用步槍擊中腦袋而身亡，現場血肉橫飛，腦漿四溢，慘不忍睹。當地政府緊張萬分，當即派人封鎖現場，並進行調查。最初懷疑是他殺，後在郗的桌內發現其親筆遺書一封，內有：「我再也不能為國家工作了……」等語。嗣經翻閱其往來信件，內有北京市政府秘書長薛子正書信幾封，其中一封謂：「在大院（按指北京市府）掀起一股浪潮，勢甚洶湧……」當時推測，此可能與在城市中正在開展的「三反」運動（反貪污、反浪費、反官僚主義）有關。但大家都不明言，心中有數。此案經縣府調查後，亦無法做出處理，最後只有決定掩埋屍體，報告上級領導了事。

土改工作結束前，我們全體團員集會，進行了工作總結，由六團焦團長主持。各人就：土改工作中的立場、貫徹土改政策的情況、工作方法與作風、合作團結問題、參加土改後的思想認識和體會等方面進行發言，並寫書面總結一份。焦團長於會中還進行自我批評，承認其工作深入不夠，並對郗國仁副團長自殺之事應負失察之責。其後，區委負責同志還對每位隊員工作情況進行了鑒定，並寫了評語，對我的評語是：「該同志的工作，細緻而負責……」

我們這一期土改工作隊，擬定時間為四個月，全部工作至一九五二年二月二十五日結束。三月初，我們離阜南返回北京。記得火車抵豐台，已是晚上，北京的燈火閃爍在前，大家不禁歡呼起來，這似乎是

對四個月前離別城市和家人，而今又回到城市的一種喜悅感情的反映。

　　參加是次土改工作，對我而言，感觸頗深，亦有一定收穫，我雖自幼生活在鄉村，然自法國歸國後，即一直居住在城市中，此次復返農村（當然皖北農村比我的故鄉蘇南農村條件要艱苦得多）。收穫及感觸主要表現在：第一，從生活上鍛鍊了自己；第二，親眼目睹農村中確有階級矛盾存在，因此部分修正了我在一九四九年前對中國社會的看法，土改確有必要；第三，瞭解了中共黨的幹部對黨的工作的嚴肅認真，及生活上的艱苦樸素，值得吾們學習；第四，我國的農村確實十分貧困，有待吾輩去努力改變之。

企業組織經濟與計劃課程的開設與講授

　　我結束在皖北的土改工作，回到學院後，曾毅院長囑我開設企業管理課。他說：「中國人民大學已開設此課，由該院的蘇聯專家依格‧約非（譯音）主持，你可去聽課，一面學一面教麼。」

　　我遵院長之囑，即一面編寫教案，一面去人大聽課學習。同時，為更好地學習，還突擊修習俄文，俄文語法上要比英法文規則，故數月之後，我的俄文水平大有長進，後來閱讀專業書籍亦不費力氣了，惟口語就顯得不足些。

　　企業管理這門課程，學名叫「企業組織與計劃」，這個學名來自蘇聯，是一門經濟性質的課程。當時新中國的工業正處於初創階段，國家實行「一邊倒」的方針，向蘇聯「老大哥」學習之風，盛極一時。「蘇聯的昨天，就是我們的今天」的口號，不絕於耳。故這門課，從教案編寫，到課堂講授，大多採用或參考蘇聯同類教程，缺少中國企業的實際（約非教授編有《工業企業組織與計劃》一書，由人大企業組織與計劃教研室編譯出版）。講授內容為社會主義企業的組織工作與計劃工作，說明如何在生產中達到多、快、好、省的要求，

並特別地強調與資本主義工廠管理的不同。具體章節有：企業的特性與任務、企業的生產過程組織、企業的管理原則與機構、生產技術準備、勞動技術定額編制原理、勞動組織與工資、輔助生產與供應業務組織、技術檢查組織、生產技術財務計劃工作、生產作業計劃工作、基本生產車間的組織與經濟。

企業管理工作適用於各類企業（如機器製造、化工、電機、儀器儀錶等），故企業管理課實際上是工科各學科的公共課程。記得我第一堂課是為化工系同學上的，同學只有六人，大多為調幹生，有些是一些企業的廠長、副廠長，有些曾在延安大學工學院肄業，俱為共產黨員，政治素質很好。他們生活樸素，雖文化程度低一些，但學習頗為刻苦，故進步很快。後來隨著學院的發展，聽課的學生逐漸增加，最多時達百餘人，在梯形的大教室內授課。學生通過系統學習，掌握了工業企業管理的基本原理，並通過下廠實習，加深了對理論學習的認識，收穫很大。每年歲末，我都收到學生寄來的感謝信，尊師重道之情，溢於言表，其中機械系同學是這樣寫的：

敬愛的沈先生：

當一九五四年到來之際，我們向您致最熱烈的祝賀。在過去的半年裏，在企業管理學習中您給了我們極大的幫助，使我們在很短的時間裏，有了較多的收穫。這不僅由於您具有豐富精湛的學識，能夠精闢透明地講授課程內容，而更主要的是您以高度責任心和辛勤忘我的教學精神，對我們學習的督促和直接指導，這一點特別是我們難以忘懷，不能不對先生有最大的感激，同時也鞭策我們在今後的學習和工作中加倍努力。

一九五四年祖國建設必將更向前發展，獲得空前輝煌燦爛的成就，我們衷心的預祝您，在教學工作中，不斷對祖國做出卓越貢獻。

謹祝

年喜

機三下全體同學

一九五四年元旦

　　猶記這批同學是參加新中國中央人民政府首次統一招生考試中
錄取的，於一九五四年夏畢業離校。屈指算來，近四十年矣！年齡亦
已近花甲，惟他（她）們的名字卻是一個也記不起了，僅保留這封信
件，錄在這裏，以示我對諸同學的懷念。

受命組建京工生產組織教研組

　　教學研究指導組（簡稱教研組）為新中國高等學校的基本教學組
織，擔任一種或性質相近的幾種課目的教學工作及與教學工作有關的
問題的研究工作。

　　華大工學院自更名北京工業學院後，建設發展很快。至一九五二
年夏，全院已有航空、機械、汽車、內燃機、電機、鋼冶、化工、採
礦等八系，及數十個專業、基礎及公共課教研組。各項配套設施如圖
書館及實習工廠等，亦在大力建設之中。院部領導亦作了相應調整，
新任院長兼黨委書記是魏思文。魏原係馮庸大學學生，後去中共山
東解放區，口才頗好，說一不二。後來聽說在「文革」中身亡。魏到
任後，原代理院長曾毅調中國科學院任總支書記。一九五八年又任新
成立之中國科技大學副校長（院長由科學院長郭沫若兼），負實際責
任，後早卒。

　　魏思文院長比較重視學院的發展與建設，他約我談話，瞭解企業
管理課程的情況。我告之：這門課最初全院僅我一人開課，後來又有
于純德及陳行健兩位老師先後開課。魏說，學院要發展，企業管理這

門課很重要，院部擬建立生產組織教研組，我們經過向同學瞭解，認為沈先生在三人之中授課條理最清楚，同學普通反映較好，擬請沈先生擔任教研組長，負責教研組的教學事務。我推辭不得，只有允諾。後來，院部成立院務委員會，主持全院大政方針之制定，亦任我為委員。當時是一無所有，我擔任組長後，一面向各有關院校（如人大、清華及哈工大等）取經學習，一面廣泛搜集有關資料（如圖表、教材等），充實設備。同時，人的因素是最重要的，我乃就此事專門呈文教務處及人事處，請准商調有關企業管理人才來校任教，充實企管專業的師資隊伍。窮近七載之功，至一九五八年春我調離京工時止，生產組織教研組已有十三位教師，圖書、圖表及設備等亦得到很大充實，初步搭起了教研組的基礎。

企管教研組諸同仁

京工企業管理課教師，最初僅我一人，後來，陳行健、于純德兩位老師，亦相繼擔任此課的教學。隨著教學內容的增加及改革，學院決定建立教學組織，教研組強調教學工作的組織性、計劃性，及集體主義精神。生產組織教研組成立後，以我為組長。教研組直屬院部（教務處），教務處對教研組教學工作有組織、計劃，及督導檢查之職。除企管教研組外，其他教研組有數學、物理、普通化學、俄文、體育、製圖、理論力學、材料力學、金屬工藝等。組長亦由各門課中主幹教師擔任。

企管教研組組建後不久，京工的鋼冶系並入新成立的北京鋼鐵學院，旋因工作之需，于純德老師調鋼院任教。而陳行健老師，因身體原因，長期不能來院上課，故解決師資不足問題，實為當務之急。經與院部商議，廣為羅致各方人才，先後來教研組任教者有：勞××、李宣予、李覯樞、陸許棟、任隆清、周文俊、宋一新、王朝忠、李

杏琴、李×等，還有一位趙興順，擔任幹事（收發）工作。他們中除李宣予是老同志外，大部為各大學經濟專業的畢業生，年紀輕，幹勁足，有些來教研組不久，經自己刻苦努力，就已擔任主講。如陸許棟老師，浙江嘉興人，畢業於上海財經學院，留校任助教二年。一九五五年初調京工，一九五六年升講師。陸老師授課條理清楚，科研工作亦有相當成績。任隆清老師，四川人，四川財經學院畢業，分配至京工任教，自助教而講師，教課認真負責。一九五七年，由我呈請學校教務處委派其為教研組秘書，輔佐我工作。及至一九八二年間，他來杭州浙江大學工管系參觀學習，曾來我家訪見，談及我走後學院工作種種，不勝感嘆，其時他已是京工工管系的主任了。言談之間，知三十年過去了，其夫妻分居兩地問題，仍未得到解決。落實知識份子的政策如此之難，由此可見一斑。近來聽說任老師在萬般無奈的情況下，還是申請調回了四川工作。又李覲樞老師，北方人，中國人民大學畢業。分配來京工任教，亦從助教至講師，李能力亦較強，為我所重。惜在一九五七年的「整風」運動中，李於京工黨委召集的全院講師、助教座談會中，因提倡民主辦校原則，於一九五八年初被打成「右派」，下放北京通用機器廠「監督」勞動，度日如年，沉冤二十一載。

同仁中亦有不思上進，另有所圖者。蓋由於當年之環境，過份強調政治掛帥，輕視業務。故少數投其所好者，充分施展其伎倆。如京工化工系的畢業生勞××，分配來組任教，並兼組秘書，惟其對教學似無多大興趣，卻喜弄權，經常在教研組開小會，別人戲稱其為「影子組長」，形成所謂「秘書當家」。將教學秩序搞亂。我作為組負責人，向其指出，他還不以為然，後我向院部反映，院部將其調至化工系了事。另李×，為人性情孤僻，作為輔導老師，不抓業務學習，同學意見很大。李整天似乎忙忙碌碌，然不知其在幹什麼，教研組其他教師，對此亦議論紛紛，後發展到在新華書店竊書，被書店保安當場

抓獲，扭送派出所，並電話告知教研組領人。為人師表者，竟做出此等下三流的事，我請其今後注意，不意他竟惱羞成怒，在「反右」期間，向校方打小報告，散布種種不實之詞，徐圖將我打成「右派」而後快，我深受其害。在我調離京工後，李又本性不改，與教研組大多數教師鬧翻，不久被調離學校。

「忠誠老實學習運動」

一九五一年秋，全國開始進行知識份子「思想改造運動」。在此之前，毛澤東主席發起批判電影《武訓傳》，全盤否定傳統教育思想，開用政治批判解決學術問題之先河。至一九五一年冬，中共中央發布《關於在學校中進行思想改造和組織清理工作的指示》後，對知識份子的「思想改造運動」全面展開。

我自皖北參加土改回京不久，北京工業學院開展了一場「忠誠老實學習運動」，當時與「三反」運動（即反貪污、反浪費、反官僚主義）並列為「三大運動」之一。學院為此成立了學習委員會主其事。院長曾毅及李宜今、謝×等人並作了發動報告。

在京工，這場運動主要是針對學院中一些老知識份子（教授們）的。因為有人認為，他們在資本主義國家接受教育，受資產階級的毒素影響很深，雖然解放以後他們也經歷過思想改造及學習改造運動，認識有所提高，但還不是行動上的提高。所以要開展「忠誠老實學習運動」，促使他們在行動上檢討，暴露批判自己的過去。

我參加了這場運動，並在一定範圍內對自己的過去作了自我批判。上海解放後，我先後五次進行了自我批評，這次是第六次。但由於運動的發起者與主持者，以極左的觀點看待一切，脫離時間地點環境的因素，使我亦備感苦惱，如說我對蘇聯的看法不夠深入；南京解放前就任社會局長的動機不是主觀想法；脫黨的原因不合理；找不到

組織不是理由等等。非要將自己批判得體無完膚，一無是處，才可過關。於是，我又作補充批判，幾乎將自己過去的歷史來個全部否定，方滿足了某些人的要求。同期，參加同一個小組學習的陳連舫、楊一之、曹任運（謝持女婿）、王素文等教授亦是檢討多次，才得以通過的。

所以說，「忠誠老實學習運動」雖標榜是人民內部的自我改造學習，然由於學習過程中方法簡單生硬，混淆思想與政治問題的界限，用政治壓力解決思想問題，其起的作用究竟有多少？我是深表懷疑的。後來於一九五四年夏，在高校畢業生中亦開展「忠誠老實學習運動」，旨在劃分學生中的和左中右，就更是擴大打擊面之舉了。

編譯《工廠計劃計算方法習題集》

企業管理課程是一門實踐性很強的課程，牽涉到諸多計算問題，故編寫合適的習題練習，實為授課的重要部分。時在全面學習蘇聯階段，高等教育部曾發出指示，要求各高等學校制訂編譯蘇聯教材計劃（包括基礎課及專業課的教材），並做出《關於翻譯蘇聯高等學校教材的暫行規定》，由各校制訂翻譯計劃。以專業為單位，分擔本專業之編譯工作，時京工亦來了不少蘇聯專家，向教務處推薦蘇版習題彙編，教務處囑我負責編譯（參加編譯的尚有陳行健、于純德兩位老師），以供本院及其他工學院企管專業同學使用，並擬向高等教育出版社聯繫出版事宜。

這本蘇版習題集彙編，作者為國立莫斯科經濟學院工業企業組織與計劃教研室教授б‧В‧維諾格拉道夫，由蘇聯國立政治書籍出版社（Гослопнтнзцат）於一九五二年出版。我們於一九五三年冬接手編譯，窮數月之功，終在次年（一九五四）夏將譯稿全部殺青，嗣送新成立的高等教育出版社審查（高教出版社成立的主要任務，為組織

著譯力量，出版蘇聯高校及中專的各類教材之中譯本，及各高校自編教材）。同期，哈爾濱工業大學生產組織教研組亦準備翻譯是書，時我適在該院參觀，乃將已譯就並送審情況告之李楨祥組長，該校乃停譯，以免重複。後來習題集得以出版，哈工大的機械、電機二系企管課程之計算課，即用我們編的這本。

習題集內容分為十章：企業產品計劃的計算、生產的日曆計算、技術計劃和技術定額的計算、生產能力利用的計劃、材料供應的計算、輔助生產的計算、勞動和工資的計劃、產品成本的計算、財務計劃的計算、綜合的計算，每章之下又分若干小節。

由於係蘇聯的教本，許多地方不適合於我國國情，故我們在編譯過程中，儘量參照所搜集的中國企業資料，加以訂正，以適應中國同學之需。

編譯稿經高等教育出版社審核後，決定接受出版。旋該社於一九五四年十月以高編稿（五四）字第二五四〇號文將出版決定通知我，並附出版合同一份，讓我簽訂。當時稿酬是每千字人民幣七萬元（合今之七元），全書計二十五萬四千字。計付酬一千七百七十八元。

習題集於一九五五年二月以「高等學校教學用書」名義正式印行出版，初版即印了三千五百冊，後又加印數次，時全國有關各重點高校（如清華、哈工大、浙大）及其他各工學院的企管課程，俱採用此書，有關的部委及各大企業，亦買去作為幹部職工進修學習教材，產生了一定的影響。

教學之餘，又為有關機關講授企管課程

中華人民共和國成立之初，百廢待興，而恢復和發展經濟，實為當務之急。中央有鑒於此，乃有第一個五年經濟計劃之實施，各地均新建一批大型骨幹企業，企管工作，亦日顯重要。時國家實行蘇式計

劃經濟模式，各大企業均由中央各有關工業部委直接管理，故這些部門的工作人員，對企管知識，亦是求知若渴。

一九五三年初，北京工業學院主管部門第二機械工業部之第六局（主管軍工企業），鑒於該局幹部企管知識貧乏，極需提高，乃函邀京工，請派企管教師前往，主持企管學習班，講授企管基礎知識，京工派我前往。

該局參加學習者甚多，除生產管理處業務幹部外，尚有財務、計劃、技術、行政、勞資各處，翻譯室、檢查室、工會、黨總支等部門的幹部亦紛紛踴躍報名，共二百餘人，濟濟一堂。這些幹部之中，軍隊轉業者居多數，其中抗戰期間參加革命的老幹部就有七十餘人。資格老，惟文化程度偏低。且參差不齊，具大專以上程度者僅六十人，僅占三分之一弱。其餘均初高中文化，且大多數人沒有工廠經驗，只有一二位曾於人大企管專業進修過。

我根據他們文化低、時間少（採業餘學習制，每周六下午為學習時間）、專業差的情況重新制定教學計劃，以講授基本常識為主，不求深入，但求全面，同時增加下廠參觀內容。如此下來，各學員普遍反映較好，謂我上課深入淺出，大家都聽得懂，結合實踐收穫很大。學習班結束後，二機部特向我頒贈紀念獎證及毛澤東像章，以示感謝。

同期，重工業部化工局（後擴充為化學工業部）亦邀我前往，就化工廠生產作業問題，舉行講座，參加者有化工局生產技術科等部門人士。我就企業的編制作業計劃前的準備、作業計劃的編制程序、調充工作、統計檢查、總管理局對各廠的主要控制數字（勞動定額、產量指標、材料消耗、成本等）諸項問題作了數次講授，反響亦頗大。嗣又應邀對《化工企業組織與計劃》一書，進行審訂。其後，北京工業學院生產組織教研組在中央各有關部委中，深具影響，甚至超過了老牌的清華大學（時清華亦函邀我前往授課），校外授課產生的影響為其主要原因。

受聘擔任院務委員

北京工業學院的前後兩位院長曾毅、魏思文，對京工的正規化建設，做了許多工作，院務委員會之設立與充實，即是其中突出的一件事。

時京工辦學方針實行黨委領導下的院長負責制。而院務委員會主要任務為討論教學、科研、政治思想、行政工作，作為全院大政方針之制定者，輔佐院長工作。院務委員俱為一時之選，除各系系主任、各直屬教研組組長、各處室負責人為當然委員外，還有許多教授、副教授亦聘為院務委員。其主要工作有：參加院務會議、工作會議、專業會議等，並提供意見。教師升等工作亦歸其辦理，院務委員中，記得有王發慶、陳贊文、王文潤、凌鐵錚、孫樹本、林漢藩等。

我作為院務委員，參加了許多院會，其中最值得記憶的是參與制訂了《北京工業學院十二年發展規劃》（一九五六至一九六七），該規劃對京工的各學科教學、科研工作規劃甚詳。時中共中央有「向科學進軍」的號召，國務院旋設立科學規劃委員會主其事。以留法同學陳毅為主任委員，制定全國的十二年科學技術遠景發展規劃。各科研機構，各高等院校，各產業工業部亦紛紛制定發展規劃，京工的這項規劃就是在此背景下制訂的。此後，依據學院規劃精神，我復主持制訂京工生產組織教研組規劃（包括教學規則、教師進修計劃、教研組發展規劃、教研組課程大綱等），甚為詳盡。

在「肅反運動」中

一九五五年七月一日，中共中央發出《關於展開鬥爭肅清暗藏的反革命份子的指示》後，在全國範圍內開展了「肅反運動」。

「肅反運動」之展開，追本溯源，始於同年的批判胡風集團運動。這本是一個屬於人民內部的思想之爭。毛澤東其後卻將其欽定為「胡風反革命集團」，並親自寫下《『關於胡風反革命集團的材料』編者按》發表於《人民日報》上，將胡風等指為「一個暗藏在革命陣營的反革命派別」，「是以推翻中華人民共和國和恢復帝國主義國民黨的統治為任務的」。旋大抓所謂「胡風份子」，株連甚廣。同期，在中共黨內，又有「潘（漢年）楊（帆）反革命案」發生。這一切，都使毛產生一種錯覺，以為全國經過鎮反運動後，仍到處有反革命。當時有一句口號，叫作：「提高警惕，肅清一切特務份子」，很能說明問題。

　　同年夏，京工的「肅反運動」開始展開，學院召開了肅反報告會，提出「忠誠交代」的口號，即：（一）把反革命的思想活動談出來；（二）把反動的社會關係談出來；（三）交代自己的政治活動；（四）把過去一切偽造的證件、學歷交代出來等等，為此專門成立學院「肅反五人小組」，並下設有辦公室負責具體事務。

　　由於我在一九四九年前所從事的工作，我成了京工「肅反運動」的重點審查對象。

　　我的歷史活動情況，自一九四九年後，已經先後六次向有關部門作了陳述，甚為詳實。然運動一來，俱不算數，仍要進行新的「交代」。於是，我絞盡腦汁，每每夜不成眠，努力回憶自己歷史活動的每一個細節。並將自一九二八年三月南京中央軍校任政治教官起，至一九五一年四月離開上海來北京止此一階段的全部經歷及其人和事寫成數十萬字的材料分期分批交肅反小組。記得最後一批材料是在一九五六年二月底寫畢交出的，前後歷半年左右時間。我今天所撰回憶錄中的某些細節，亦有許多來自肅反材料的底稿。

　　不僅如此，我還將隨我近二十年，寫於一九三六年的專著——《中國國防史略》上交肅反小組。又致函在南京我八府塘舊居居住的

四弟沈祥霖，囑其代為整理我在一九四九年前的有關書籍材料。後經四弟來函告知，他經整理，計有：留法勤工儉學筆記、戰幹三團第一期同學錄、戰幹三團第一期政治訓練計劃、《復興關訓練集》、《中國法制史》、《地方自治》雜志、湖北省第七區專員公署職員錄等數十種書籍筆記材料，並於一九五六年夏，通過其單位人事科長劉某，送交京工肅反小組辦公室赴寧調查之人。

這些材料之中，最有歷史意義的是那本留法筆記本，綠面黑邊，記錄了我在法國期間，生活社會方面的活動及觀感種種，至為詳盡。對瞭解留法勤工儉學史料，可提供第一手的觀察材料。

三十餘年後，我因撰寫本回憶錄之需，曾托在北京中央國家機關工作的長子（通過組織）專程赴京工找有關部門詢問此筆記本下落，經辦人為後起之秀的黨辦主任常某，甚為熱心。然其結果卻至為遺憾：常某找到其中一位當年的經辦人（已退休），其承認去過南京，但矢口否認拿過材料，並拒絕提供其他情況。如此態度，實非我所始料。可見在中國要清除極左思潮的影響，絕非一朝一夕可以奏效也。

京工的「肅反運動」，原擬在一九五五年九月底結束。然其後，卻事與願違，愈搞愈大，愈查愈多，愈查愈細，幾至無法收場之境。至一九五六年夏，才進入將第一批肅反對象做結論階段。當時發動者及執行者們的心態，確實是寧「左」毋右。因為有人認為，左是方法問題，而右是立場問題。茲錄我當時日記二則如下：

一九五六年　四月十七日　周二
上午到車道溝肅反辦公室和胡科長談話，並有任家盛同志在座，問及盛子瑾三豐行問題，蘇實做些什麼？三豐行除做生意還做什麼？那個美國人到過三豐行沒有？此外還問及上海公安局裏有熟人沒有？你為什麼能在上海站得住？等等。我答應考慮答覆。

下午在辦公室裏想過去問題，有所回憶。

一九五六年　四月十八日　周三

　　上午到車道溝談問題，由李占林、任家盛二同志接談。任問及：何煥卿住址，三豐行那個工友的地點，陳凱瑞現到哪裏去了？陳子谷（華東統戰部的）現在哪裏？三豐行辦公室的布置（我畫了一個圖給他），蕭大成還叫什麼名字？等等。

李占林告訴我三點：一、把交代以來的經過檢查一下，如對領導上有批評也可提出；二、沒有交代清楚的問題好好想一想，要做思想鬥爭；三、考慮如何結束，如提供人證，最好能容易見面的，不要太虛。

　　大概是由我的「交代」材料較為詳實具體，肅反小組的調查又未發現我有新的「問題」，故其間雖有誘供現象的發生，但仍叫我繼續工作，而不像有些對象那樣，被宣布停職審查。肅反對象在結束被審查後，都要尤其工作單位下定案結論，並放入本人檔案之中。然京工肅反小組對我的審查結束後，卻未作結論。為此我專訪魏思文院長，詢問其中緣由。魏答：「考慮沈先生的具體情況，我們未作結論，對沈先生有利。」並謂：「在我們黨內，也有許多同的歷史問題未作結論而仍在為黨工作的事例，沈先生這點可以放心。」

　　京工肅反運動結束後，我曾於京工校刊上發表一篇題為《肅反對鞏固人民民主專政有極重要的意義》的文章，乃應景之作，內容許多並非自己的真實想法。在一九五七年春的整風運動期間，曾有不少京工的教職員工仗義執言，提及肅反擴大化的問題，是具相當勇氣的，惜在其後的反右運動中，他們竟被打成所謂「右派」，釀成更多的冤假錯案，歷史的教訓值得記取，不然，就會重蹈歷史的覆轍。

東北之行

　　北京工業學院生產組織教研組成立之後，為發展組務，我做了許多工作，教研組從無到有，從小到大，一切有關圖表、設備、教材、大綱等，均包含著個人辛勤的努力。當時在北京的工科院校中，以清華大學企管教研組人數較多，設備亦全。我乃率同仁多次前往海甸清華園，與之交流教學經驗，獲益不少。而外埠同類院校中，以哈爾濱工業大學生產組織教研組成立較早，教學經驗亦較豐富，除本科生外，還有教師進修班及研究生班，我乃請准教務處，於一九五四年秋，率同仁前往參觀學習。

　　哈爾濱工業大學是一所由俄國人創辦的學校。至一九五〇年夏，始移交中國政府管理，由一機部和高教部雙重領導，被定為全國重點高校，在各工科院校中，是最早建立蘇式五年制本科（培養工程師）及二年制研究生（培養高校師資）的學校。當時哈工大之教學模式，完全採蘇聯模式，連其教學主樓之形狀，亦與莫斯科大學相仿，只不過規模略為小些。

　　接待我們的是哈工大生產組織教研組長李楨祥老師，我們與其交流了課程及課時，實習及畢業設計諸問題。李老師告知，他們的課程《機器製造企業組織與計劃》之教本，係在該校蘇聯專家指導下編就，分上中下三冊，上冊組織與定額，中冊計劃工作，下冊畢業設計及習題。該校電機、機械二系學生俱用此教科書，講授時間為一百小時，（其中七十小時講授，三十小時習題）。承蒙李組長見贈教本及教學大綱計劃材料，我粗略翻閱一遍，幾為蘇聯教程的翻本，雖面面俱到，然不突出重點，並脫離我國實際。而該校電機、機械二系學生的畢業設計，其中企業組織與計劃的內容已經占到全部的百分之二十強，卻值得我們借鑒。

交流之餘，我漫步冰城。雖在初秋之日，然與北京相比，早晚已較有寒意。城市中建築大都為俄式，街上俄人隨處可見，酒店很多，充滿異國情調。

東北之行另一站為瀋陽，時在一九五六年冬。我率陸許棟、任隆清、李覲樞諸老師前往瀋陽第三機床廠參觀，抵步之日，氣溫為零下二十九度，除李覲樞為北人外，我等俱為南人，穿著皮衣，仍覺寒意。幸室內暖氣供應充足，窗戶均為雙層玻璃，室內外溫差幾達四十餘度。

瀋陽第三機床廠為一新建大型國營企業，主要從事軍工訂貨生產，由第二機械工業部主管。我們此行之目的，乃在與該廠建立聯繫，以為學生今後畢業實習之基地，並對該廠企管工作進行考察。時在第一個國民經濟五年計劃執行期間，該廠執行嚴格蘇式企業計劃管理體制，決策者為廠長及總工程師（兼副廠長），企業贏虧、利潤等都不用企業本身負擔，一切由國家計劃包下來，故企業職工收入較高，工人幹勁亦較足，但隨著時間的推移，企業的負擔亦愈來愈重，計劃體制的弊端亦逐漸暴露出來。

全國生產組織課程教師座談會

一九五七年五月由高等教育部召集，在清華大學舉行的全國生產組織課程教師座談會是建國後第一次大規模的企管教育集會。參加院校有天津大學、東北工學院、山東工學院、南京工學院、交通大學、浙江大學、哈爾濱工業大學、華中工學院、西北工學院、北京航空學院、南京航空學院、昆明工學院、西安航空學院、長春汽車拖拉機學院、北京工業學院、清華大學等校代表。

我代表京工生產組織教研組與會。

各校代表交流了企業管理課程的經驗。均主張依據目前情況，應

設立全國性的生產組織教學中心聯絡站，並建議聯絡站設在清華大學內，由清華生產組織教研組負責具體工作，經費除各學校負擔外，另呈請高教部支持。

座談會討論了近年來這門課的教學情況，認為本課程基礎較薄弱，資料很少，蘇聯的資料不能完全適合於中國實際，工程經濟專業困難尤多，是當前存在的主要問題。

與會同仁討論了高教部制定的「企業組織與計劃」課程的教學大綱計劃方案，見仁見智，發言熱烈。我在發言中，就部訂計劃中將課程時間限定太死（僅五十二學時）談了自己的看法，時北航顧老師，交大汪老師亦持相同觀點。

最後，高教部余司長作總結發言，余代表高教部贊同我們提出的組織生產組織教學中心聯絡站的建議，並就：幾年來教學改革的成績估計、今後的中心任務和計劃、部頒教學大綱（計劃）、教材問題、師資問題、資料問題等談了意見。

座談會中，我們直屬第二機械工業部的幾個國防工業院校（有北航、南航、西航、西工及京工等）代表，還就加強各校校際聯繫，交換資料，並與主管司二機部工業教育司及擬成立的二機部生產組織研究所的聯繫問題交換了意見和看法。三個航空學院還就合編講義問題交換了看法。

我參加是次座談會，獲益匪淺。並結識了一大批同仁，如天津大學的王亞強教授，東北工學院的周自誠教授（「文革」後為上海交通大學工管系主任），俱為一時之賢。

科學研究盛會：全國生產組織專業研究協調會議

自一九五六年中共中央發出「向科學進軍」號召以後，科學研究在各高校內部，成為不可或缺的組成部分。嗣中國科學院又首次頒發

國家自然科學獎，科學研究，蔚然成風。我在此期間，有幸參加了由第一機械工業部工藝與生產組織研究院召集的「全國生產組織專業協調會及其籌備委員會」，會後，並代表京工生產組織教研組任全國生產組織專業協調小組成員。雖然其後由於左的思潮干擾，協調會中制定的若干協作攻關的科研項目，並未得到實施，我本人亦調離京工，然協調會畢竟開了全國企管科研之先河，功不可沒，茲分述如下：

一、全國生產組織專業研究協調會籌備會

一九五七年七月底至八月初，由一機部工藝與生產組織研究院召集的全國生產組織專業研究協調會籌備會在北京西郊該院召開。下列單位應邀參加：中國科學院經濟研究所、中國科學院力學研究所、中國科學院心理學研究所、中國人民大學企業組織與計劃教研室、清華大學生產組織教研組、第一機械工業部技術司、第二機械工業部第九研究所、電機工業部工藝所、北京工業學院生產組織教研組。我作為京工生產組織教研組代表與會。

籌備會首由一機部工藝院丁院長報告，丁在報告中談了擬展開合作研究課題的原則及研究重點包括：一、多品種生產與生產組織形式；二、統計經驗法的推行；三、組織理論問題；四、企業獨立經營及經濟核算問題；五、定額基礎的建立；六、設備的改造與維修等。還說機械工業出版社擬出版有關管理學經驗方面的著作，首先約集東北地區二十餘家企業寫作，可望在一九五八年六月底完成初稿。

丁報告後，復進行研究參加課題草案的討論。與會人士各抒己見，見仁見智。最後決定向協調會提出的科研題目有大題二十個（包括九十餘個小題）。這些研究課題歸而納之，包括企管的下列八個方面：多品種問題、質量控制問題、組織設計問題、定額問題、成本問題、工藝經濟分析問題、生產技術準備問題、設備改造與維修問題。這些科研課題的研究攻關時間定在一九五七年至一九五九年。

關於上述科研課題的承擔單位，籌備會研究決定由協調會秘書處致函各參加單位，於協調會開會時提出。

籌備會討論了協調會的日期及會議日程。協調會期定在是年的十月十二日至十九日，共舉行八天。日程包括請錢學森（中科院力學所研究員）、許國治、王亞強等專家教授作專題學術報告，分組協商課題，及課題協議書的簽訂等項。

此外，籌備會還應廣大與會人士之請，決定設立全國生產組織專業協調小組這一常設機構，協調小組由第一、二機部的技術司，一機部工藝院及七所高校等共十六個單位代表組成，京工生產組織教研組為小組成員之一，由我代表。

籌備會前後共舉行五天會議，會議結束後，我當將會議情況向學院科研部作了口頭彙報。

二、全國生產組織專業研究協調會經過

經過各方籌備協商，全國生產組織專業研究協調會如期於一九五七年十月十二日召開。參加協調會各單位有：一機部有關各司、局、處；二機部勞資司及第九研究所；郵電部工藝所；中科院力學、經濟、心理研究所；人大、清華、天大、交大、浙大、哈工大、北航、南航、京工、東北財院、重大等各高校；一機部所屬各主要機器廠；電機部所屬各主要電機製造廠等單位共一百餘位代表。京工生產組織教研組由我及陸許棟老師代表出席。

代表們聽取了有關專家代表的學術及專題報告，除錢學森先生因故未到場外，計有許國治先生作運籌學與生產組織的關係報告；李家治先生作勞動心理學的研究的報告，還有一機部代表所作一九五七年一機部所屬各廠生產組織改進情況及存在問題等。

報告畢，各代表即分組討論籌備會提出的協調攻關的各項科研課題，並對其內容及辦法做出許多修正。

經過熱烈討論及慎重研究，京工生產組織教研組擬承擔下列六項合作研究課題：一、多品種生產作業計劃標準的制訂、二、大量流水生產線的作業計劃編制調度與監督工作的研究、三、大批生產機床工作技術定額的制定、四、各類機器廠生產能力查定的目的和方法研究、五、操作合理化的研究、六、單件小批生產機床工作技術定額的制定。

　　上述各項課題中，第三項是由京工生產組織教研組與一機部工藝院定額處、二機部九所合作為主攻關，其餘十多家單位協助；第一項由人大企業組織與計劃教研室主持，京工及其他院校協助；第二項由京工生產組織教研組及一機部汽車局共同研究，而由二機部九所，第一汽車製造廠等六家單位協助。其餘各項，則由京工生產組織教研組與一機部生產司、南開大學生產組織教研組及中科院心理所共同研究，其餘多家單位協助。

　　研究課題確定後，即由相關各單位代表舉行協議草簽儀式。我代表京工生產組織教研組簽訂了協議。初步確定京工參加研究人員為陸許棟、李覲樞及我三人，俟有一定規模後，再吸收教研組其他同仁參加。

　　京工生產組織教研組承擔的這些課題，均為企業組織與計劃課程中的重點，與教學緊密結合。故研究的目的，也是為了提高教學質量，且通過協作研究，亦可吸收各有關機關院校企業的實際資料，交流經驗，取長補短。理論與實際相結合，是有很大意義的。可惜的是，其後的政治形勢發展，對科研工作的干擾甚大。由於「反右」，參加協調會的不少人，成了「右派」，所以，這項很好的科研攻關課題，亦僅僅限定在紙上談兵階段。

從「整風」到「反右」

　　所謂整風，即整頓三風，是為主觀主義、宗派主義、官僚主義。自一九五七年四月二十七日中共中央發出《關於整風運動的指示》以後，被後人稱之為中華人民共和國建國以來第十二次政治運動在全國範圍拉開了序幕。

　　是年，毛澤東號召黨外各界人士幫助共產黨整風，提出所謂「內外夾攻」之策。一語既出，使各界人士，尤其是高級知識份子，精神為之一振，譽之為「知識份子的早春天氣」（費孝通語）。在隨後召開的各級各類座談會中，各界人士本「天下興亡，匹夫有責」之心，對執政黨之黨政、黨群關係，及經建、法制，建國後歷次運動中的偏差與失誤等，提了大量切中時弊的意見。

　　中國共產黨北京工業學院委員會遵照有關指示，亦分別召集全院教授、副教授，及講師、助教開座談會，號召「大鳴大放」，向黨委提意見。

　　我應邀參加了五月二十五日舉行的教授座談會，到會者有京工各系各專業的五十餘位教授副教授。中共京工黨委會成員均到場，聽取意見。新華社、《人民日報》、《北京日報》等傳媒的記者，亦到場採訪。

　　座談會氣氛熱烈。時尚在「鳴放」高潮期間，各類報刊，如《人民日報》、《光明日報》、《北京日報》等，每天均闢有專欄，發表各界人士的各類鳴放建言。故座談會中，與會教授們，亦暢所欲言，對黨委的工作提了不少意見，有些意見提的很尖銳，如俄語教授林承輝認為學院脫產政工幹部太多，領導對專業不懂，是學院辦不好的根本原因；還認為民主集中制不是萬能的，關鍵要完善法律，法制愈健全，民主集中愈少；並且認為斯大林的專斷是制度造成的。另一位教

授胡××，則就他所謂的：學府與衙門、洋鬼子與土包子、人才與奴才、科學基地與休養所、政治與學術五方面問題談了他自己的看法。歸結為一點，即主張民主辦校，讓教授們有職有權，各盡所能。

我在座談會中也發了言，與一些教授們主張「教授治校」不同，我認為目前實行的「黨委領導下的院長負責制」制度是可行的。為此，我談了自己參加北伐戰爭之體會：黨的力量通過政治工作貫穿到北伐軍中去，使我們以少勝多，以弱勝強，最終取得了北伐的勝利。所以，我認為黨是可以領導學校的，這是一個大的前提。

對黨如何領導學校的問題，我亦談了個人的看法：高等學校作為教學單位，黨委會成員不應以外行自居，而應努力研究和學習業務，深入到廣大教師中去，傾聽他們的意見，才是正確的領導方式（京工黨委及行政幹部大多來自中共解放區的華大工學院，進城後，其中不少人將宗派作風帶入高校，對知識份子打壓甚多，以致幹群關係緊張）。

由於我是基層教學單位教研組的主管，平常接觸最多的還是教學問題。當時，京工的各直屬教研組是受教務處領導的，教務處在副處長謝×（前院務委員會秘書）的領導下，在修訂教學計劃中，沒有很好地徵求在教學第一線的教師意見，而是閉門造車式的制訂各課教學計劃，脫離教學實際，引發許多教師的不滿，可說是主觀主義的表現形式之一，因此我在座談會上對此事進行了批評，希望結合整風，今後予以改進。又對教研組中存在的「秘書當家」問題，如生產組織教研組秘書勞××，自恃是黨員（當時還僅是共青團員，反「右」後入黨），經常在教研組召開小會，發號施令，且拉幫結派，以致影響教師間的團結，妨礙了教學工作，形成某教師所形容的「實線與虛線領導」現象。我在座談會中希望對這種宗派主義作風引起注意。再如，對教研組某黨員德才俱缺，某次，在新華書店竊書，被書店職工發現後扭送派出所，回校後，卻沒有給予處理，是否亦為宗派主義作祟問

題等，我亦如實談了自己的看法。

我在座談會中發言時，在場的學院黨委會成員及一些教授們表情是複雜的：當我談到黨可以領導學院時，黨委成員們都疾書紀錄，面露讚許之色，而教授們卻大都不以為然，然當我談具體黨員之所為時，黨委成員們大都面露尷尬之色，而教授們卻都抱以欣賞的目光，黨群關係之隔膜，由是可見。

在會場採訪的《人民日報》、《北京日報》記者均對座談會及教授們的發言作了報道，《北京日報》的報道發表於五月二十七日第三版上，提及我的一段話是：「二系教授沈沛霖說，像修訂教學計劃這樣重要的事情，好幾個系主任都不知道，這種閉門造車的工作方法應該改變。」《人民日報》的報道，發表於該報六月四日第七版上，以「黨委治校，還是教授治校？——各高等學校展開討論」為題，且將我發言主旨，列入小標題：

沈沛霖說，黨委能夠領導學校，但應深入研究業務

北京工業學院五十多名教授、副教授，在院黨委召開的座談會上，積極開展批評，幫助院黨委整風。

大家在座談中，認為黨委領導上的官僚主義和宗派主義，是不能把學校辦好的重要原因。官僚主義的表現，主要是黨委領導同志不懂教學業務，也不謙虛地學習的問題沒獲得解決，因之，院內行政幹部雖多，並不能做好教學工作。沈沛霖教授說，我根據自己的經驗說，黨是可以把學校領導好的，但是，黨委負責同志應如何地深入研究業務，應採取哪些適當的方式和方法來貫徹領導，這是在這次整風運動中應該獲得解決的問題。他說，由於院黨委負責同志對教學業務不內行，研究不夠，抓得不緊，教學計劃都是由教務處閉門造車制定，結果就行不通。李作霖教授說，因為領導上心中無數，我們為了減

輕學生的負擔，去年一年就修改了四次教學計劃。而每次的修改，並沒有經過什麼實地的教學實驗。現在有的學生又提出要增加教學的時數。教授王文潤說，教研組是學院工作的基礎單位，也是改進、提高教學質量的關鍵所在，因為領導上對我們的情況不瞭解，職責不分明，多頭領導，結果，我們無法進行教學研究工作。天長日久，問題積累多了。龍季和教授建議，院黨委領導同志，應該離開辦公室，到下面來體驗教學與學術研究的生活。

可惜的是，這個在形式上是發揚民主的「開門整風」，卻是好景不長。是年六月八日，人民日報發表毛澤東所撰《這是為什麼？》社論。同日，毛澤東又為中央起草《關於組織力量準備反擊右派進攻》的黨內指示。整風迅即轉為所謂的「反右派」運動。

其實，從現今公布的材料看，毛早在一九五七年五月十五日即撰有《事情正在起變化》的黨內指示，提出反右問題，謂：「最近這個時期，在民主黨派中和高等學校中，右派表現得最堅決最猖狂」，「我們還要讓他們猖狂一個時期，讓他們走到頂點」。這就是所謂「引蛇出洞」和「陽謀」的由來。我不知道京工黨委會於五月二十五日召集教授座談會時，是否已經知道毛的這番旨意，如已知道的話，則這個座談會就不是真正意義上的「整風」座談會了，它已有「引蛇出洞」的含義了。

「反右」運動帶來的負面影響至深且遠。全國範圍內有五十五萬餘人被打成所謂「右派」份子。在我的朋友中，中國行政管理學會發起人之一的楊玉清兄（時任國務院參事，《政法研究》副總編）即因其「下輔說」，而被劃為「極右」，下放湖北二十載。玉清兄因係民主黨派（民革）頭面人物之一，故對他的處理還算是輕的。而各基層單位的「右派」，處境則更慘，不少人被開除公職，送農村勞動改

造，甚至妻離子散，家破人亡，製造了一幕幕的人間悲劇。

在北京工業學院，經過反「右」運動之深挖後，至一九五八年初，全院共有四百餘教職工被劃為「右派」，幾占全院教職工總數的四分之一（參加京工整風座談會中發言尖銳者，如林承輝等，無一幸免）。當時京工對這些所謂「右派」的處理辦法分為六類：一、開除公職，並送勞動教養；二、監督勞動；三、留用察看；四、撤銷原職，另行分配；五、降職降薪；六、免予處分。但實際處理中，免予處分者極少，絕大多數是一至三類（我熟識者，如林承輝、胡蘭畦等，均按第一二類處理）。學生中亦劃了不少「右派」，處理辦法一是開除學籍，二是轉學（因京工系國防工業學院，「右派」份子當然不能讓其再學），且教務處規定，凡「右派」學生，考試成績均不給分。

我所在生產組織教研組，李覲樞老師亦被劃為「右派」，作第二類處理，下放北京第一通用機器廠「監督勞動」，長達二十一年。至一九七九年十月，李給我來信，談及他的感嘆：

> 與先生分別已二十一年矣，這二十一年的光陰，於先生是「流光如矢」，而於我則確有度日如年之感。遙望二十年前，年華正茂，閱歷太淺，對黨，對人一片忠誠老實，而對人世之複雜性則缺乏警惕，在運動中乃被人鑽了空子，落井下石，幾至永世不得翻身。廿年來個人在政治、經濟、生活各方面蒙受的損失，身心遭到的打擊，是難以計數和言狀的，先生當年身為教研組長，此中底細當比我是更心中有數的吧……

至於我本人，由於我在鳴放座談會中堅持黨可領導學院之說，且有《人民日報》報道為證，故得以幸免，未被劃為「右派」，然還是得罪了一些「左派」，所以，在其後的整編下放運動中，被作為下放對象，並以調動的方式離開了任教七載的北京工業學院。

青年團代表會議召開，致函聶榮臻

整風運動期間的一九五七年五月十五日，中國新民主主義青年團第三次全國代表大會（即中國共青團「八大」）在北京召開。次日，《人民日報》發布大會召開消息，同時在第三版中發表了由留法同學柳圃青兄提供的，一九二四年攝於巴黎的共青團旅法支部「三大」代表合影照，留法同學聶榮臻副總理並以一老共青團員名義向記者發表了談話，祝賀青年團大會召開，並回顧了三十多年前在法國從事CY工作的情形，與照片同時發表。

見到這份報紙及照片後，引起了我很多深思。我回憶了我在法國勤工儉學時，與今中央領導同志周恩來、李富春、聶榮臻等交往的情況，歷歷在目，似在眼前。如今，榮臻元帥主管國防科技，我在國防院校任教，亦可謂上下級關係，理應向其彙報任教京工的情況，五月二十一日，我以老友名義提筆寫信給聶，彙報了與他別後情況及在京工工作近狀，希望他能抽時間與我約談，信文如下：

> 榮臻元帥：
>
> 　　看到人民日報本月十六日登載一幅我們在巴黎旅法總支部代表大會的照片，我又興奮，又慚愧。
>
> 　　由於你們的努力，在中國共產黨和毛主席英明領導下推翻了三大敵人，建設了嶄新的空前大一統的工人階級領導的新中國。我坐享其成，做了北京工業學院的教授（並在你的間接領導下）。回顧三十多年以前的往事，怎能不興奮和慚愧呢？
>
> 　　我與你是一九二八年一月在香港分別的，你記得吧。那一天我從廣州逃到香港（參加廣州革命失敗後），從穆清那裏知道你的地址，我就去看你，你同李立三商議後就派我到廣東

東江附近去建立根據地。第二天,我就率同二十多位廣東同志(其中有一位是江蘇人吳曉邦,現任北京舞蹈學院副院長),雇了一個汽艇,很興奮的去了,哪知到了海上就有英帝警船前來追捕,把我們押回香港,在巡捕房關了一個多月,因查無證據,就把我們驅逐出境。我被押送去上海的輪船,到了上海找不到組織,又回香港,再也找不到你們了,從此就失去聯繫。在漫長的歲月裏,我改名在白區充當教員,並做過行政工作。一九三八年在武漢重新和周恩來總理見面(鄧穎超、葉劍英也都在一起),他看見我高興極了,兩手握住我說:「老沈,你沒有死麼?」那時我感動的熱淚盈眶。

當時他談起你在冀察邊區帶十萬軍隊打游擊,並告訴我李富春、蕭勁光等在延安擔任的工作,並說朱仲止已有一個女孩等等。以後我還在重慶和他見過幾面。

一九四八年我同上海地下黨的同志建立了聯繫。一九四九年五月上海解放後,我寫信給周總理報告經過,周總理轉知中共中央華東局統戰部,以後我就在上海華東軍政委員會聯絡局工作(局長何以端,即何肇緒。)

一九五一年後,由周總理的關係經中央人事部安排到北京工業學院擔任教授兼教研組長,現在又有六年多了。三十多年來,旅法總支部的同志,有的犧牲了,有的叛變了,有的經不起考驗而脫黨了。能始終站在革命前線艱苦奮鬥數十年如一日,只有你和周總理、李富春、鄧小平等數人。我應當向你們致以崇高的敬意,並為黨的寬宏表示萬分的感激。

新中國的一切都令我興奮,你們的一舉一動都鼓舞了我,現在我也年過五十了。但精神愉快,為培養未來的國防工業工程師有一定信心。我們的工廠存在問題較多,學校與工廠聯絡的不夠密切,使我們在教學工作上遭遇了很多困難。

很想來看你，但是咫尺天涯，怎能像在巴黎那樣隨便呢？希望你來信，如方便把那張照片翻印一張寄我，尤為感謝。那張照片上的除幾位領導同志，還有吳琪（現在上海文物管理委員會工作）、李俊杰（現名李卓然，前幾年在東北局工作，現聞已調北京），其餘還有認識的，但很多都為革命犧牲了。餘再告，此致
敬禮！

你的三十年前老友　沈沛霖
一九五七年五月二十一日

信由郵局寄出，信封上寫：國務院聶榮臻副總理親啟。大概這封信，秘書認為尚重要，即呈聶閱處，聶閱後，指示其辦公室回我一函，對約晤之事，讓我先與第二機械工業部（京工的主管部門）部長助理錢志道（一位彈道專家）一晤，回函是這樣寫的：

沈沛霖同志：

　　您給聶副總理的來信他已閱悉。

　　因聶副總理現在工作甚忙，實在抽不出時間會晤，只好以後再行約談。至於您所談的學院目前存在的一些問題，可否請您先與第二機械工業部錢志道同志談談，以求迅速設法解決。此複。

謹致

敬禮！

聶副總理辦公室
六月十一日

從回函的日期看，已進入「反右」期間。聶讓部長助理先與我

約談，是有一定考慮的。然我當時認識問題頭腦太簡單，甚至覺得聶不能禮賢下士。所以，就沒有接受聶辦函中所囑，去與錢志道同志見面。事後，許多知道中央內情的朋友都批評我，說我太有封建社會士大夫之「清高」了。

其他人事往來

我到北京工作後的一九五二年秋，長子及長媳作為新中國首批統一分配的大學生，因國家建設發展，極須人才。由上海東吳大學法學院提前一年畢業，分配來北京工作。長子任職中央勞動部政策研究室，由於其工作努力，深得領導提攜，並被吸收為中共預備黨員。長媳是浙江人，性格內向，雖然她在東吳法學院修習會計專業，但文筆較好，故分配在輕工業部鹽務總局（後並入新成立的中央水產部，部長係留法同學許德珩）任秘書。未幾，又有了第三代，時我剛五十出頭，內子剛逾不惑，即已為祖父祖母，祖孫三代，同居一處，享受含飴弄孫之樂。

那時，許多友朋都在北京。除留法的中央領導同志外，中國行政管理學會同仁中，除楊顯東兄任中央農業部副部長，且於一九五六年加入中共外。加入「民建」的王艮仲及「民革」的李蒸二兄均被聘為政務院參事。「民革」的楊玉清兄則先服務於政務院政法委員會，後任國務院參事。于樹德兄任職於全國合作總社（在東直門外）。另二位同仁李文杰及戴克光亦在京服務。此外，南京軍校政治教官及軍委會政治部同仁的劉孟純兄，是時亦任政務院參事。

由於一九五七年「反右」以前，特別是一九五六年秋至一九五七年春，有過短暫的政治寬鬆時期，故各同仁間，得以經常聚會，輪流做東，互通聲息。

除行政管理學會同仁外，其他留法同學中，朱葆儒及陳耀東時亦

在北京，朱由於史良的關係，加入了「民盟」，且任司法部專員（部長為史良），陳則任職中國人民銀行計劃處研究室。還有一位留法同學，南京時代中華政治經濟學會發起人之一的褚一飛兄，則先在東北長春某工業會計學校任教，後調至北京，任北京鋼鐵學院教授。還有留法同學饒國璋兄，多年未見，在清華大學任教授。可惜的是，其後朱葆儒在「三反」運動中，被作為對象審查，不久即憂鬱而亡。陳耀東亦由於其在一九四八年間，任過劉峙的徐州「剿總」政務委員之故，在「肅反」運動中，被捕入獄。

張治中、邵力子這二位我的老上級，時亦時相往來。張居北京東城北總布胡同十四號，我嘗往訪謁，某次，我訪張寓，適張外出，巧遇其原秘書余湛邦，我即問余，文白先生近來可好？余氏可能斯時正有牢騷，即接著我的話題說道：「還好呢？連個秘書都不能用！」我即問其何故，余即告訴我原委：余過去一直任張的秘書，負責處理文案。可是解放以後，政府給張派了一位共產黨員秘書，張向有關方面提了多次，願仍用余為記室，但為有關方面所婉拒。從余氏之談話中，亦可看出當時黨與非黨人士之間的一些微妙關係。近見報載，余氏已擔任全國政協委員。

還有一次，大約在一九五六年初，我去邵力子先生寓訪見。談起我們雙方的朋友張九如。邵問我：「九如當初為何一定要去臺灣？」我答：「九如在抗戰勝利後於報章發表了許多指責中共的文章，恐不會見容於中共，故只有一走了之。」邵點頭稱是。復問我：「聽說九如前妻周氏尚在北京？」我答是，前些日子還有往還，她將幾個子女都送往美國，自己一人留在國內。邵說，我們勸周氏動員其子女回國服務。我說是，並說此事可由我辦理。

不數日後，我至南長街周寓。周氏名羣青，為張九如之第二任妻子，當初九如為追求周氏，曾咬破手指寫血書給周以示忠誠。結縭後，周為九如生下子女多人，含辛茹苦，將子女培育成人，並送往美

國深造。然九如此時，卻另有新歡，在「國民大會」召開期間，復追求比周氏更年輕更有文化的女立委王××，而且用的方式與當初追求周氏時如出一轍。九如停妻再娶之舉，為智者所不齒，我當初即向其指出，唯他一意孤行，堅持己見，不久，即攜其新歡王××一同去了臺灣。

在與周氏寒暄之際，我即對周氏說：「嫂現年已逾半百，膝下無人，現今中央號召海外學人歸國服務，何不寫信給令郎，勸其回國，一者你們母子可以團聚，二者令郎亦可將其所學貢獻國家。」周稱是，說：「由於目前中美交惡，我與一鵰兒等已失去聯繫，如何通信？」我說：「力子先生現在中央從事統戰工作，你給賢侄之信，可由邵先生負責轉交，決不有誤。」

周氏踐守前約，將致其兒之信寫好後，親送我府，我收下後，即轉送邵先生。

由於反「右」，企管著作出版成為泡影

我主持編譯的《工廠計劃計算方法習題集》由高等教育出版社出版後，受到各高校企管專業教學的歡迎。後來，中國人民大學工業企業組織與計劃教研室任文治老師等，亦編譯了蘇聯捷普洛夫（т‧в‧теллбв）所著之《機器製造廠計劃工作》，由機械工業出版社出版，亦作為機器製造專業教學用書。至一九五六年，國家科學規劃十二年計劃公布後，高校科研工作更是興旺發達。京工企業管理組同仁，經多次開會研究，決定再編譯一本三十餘萬字的蘇版《社會主義機器製造企業組織與計劃》著作，擬作為科研成果參加學院組織的「八一獻禮」展覽。

這項編譯工作，自一九五六年冬開始進行，由我及教研組陸許棟、李覲樞、任隆淸負責，分頭編譯，並由我總纂。還與機械工業出

版社訂立了初步出版合同。至一九五七年夏，出版社還致函給我，催稿甚急：

　　沈沛霖同志：

　　　　您室編寫的《社會主義機器製造企業組織與計劃》一稿，我們想請你們將寫好的一部分先寄來看看，同時我們為了使此書早日出版，希望你們能將確實完稿日期告訴我們，以便研究下一步計劃。

　　　　　　　此致

　　敬禮

　　　　　　　　　　　　機械工業出版社第二編輯室（章）

　　　　　　　　　　　　　　　　一九五七年六月五日

　　我將部分稿子寄出版社後，他們認為很好，依照合同，旋預付稿酬人民幣八百五十元，（約占全部稿酬的三分之一），並將此書正式納入該社出版計劃，擬於一九五八年春出版。

　　遺憾的是，由於其後反「右」運動的深入。至一九五八年初，編譯者之一的李覲樞老師被劃為「右派」。按毛澤東的說法：「資產階級右派和人民的矛盾是敵我矛盾，是對抗性的不可調和的你死我活的矛盾。」故李被剝奪了著作出版權，出版社旋奉上級指示，因人廢稿，據此而毀約，並來函催討預付款，不久，我亦調離京工。我們的辛勤努力，就這樣付諸東流了。

整改・整編・下放・調動四部曲

　　一九五七年秋，還是在反「右」運動進行的如火如荼之際，京工黨委又奉上級指示，開展「社會主義思想教育運動」及「整改」運

動。並成立了全院的整改辦公室主其事。各系及教研組亦相應成立整改小組。魏思文院長在十月二十五日的報告中，號召採用大鳴、大放、大爭、大字報四大形式參加「整改」，並將對整改的態度，提高到對社會主義忠誠與否的高度。還提出要破自由主義、個人主義思想，雖然也提出可以對領導提意見，但在反「右」深挖期間，廣大知識份子已成了所謂資產階級份子，「是同無產階級較量的主要力量」（中共八屆三中全會決議）。一般人噤若寒蟬，誰還敢冒天下之大不韙，繼續鳴放？所以全院教職工在「整改」中所貼大字報少之又少，冷冷清清。有的只是各教師，特別是老教師不停的「檢查」和「批判」自己思想、言論、行動中存在的非無產階級思想。期間，我因批准教研組購買了一套美國的企業組織與計劃資料，亦被某些人說成是有「崇美」思想。備受指責。

「整改」以後，大約在同年冬，京工的教職工又按既定安排，轉入所謂「整編下放」階段。十一月二十日，魏思文代表院部在動員報告中稱，由於一九五六年全院大擴編，至機構膨大，人浮於事現象嚴重，人員多了百分之三十，所以要精簡機構和人員。全院要「整編下放」六百餘人，幾占教職工總數的三分之一強。下放對象包括他所謂的不斷犯錯誤者；不適合於學院工作者；右派份子；及精簡機構後的多餘人員等，這些人統統要整編掉。

關於「整編下放」政策，魏提了五條：一是自願報名下放農村勞動；二是年老體衰者，可辦理退休退職；三是孩子多的，不適合於機關工作的女同志，可讓其回家；四是有病痛者，可讓其長期休息；五是如其他單位需要，亦可採工作崗位之調動方式。魏報告後，全院上下，一時議論紛紛，表面上轟轟烈烈，各基層單位紛紛召開「整編下放」座談會，各人於會中紛紛表決心，以示擁護。實際上，有托關係走門路，有找領導哭鬧的，無所不用其極，真可謂是八仙過海，各顯神通。

我也向院長打了下放報告，要求下放至工廠。教研組各同仁亦表態服從，實際上思想問題並沒有解決。如陸許棟老師說，如長期下放，其準備回南方原籍；李覲樞老師說，目前生活太枯燥，到農村去生活可能要活潑的多。而李宣予老師則直言其將調動，如調動不成，則申請退休。

　　實際上，「整編下放」發生在反「右」期間，是在冠冕堂皇的口號之下，對知識份子的又一次打擊，有人認為是對知識份子的放逐和自我放逐。與劃定右派相仿，這次整編下放外調的對象，也是有著既定指標的，僅在院各直屬教研組第一批就有二十五位教職工被納入調出人員之列，有些教師原不在調出人員之列，但其後為了湊數，又追加列入，如數學教研組龍季和教授是廣西人，原外調名單無他，他暗自慶幸，然其後仍宣布將他調往桂林，他沮喪萬分。

　　在生產組織教研組，是年十二月初，李宣予老師被宣布予以外調，按當時的規定，外調人員由領導人提出，嗣經領導個別談話，基層再為之開個座談會，就此了結。

　　至一九五八年初，又進行全院所謂「右派」的處理工作，並號召新挖右派，教研組李覲樞老師被戴上「右派」帽子，李在教研組經多次檢討仍無法通過，後被下放北京第一通用機器廠「監督勞動。」

　　未幾，我接教務處邸處長代表院部通知：調往浙江。事出突然，我可說毫無思想準備。曾致函教務處長，請商本院幹部處，希望根據浙江當時尚無機器製造企業和我的實際情況，准許調至北京其他高校或機關從事機械製造企業管理工作，以不負專業。

　　然在那種政治環境下，我的想法未免書生之見，幼稚可笑。後來，京工教務處那位謝姓副處長（鳴放期間我曾公開對他提過意見）在其後約見我時，帶著一種居高臨下的領導者姿態對我說：「沈先生此次到杭州後，還要做好繼續下放基層的思想準備……」

同期「雙反」運動中的思想批判

在向我宣布調動的同期，京工又開展了反浪費反保守的「雙反」運動。運動的矛頭，仍指向廣大知識份子。一方面，大力批判所謂的資產階級個人主義，一方面要求知識份子開展自我批判，向黨交心。

我也投入「交心運動」，且抄成大字報，公之於眾：

把心獻給黨，堅決做革命左派

我們下定決心徹底地改造自己，把心獻給黨，無條件地服從黨的基層組織領導，無保留地把熱情獻給社會主義建設事業，在黨的領導下和同志們一起努力把我們社會主義國防工業學院來一個革命大躍進。

在這次雙反運動中，我們向黨宣誓，我們要主動地投入運動，積極做促進派，首先我們要引火燒身，並且對同志積極提出意見，我們保證做到與人為善聞過則喜以身作則帶動全教研組，希望同志們毫無保留地對我們提出意見，促進我們早日成為又紅又專的知識份子。

我們要在雙反思想改造的基礎上訂出個人躍進指標，苦幹三年做到又紅又專更紅更專，在思想感情上工農化，在黨的領導下做一個堅決的革命左派，在教學科研方面堅決執行三勤四結合的教學方針。

對所謂知識份子資產階級個人主義的批判，當時有《人民日報》的文章號召，將著述與教學，科研與教學，完全割裂開來，抹殺個性和差異，進行形而上學的批判，且方式簡單粗暴，缺乏說服力。

我在接到調動通知後，曾面謁魏思文院長，他對我說：「反革命份子，右派份子中，有不少是從嚴重的個人主義發展起來的，沈先生應該時常注意消除個人主義。」謝×亦曾謂我：「對沈先生而言，要注意到任何工作崗位，都要服從黨支部的領導。」這兩位京工幹部所言，印證了反「右」運動以後政治生態的變化。

兩子在反「右」後俱遭厄運

一九五八年，對我家來說，是一個不幸的年份。我被宣布以調動的方式下放浙江，前途未卜。之前，在上海市公安局政保二處任幹部的次子（一九四九年考入金陵大學農學院園藝系，後轉農業工程系，期間加入共青團。一九五○年重新參加交通大學招考，錄取於化學系，同年冬參幹至上海市公安局，一九五三年加入中共。），因在「鳴放」期間，得罪了某領導，加上「潘揚案」的牽連，嗣被宣布劃為「右派」份子，開除黨籍，下放農場勞動改造，時年僅二十六歲。之後，長子（中共預備黨員）亦觸犯了其單位國家勞動部某領導的威權，被羅織罪名，加上「壞份子」的帽子，開除公職，押送京山線茶淀農場勞改。次子時尚未成婚，事發後，女友離他而去，至一九六五年，方結婚成家，是年他已三十多歲了。而長子境遇益慘：先失去公職，繼妻子與之離異，不久另嫁他人，一個家庭，頃刻之間，即行解體。他的一子一女，長孫由我帶至浙江撫養，孫女則由其外祖母撫育。猶憶一九五八年四月初，我與內子及長孫離京前的那一幕：在前門火車站，長媳來送我們（長子時已身陷囹圄，無法前來送行），汽笛響起，火車開行，她含淚追隨火車奔跑，目光中似已預料到今後家庭的解體……

他兩兄弟從國家幹部的身份，一下淪落至社會的底層，受盡歧視，且禍及子女。雖然二十年後，他們均獲平反，恢復黨籍及幹部身

份，但人生最美好的二十年青春光陰，卻是永遠付諸東流，再也找不回來了。走筆至此，想到當時尚有千千萬萬與我家同樣或境遇更慘的家庭和個人，此乃國家的不幸！民族的不幸！

第十三章　大躍進運動親歷記

南來武林

　　一九五八年初，在北京工業學院開展的「整編下放」運動中，結合對所謂「右派」份子的處理，大批知識份子被下放，包括調離學院或北京，去外省或邊疆地區工作。調動和下放，形式雖略有差異，實質卻是相同的，在那個強調階級鬥爭的年代，這兩種形式都被用來作為對知識份子的一種懲罰手段。

　　是年三月，我接獲京工人事部門的調職令，調我去浙江工作（多少年後，我才得知，院黨委原以為我是浙江人，所以調往浙江）。儘管對我而言，有許多確實的理由，如專業業務及年齡身體等，可以供有關部門考慮，惟卻未蒙採納，因為照某些人看來，這是組織的決定，對組織的決定，個人只有服從而別無其他選擇。

　　我在辦理畢教研組的工作移交後，於四月初攜內子及尚在幼齡的長孫乘京滬快車，離開北京，途中在上海停留了三天，於四月八日抵達浙江省會杭州市。

　　甫抵武林，我們下榻於靠近西湖之濱的新泰旅館，我持調動函前往位於松木場彌陀山下的浙江省人民委員會人事部門接洽，江南四月，適值清明時節，春雨瀟瀟，下個不停，前後竟下了四十餘日。記得唐詩有「清明時節雨紛紛，路旁行人欲斷腸」的描寫，我當時的心情，即猶如此瀟瀟的春雨，頗為惆悵，京工教務處謝某人臨別所言，時在腦際中浮現。我們當時在杭州，可說是舉目無親，只有一個姪女

沈以明在浙江醫學院（今浙江醫科大學）讀書，甫將畢業，來看過我們。至四月底，省人委正式通知我往浙江省重工業廳工作，總算沒有再「下放」，心中之鬱結始略有好轉。

省重工業廳位於杭城松木場金祝牌樓，距省人民委員會很近，當時四周俱為農田，夏日的夜晚，蛙聲四起。歲月如流，如今這裏已成為杭州市車水馬龍的繁華中心區域了。杭州城市很小，當時人口僅為七十萬。我在重工業廳上班，下班回旅館，周日攜內子及小孫去西湖遊覽，當時西湖因湖中多有淤泥堆積之故，湖面不若現在寬暢，湖周邊有著名的「西湖十景」，我們俱去遊覽過。另外，還去了橫跨錢江兩岸的錢塘江大橋，該橋建於抗戰前夕，將滬杭與浙贛兩線加以貫通，抗戰時為阻止日軍進攻，曾將其攔腰炸為兩截，勝利後恢復如初，雄偉壯觀。我們自六和塔旁月輪山觀之，但見錢江呈之形蜿蜒，一橋橫架南北……

搬入新居

我至重工業廳履新甫及半月，該廳即給我分配了住房，離廳很近，步行僅五六分鐘的路程。為一幢假三層西式樓房，外牆用的是名聞遐邇的上海周福昌青磚，冬暖夏涼。內有一很大的院子，院中種了夾竹桃、桂花、梅花等花草樹木，及形態各異的假山等擺設，鐵門前矗立著一對石獅子，顯得頗為華麗。並有一個很動聽的名字，叫松木場桃花弄，宅號為十五號。宅後有一小溪，涓涓流水，再後則為彌陀寺，聽說當初香火極盛，每年陽春四月，各路善男信女乘舟泊松木場，來此或經此至靈隱、天竺進香。於今已是風光不現，成了居民住宅。據說此寓初建於二十年代，曾為滬上光華大學校長張壽鏞的私墅，取名「約園」，後又經易手和改建。建國初，這裏曾駐紮過軍隊，為解放軍七兵團後勤汽車連的辦公處。軍隊撤離後，移交地方政

府，使用權屬於重工業廳。改革開放以來，聞原房主在海外的後裔向政府提出收回此房的要求，惟因種種原因，及至今日，亦未能解決。

我家為第一批搬入該宅者，時軍隊已離開多時，房子空關著，與我同時遷入者，有同期自外地調入浙江省重工業廳的兩位同仁及其眷屬：基建處鄒玉堂工程師一家，水電處孟覺處長一家。每家分配一層的二間住房，我家居朝東的前後二間，孟家居朝西的二間，鄒家居中間一大間，外加西向一小間，衛生間及廚房等由三家共用。條件雖不能說十分好，但比起我在北京時的住所，卻要強多了。房屋寬暢，每間近二十平米，高度達三點七米，房內有柏葉窗柏葉門，地板係用舶來品的柳桉木所製。經二十餘載，仍相當光亮，不足之處為室內採光稍遜，據說該宅建築時，主人因考慮風水關係，房屋朝向採坐南朝東式，故影響光線之射入。然由於有一很好的院落，打開柏葉門後，即進入院中，春秋二季，鳥語花香，沁人心肺，故亦覺影響不大。

是年秋，房屋樓上空屋內亦搬來了三位主人：黃姓工程師，范長壽處長，賴雲桃工程師，以及他們的眷屬，俱為外省調來浙江支援浙省建設者。四位工程師，二位處長，共居此一大宅院，鄰里間到亦互相關心與照顧，內子鞏華時也參加了居民區工作，負責掃盲及學習，她深感新中國後婦女翻身，地位提高，故工作上勤勤懇懇，深得社區居民群眾的尊敬，被選為所在西湖區掃盲積極份子。

至今，我的上述比鄰而居同仁，均已先後調動了工作，並搬出了住宅。僅有我，雖亦調動了工作崗位，至今仍居住於斯。宅院經三十年風風雨雨，當初之鳥語花香之境早已不復存在，房屋由於年久失修，亦已殘破不堪，且不斷有新房客於此搬入搬出，鄰里間和諧融洽的關係亦不復重現。院外寧靜的小路今已成了寬闊的柏油大馬路，從早至晚，車水馬龍，喧嘩不已，宅旁的田野早建成了一幢幢四四方方毫無風格的公寓樓房，是焉？非焉？

在浙江省重工業廳

我是一九五八年四月下旬去省重工業廳報到工作的，依據我的情況，任命我為該廳機械處的工程師。重工業廳為浙江省主管重工業企業的行政機構，下轄機械、化工、水電、電業、礦冶、基建、供銷等各處，在其後的「大躍進」高潮之中，這些處又分別擴大編制，成為獨立的各廳。時重工業廳廳長兼中共黨組書記為金韜（江蘇常州人），金後來擔任中共浙江省委的宣傳部長，「文革」之初，受到批判衝擊，自殺身亡。他與浙江省委書記，後兼浙大校長的陳偉達（江蘇蘇北人）是連襟。「文革」後陳偉達擔任過天津市委書記，故於杭州。副廳長有何、張、石、洪數位。

一、何副廳長傳達柯慶施報告

我到廳伊始，適逢「大躍進」運動高潮，何副廳長向我們傳達了一九五八年三月舉行的中共成都會議（即中共中央政治局擴大會議）和四月舉行的漢口會議中關於「大躍進」的精神，主要是聽了被譽之為「毛主席好學生」的柯慶施所作報告。柯在報告中談了總路線精神（即「鼓足幹勁，力爭上游，多快好省地建設社會主義」），提出了以重工業為中心的建設方針，柯還認為所謂資產階級知識份子，也是反動的階級，必須對之進行「限制、利用、改造」。說「百家爭鳴」的根本原則是為了「興無滅資」。當然，柯之所述，俱為毛澤東主席的觀點。毛在會中提倡「正確的個人崇拜」，柯即投其所好，說：「我們相信毛主席要相信到迷信的程度，服從毛主席要服從到盲目的程度」將帝制時代之君臣關係搬入中共黨內。柯氏其人，後亦得回報，被增補為中共中央政治局委員，進入領導決策層，柯於文革前死亡。有人說，若柯多活數年，極有可能與「四人幫」組成」五人

幫」。兩個會後,即在全國各地開展了所謂「反右傾保守」運動,「大躍進運動」正升登臺。

二、工程技術人員向黨交心

傳達了中央兩個會議關於「大躍進」的精神後,廳黨組授意廳整風辦公室發起工程技術人員交心座談會。圍繞大躍進,搞技術革新,反對個人主義和保守思想。首由電業處同仁發創議,各處紛紛響應。旋成立了一個交心運動籌備委員會,成員俱為廳內知識份子,計有洪傳炯副廳長、基建處鄒玉堂工程師、礦冶處賈成和工程師、電業處袁光燾工程師、水電處孟覺處長、化工處丁諤士工程師,及供銷處與計財處的代表章松森、沈秉賢等,我代表機械處亦名列其中。

三、廳黨組發動整風運動,金韜廳長代表黨組就保守思想作檢討

嗣後,全廳正式發起貫徹總路線方針,批判個人主義與保守主義的整風運動。並學習中共浙江省委制定的《大辦工業五十條》條例,《五十條》提出了大規模的工業基建項目,不少大中型國營企業,如杭州重型機械廠、半山鋼鐵廠、汽輪機廠、鍋爐廠、汽車發動機廠、浙江電機廠等,即為當時所規劃和建設。

由於有人認為重工業廳制定的工業發展規劃,與中央成都會議等提出的「躍進」精神不符。整風運動中,金韜廳長還代表廳黨組就:政治思想掛帥、領導親自動手、規章制度、基建與生產、組織人事等諸項問題,向全廳科以上幹部作了檢查,認為黨組思想保守,貫徹總路線方針不力,並號召廳內幹部就此問題向領導提意見。

四、我的建言與編寫速成企管講義

重工業廳整風期間,號召大鳴、大放、大爭、大辯,且每個人都須表態,不得做「觀潮派」(毛澤東語)。我對所謂「躍進」,本

有自己看法，但僅限私下與家人議論而已，現在要求人人表態，我乃就機械工業生產上的思想問題，發表建言，並以大字報形式貼出。依據我下廠調查所得，認為各企業領導存在著「三多三少」思想情況：關心產品數量多，關心質量少；關心基建多，關心現有生產水平提高少；關心新產品試製多，關心現有計劃任務完成少。

因此，各企業在生產過程中，廢品率相當嚴重，產品質量亦很低，這與多快好省和勤儉辦企業的原則，顯然存在差距。對這種思想問題，領導需要加以分析，加以解決。

另外，我還就改進重工業廳機械處的工作，提了幾點意見。當時廳內各處正在進行「雙參三改」（即幹部參加生產，工人參加管理，改革規章、機構、勞動組織）工作，我以為機械處擬進行如下工作：在確定處工作項目與計劃情況下，進而擬訂處內幹部個人的工作計劃，以分清職責；發動處內每一同志的主動性和積極性；改進領導方式。

此外，為使處內工作進展順利，還應理順各種關係。自上而言，時省裏新成立計劃委員會（計委）機構，計委與各專業廳的職責範圍，似不明確，且有重複之虞。自中而言，廳內機械處與計劃財務及供銷兩處之分工協作問題，似應加以明確。自下而言，廳與各直屬廠及杭州市重工業局的工作關係（如何進行指導，那些需由廳派員去指導幫助的），亦有確定之必要。另外，各地縣機械製造企業所存在的技術生產問題，亦應做到心中有數，以更好地推動工作。我的上述「報憂不報喜」的建言，在當時一片歌功頌德情況下，確與眾不同，然而，非但得不到重視，反被人說成是對大躍進「潑冷水」。故其後在調我至下屬機械專科學校工作前，廳黨委某書記曾約我談話，在肯定成績之後，亦告誡我「到新單位後，首先要肯定成績，其次再發現缺點，有缺點可以提，但不能提得過早。」

貫徹「大躍進」方針，關鍵在於人，特別是各級領導者。而當時

各企業領導對所管業務，由於文化水平低（大多係初中文化水平），可謂知之甚少，如此狀況，又如何能領導技術革新？因此，在工程技術人員交心會上，由重工業廳整風辦公室主任提議：由各工程師分別編寫速成講義，並由廳組織講習班，吸收各級企管領導參加，由各工程師講解。我據此突擊編寫了《機械工業業務技術常識》講義，在機械系統企業領導學習班上宣講，深入淺出，受到各企業領導的歡迎。這些領導多數是軍隊轉業幹部，山東人不少。為人直爽，求知若渴，對知識份子到亦禮遇有加，不像「文革」中，某些企業幹部，動輒以大老粗自居，不求上進。

五、所謂「洪傳炯、陳瑞炘反黨集團」

一九四九年以後，對思想問題動輒採政治運動的方式來解決，似已成定律。特別是一九五七年反「右」運動後，更是如此。

在是次重工業廳「整風」運動中，按照既定方針，開展反右傾保守。及至一九五八年七月，廳黨組突然宣布挖出「洪傳炯、陳瑞炘反黨小集團」。旋由石副廳長主持召開全廳幹部會議，宣布洪陳問題，號召人們揭發批判。洪傳炯是省人民委員會委員，主管電業的副廳長，九三學社成員，還是省第一屆人大代表。陳瑞炘是一位電業工程師，亦為「九三」成員，省第一屆政協委員。如何結成的反黨集團？不得而知，然從「揭發」的材料來看，說他們認為外行不能領導內行，（廳級領導中，大多係軍旅出身的老幹部），並且極力打擊排擠黨員幹部，對上陽奉陰違，同情「右派」份子王國松（浙江大學副校長，一級教授）、馬文車等等。實際上，據說洪在整風期間的廳務會議中提出下屬各處室應安排懂業務者來主持工作，為人不滿，加上其性耿介，與廳內其他領導在關係上多有不睦，故遭此打擊，洪陳二位後都被撤職，下放勞動。自是以後，廳內工程技術人員人人自危，廳內各技術處分別組建各廳後，多數被調離或自動要求調職。

六、協助張副廳長作調查研究

我在重工業廳機械處，具體工作是負責生產規劃之安排。處內同仁，記得有劉其元、沈國忠、何升中、沈宗鏞、余人理、潘德慶、陳學忠等，亦各司其職。時在「大躍進」的緊鑼密鼓之中，某次，在處工作會議中，吳處長報告省裏成立浙江省科研規劃工作委員會，下設機械組，組長由本廳張凡副廳長擔任。尚需由本處抽一名工程技術人員，擔任張副廳長秘書。經研究決定，派我任張副廳長的秘書，協助他工作。

張副廳長是一位「三八式」老幹部（抗戰期間參加中共），為人爽直。我協助他到下屬各廠視察，主要是些新建企業，跑了不少地方，包括杭州市北郊的一些大中型企業，及寧波、嘉興等地的工廠。回來後，還要寫報告、編訂規劃，人雖很疲勞，但精神很覺愉快。因為比待在廳內參加整風要強多了。

七、大煉鋼鐵運動

一九五八年八月中央召開北戴河會議，提出「以鋼為綱，大煉鋼鐵」口號後，群眾性的全民土法煉鋼運動開始。北戴河會議制定一九五八年鋼產量必須比一九五七年翻翻，達到一千〇七十萬噸。各省為應付這高指標，絞盡腦汁。浙江省亦提出相應的產量指標，要三個元帥（鋼、機器、糧食），二個先鋒（電、鐵路）先行。廳內聞風而動，號召全體幹部加班加點工作，甚至星期日也不能休息，每日工作三個單元，計十二小時（上午、下午及晚上各四個小時）。一時間土高爐（煉鋼用）遍地開花，我在杭甬及杭滬線坐火車出差，但見沿途小高爐星羅棋布，堪稱一九五八年景色一絕。

不僅若此，各單位還令幹部職工將各人家中的銅鐵類器具獻給國家，用來煉鋼。我所居住宅外一大鐵門，某夜亦被工業廳職員卸下搬

走，拿去煉鋼了。由於沒有了鐵門，其後，我所居之宅院，竟成梁上君子光顧之地，時有失竊現象發生。

轉至浙江機械專科學校

在「大躍進」高潮之中，浙江省重工業廳下屬各業務處室，分別擴充為獨立的各廳局，我所在之機械處亦擴大編制，成立省機械工業廳，下屬有不少企事業單位。事業單位中，有一座機械專科學校，需人孔亟，廳裏乃調我往，時為一九五八年十月。

機專為大專類工科學校，校長姓周，係軍隊轉業幹部，為人熱情。惟不諳教學業務。初到機專，聽周校長報告當前形勢與任務，鼓吹躍進，工農業並舉。在農村，將小型合作社合併為大社，後又建立了政社合一的人民公社，產量要「放衛星」，所謂：「人有多大膽，地有多大產。」「只要需要，要生產多少就可生產多少糧食出來。」的「豪言壯語」不絕於耳。大辦公共食堂，吃飯不要錢，連個人的生活資料亦歸全民所有，似乎共產主義就是一切歸公。在城市，則發動全民煉鋼，大辦工業。學校則要貫徹「教育革命」精神，將學校變成生產單位，「工人就是教師，教師就是工人」，大辦工廠。記得機專還制定了具體的生產指標：本年第一學期要生產四千台電動機，三百八十台車床，以及若干數量的滾珠軸承、變速箱、鼓風機、衝床、轉爐等。明年則要生產車床一千台，電動機一萬台，還要試製新產品。

一、先在機專機械廠做管理工作

所以，當時整個機專，實際上根本沒有上課，師生都在參加生產勞動。我到校報到以後，即分配我去校機械廠生產技術科，做生產組織及作業計劃工作。同時，也對生產組織課程，做些研究與準備。

機專機械廠，以前為同學的實習工廠。「大躍進」後，為適應形

勢，擴充為總廠，設金工、鑄工、鉗工裝配等車間，及生產技術科等管理部門。後又新建了小鋼鐵廠及電機廠。一九五八年三月底開始試生產，搞齒輪箱，計劃投入三百台。原訂五月份正式開始生產，但直至我到任的十月底，仍一台也未生產出。這期間，又試製適用於農村的皮帶車床，計劃投入三十台，因原料不足，鑄工僅翻出二十台。由於生產無序，上述各廠經濟效益極低，小鋼廠花七萬元人民幣土法煉鋼，結果煉出一塊橘皮大小，不足半公斤的廢鐵。該廠某廠長在全校大會上，拿出這塊廢鐵，往桌上一扔，憤憤地說：「這就是七萬元的代價！」全場嘩然。在生產計劃方面，以前從無計劃可言，僅從一九五八年九月後，始分設若干組，分司生產、計劃、技術、供銷。

我到任後，通過調查研究，瞭解工廠存在的問題不少，表現在：（一）生產工人少（職工及工程技術人員僅三十餘人，其餘都由學生擔任）；（二）生產與實習（教學）難以兼顧；（三）產品質量差，裝配能力尤弱；（四）管理混亂，如生產過程中未按操作規程辦理，工具使用保管亦無專人負責，無交接班制度，車間沒有輔助人員，派工單不填不報，等於虛設，生產技術科與供銷、財務等科職責不明等等。

這些存在問題，有些是本身可以解決的，有些則需要上級政策，我據此，乃擬定初步的工作意見及實施辦法，首先在生產技術科的管理上，各部門（包括：工藝、定額、設計、準備、檢查、調度等）職責分明，須訂有詳細的工藝章程，對有些非本廠能解決的事項（如人員及工夾具等）則呈文校部，請予以考慮。復制訂了技術檢查工作制度、生產聯繫辦法草案、生產計劃進度及統計表、生產過程卡等一系列規章，力圖對生產管理混亂現象予以調整。

我在生產技術科期間，結識了一批老工人、老技師，至今記得姓名者有張鴻錦、王金彪等，我到之初，他們見我乃文弱書生之狀，以為我一定是只會理論而不懂實踐的，後來看我又會製圖，編訂生產計

劃,又會鉗工操作,當對我親熱許多,我和他們相處得很好,許多年後,在浙大相逢,彼此仍感親切。

二、後轉機器製造教研組任教

一九五九年,我轉至機專機器製造教研組任教,同仁甚多:虞傳寶、沈慶德、陳志倫、王雄棠、馬驤、唐廣幹、賀柱德、范正通、吳柏松、王慶先、嚴泳軒、徐漢勤、張海宗、吳吉生、丘秀蘭、凌謹……惟教授僅我一人,其餘均為青年助教。其中佼佼者有馬驤老師,係常州同鄉,畢業於浙大機械系,教授機械原理及設計。經多年努力,現在為浙大機械系教授,成果甚多。范正通老師,上海交大機械系畢業,擔任機械設計課程,現為浙江絲綢工學院機電系主任、教授。

當時的主導思想,仍為「冒進」,惟其弊端,卻已初露端倪:農輕重比例失調,基建由於增長過快,積累過高,致效益下降。糧食產量下降明顯。加上高徵購,城鄉人民生活開始困難。但這些情況,對外是不能說的,否則就是「右傾」。是年夏天,中共中央於廬山召開政治局擴大會議,議題本為「糾正」、「糾偏」,彭德懷元帥據此認為一九五七年以後是「得意忘形」,並要追究「領導責任」,旋上書毛澤東,內提及對「大躍進」的看法,認為是「小資產階級狂熱性」所致。毛聽不得不同意見,召開八屆八中全會予以反擊,終將彭與黃克誠、張聞天、周小舟等打成「反黨集團」,並發動黨內「反右傾」運動,造成歷史悲劇。自是以後,黨內外萬馬齊喑,再無人敢講真話!

廬山會議後,各單位依照中共中央通知,開展擁護八屆八中全會決議,保衛「三面紅旗」的學習運動。

在機專,周校長向我們傳達了省裏江政委(即江華)關於廬山會議的報告,指出總路線就是高速度,號召保衛總路線。並組織教師學

習，人人需發言表態，排問題（包括：對大煉鋼鐵看法、對人民公社看法、對市場問題看法、對大躍進看法、對黨的領導看法、對黨的教育方針看法、世界觀問題、個人主義問題、對階級鬥爭問題等等），各人先作自我批評，認為自己思想跟不上形勢，繼由別人對己提意見。還組織我們參觀市郊的西湖人民公社，聽該公社黨委書記的報告，以加深對我們這些知識份子的「社會主義思想教育」。最後，每人還要訂立個人紅專計劃，分：政治方面、教育方面、基本建設與科研方面、進修方面等等。

我在機專，為機制三〇八和動力三〇一兩班同學講授《機械製造企業組織與計劃》課程，並編寫了同名教科書，分上下兩冊，由教務科工人黃××刻印，黃寫得一手仿宋體，甚為美觀。「文革」期間，黃因為出身好，被提拔為浙大人事處副處長，當了官後，似也有些飄飄然，不久因為違反國家政策，將其農村親屬招工來浙大，群眾議論紛紛，領導只有將其免職。由是可見，對於人之運用，須用其所長，而非相反。

三、記三位機專同學

在我教過的機專學生中間，有三位同學值得一提。二十餘年過去了，這三位同學現今都為領導幹部，但尊師重道，一如往昔。其一為胡建雄同學，當時是班長，同學有什麼意見，均通過他轉達給我，胡性格隨和，現在是浙大副校長，已任兩屆，主管全校後勤事務，工作較為出色，在校與我見面時，仍以沈老師相稱，沒有架子。其二為邵孝峰同學，浙東人，來浙大後，近來先任校黨委統戰部秘書，後統戰部長吳蓉退休，邵升任部長，為第六屆省政協委員，由於工作關係，在校內外，與我常相晤面，對我亦甚為照顧。其三為鄭經富同學，機專畢業後，分配在杭州汽車發動機廠工作。從基層幹起，直至任該廠黨委書記，近年來做了省勞動人事廳廳長。他亦不忘過去的老師，我

長子（供職於中央勞動人事部）某次來杭公幹，與鄭晤面，提及我曾在機專任教之事，鄭馬上說：「沈先生是我的老師，請代我向老師致意，祝他健康長壽！」尊師重道之情，溢於言表。

杭州工學院成立

一九五八年開始的「大躍進」運動，在教育戰線上的表現形式之一就是大辦高等學校。且不辦則已，要辦就要「大而全」。溯自一九五二年全國高校院系調整以來，原來文理醫工農綜合性的浙江大學變為單純的工科大學，直屬高教部管轄，面向全國招生和分配。而當時浙江省尚無省屬的工科大學，省委有鑒於此，乃決定於「大躍進」高潮之中，創辦一所省屬的工業大學。我記得在一九六〇年二月召開的省黨代會上，提出了在第二個五年計劃期間，全省要建立一支數萬人的科技隊伍的目標，復經短期籌備，是年三月，以培養浙江工業人才為目標的杭州工學院掛牌成立。

杭工成立之初，以浙江機械專科學校（機專）、浙江電力專科學校（電專）、浙江紡織專科學校（紡專）三所專校之全部，加上浙江大學之土木、地質、冶金等系科，合併組建而成。後按照省委意見，編制要擴大，要搞萬人規模。遂將成立於一九五八年的杭州大學（與浙江師範學院合併而成）的數學、物理、化學三個理科系並入。全院共設機械、電機、紡織、建工等工科系共十六個專業，數學、物理、化學等理科系共十二個專業。當年擬招收文理各專業一千八百名學生（文理各半）。不料，事出省委主事者所始料未及的是，杭大的三個理科系師生不願並校，且情緒波動，思想混亂。不少教授上書省委，認為此舉不當。省委不得已，復經研究決定：杭大原擬並入杭工的三個系仍留杭大。這樣，已遷入杭工的三系圖書儀器等又搬遷回來，杭工規模仍為初創時計劃的四個工科學系。

杭工成立之初，首在教職工中開展「教育大革命」運動，批判了一九五七年的蘇式副博士的方法，提倡「技革、教革、科研」三結合辦學方針，以培養「又紅又專」的人才。

我在杭工，任機械系機器製造專業教授，到校之初，即參加了生產組織課程教學改革的座談學習。按照上級的意圖，開展「教育革命」，必須「大破大立」，即所謂破資產階級教學體系，立無產階級教學體系，教師要參加擺問題，提方案，制訂新的教學計劃、教學大綱，並據此編寫教材。表面上轟轟烈烈，實際上由於「左」的指導思想影響，加上採取群眾運動的方式，許多「改革」計劃，多係主觀一廂情願，違背教育規律，加上是年市場供應更趨緊張，連一般的剃鬍刀片及電池都無法買到，百姓生活困苦，一般知識份子對此運動已失去興趣，僅僅應付上級的檢查而已。至次年（一九六一），中央制定「調整、充實、鞏固、提高」八字方針後，在高校中強調注重教學質量。許多專業下馬或予以歸並，由於杭工本身係倉促上馬，籌備不周，旋經省委決定，予以裁撤，除紡織系仍恢復浙江紡織專科學校（後易名浙江絲綢專科學校，現為浙江絲綢工學院）外，其餘系科，全部並入浙江大學，所謂「教育革命」，亦成明日黃花。

我看生產組織課程之改革

平心而論，當時「教學改革」的提法，本身並沒有錯，問題在於採取何種方法及方式進行。應在調查研究，符合教育規律的情況下，進行改革。先進行試點，取得經驗後，再予以總結和推廣。

一九六〇年夏，我聽了傳達陸定一（時任中央文教小組組長，國務院副總理）在全國人大二屆二次會議上的發言，其中提到教學改革一個設想即是把中小學學制縮短為十年（中小學各五年），並將高中畢業生的程度提高至現在大學一年級的水平後，頗受啟發。聯繫企業

管理課程，通過近十年的教學實踐，確認該課程確有脫離中國實際，內容陳舊落後的情況，如其中技術定額一節還是依據蘇聯一九五○年前的資料編寫而成，與今天中國企業的現實已大大脫節。我有鑒於此，乃在教研組會中，作教改發言，並呈文給院領導。

我認為對「生產組織」課程而言，必須有三個明確：

第一、明確課程名稱，即所謂的正名。現今各校對於該課程名稱極不統一，有生產組織與計劃、生產組織經濟與計劃、企業組織與計劃、生產組織經濟與成本核算等等，而其中內容卻大同小異，應將名稱統一，使學生有所適從。

第二、明確課程要求，中專、大專、大學的要求均應有所不同。

第三、明確課程內容，原來的工業經濟、企業組織與計劃、技術定額之制定，都已歸並生產組織課程之中。後來，「安全技術與防火」課程取消，其內容是否應該歸並至生產組織課程中，必須予以明確，以適應教學之需。

對於教改中的縮短學時問題，我認為今後高中畢業生程度若能達到今大學一二年級的水平，則工科大學的基礎課，可作如下調整：

（一）基礎外語在高中奠定基礎，大學可不再講授，僅開設專業課的閱讀和翻譯，來加以鞏固和提高；

（二）製圖在高中奠定基礎，大學不再單獨開課，在實用練習方面，可結合機械零件、機床刀具或其他專業課來進行；

（三）物理在高中奠定基礎，在大學不單獨開普通物理課，惟可分專題講授（如電工學、理論力學、原子物理學等專題）；

如果外語、物理、製圖等基礎課在高中階段都得到解決，再加上有些課程可以在工廠實習中講解，則全部課時可由現在的二千八百學時縮短至一千八百學時，學生用三年教學時間和一年的生產實習，即可達到現今五年制工科大學的水平。至「文革」以後，工科大學學制由蘇式五年制改為四年，亦證明縮短學時之舉，是可行的。

記幾位杭工同仁

我在杭州工學院任教期間（一九六○年三月至一九六一年八月），除原機專同仁外，還與兩位紡織系的同仁相交甚契。

第一位為原浙江紡專校長朱新宇先生。朱為浙江蕭山人，研究蠶桑學，頗有心得。記得他對並校之舉，頗有微詞，認為得不償失。杭工成立後，任紡織系主任，據其謂我，其先前與朱家驊關係甚篤。他是「九三學社」早期成員，在杭工時，曾勸我加入「九三」。嗣杭工歸並浙大，獨紡織系單獨劃出，仍恢復紡專名稱，朱仍任校長。紡校後又易名浙江絲綢專科學校。「文革」後，升格為浙江絲綢工學院，朱是院長。我曾去他家訪謁（位於菜市橋附近的一樓一底自建屋），互敘「十年浩劫」中情況，感慨萬千！一九八七年春，我與朱同住浙江醫科大學附屬第二醫院七病區（幹部病房），他住七東（外科），我住七西（內科），他罹患胃癌，且已晚期，然本人並不知情，某日，我去他房探視，見其雖面容清癯，然精力尚好。談及病情，他說醫生告訴他乃一息肉，我聽後暗自難過，但亦只有說些勸其保重身體的話，我出院向他告別時他病已惡化，不能進食，只有相對無語，握手而別。果不其然，我出院未及半月，即聽到他仙逝的消息，新宇兄終年八十有六，亦為高壽了。

第二位是常州同鄉蔣華。在杭州工學院時，於朱新宇兄處初次與其謁面，他鄉聽到鄉音，彼此倍感親切，經朱兄介紹，得以相識。蔣時任杭工紡織系總支書記，他係軍隊轉業幹部，文化水平雖然不高，然對知識份子，卻能以禮相待。我們相處甚好。蔣後任浙江絲綢專科學校黨委書記，「文革」伊始，不幸遭迫害死亡。近者，我於新版《武進縣志》中，閱讀蔣華略歷，猶見其人矣。

此外，鄰友賴雲桃，時亦在杭工，任建工系教授，賴係浙江人，

原先在上海同濟大學教土木工程。一九五八年調來浙江支援工業建設，情況與我相仿，先在省重工業廳任工程師，分廳後調浙江電專任教，電專歸並杭工，他亦來到杭工，方操其舊業。杭工並入浙大後，他任土木系教授，家亦搬至浙大求是村。賴亦為「九三學社」老成員。「文革」後，我們相繼「解放」，見面後才知他為「文革」中下鄉之小兒替補事，早已退休在家。某日，賴來我寓訪見，商議如何為教學做一點事，他建議共同編寫《英法德土木工程詞典》，由我負責法文部分。後來，賴又介紹我加入「九三」組織。

上述三者，俱為君子。惟同仁中，亦有其後為小人者，此處略為一表：我在杭工，除教授企管課程外，因教學之需，自一九六一年初起，兼教英文，與我同授英文，且共編機械工程英語詞彙者，有英文教師宋××，宋，浙江人，俄專出身，後來俄文不吃香了，改教英文。為人城府頗深，工於心計，善於鑽營。杭工歸並浙大後，宋至浙大外語教研組任教。「文革」中做了浙大外語教研組負責人，任內拉幫結派，是浙大造反派「總指」的頭目之一，他為表現自己「革命」，不惜一切手段，打擊老知識份子，我深受其害，不特如此，甚至連內子亦不放過，逼她承認莫須有之事，使其神經幾至失常。「文革」後，清查「三種人」，宋受到審查，被撤銷一切職務。他見政治不吃香了，又轉而從事文學作品翻譯工作，以圖名利雙收之效。其不懂法文，儘管「文革」中幾將我致之死地，如今還厚著面孔，來我寓求教譯文中涉及法文部分，一句表示歉意的話也沒有。內子見之，氣得發抖，要找其理論，為我所阻，我謂，其乃典型小人，風派人物，今已不得志，隨他去罷！

「大躍進」期間生活雜憶

我於一九五八年四月自北京調浙江後，適逢「大躍進」高潮。

「大躍進」表現在城市是大煉鋼鐵，在農村是大辦人民公社，且都強調高徵購，高指標，在好大喜功的錯誤思想指導下，以致糧食產量下降，人民生活困難。這一點，我體會頗深。

我到浙江之初，市場供應尚好，物價亦尚平穩。只是覺得盲目「躍進」，日夜加班工作，身心十分疲憊，甚至願意降低工資以換取休息，但這是不可能的，於是被人說成是發牢騷怪話，其實，有這類牢騷怪話者何止我一人？

一九五九年起，市場供應開始緊張。物價，特別是食品、副食品的價格上揚很快，許多商店貨架上品種亦漸漸地減少了。有些必需的日用品，如剃鬚刀、電池等亦長期無貨供應，影響生活甚大。

到了一九六○年，市場供應更趨緊張，各商場，尤其是食品商場，貨架上基本是空空如也。民以食為先，不得已，只有花數倍的價格，求助於「黑市」，以解決吃飯問題。當時中央決定限制個人口糧，城市實行憑證制度，連火柴，肥皂亦要憑票，各類票證種類繁多，且往往得不到保證。惟對十三級以上的高級幹部和六級以上的高級知識份子，在副食品供應上則給予一些特殊照顧，可憑證到有關特供商店購買食品。就全國而言，當時浙江省要較鄰省為好，因浙江省領導較重視農業，所以據說浙江實行票證制度是全國最晚的。時鄰省安徽、山東、江蘇、江西等地饑民，紛紛湧入浙江城鎮，乞討為生。然城裏人亦為吃飯發愁，焉能顧及鄉人？

是年夏天，我趁杭工暑假之際，攜內子、長孫去北京探親訪友。我們住在內弟祁式潛家中，他當時是化學工業部黨委宣傳部長，行政十三級，亦屬高幹了，然由於家中人多，亦為吃飯問題發愁，每餐均以粗糧（玉米麵等）為主，細糧（白麵）只能偶爾食之，大米根本見不到，式潛的母親也即我的岳母，年已八旬，身體不好，亦與家人食同樣的食品，我們帶去幾聽豬肉罐頭，老太太自己捨不得吃，要留給孫兒們食用。後來由於吃了不知名的菜（可能是一種野菜），患了

瀉症，竟於次年（一九六一）五月與世長辭。到北京街上轉轉，雖然「十大建築」剛剛完工，較有氣派，然市場供應，卻呈現一派蕭條之勢。成鮮明之對照。公交車由於燃料不足，上面放一沼氣大包，堪稱京城新景。

我長子因在一九五八年初反「右」後期，得罪某領導，被羅織「罪名」，發配京山鐵路線茶淀農場勞改（時梅蘭芳先生之子梅葆玖、作家孔厥等，均與他在同一農場，成為難友），飢餓難忍，我趁赴京之便，趕去農場看他，帶了一些食品如雞蛋等。在接待室，他當著管教人員之面，一氣吞下十個煮雞蛋！見其如此飢餓，我只有背過臉去，暗自流淚。後來他又寫信給我，懇寄食品，以救性命，我接信後，千方百計托人買到高價的鷹牌煉乳數罐，及其他食品，郵寄給他。他回信說，幸有此救命之物，否則，恐早已成了餓死之鬼矣！

一九六一年暑期，我復偕內子長孫等，至家鄉常州探視父親及繼母，時父親住在常州城內三牌樓，年已八十有五，見面後第一句話即說吃不飽。我請父母上市內某飯館吃小籠包子，等了二個多小時，端上來包子的肉還是臭的，由於飲食不濟，繼母於次年（一九六二）初即患病而逝，父親高齡孤身在常，乏人照顧，只有遷居南京，居於我八府塘舊寓內，由四弟祥霖及弟婦海波負責照料生活起居，還是由於飲食起居問題，平素身體康健的父親，終在一九六三年冬患病，就此不起，與我們天人永隔。忽忽至今已近三十載矣！走筆至此，不禁泫然淚流。

以上，俱為我所親歷之況，算不上系統，僅為浮光掠影而已。然就全國而言，所受的損失確是非常之大，據近者的一項統計數字表明，一九五九年至一九六一年之內，各省非正常死亡人數（不包括新疆及西藏），竟達數千萬人之多，且多數是由於饑荒而餓死的農民。對其因，眾所紛紜，莫衷一是，有人說是「三年自然災害」，有人說是「三分天災，七分人禍」。一般而言，後者較為客觀。

第十四章　任教求是學園

杭工裁撤，歸並浙大

　　應該說，杭州工學院是一九五八年「大躍進」運動後，在「反右傾，鼓幹勁」口號下，一九六〇年大辦高等教育的產物。由於指導方針上的失誤，國民經濟發生嚴重困難。中共中央有鑒於此，乃於一九六一年初，制定「調整、鞏固、充實、提高」八字方針，實際上是對「大躍進」以來的情況進行糾偏。在城市中實行壓縮城市人口，精減機關學校及職工，在農村中實行「三自一包」政策（即自留地、自由市場、自負盈虧和包產到戶），當時省屬高校如杭州大學等，開始對「大躍進」以來的系科及規模進行調查，以控制數量，提高質量為宗旨。杭大一九六〇年辦的春季班被撤銷，學生或被精減，或並入其他班級。在這樣的情況下，杭工是無法單獨存在下去的。至一九六一年夏，中共浙江省委決定：杭工名義撤銷，除紡織系恢復浙江紡織專科學校外，其餘全部並入浙江大學。杭工在文一路的院址，亦成為浙大的二分部（原位於前之江大學校址內的浙大分部則變為三分部），歸並後原杭工的一些系科仍在此教學，至「文革」後，浙大二分部——原杭工的校址，被某些人作主賣給了屬於電子工業部的杭州電子工學院，諸多師生感到不可理解，但亦無可奈何。前些年，我路過此地，已是面目全非了。除了旁邊的原浙江電專的幾幢宿舍還在外，四周均是近者拔地而起的高樓，原來那個寧靜的校園已成為歷史。

在浙大電機系工程經濟教研組

我隨杭工並入浙大時，浙大有機械、電機、化工、土木、光儀、無線電、地質等工科系，及數學、物理、化學等理科系。共幾十個專業。兼校長及黨委書記是周榮鑫，（周時任省委常委、省高教黨委書記）。周調北京後，省委調陳偉達（時為省委常委，後任省委書記）來校，兼任校長及黨委書記。陳為江蘇蘇北人，抗戰時曾任新四軍蘇北根據地某師政委。周、陳兩位在學校的職務均係掛名，學校實際負責人為副校長劉丹，劉為安徽人，係知識份子出身的老幹部，說話算數，對知識份子亦禮遇有加，對浙大的建設做了許多工作，但亦得罪了一些人。所以，「文化大革命」之初，被作為「黑幫份子」拋出，備受凌辱。「文革」後重新主持浙大工作，並培養了一批新人。

企管專業，在浙大原屬機械系。後來，復於電機系中，設工程經濟教研組，主持企管教學。當時浙大電機系主任為壽俊良教授，壽畢業於上海交通大學，留學美國，在浙大多年，講授發電廠工程，建國後，加入民盟。工程經濟教研組長為洪鯤副教授，中共黨員。洪係抗戰期間老浙大電機系的畢業生，在浙大的時間亦很長，「文革」中後期，為了子女替補招工，辦了退休手續，「文革」後，復返聘來校。

工程經濟教研組，當時是一個年輕人據多的單位，除我及洪鯤年齡較大外，其餘多係二三十歲的青年講師及助教。均為五六十年代的大學畢業生，近三十年時間過去，他們中間許多人已成了教授或副教授，學業有成，其中主要有：

許慶瑞，時為講師，常州同鄉，其父許冠群為我邑之實業家，亦為我友。冠群戰前於滬上創辦民族製藥工業新亞藥廠，名噪一時。在杭州亦有企業（杭州紗廠）。慶瑞雖係富家子弟，然卻能讀書上進，為中國人民大學工企管理專業畢業生。來浙大後，講授企業管理課

程。「文革」後，加入中共，浙大成立管理工程系，慶瑞為系主任。邀我回系工作（當時我在外語教研組）。一九八三年，經我參與論文評審，升級為副教授。一九八六年，復經我評審，晉升教授。近者專攻科技及經營管理，著述亦較多。

王愛民，時為講師，江蘇人，為浙大機械系畢業生，留校講授「企業組織與計劃」課程。一九五七年春，他代表浙大來北京參加全國生產組織教師座談會，即與我相識，交談甚恰。王為人熱心，性喜交友，為民盟成員。「文革」後，復經民盟推薦，任第五屆浙江省政協委員，與我同列政協教育組。愛民講課很好，深入淺出。惜其後因兼職過多，著述欠少。一九八三年，經我評審，晉升為副教授。一九八六年屆齡退休，後返聘在系。一九八七年，終晉升為不占名額之教授。

兩位年輕女教師，在此值得一提：黃擎明，時為助教，廣東人，中國人民大學工業經濟系畢業後，分配來浙大任教，為人謙和熱誠。文革後成立管理系，從事科學管理與技術經濟學之研究，著述頗豐。繼許慶瑞後，任管理系主任。一九八三年，經我評審，晉升為副教授。石瑛，時為助教，上海人，畢業於哈爾濱工業大學，分配來浙大任教，為工程經濟教研組當時最年輕的助教之一，為人熱情。「文革」後，曾派赴英國進修，專攻能源經濟，取得一定成績，後晉升為副教授。

還有王燮臣（助教）、翁永麟（講師，福建人，畢業於廈門大學）、譚仁甫（講師）等，當年都很年輕。其中王燮臣老師由我在一九八三年論文評審晉升副教授。譚仁甫老師當時在教研組兼任秘書工作，他患嚴重眼病，視力很差，然對工作卻兢兢業業，一絲不苟。我因家居校外，每月的工資，及有些活動的通知等，均由譚老師親送我寓，從未耽誤。這種服務精神現今是很少見了。

為機械系同學開設企業管理課程

我到浙大之初，因貫徹中央調整方針緣故，一時任務尚未確定。內心深感不安，乃上書教務處周副處長轉校黨委會，請予考慮。後遇先已在浙大電機系的留法同學鮑冠儒學長，告知學校現處調整階段，學生人數減少甚多，故教師的工作安排需作統籌安排考量，心乃釋然。未幾，教務處即安排我為機械系機制五八級同學講授「機械製造企業組織與計劃」課程。這門課對我來說，因為是上過多年的老課了，可謂得心應手。當時，中央頒布了「工業七十條」〔即《國營工業企業工作條例（草案）》〕，明確提出企業是獨立的生產經營單位，實行黨委領導下的廠長負責制，並對搞好經濟核算，工資、獎金需符合按勞分配原則，職工代表大會等，作了詳盡說明，對企管課有很大啟發。於是，我結合「七十條」所定原則，加上自己在機專機械廠所得之實踐內容，融入課程之中。因條理清楚，深得學生歡迎。後來由於聽課學生眾多，教務處決定採用大班形式，在梯形大教室內授課，每周約十二節課，人雖然很辛苦，卻倍覺欣慰。因為同學們對我很尊敬，記得一九六三年元旦，機制五八級全體同學送我「辛勤教學育人才，芬芳桃李滿天下」賀卡以為紀念。今屆指算來，這批同學畢業離校已近三十年了，早已成為國家之棟梁之材。在此順祝各位同學一切順利！

《機械製造企業組織與計劃》編寫經過

我在北京工業學院期間，曾於一九五六年偕生產組織教研組同仁，編寫過企管課教材，本由機械工業出版社出版，後因「反右」運動後，編寫人之一的李覲樞老師被打成「右派」，下放工廠「勞動改

造」，由此被剝奪了著書的權利，出版社據此毀約，至該書稿不能出版，深以為憾。調浙以後，在浙江機械專科學校我亦教授此課，應同學急需，我花了一個寒假時間，修訂講義，交機專教務科分上下兩冊，以校內講義形式出版，深受同學歡迎，然由於係校內發行之故，不為許多同仁所知。

此次來浙大任教，仍為同學開設企業組織與計劃課程。同學反映，希望有這門課程的正式教科書出版。至一九六三年，國家教育部組織中國人民大學、清華大學、上海交通大學、浙江大學等六所部屬高校企管教師若干人，聯合編寫《機械製造企業組織與計劃》教材，擬由人民教育出版社出版，向全國各高校發行。

浙江大學由我及王愛民老師等參加，六校成員分工合作，分別撰寫，至一九六四年，全書已全部編就，約五十萬字，先由浙大以油印本形式出版，經徵求各方意見後，再交出版社正式出書，豈料其後天有不測風雲，中蘇兩國交惡，反「修」運動深入開展，我們的書稿因為在編寫過程中，曾參考了蘇聯同類著述（因為該書之名前冠之以社會主義字樣，故只有蘇聯的著作可資參照），送出版社審查時，被打了回票，認為此稿非作重大修改，否則不能出版。辛辛苦苦的勞動成果，換來的卻是無法出版的消息。學術積極靠攏政治，仍跟不上變幻莫測的政治，悲哉！

「神仙會」與諸「神仙」

自一九六一年初中央「八字方針」頒行以來，高教戰線在調整過程中，強調教育質量，蔚然成風。憶還是在杭工時期的一九六一年五月，我聽了傳達周揚（時為中宣部副部長）三月在杭州期間所作的報告錄音。周在報告中主要談了：提高高等教育質量、師資問題、專家路線與群眾路線、百花齊放與百家爭鳴四方面的問題。對「大躍進」

以來的某些提法和做法，做了一些修正，給我印象最深的是報告中提到教育質量問題。周認為教育不僅要方向對，還要水平高，認為當今提高教材質量，提高師資水平，是提高教學質量的關鍵性問題，並主張在自然科學教材方面，如蘇聯沒有，亦可引進西方資本主義國家的教材，以應急需。以周揚之身份，其所言無疑是經過中央首肯的。

到浙大以後，是年十月，校方又組織我們學習了「高教六十條」〔即《教育部直屬高等學校暫行工作條例（草案）》〕，並組織開展討論。

根據「高教六十條」精神，學校應以教學為主，努力提高教學質量。要正確執行知識份子政策，充分發揮教授、副教授等老教師的主導作用。

當時，浙大的領導在貫徹「高教六十條」精神上，做的較好。對高級知識份子，以誠相待，並給予精神及物質鼓勵。我記得化工系王仁東教授因為備課認真負責，寓所直至夜半還亮著燈，受到劉丹副校長的公開表揚，在全校教工會議上號召向王仁東教授學習，努力鑽研業務。還有電機系汪槱生講師，對教學及科研工作勤勤懇懇，任勞任怨，並取得成績，校部晉升其為副教授，並推薦他為全國人大代表。以上兩例，皆為先前所不可想像者。

除此之外，自一九六二年一月起，校部還以黨委宣傳部、統戰部名義，邀集各系老教師（教授、副教授）於每周六下午定期集會，外界戲稱之為「神仙會」，除學習國內外形勢外，亦就學校大政方針等，聽取與會者意見。

全體應邀與會者分作三個小組，每組設組長、副組長各一人負責之，平時分別集會，遇有重大方針政策及有關文件的傳達和學習，則並在一起開會。設有學習領導小組，由兩位黨外副校長周慶祥、李恩良，及三位學校「民盟」（中國民主同盟）組織的負責人倪寶珊、蔣新、王啟東負責之，他們同時也兼各學習小組的小組長。

我作為教授，亦應邀與會，並編入第二小組參加學習，並在期間結識了諸多與會「神仙」，深以為幸。今者，他們大多業已作古，然其音容笑貌，似仍在眼前：

曹萱齡副教授，時為第二小組副組長，上海人，抗戰期間於浙大物理系畢業後，留校任教。曹為女性，「神仙會」中發言最多，平時工作作風爽直，有鬚眉之氣。所以在「文革」中被人稱作「女霸王」，吃苦甚深。為「民盟」成員。「文革」後，以「民盟」推薦，曾被選為第五屆浙江省政協副主席。

王國松教授，浙江人，是浙大電機系的元老之一，美國留學生。任過浙大工學院長及副校長。一九五七年被打成「右派」，工資級別由一級教授降至三級。來參加「神仙會」時，王剛獲「摘帽」，故於會中頗為小心謹慎，講話甚少。時其居校外橫河橋小河下，離校甚遠，然逢會必到。王為人謙和，教授「電工基礎」課程，條理清楚。他亦為「民盟」成員。與夫人育有子女九人，惟前八人均為女丁，至第九個方為男丁，校內傳為佳話。其四女王季雯，與我姪女沈以明係浙江醫學院（現為浙江醫科大學）一九五三級同學。一九五八年畢業後，分配在浙大附屬醫院行醫，適李××。李某原學美術，留學東德（德意志民主共和國）期間，潛赴西柏林，致被遣送回國。來浙大後，任教外語教研組，與我同事，其為人心術不正，「文革」期間，到處打小報告害人，我吃盡其苦。李與季雯感情不睦，長期與某工友姘居，季雯後與其離異。此事對王國松打擊甚大，終患腸癌而逝。

趙仲敏教授，浙江人，畢業於中央大學機械系，抗戰中至浙大機械系任教。時任機械系副主任，並兼浙江機械工程學會理事長。

陳近朱教授，蘇北人，留美出身，時為機械系教授，過去做過縣長。與舊友孔大充熟悉，與孔氏共同創辦蘇皖政治學院，他住校外刀茅巷老浙大宿舍，與我時相往來。「文革」中，受衝擊甚深，其居所被造反派掘地三尺抄家。陳氏亦喜填詞，有一定造詣，已故。

朱家炘教授，湖北人，亦為機械系教授，講授金屬工藝學。朱亦係美國留學生，為廈門大學機電系的創始人，院系調查後隨廈大機電系部分師生並入浙大。

　　洪逮吉副教授，浙江人，畢業於同濟大學，時任浙大機械系副教授，教授機械工程。「文革」後，浙大成立能源工程系，晉升為能源系教授，轉教熱能工程課程，前幾年患癌症去世。

　　王輔世教授，江蘇人，為吾友王紹鰲之子。留德電機博士，時為四級教授。王舉止怪誕，自稱為佛門居士，當時年紀不到五十，卻留著長須，手拿斯的克（拐杖），步履艱難，似有未老先衰之態，於盛夏之日，仍著棉服，戴棉帽，成為浙大師生皆知的「怪老頭子」，每自學校返家，必從我寓路過，我問其為何如此打扮，他答稱夏日炎炎戴棉帽很涼快，並讓我也試試，我無論如何想像不出夏日戴棉帽有何涼快之意。由於其舉止怪誕，故電機系亦未給他排課，他樂得清閒，每月照領二百元乾薪。「文革」伊始，校傳達室工友貼出大字報：勒令王即日剪去鬚髮，脫去怪誕服裝，否則將拒其進校。王只有照辦，剃去鬚髮後，竟判若兩人，行路健步如飛，真不可思議也。「文革」以後，不知所終。

　　徐紀楠副教授，浙江人，留美，時在機械系任教，為人寡言。

　　倪寶珊副教授，為第二小組組長，民盟浙大支部的負責人，與校方多有聯繫，後任浙大的財務處長。「神仙會」中，若倪不在，則由曹萱齡主持。

　　我們小組學習地點在副校長李恩良的辦公室，李有時亦到場，參加討論。當時談話慷慨激昂，李係土木系的教授，曾任私立之江大學土木系主任，建國初院系調整後隨之江並入浙大。「文革」之後，李做了浙江工學院第一任院長，然其言談舉止，卻頗為謹行慎言，與當年「神仙會」中，幾判若兩人。

　　以上俱為我在小組學習中所相識的學長，後來，在大組學習討論

中，又結識了一批學長，相交很好，他們中間有：

白郁筠教授，北方人，時為浙大機械系主任。白於清華大學畢業後再赴英倫留學，教的是機械零件課程。巧的是，一九八六年春，我獲准離職休養，組織關係由人事處轉至老幹部科（今擴充為離退休工作處）管理，老幹科時屬黨委組織部，組織部長即為白郁筠之女，我與她交談之後，方知其父早於一九七一年退休，一九七六年已駕鶴先去。

楊耀德教授，江蘇人，美國留學生，為浙大電機系的創始人，講授「電工原理」課程，據說還是王國松的老師。楊在浙大任教半個世紀，桃李眾多。然至一九八六年夏，其與我同住浙江醫院六病區，我去看他，已不識人，有一老保姆在旁照顧，時電機系畢業的韓楨祥校長曾來探視。我出院不久，即聞楊已辭世。

高鎮教授，江蘇人，留法學生。上海震旦大學畢業後再赴法留學，習土木工程。回國後任教浙大土木系，講授結構工程課程。當時在浙大教授之中，留法者很少。似僅為高鎮、鮑冠儒及我三人，而以高年紀最輕，其夫人沈瑜，時亦在電機系，任系秘書，與我常相晤面。高在杭州環城西路昭慶寺（少年宮）口，自建有西式小屋一幢，有一很大的院落，頗為別致，惜命不永年，一九六五年患肝癌不治而去。

陳崇禮教授，浙江人，為浙大土木系主任。三十年代即任教於浙大，講授水力學。陳在「神仙會」期間，身體已經不佳，常因之不能到會，不久，即聞其故世消息。

沈學植教授，為參加學習的各位學長中，年紀最長者，時已逾古稀之年，然精神尚好。他是安微人，畢業於金陵大學，專攻圖書館學，曾任中央政治學校圖書館主任。抗戰前至浙大圖書館主持工作。為圖書館界之元老，逝於「文革」初期。

周春輝教授，浙大當時年紀最輕的教授。剛入不惑之年，留美習化學工程。一九五八年回國至化工系任教，兼系主任，在會中侃侃而

談，給人印像深刻。「文革」後，周曾任浙大副校長，並在省政協中擔任領導職務，我參加政協會議期間，與周一個小組，經常就教育問題，交流看法。

王啟東副教授，浙江人，美國留學生，講授「機械工程」課程，在「神仙會」中，亦為健談者。時年紀僅四十歲出頭，工作上勁頭很大。「文革」後任浙大副校長，並以「民盟」推薦。擔任浙江省人大副主任職務多年。王出身教育世家，其父王璡（季梁），為我國化學界前輩，建國前長期擔任中研院化學所長，並兼浙大理化系主任。一九五二年院系調整後，轉任杭州大學化學系一級教授。於一九六六年冬在寓所被浙江農大學生李××入室搶劫財物而殺。王夫人德夢鐵（杭大外語教授，華籍拉脫維亞猶太人）受重傷。此事當時頗為轟動，受極左路線干擾，凶犯從輕判處「死緩」，保住一命，宣判後，各界議論紛紛，咸認一命不抵一命，判決不公。說起此李××者，乃我住所附近某鄰居之長子，其父為駐安徽某地的軍隊幹部，其母尚係內子於一九五九年間主持居民區掃盲班的學員，母子常來我家。李一九六三年高中畢業後考入浙江農大，當時學習尚好，待人亦有禮。「文革」動亂伊始，參加紅衛兵，搞打砸搶，開始學壞。其妹時為高中學生，也掛起「紅衛兵」袖標，參與一九六六年八月二十八日晚來我家抄家行動，是次李去王家搶劫之前，曾來我家訪見，時內子在家，李說要去「大串聯」，向內人「借」錢，內子如數「借」給了他，他稱謝後離去。不久，即發生王教授夫婦被殺血案。內子至今思之，仍感後怕，說李當時恐來尋找下手對象的，因見我家家產不豐，故而放棄。此事，我往見啟東教授時，因時間匆促，亦未談及。事過境遷，今在此寫出，以存史實。

蔣新副教授，江蘇人，時任浙大體育教研組長。蔣東亞體專畢業，擅長田徑及游泳，浙大之重視體育，蔣氏實功不可沒。

還有：張樹森教授、仇儉教授、關富權教授、陳運銑教授、楊士

林教授（「文革」後任浙大校長）、周茂清副教授、樓宗漢副教授、夏志斌副教授、成章副教授、陳楚准副教授、徐世齊副教授、曾國熙副教授等，「神仙會」中，均時相晤面。

「神仙會」變調

一九六二年「神仙會」中對高級知識份子的相對寬鬆氣氛，確使不少士者為之受寵若驚，記得在某次學習會議中，傳達周總理、陳毅副總理在廣州的談話，認為應對所謂「資產階級知識份子」脫「帽」。與會者為之興奮不已，某教授用英語連說二遍：「Very good, Very good」。然而此況卻好景不長，及至是年夏秋之季，毛澤東提出「千萬不要忘記階級鬥爭」號召，並要「年年講、月月講、天天講」，旋又開展反對蘇聯「現代修正主義」學習運動，我們的學習座談亦開始轉向。

當時中蘇兩黨在理論上分歧甚深，《人民日報》和《紅旗》雜志先後發表「九評」蘇共中央公開信文章，就斯大林評價問題、南斯拉夫問題等一系列問題提出整套與蘇共針鋒相對的觀點。總的是認為蘇聯是「現代修正主義」，是「全面復辟資本主義」，特別集中批判赫魯曉夫所主張的「三和一少」。我們參加學習反修文件文章者，每人還須寫出書面學習體會，在會中表態發言。儘管如此，仍有許多知識份子對此表示不理解，許多人認為應首先把中國自己的事做好。我在會中引用彭真訪問南斯拉夫時所作的報告，彭說南斯拉夫生產企業效率高的一個因素，是那裏脫產人員甚少。據此我認為提高勞動生產率不能認為是修正主義。某教授發言認為赫魯曉夫所提的「和平共處」，實際上與萬隆會議的精神並無分歧。當有人提到日前蘇聯西紅柿賣至五個盧布一斤時，即另有人插話說，三年時期（指一九五九年至一九六一年困難時期），中國集市上青菜亦曾賣到二角多錢一斤。

凡此種種，說明人們對開展反修學習是不理解的，但多數人為了應付，亦只有東拼西湊地抄錄報刊文章，寫成「體會」，上交了事。

與在北京老友魚雁往返

我調浙江工作後，適逢「大躍進」高潮，整日忙忙碌碌，日夜加班，搞得身體疲憊不堪，且單位更動頻繁，三年之內，換了三個單位，心緒不寧，故與在北京各位老友疏於問候，想他們一定也不會空閒。及至一九六一年初秋，始慢慢定下心來，某日，訪見邵力子先生長公子，時供職杭州民生藥廠亦為留法同學之邵遂初兄於其寓，蒙遂初兄告知，邵先生日前曾來杭公幹，並問起我之近況，其時又適逢邵先生八秩壽誕在即，我去函向其致意：

> 力子先生：
>
> 別後又三年了，在武和軒及遂初兄處，藉知你身體康健，精神飽滿，五月間，曾經滬來杭，未及趨候為歉。
>
> 在你八十高壽快要來到的時候，我致以萬分的誠意，祝你精神矍鑠，身體康健，為社會主義事業作更大的貢獻。
>
> 我認識你已三十多年了，使我最欽佩的是你一套簡單、樸素、平實易親而又數十年如一日的作風。使我最尊敬的，是你始終擁護三大政策，而使我感激難忘的，是你屢次對我的幫助。
>
> 建國後，我在教育戰線上已工作了十一年了，飲水思源，首先應感激周恩來先生，但對於你的無私幫助，我也是終身不能忘的。
>
> 我目前仍在杭州工學院任教授，最近杭工歸並浙大，工作可能仍舊。明年如有來京機會當趨首致教，還請你不遺在遠多加指導。

敬抒微意藉表　　　　　祝忱

並致敬禮！

沈沛霖（清塵）

一九六一年九月一日

邵夫人前均此敬意

是年九月下旬，頃接邵先生手書回函，內容言簡意賅，全文如下：

清塵先生：

惠書稽答，甚以為歉！

承賜讚譽，愧不敢當。為社會主義事業盡可能地工作，是
我同您願共勉之的。

五月間我到上海杭州，為時不算太少（約四十天），但仍
有許多願見的朋友未克握談為悵。

您繼續任教授，可喜！如有來京機會，自樂於候教。

依選舉法，我還只七十八歲，即使八十，也不敢受祝。

匆致謝意　並頌健康！

邵力子啟

（一九）六一年九月二十四日

後來，邵先生與翁文灝先生等復來杭州視察，住在湖濱大華飯
店。我去訪謁，見其氣色很好，對中央之整頓精神，頗為讚賞。我們
還談到去台諸友，邵說他在做對台工作，值辛亥革命五十周年之際，
手書《清平樂》詞一首，寄懷臺灣故舊，旋即抄錄贈我，這首詞，我
一直放在筆記本中，惜於「文革」抄家之時丟失。最後四句，我今尚
記得：「而今愛國一家，何分海角天涯，攜手歸來未晚，同看美好新
華。」談話間，邵還談起他準備重新加入中共，並徵詢我意，我答當

然很好,並祝其早日實現己願。

另一位老友,即與我在重慶復興關中訓團黨政高級班同學半載,建國初擔任華東聯絡局專員之侯雨民(侯桐)兄,當年我們在復興關,朝夕相處,侯兄為人坦誠,善於交友,人緣亦好。在華東期間,主持留法比瑞同學聯誼會,亦不改其一貫作風,談笑風生,頗具名士派頭。我自滬到京後,在工作安排問題上,亦得其函示,受益匪淺也。惟滬上一別,與老友卻一直未有機會往來,後來自留法同學何以端兄處(何兄與侯兄互為兒女親家),才知侯兄情況:離開聯絡局後,曾調任英國倫敦中國銀行副經理,日前已回國,任中國國際貿促會副主席(主席為南漢宸),我乃在致以端兄信中,向侯兄祝賀。他於其北京住所回我一函,熱誠備至:

> 沛霖我兄:
>
> 我於去年十一月初參加我國經濟貿易代表團去巴西及墨西哥訪問,計時兩個半月,曾三進三出倫敦,兩度橫渡南北大西洋,於今年一月底平安返抵北京,到京後從以端兄處獲讀兄於一月二十五日寫來的信,藉悉故友無恙,無限快慰。彼此分手,匆匆十載,每念故人,輒為神馳。
>
> 京中多故友,常多往來,每次聚首,即想及兄等。暑假有機,大駕能來京一遊,則朋友們當不勝慶幸之至矣。
>
> 即祝
>
> 近好並問候嫂夫人
>
> 弟 雨民 啟
>
> (一九六一年)二月十三日晚

記得一九五一年春,我離開上海去北京,華東聯絡局長何以端兄給了我殊多幫助。我任北京工業學院教授後不久,聽說何兄亦離開

了聯絡局，調任華東煤炭局長（以端兄在法國是學習煤炭科學的），我為其所學終已致用而高興。迨一九五八年春我調浙江，是年秋，以端來杭州療養，住在西山醫院（即今浙江醫院），函邀我往，暢敘別後之況。一九五九年他又公幹來杭，住大華飯店，我束邀其來寒舍便餐。一九六〇年暑假，我偕內子等至北京探親，時何兄已調北京工作，任煤炭部煤炭科學研究院黨委書記。他知我到京，邀我餐敘，並請建國初在華東聯絡局工作，亦參加上海留法比瑞同學聯誼會的艾毅根作陪，還請我看了一場京戲，是趙燕俠主演的《紅娘》，甚為精彩。我回杭後，為感謝以端兄厚待，曾寄贈特品西湖龍井茶請其品嘗，他回我一函，談及其本人及在京故友情況，甚重情誼：

沛霖同志：

　　來信及茶葉均已收到，多謝！多謝！明前龍井屬特品，此間市場從未出售，同人品之，稱讚不已。唯屢蒙饋贈，無一回報，殊深歉仄。

　　二月下旬乘飛機赴法參加國際煤礦安全會議，居留二十八日，經瑞、奧、捷、波、蒙等國，歷時近兩月，見聞不少。回京後，忙於彙報總結，遲未作復，尚祈原諒。

　　一之同志仍在中國科學院哲學研究所，譯著不少，近來更忙。三年前他已不住錫位胡同，現住乾麵胡同十五號中國科學院宿舍大樓一三〇二號。去年身體不太好，現在尚健，精神頗旺。大可同志，春節時見面後，不悉近況如何？近似咫尺。遠若天涯。雨民同志已於兩周前進高級黨校學習，時間一年。我回國後，身體較前好些，但因年齡關係，總覺精力不足耳！前年四月已與宋煉石同志結婚，她善於持家，家庭亦稱和睦，堪以奉告。

　　明年暑假，如能抽暇來京一遊，不勝盼祈之至，此間舊友均有同感。餘後談。

近祺並祝

　　尊夫人身體健康

何以端

（一九六三年）九月二十二日

　　此外，時任北京中央農業部副部長的楊顯東（定青）兄，亦與我時有魚雁，互通聲息，他來杭州療養，住浙江醫院三病區，亦函邀我前往，把手晤談，甚為融洽。

夭折的浙大法語師資班

　　大約在一九六四年冬，中央提出要重視外國語，以利國際交往之需。時高教部曾制訂了一個《外語教育七年規劃綱要》，提出以英語為第一外語，法語、德語、西班牙語等語種為第二外語。並建議在有條件的高校中，應多開設幾門語種。

　　一九六五年寒假過後，浙大教務處的劉處長找我去談話：擬調我至外語教研組，從事法語師資班的教學。劉說：「目前浙大公共外語課師資甚缺，有教學經驗的老教師更少，青年教師中有許多是以前學俄語而改教英語者，基礎不扎實，且語種不多，能開課者僅俄、英、日三種。」又說：「去年（一九六四）中法兩國建交，加之非洲有許多講法語的國家，故法語人才需求量甚大，我們瞭解沈先生留法多年，想定能擔此重任。」時我已年逾花甲，然領導誠邀，為工作計，亦只有承擔下來，遂允之。

　　未幾，我至外語教研組報到，時教研組長為成章副教授，成係東南大學畢業生，已在「神仙會」中熟識。另一位教英語的副教授陳楚淮，係安徽人，出身金陵大學，亦已訂交。除他們兩位外，周天裕副教授是日本留學生，還有李增榮及葛起閭講師，時年紀約在四十開

外，均教英文。除這幾位外其餘大部為三十歲上下的青年教師，最年輕的兩位是一九六五年夏的大學畢業生方××、邵××，時年僅二十餘歲。方在「文化大革命」中成為不可一世的造反派，且是我的「專案組」成員。「文革」後，調離浙大。邵在「文革」中一直是逍遙派，仍鑽研業務，現為副教授。還有中共支部書記是鍾小滿講師，鍾畢業於教會的滬江大學，以前在北京共青團所屬機構工作，一九五七年調浙大任教。其夫君周文騫，當時是浙大馬列主義教研室的講師，「文革」後做了浙大黨委副書記。

暑假後開學的法語師資班的學生僅四人，包括兩位女教師，兩位男學生，均由學校選派。兩位教師都是本教研組的，以前都是學俄文的，一位叫彭××，「文革」伊始，彭積極帶頭造校黨委劉丹的反，後來又全然不顧師生之誼來我家抄家，對我及內子，百般凌辱，自以為「革命」，現已退休。另一位叫朱××，是教研組那位與我在杭工共過事的宋××之妻。兩位學生是數力系的（當時外語教研組屬數力系），其中一位後來在「文革」中成了大名鼎鼎的造反派，並且成了當時校革委會負責人南竹泉（南係浙江省革命委員會主任，駐浙二十軍政委南萍之兄）的乘龍快婿，可謂紅極一時。林彪事件後，南萍、南竹泉相繼下臺，他亦受審查，一反故昔，消極悲觀，時我已獲「解放」，他來我家訪謁，談及政治鬥爭的可怕，並準備再跟我學法文，後不知所終。

接受教學任務後，我即開始編寫教案，制定教學計劃。師資班屬速成性質，時間定為一至兩年，以熟練掌握基礎口語及語法為標準。在講義編寫中，我主要參考了北京外國語學院法語系第一教研組所主編的《法語》教科書，該書由留法同學，時任外院教授的宋國樞學長等審訂，編排頗為合理，符合聽說領先之原則。語法方面，留法同學吳達元（時任北京大學西方語言文學系法語教研室主任）編有《法語語法》一書，雖略嫌煩瑣，然仍不失為當時可搜尋到的一本較為系統

的語法參考書。

　　回憶當時情況，法文的資料很少。我本人僅存的《模範法華字典》（NOUVEAU DICTIONNAIRE FRANSAIS—CHINOIS）還是一九三三年出版的，詞彙等早已不敷需要。後來，在外文書店購得一冊由日本人鈴木信太郎等編寫的《佛和辭典》（DICTIONNAIRE STANDARD FRANCAIS—JAPONAIS），收詞較多。然因係日法辭典，仍感不便。最後，又赴上海外國語學院法語系搜集資料，蒙留法同學徐仲年兄見贈一冊《簡明法漢詞典》（PETIT DICTIONNAIRE FRANCAIS—CHINOIS），雖然詞彙仍少，僅約收二萬二千餘詞彙條目，然因係近年來新版書，收了不少新詞，頗為實用。以後又在外文書店訂購到一冊一九六三年版的《小拉羅斯法語辭典》（PETIT LAROUSSE），（係國內影印版，時定價為人民幣十六元），方勉強解決問題。

　　此外，為了提高教學質量，我自己還花了一百二十三元人民幣購得當時較好的「美多牌」中短波收音機，用來聽法語廣播之用。說來可笑，在那個強調「階級鬥爭」的年月，聽外台外語廣播，還要打報告給領導，說明情況，才可辦理。然而，在「文化大革命」中，我還是被人誣陷為「收聽敵臺」，美多收音機亦被說成是「發報機」，荒唐之至！

　　一九六五年秋師資班正式上課後，兩位學生由於年輕、記憶力強，所以進步很快。兩位原是教師者，則因為俄語口音短期難以改變，相對進步較慢，尤以那位朱姓女教師為甚，拼寫測驗多不及格。不得已，只有單獨課後為她們輔導，想不到在其後的「文革」之中，她們竟然黑白顛倒，說我在上課之中，有意講得快，刁難她們。

　　上課月餘後，政治干擾愈來愈多，體現在各類學習會議繁多。是年冬，我亦被派往市郊農村，參加「社會主義教育運動工作隊」工作，師資班只有停課，至次年（一九六六年）四月返校不久，「文革」即已發動，全校停課「鬧革命」，法語師資班就此夭折。

參加市郊農村「社教」運動紀實

毛澤東主席有一句名言：「重要的問題是教育農民。」但他不是在農村發展經濟，使農民儘快脫貧，而是按照其既定的思路，在農村開展階級鬥爭。為此，他復提出另一句名言，叫作「階級鬥爭，一抓就靈。」這就是中央在農村開展「社會主義教育運動」時的指導思想。

社會主義教育運動，亦稱「四清」運動。最初「四清」的概念是「清工、清帳、清財、清庫」，屬於經濟範疇，但其後，在抓階級鬥爭思想指導下，卻變成「清政治、清經濟、清思想、清組織」之政治範疇。

為了開展農村的「四清」運動，當時中央還有一個通知：組織高校文科師生下鄉參加「社會主義教育運動」，目的是讓他們接受階級鬥爭的鍛鍊，以改造他們的非無產階級思想。

我就是在這樣的形勢下，於一九六五年十二月初參加浙江大學「社會主義教育運動」工作隊，來到杭州市郊古蕩人民公社古蕩鎮大隊第六生產隊的。與我同期參加「社教」工作並分在一個隊的，還有浙大教授白郁筠、陳近朱、鮑冠儒、賴雲桃等人。

這是我在建國以後的第二次下農村，第一次是一九五一年十月，在北京工業學院期間參加中央土改工作團赴皖北阜陽地區土改，時間相隔十四年，體會上卻有很大不同。

一、知識份子過生活關、勞動關的思想改造

按照規定，我們「四清」工作隊員，在生活上需與農民同吃、同住、同勞動。

先談生活第一關的住。

我到達第六生產隊後，四位工作隊員（均是年近或已過花甲的老教授）合住該隊一位農民（中農）家的堂屋內。床是沒有的，只有以門板代床，但他家僅有三塊門板，卻要睡四個人，不得已，只有擠著睡，好在是冬季，尚可勉強應付。這戶農民屋外四周圍著一個僅一方丈左右面積的竹籬，竹籬外是雞籠及鴨棚，籬內三面透風，籬外雞鴨屎滿地，每逢颱風季節，屋內黑灰簌簌，我們的被單、臉盆、手巾上都蒙上了一層又黑又黃的灰塵。第一夜我睡著後不慎後腦吹了風，第二天早起時頭痛劇烈，幾不能支，後服了隨帶藥片PPC，才感覺好些。以後吸取教訓，晚間帶了便帽睡覺，約經過一周左右時間，方逐漸習慣。

　　再談吃，由於農民無法負擔，我們在附近一家儀錶廠食堂搭夥，一日三餐俱為乾飯，又硬又冷，難以下咽，只有用開水泡飯。菜蔬上，為了和貧下中農的生活標準保持一致，每頓僅吃五、六分錢的菜，一月下來，伙食費用不到十二元。然身體卻日見不適，胃病發作，疼痛不已，且有寒熱，雖經醫生診治，效果亦不明顯，還影響了工作。

　　第二關是勞動關，由於在冬季，我們老教授們主要參加了兩類勞動：（一）住所內外環境衛生清理工作，此事居家時也做，故不覺困難；（二）上山植樹及下塘平地，此類工作勞動強度大。先說上山植樹，山坡很陡（約呈六十餘度），向上植，兩腳下滑，向下植，頭重腳輕，故精神高度緊張。我二小時植了一百多株樹苗，就已汗流浹背，氣喘吁吁，且時被一些農民恥笑。至於下塘平地，即把昔之魚塘填平，改作稻田（此舉實為破壞農牧漁林副全面發展），具體做法是將高處之土移至塘內，其方式，一為挖，二為挑。我做挖土工作，惟挖了五大筐後，體力即已不支，出汗不止，然亦不能停下，怕被農民譏笑。後來，在場的幾位老農見我氣喘不止，均力勸我適可而止，不必強幹，方才停下。

拿知識份子之所短，來到農村進行所謂「思想改造」，這就是當時我參加「四清」的實際情況。

二、「四清」四部曲

對於「四清」的評價，今天有人說它是「文化大革命」之預演。記得我們在下鄉前，曾集中學習了關於社教的「二十三條」（即《農村社會主義教育運動中目前提出的一些問題》），及「農業六十條」〔即《人民公社工作條例》（草案）〕等文件。與前兩個關於社教的文件「前十條」〔即《關於目前農村工作中若干問題的決定》（草案）〕和「後十條」〔即《關於農村社會主義教育運動中一些具體政策的規定》（草案）〕相比，「二十三條」明確提出了「四清」的社教內容，由經濟轉為政治，並將鬥爭矛頭由地富反壞擴大至農村的基層幹部。

因此，我們「四清」工作隊下鄉的主要任務即：（一）大力宣傳「二十三條」精神；（二）開展階級調查；（三）發動群眾揭蓋子；（四）協助搞好年終分配工作。可謂是一環扣一環。宣教工作通過各種會議大張旗鼓地進行，範圍包括全公社、大隊、小隊，有成人的，婦女的，青年的，幾乎每晚均有會議，且規定無故不許缺席，缺席者要扣工分。表面上轟轟烈烈，實際上大多數農民是抱著看熱鬧心情而來。

據調查之所得，我所在的第六生產隊，共有十三戶人家（其中一戶是石匠）。按階級分析法，計有貧農七戶、下中農三戶、中農二戶、地主一戶。全隊總人口六十七人，其中十六歲以上的成人三十六人（內男正勞力十六人），餘均為十六歲以下的孩童。受教育程度甚低，全隊僅有一名初中畢業生，兩名高小畢業生，數名初小文化程度，不少青壯年還是目不識丁的文盲。政治面貌方面，有中共黨員三人，擔任隊長或副隊長一類職務。經濟情況方面，全隊有水田二十九畝半，水塘四十五畝六，竹園五十畝，旱地六畝（種小麥或豆子），

另有零星的插花地約七畝，種有柿子樹大小一百餘株。以上財產，俱歸集體所有，農民每天出工勞動，由隊上記工分，年終分配口糧或錢。

根據調查情況來看，這個生產隊的經濟條件應該說是較好的，只要發動群眾，努力發展生產，是會收到成效的。然工作隊的目的不在發展經濟，面是搞階級鬥爭，於是首先發起召開貧下中農代表大會，成立「貧協」組織（有些類似其後「文革」中的群眾團體），執掌權力，然後對幹部進行分類鑑別，其中一類屬於較好者，二類屬於一般，三類則為問題較多者，排隊下來，全公社幾個隊長都被排在三類，連大隊黨支部書記也僅為二類，一類者很少。主要問題是濫用職權，以及貪污腐化，投機倒把等。我所在第六隊的三個黨員，均被指為盜竊份子，說他們敵我不分，任用本隊那個地主份子為會計，用兩本賬的手法進行貪污。而實際情況是，有些幹部貪污腐化墮落，及利用職權敲詐農民現象，確實嚴重。有些則是受人誣告，工作隊偏聽偏信所致。

年終分配對農民而言，是一件大事。我們工作隊員參加了分配方案的討論，當時的政策是所謂「割資本主義的尾巴」，將大批關係農民生計的措施統統視之為「資本主義」，要加以限制和改造。如對農民自留地，面積本已少得可憐，還要進一步縮小。在分配方案上，則不顧實際情況，硬性規定提高公共積累的比例，致使農民叫苦不迭。記得分配方案最後決定為二八開，即在當年糧食總收入下，留種、留積餘以後，其中百分之二十按勞分配，百分之八十按人口分配。對四類份子（地主、富農、反革命、壞份子）則規定不准其參加按勞分配。然事實證明，這種平均主義大鍋飯式的分配方式並不能調動農民的生產積極性，相反，在分配過程中矛盾不斷產生，使工作隊窮於應付。

到了一九六六年的春節前，我們的「四清」工作第一階段結束，旋進行階段小結。主要是總結自己參加「四清」運動後的收穫，包括

與農民的情感，與農民的「三同」，及理論聯繫實際，改造世界觀等諸方面。

　　春節期間，「四清」隊員可回家休息數日，節後返隊繼續開展第二階段「四清」。第二階段主要是對各級幹部及四類份子進行「洗手洗澡」，分別各類情況，做出不同處理，有的撤銷職務，有的開除黨籍，有的監督管制，有的逮捕法辦。全部工作，直至一九六六年三月底才結束。四月，我們結束「四清」，返回學校後，還要進行集中總結，每人要寫出書面總結一份，內容千篇一律，包括：概述、收穫、個人優缺點等等。

三、參加「四清」體會

　　記得一九五六年召開的中共「八大」會上，曾指出今後中國社會的矛盾是先進的社會制度與落後的社會生產力之間的矛盾，必須大力發展經濟，提高生產及生活水平。然而，我參加這次農村「四清」運動，感受最深的是農民生活依然普遍貧困，主要原因在於生產力低下，建國十六年來，至今仍是靠天吃飯，主要的生產工具就是農民的雙手。究其因，實為指導思想的失誤所致，人民公社成立後，到處刮「共產風」，經濟上強調平均主義，農民幹好幹壞都按人口平均分配口糧，致使生產者對生產無積極性。在我參加「四清」工作的第六生產隊，儘管處城市邊緣，山水相間，自然條件很好。但一九六五年人均年收入才一百元，我記得某日中午去隊上某農戶家，適其一家正進午餐，但見有飯無菜，只見飯桌中央擺著一大碗醬油湯，他全家大小六口人，圍坐在桌旁，除吃飯外，就拿筷子蘸一點醬油湯當菜吃。某次，該隊的副隊長進城替隊上買東西，卻連一元錢都拿不出，要向我借。

　　與農民生活貧困相關的，是農村教育文化水平很低，還是在六隊，由於生活困難，不少孩童尚在讀書求學之齡，就棄學在家，承擔

起生活的擔子：每天上山砍柴，割羊草，帶小弟妹或餵豬羊，以便大人們騰出手來多掙些工分。所以說，經濟因素影響到教育文化的發展，而教育文化的落後又反過來制約農村經濟的前進。加上節制生育成效不彰，導致生之者寡，食之者眾，生產的發展抵不上人口的增長，所以愈生愈窮。

然而，在如此貧困的生活中，不少農民卻安於貧困，很少聽到他們的怨言，似乎早已習慣於此。古人云：「哀莫大於心死」，國人如此安貧樂道，不思進取，且還要「夜郎自大」，最終卻使我們與先進國家生活水平的差距愈拉愈大。

第十五章　在十年浩劫中

「文革」伊始

我參加「四清」工作隊於一九六六年四月返校，稍事休息後，即來校上班。當時報章已在連篇累牘的批判吳晗的歷史劇《海瑞罷官》。大多數知識份子，包括我在內，對此等「批判」，俱習以為常，認為與前幾年在思想文化領域內進行的學術批判相仿，主要是提高思想認識。時我們都在學習《關於當前學術討論的彙報提綱》（即《二月提綱》），並展開討論。記得我還就法語師資班的授課問題請示過校教務處，某領導說，待學習結束即繼續上課。然及至五月，報刊上又開始批判鄧拓、吳晗、廖沫沙所謂「三家村黑幫」，發表了《五一六通知》，成立了「中央文化革命小組」，並提出「彭羅陸楊反黨集團」的問題。一般認為《五一六通知》是「文化大革命」發動的標誌，對於「文革」，人們一般認為，與建國後歷次政治運動一樣，至遲半年就要結束。

然事與善良人們所願違，「文革」之火，經人煽動，愈燒愈烈。六月一日及其後，《人民日報》用特大號字體發表《橫掃一切牛鬼蛇神》等一系列社論，號召破除「四舊」（舊思想、舊文化、舊風俗、舊習慣）。通篇殺氣騰騰。又廣播和發表了北大聶元梓等七人大字報，將北大黨委指為與鄧拓一樣的「黑幫」，剎那間，全國批判運動哄然而起。

在浙大，馬列主義教研組的魏益華、羅東、周文騫等九人於六月

三日貼出《橫掃阻礙無產階級文化大革命的一切清規戒律》大字報，
矛頭指向以劉丹為首的校黨委，影響很大。據說魏等九人大字報是有
來頭的。但大多數師生，包括我在內，鑒於一九五七年反「右」運動
的深刻教訓，對此舉是持觀望和保留態度的。所以，其後外語教研組
彭××、張××等七人貼出大字報，將校黨委主要負責人劉丹的言論
與鄧拓的言論相提並論，我在教師座談會中，即發言認為這種提法不
恰當，也對他們當時唯我獨「革」，所撰大字報，不讓別的教師簽名
的做法，表達了自己的意見。在另一次由中共數力系總支召集的學習
會中，我亦認為不能將北大黨委與浙大黨委相提並論，人民日報認為
北大黨委爛掉了，不能據此認為浙大黨委也爛掉了。

魏益華等九人大字報有來頭之說，後來得到證實。其後，浙江
省委派了一個工作組來到浙大，六月下旬，省委將劉丹作為「黑幫份
子」拋出，撤銷了其校黨委第一副書記兼副校長的職務，並在《浙江
日報》頭版公開點名批判。與此同時，浙大工作組秉承省委文革小組
（組長為省委常委、宣傳部長陳冰）旨意，還將浙大的一大批專家教
授作為重點批判對象，並在學校主持召開多次批判大會。這一切，給
人們的印象是，又一場類似一九五七年的「反右運動」降臨了。

然而，事與當時在中央主持工作的劉少奇及省委領導願違的是，
毛澤東此次成竹在胸，醉翁之意不在酒，他是要「天下大亂，達到天
下大治」，「為了打鬼，借助鍾馗」，這個「鬼」，就是劉少奇及其
同路人，這個「鍾馗」，就是林彪、江青，及一般群眾也！

其後，毛澤東發表《炮打司令部》大字報，中共八屆十一中全會
通過《十六條》（即《中國共產黨中央委員會關於無產階級文化大革
命的決定》），紅衛兵運動興起等等，皆是按照毛設計的既定方針實
施的。

兩個妻弟的非正常死亡

　　一九六六年八月四日晚，尚在「文化大革命」發動時期，妻弟祁式潛在北京某公園內服敵敵畏農藥自殺身亡，成了親友中間第一個死於非命者，當時我與內子接到弟婦居瀛棣拍來的電報後，都不敢相信這是事實，式潛這年尚未到五十一周歲，正當年富力強之年，竟撒手西去，而且採用親朋好友意想不到的極端方式來結束生命。令人百思不得其解。妻弟時供職中國科學院哲學社會科學部近代史研究所，這個單位與中央宣傳部一樣，用毛澤東的話說，就是「盤根錯節」，是進行「文革」的重點單位。

　　祁式潛是應近代史所所長范文瀾之邀，於一九六四年春赴該所履新。是年秋，即奉派帶隊去甘肅省張掖縣（古甘州）參加農村「四清」運動，至一九六五年夏回京。同年秋，又帶隊轉赴江西省豐城縣農村參加二期「四清」。其間，曾有多次有函給內子及我，態度頗為真誠與謙恭（建國後一段時間，他可能是身不由己，對事對人，表現得很「左」）。一九六六年夏，回北京近代史所參加「文革」，據說他在「四清」中，與近代史所一二個當權派結下了怨，故一些人趁他尚在江西「四清」之際，即已上報中央宣傳部，將其列入調出名單之列，他回所後聞知此事，甚為氣憤，不久，該所以大學生為主體的造反派奪權，成立「文革小組」，他的立場一度倒向造反派。最終，有人為轉移視線，將其歷史上曾「出走」之事的檔案拋給造反派，造反派寫了大字報，指其為近代史所為首的「小三家村」份子和「叛徒」。由於他在近代史所沒有根基，加之性格敏感又無處訴說，最終選擇了自殺之路。

　　祁式潛既逝，還要背著「叛黨」惡名，近代史所造反派的「文革小組」，旋召開所謂「聲討大會」，宣布其為「畏罪自殺」，開除黨

籍，自是身背惡名十二載。且株連妻兒：弟婦居瀛棣於一九六九年夏被迫害而亡，小兒嵩年也身陷囹圄，一個家庭，頃刻之間，家破人亡。

文革結束後，妻弟及弟婦分別於一九七八年底和一九八〇年夏獲得平反，恢復名譽。

「文革」中，另一妻弟蕭大成（祁式之），亦於一九六七年十二月，被上海市有色金屬工業公司鋼鐵研究所造反派綁架，身陷囹圄五個月，遭非法刑訊逼供後，竟於一九六八年五月，於某次審訊之後，墜樓而死，現場慘不忍睹，年僅五十，死後與其堂兄式潛相仿，背著所謂「叛徒、特務、黑手」惡名十載，及至「文革」結束後的一九七八年底，方經中共上海市冶金局黨委發文予以平反昭雪，恢復名譽。

身受紅衛兵抄家之苦

所謂紅衛兵，是文革初期，「大樹特樹毛澤東思想的絕對權威」思想指導下的產物。其發起者最初為北京中學中的一批高級幹部子弟，長期以來，自命不凡，以接班人自居，將封建時代之「血統論」，奉為至寶，鼓吹對所謂「階級敵人」的「造反有理」。凡所謂「紅五類」子弟，皆可加入，其狂熱而又幼稚的做法卻得到毛澤東的支持。一九六六年八月十八日，毛澤東在天安門廣場首次接見紅衛兵。林彪在講話中，號召紅衛兵大破「四舊」。於是，首先從北京開始，「破四舊」及抄家的狂風，刮遍全國各城市。

在杭州，紅衛兵將市區中心沿襲多年的延齡路改名延安路，將著名的都錦生絲織廠改為東方紅絲織廠，王皇記扇廠改為東風扇廠，張小泉剪刀廠改為杭州剪刀廠，並開始衝擊寺院、古墓，搗毀文物，焚燒書畫。時精忠報國的岳武穆像被搗毀，岳廟被闢作「紅衛兵革命造反成果展覽會」，南山的濟公禪寺亦被砸毀，連江南古剎靈隱寺亦險

遭不測：中學紅衛兵從四面八方趕來，欲砸毀寺廟，後幸獲周總理指示精神，浙江大學學生等通力保護，才使該千年古剎得以倖存。

與「破四舊」運動同時，公然踐踏憲法的抄家行動開始了。記得是年八月中旬，我陪患脂肪瘤的內子鞏華去上海就醫，鞏華住在其姐醒華家中，至八月二十三日以後，已目睹滬上抄家之風，最初主要是抄工商界人士之家，打罵聲不絕於耳。八月二十八日晚，我們自滬返杭，時天氣炎熱，回家後喘息未定，即有住所對面一所民辦初級中學北山初中（後改名東風中學）的紅衛兵數十人前來敲門抄家，後來得知是受對面鄰居韓某誣告，說我家藏有大量「四舊」物品所致。

抄家開始，紅衛兵令我及家人走出屋外，然後開始翻箱倒籠，四處搜查，生活必需品如衣物等翻得滿屋滿地。這些紅衛兵，大多係沒有什麼文化的居民子弟，素質很差。平常孤陋寡聞，對金銀首飾等財物卻頗感興趣，我與內子結婚近四十年來所購置及內子當初的陪嫁物金手鐲、金戒指、金鏈條、別針、金片等財物，共二十六兩，被掃蕩一空，初還不肯給收條，說是「四舊」物品，應予沒收。我據理力爭，我說：「我是浙大的教授，是統戰對象，你們這樣做，是不對的。」並將華東局統戰部接周恩來電報後給我的信函給他們看。這樣，才由這些人的頭頭樊某出具了收條。儘管如此，我與內子結婚時送給她刻有她名字的金戒，仍不翼而飛。這些私人金銀飾物被抄走後，據說後來上交了國庫。我獲「解放」後，其他被抄走物品，如凍結的存款、現金、衣物等，均發還給我，獨這批金銀首飾卻無法歸還，說是按照上邊的「精神」，以一兩黃金約值九十元人民幣的價格，作價成人民幣還給了我，比其真正的價值不知低了多少倍（現在黃金大約是一兩值三四千元人民幣）。一九八六年三月，我依據中央辦公廳「中辦發（一九八六）六號文件」中，關於在「十三大」前解決歷史遺留問題精神，曾以浙江省政協委員的名義給浙大統戰部並轉校黨委寫報告，要求發還於「文革」抄家中被查抄的全部金銀首飾。

後被告知，此事上邊無明確精神，不好辦理。實際上，這種用抄家的方式占有公民黃金飾物的行為，是一種假借「革命」的名義對個人財產進行的非法掠奪。查近代歷史上，只有納粹德國時代對猶太人採用過如此手段。金銀首飾本為身外之物，被非法掠奪，令人憤慨。惟更令人氣憤者，乃這些紅衛兵毫無知識，缺乏文明。我的一本大相冊本，內有我自赴法國起各個歷史時代的留影，彌足珍貴，在顛沛流離的八年抗戰中，一直隨帶身邊，未曾丟失，是次抄家，卻被紅衛兵以「四舊」為名，投入火中，化為灰燼。劫後餘生，我感慨萬千：長期以來的「階級鬥爭」教育貽害青少年，使其喪失理智，卻以之為「革命」，造成其後「流氓加文盲」遍布，遺毒無窮也。

對我而言，中學紅衛兵來抄家，只是「文革」期間的首次風暴，更大的風暴還在後頭。是年十月十二日午後，浙大外語教研組的紅衛兵（皆為教師），復來抄家。與前次中學紅衛兵相比，外語組這批人要凶狠得多，打頭陣的是俄文教師王××，日文教師劉××，俄文教師郭××，俄文教師曹××，俄文教師顧××，英文教師方××，我在法文班的那位學生彭××，亦廁身期間，異常活躍。但幕後策劃者，卻是那位在杭工時結識的宋××。

外語組的這次抄家，不但將東風中學紅衛兵未抄走的私人銀行存摺及人民幣現款悉數洗劫一空，當我提出內子身體有疾，且無勞保，是否可酌情留些人民幣作醫療費時，劉××凶惡地打了我一記耳光，說道：「放屁！」就是這個劉××，連我年僅少年的孫子也不放過，在抄家過程中對我的批鬥中，讓他也站在凳子上，並帶頭高呼「打倒狗崽子」，使其身心受到極大的傷害，時常無故哭泣。教師王××，自以為出身好，掛上紅衛兵袖章後，神氣活現，不可一世，在抄家過程中，當我向他談及某事我已與外語組支部書記鍾小滿做過彙報時，他打斷我的話，大聲說道：「什麼支部書記？我是紅衛兵！」狂妄至極。

劉某和王某這兩個小人物，儘管當時跳得很凶，卻是走卒一類，受人指使行事。劉某是東北人，在杭州工學院外語組期間，就與宋××關係密切，對宋言聽計從。調浙大後，與很多教師交惡，「文革」中成為外語組有名的造反派打手，可嘆的是，其受制於人，衝鋒陷陣在前，到頭來卻以結怨甚多，惶惶不可終日，最終患癌症而亡，亦可悲也！王某由於「文革」造反以至荒廢教業，無法評上高級職稱，一個兒子亦溺水而亡，只有屆齡退休，賦閒在家，無所事事，害人者最終以害己而告終。

抄家過後，復將我家能拿走之物統統帶走，且連收據亦不給，與搶劫無異也。帶不走的東西則貼上封條，不准我們動用。後來在浙大行政大樓三樓一個大教室內，把我及其他所謂「牛鬼蛇神」的抄家物資集中一起，辦所謂「抄家成果展覽會」，舉辦了一個多月，還在造反派所辦的小報上大肆宣傳，極盡醜化之能事。

與此同時，外語組造反派女幹將郭××還向我宣布：即刻起凍結我的工資，每月僅發生活費人民幣十五元，我說，我的銀行存摺被你們全部抄走，工資再被凍結，內子有病，小孫年少，均需我撫養，如何生活？懇請酌情多發些生活費時，得到的卻又是一頓辱罵。

監督勞動與批鬥

在「文化大革命」中，勞動也成了懲罰手段。凡列「牛鬼蛇神」者，一律在「革命群眾」的監督下實行勞動改造。

自一九六六年九月起，我即被外語教研組造反派戴上「混進教師隊伍的國民黨殘渣餘孽」的大帽子，實行監督勞動。

被監督勞動的「牛鬼蛇神」們，胸前或臂上須佩帶白色布條，上用墨筆寫上諸如「歷史反革命」、「特務」、「右派」、「反動學術權威」及「走資派」等字樣。每天早晨要提前一小時到校，清掃從校

門口至各教學大樓的地面衛生，時外語教研組及數力系等理科系的辦公地點均在校門右側的行政大樓內，因之行政大樓全部廁所、走廊、樓道及會議室的衛生亦全由理科各系組的「牛鬼蛇神」們包乾了。而原來的工友，現在都掛上了紅袖章，背著雙手「監督」著牛鬼們的一舉一動。「牛鬼」們每次勞動之前，須先列隊集中，背誦毛澤東語錄：「……凡是反動的東西，你不打，他就不倒……」以自責，勞動結束，仍須背誦「最高指示」，日日如此。

監督勞動之外，就是批鬥。批鬥分大中小三類，大的批鬥是全校範圍的，在大操場舉行，以鬥爭所謂「走資派」為主。記得浙大「烈火大隊」發起四萬人參加的揪鬥學校中最大的「走資派」、省委書記陳偉達（兼浙大校長、黨委書記）大會，我們都作為所謂走資派的社會基礎，掛著大牌子，站在臺上陪鬥，不時有「革命群眾」沖入臺上，施以拳打腳踢。中的批鬥是在各系範圍進行，也有的為擴大所謂聲勢，聯合數系舉行。小的批鬥則是在各教研組內舉行。這些中小型的批鬥會，經常進行，理科各系中，數力系的周茂清（數力系副主任）、董光昌（教授）、徐世齊（教授）、王輔世（教授）等都受盡凌辱，徐世齊終被迫害致死。還有物理系曹萱齡因為其父及夫君在臺灣，亦被打成「牛鬼蛇神」，受批鬥甚深。

造反派奪得外語組大權，大抓所謂「牛鬼蛇神」

發動「文革」的「五一六通知」及「十六條」號召造反派開展「奪權」。當時一篇社論曾赤裸裸地提出這樣的話：「有了權，就有了一切，沒有權，就沒有一切」。時浙大外語教研組長成章靠邊，不久即逝世，支部書記鍾小滿因係教會學校（滬江大學）出身，被說成是保守派，遭到排擠。造反起家的宋××趁機奪取教研組的大權。

他上臺後，採用拉一派打一派的手法，組織造反派小集團，屬

於校內「總指」派（即浙大革命造反總指揮部），對與其不同觀點的教師群眾，實行壓制和排擠，由於這個造反派小團體在系校兩級都有同路人，故群眾對其是敢怒而不敢言。不僅若此，宋在教研組還採取「殘酷鬥爭，無情打擊」手法，將一大批學有專長的教師打成「牛鬼蛇神」，對他們進行了程度不同的迫害。

在這批「牛鬼蛇神」之中，我是屬於最大的一個，因我是教研組唯一的教授，且在一九四九年前，又是任職最高者。除我之外，經教研組「專案」審查對待者，尚有下列教師：

徐季元，俄文講師，留俄出身，任過蔣經國贛南時代的秘書，做過縣長。抗戰勝利後復任蔣氏之國防部預備幹部局主任秘書，大字報指其為蔣之「四大金剛」之一，說另三位「金剛」都隨小蔣去了臺灣，為何獨其留在大陸，一定是「潛伏特務」。徐有口莫辯，被關進校行政大樓五樓由造反派「群眾專政指揮部」設立的隔離室內。某次教研組造反派策劃召開批鬥我的大會，徐季元等陪鬥，徐經多次批鬥，神情恍惚，竟自四樓躍出，當場斃命。死後還被大加鞭撻。

周天裕，日文副教授，日本留學生，造反派說他是「軍統特務」，對其採取抄家、批鬥、掃地出門的鬥爭三部曲。除我以外，周在外語組是被弄得最凶的一個。

李增榮，英文講師，老浙大外文系畢業生，精通英文文法，造反派說他任過張其昀的秘書，是「特務」。

葛起閭，老浙大出身，英文講師，英文造詣很好，與宋××同時至杭工調入，然宋卻依然不放過他，說他是朱家驊的秘書，是「反動派」。

程青，畢業於西南聯大，英文講師，被說成在就學期間，參加國民黨特務組織，並出賣參加CP的親兄長。

以上這些教師構成了外語教研組「牛鬼蛇神」的隊伍，他們與我一樣，在「文革」中被輪番批鬥，各人都有其「專案組」，刑訊逼

供，無所不用其極。宋××等人掌握了我們的生殺予奪大權。「文革」之後，這些劫後餘生的「牛鬼」碰在一起，都有恍如隔世之感。

還有一位教研組當時的年輕「牛鬼蛇神」李××，與前述之「牛鬼」情況不同，前述「牛鬼」的「問題」均是一九四九年前的歷史問題。而此「牛鬼」的問題卻是在建國後發生的，此公習美術出身，被人民政府公派東德留學，地點在東德首都東柏林（在德國統一之前，柏林是分成東西兩部的）當時不知作何想法，某日竟自從東柏林越過柏林牆到了西柏林，雖後復返東柏林。然不管其動機如何，當時仍作為嚴重政治問題，其後被迫中斷學業，提前返國。回國後，亦不知如何轉行來到浙大，任職外語組。「文革」伊始，即被指為是「中央情報局特務」「叛國投敵份子」打入牛棚，曾與我同在勞動隊中。李為保全自己，不惜亂打小報告中傷我，教研組以宋××為首的造反派，為了整我的材料，竟也利用李來監視我，我深受其害。總之，「文化大革命」中，一切倫理道德都被搞亂，「牛鬼蛇神」之中。德行若李某者，為數亦不少，光儀係大名鼎鼎的「右派」份子，教授×××即為另例，言念及此，可嘆！可悲！

外語組除上述「牛鬼」外，有些歷史和現實均無問題的教師，因有知識份子的清高，得罪了造反派，亦被揪出來批判鬥爭，如副教授陳楚淮先生，國立浙江大學畢業，「文革」前主持外語教研組的英語師資班，陳教學上較有個性，性耿介，平常對「左派」們似不太尊重，他一直做教師，然也被以宋某為首的造反派整，後來又逼他退休。還有英文老講師王希祿亦因所謂「軍婚」問題遭人告發，造反派據此落井下石，將其投入牛棚。「順之者昌，逆之者亡」是這些「文革」造反派的既定邏輯。

兩大造反組織互相攻訐

浙大造反派進行奪權的同時，由於對打倒和結合原省委幹部問題上存在分歧，逐步分裂成「總指」與「紅暴」兩大派。「總指」派以學校行政幹部及部分教工為主（外語組造反派大多持「總指」觀點），隸屬於省裏的「省聯總」派；「紅暴」派以學生及部分教工為主，隸屬於省裏的「省紅暴」派。兩派為奪權問題，互相攻訐，大打出手，甚至發展到互相搶奪批鬥對象以之為「革命」，如外語組周天裕，即被數力系裏紅暴派搶去作為他們的鬥爭對象，真是可笑又可惡！一段時間，由於兩派忙於武功不斷，暫時放鬆了對我們這批「牛鬼蛇神」的管理，故自一九六六年十二月至一九六七年三月，是我在「文革」時期相對平靜的日子。我回顧了自己的半生經歷，認為所謂的「問題」俱已為歷史，歷史問題歷史消失是黨的政策。建國後的歷次「運動」均已安然渡過，是次「文革」理亦如此也。

然我這種想法不久卻為嚴酷之現實所粉碎，自一九六七年八月起，浙江省軍管會改組，林彪的走卒南萍（二十軍政委）任省軍管會主任，南氏秉承林彪及「中央文革」的旨意，大抓所謂「階級敵人」。十月，浙大數力系「大聯合會」宣布對我重新實施「監督勞動」。記得當時學校師生參加軍政訓練，我還向教研組造反派宋××請示，我能否參加。宋××劈頭一句：「你是反動派，只有檢查交代，接受監督的權利！」乃使我明白，原來我仍為「牛鬼蛇神」，暫時的平靜顯示有更大的風暴將要到來。

清理階級隊伍再遭厄運

「文化大革命」到了一九六八年，各省都在開展奪權鬥爭，成立

所謂軍幹群三結合的「革命委員會」機構，以取代原來的省人民委員會。每一省「革委會」建立後，《人民日報》均發表一篇社論，表示歡呼。

一九六八年三月，浙江省「革命委員會」宣布成立。以林彪走卒南萍、陳勵耘分任主任及第一副主任。未幾，即在全省範圍內開展所謂「清理階級隊伍」運動。大抓地、富、反、壞、右，及特務、叛徒、漏網右派、國民黨殘渣餘孽等。

浙大造反派「大聯合」後，建立了「革命委員會」組織，以南萍之兄，投靠造反派的所謂「革命領導幹部」南竹泉（原浙大黨委副書記）、董方明（原浙大副校長）分任革委會正副主任，造反派朱××（此人「文革」前曾任杭州工學院黨辦秘書）等擔任副主任之職，並執掌全校「清隊」大權。他們上任伊始，所辦的第一件事，即對所謂的「牛鬼蛇神」，再次凍結工資和存款。是年九月，工軍宣隊亦開進學校，以所謂北京「六廠二校經驗」，來指導「對敵鬥爭」。旋召開全校「清隊」動員大會，號召刮十二級風暴，要「大學習、大宣傳、大發動、大揭發、大批判」。並組建「群眾專政指揮部」，於校行政大樓五樓設立變相監獄的隔離審查室，用來關押所謂的「清隊對象」。一時間，全校上下，除造反派外，幾人人自危，惶惶不安，恐怖氣氛，籠罩學校。

一九六八年十一月一日中午，在宋××的一手策劃下（報請朱××及系的造反派及工宣隊同意），以我「尚有重大歷史問題未交代」為由，宣布將我「隔離審查」。當日下午，在宋××的帶領下，教研組造反派又來我家進行所謂「徹底抄查」。自是，我身陷囹圄，達十八個月之久。

劫後餘生，我翻閱發還的抄家物資，內有當年自撰「交代材料」數紙，其中有一篇是關於這年十月三十一日晨至十一月一日午我的活動的，錄之如下，亦可瞭解我被造反派以莫須有之罪遭「隔離」的

原因：

　　十月三十一日早上七點五分到校，七點半向毛主席像低頭請罪及分配任務完畢後，即去俱樂部搬椅子到大操場。搬完後，又去一二七室後面勞動。約八點四十分，一二七接待室值班人員叫我去找項素青，我在五大樓找到了她，回到一二七室。勞動不久，於九時十分左右，一二七值班人員又叫我去找葛起闓，我於七舍找到了，回來時約為九時二十分。後來連續兩次叫我去找×××和丁山（一次×××，一次丁山），我在四大樓後面松林裏堆電桿木的地方找到了他，回到一二七時已近十點。十時七分，又奉命去找胡思毅，時胡思毅在石虎村家中寫材料，我第一次去，因路不熟，走了些彎路，找到他時已十時半，回到一二七時，已十點四十七分左右。勞動至十一時，才收拾工具送到二〇三室。十一點十分前到「紅太陽」塑像（指毛澤東塑像）前，因有一部分人搬凳子集合較遲，向毛主席請罪及聽訓話完畢時已是十一點四十分左右，來不及回去吃飯，即在校門口前小麵館內吃了一碗面。十二時四十分左右回校，在二〇三室旁邊樓梯上休息片刻，即到紅太陽像前集合，下午一時向毛主席請罪後即到教一大樓三樓學習，小組長傳達領導上叫我們學到下午三時即集合。二時半左右，一二七值班人員通知我到一二七室去接受外調任務，和兩位外調人員談到三時三十分左右，他們要我寫一份關於偽戰幹三團的材料，並要我於十一月二日（星期六）下午一時寫畢交他。我估計時間來不及（因教研組叫我寫另一份外調材料，是關於偽軍校二分校的），懇請緩交，不得允許。故商請一二七室值班人員（姓劉）同意，於次日（十一月一日）上午勞動時間去寫。問題解決後，我即回到教一（三）樓歸隊，時已在三時四十分

左右，向毛主席敬禮後，即集體到教一的二三四室，當時工宣隊及治保指揮部都有人在那裏，由一位工宣隊領導對我們訓話，宣布教一的二三四室牆上發現反革命事件，把矛頭指向我們偉大領袖毛主席是絕對不能容忍的，應即組織檢查，我將身上小刀一把，交給工宣隊領導，檢查完畢後，集合到紅太陽向毛主席認罪後已五時許，在校門口麵館吃了一碗麵即回校，六時集合後，就案情分組討論分析，大膽懷疑，提出線索。會後，再集合聽工宣隊及治保指揮部領導訓話，叫我們每人寫一份關於兩日來的經過，除少數人外，其餘都回家去寫，第二天一早繳。約晚九時許散會，步行回家，走出校門，到浙大附中附近時，在我前面的有毛信躍、李增榮，在我後面的有董太和、陸均、楊宗禹等，我因急於回家寫材料，走得較快，但一直到家門口時，毛信躍、李增榮已在我前面很遠，董太和等則仍在後面走。

第二日（十一月一日）晨七時半向毛主席請罪後，即繳書面材料，然後在大操場搬椅子至俱樂部，至八時多一點，椅子搬好後，回到「紅太陽」後面學習，以小組為單位，繼續討論提供線索。時周天裕在另一地方寫材料，林政叫徐思平找他，回小組一起學習，當時周天裕很急地說：「這份外調材料，今天中午就要，怎麼辦？」我說：「我也得接待室值班人員同意，今日上午寫外調材料」。當時另一人提出意見：可到一二七室再去問一下，准許就去，不准許就回來，我和周天裕即去請示值班人員（一位女同志），可不可去寫材料，如不可以，請轉告外調人員，延遲一日交。值班人員說：「寫材料就寫材料好了。」（因為都是請示准許過的）。當時李師傅（工宣隊）和另一人在談話，不好打擾他，所以沒有問他。於是回小組，告訴林政後即乘九時三十分十六路公交車回家寫材料，

> 吃過午飯，又把材料整理一下，交給我兒子代我複寫（一式三
> 份），回校時約十二時四十分，遇到李師傅，即叫我上五樓
> （隔離室）……

「清隊」運動的主持者們，以「敵我難分先作敵人定，真假難分先作真的打」的觀點看待一切，如是，我終是在劫難逃。

是日下午，在宣布對我實施「隔離審查」的同時，教研組造反派押著我回家，進行所謂的「徹底抄查」。此為「文革」開始以來對我的第三次抄家，亦是最無法無天的一次。

在抄查過程中，我家所有的物品又被徹徹底底、裏裏外外翻了個遍。更為荒唐可笑的是，這些造反派還帶著探測器，在居室牆內外來回探測。連我在一九六五年為法語教學而購買的那台美多牌交流收音機，亦被說成是收發報機，裝上卡車帶走。一些造反派還鑽進居室外的一口枯井內察看，結果弄了一身泥出來卻一無所獲，另一些造反派甚至欲掘地板尋屋基，說是有地下室。我說：「可從衛生間進入屋基，」他們進入後，當然又是一無所獲。還有一個造反派拿竹掃帚去挑化糞池，結果沾了一身臭大便……

這次抄家，復將一九六七年間發還給我的銀行存摺、錢物等重新拿走，連收條亦不給。還對我家每一個人都辱罵有加，並進行侮辱性的搜身。內子平素有病在身，受此驚嚇，致病情轉重。後經常以淚洗面，患上嚴重的抑鬱症。

抄家過後，這些造反派還通過派出所及居委會，對我家一舉一動實行監視。居民區的一些別有用心的人趁機對內子進行迫害，逼她也要掃馬路，監督勞動，並對之進行所謂批鬥。

身陷囹圄的十八個月

一九六八年十一月一日下午起，我開始了身陷囹圄的十八個月生活，這一天，正是中共八屆十二中全會公報廣播，宣布國家主席劉少奇為「叛徒、內奸、工賊」，並決定將其永遠開除出黨的日子。「文革」後，發還的材料中，內有我當時寫得所謂「改造周記」，雖然，「改造周記」是要上交給造反派看的，故與內心所思頗有距離，惟字裏行間，仍可看出我當初的情況：

> 我於一九六八年十一月一日下午到五樓隔離室，單獨住一個房間，當時心亂如麻，百感交集，不知為什麼會隔離。宋××老師說：因為我許多問題沒有交代，所以隔離。但我想一定還是其他問題所引起。十月三十一日那天，機械系三樓發生一起反革命政治案件，被審查人都有嫌疑。我當天回家時已深夜，還要寫材料，故步行較快，被人揭發，領導上懷疑我有其他活動，所以隔離。想到這裏，倒反比較安定起來，因為我自己確沒有其他活動。

> 當晚，鞭炮齊放，鑼鼓震天，歡聲雷動。黨的第八屆擴大的十二中全會公報公布了。宣布將叛徒、內奸、工賊劉少奇永遠開除出黨，撤銷黨內外一切職務。宣布了無產階級大革命取得了決定性的勝利。當時我的心情是十分矛盾的，一方面我應對社會主義新中國的前途歡欣鼓舞，另一方面，我身在隔離室，不能參加慶祝，覺得萬分難受，但是我還是把椅子移至窗口傾聽公報的廣播。當夜一面體會公報的精神，一面回憶自己歷史的罪行，所以徹夜未眠。第二天（十一月二日）根據領導指示寫十月三十一日一天中行動的材料。第三天學習公報的精

神。第四天（十一月四日），移至另一房間（有八人住的）隔離。

在這幾天中，我的思想是很紊亂的。個人，家庭，歷史，三十年來的情況，文化大革命的經過，都湧上心頭，不知如何是好，以至三夜未入眠，第四夜也只睡了二個鐘頭。到第五天才逐漸安靜和清醒了些。覺得我之所以有今天，完全是由於歷史上有嚴重罪行，而歷史上的罪行，是由於我一心想升官發財向上爬的反動思想形成的。為今後計，只有：（一）認罪，（二）老老實實交代問題，（三）徹底改造世界觀，重新做人……

我在五樓隔離室被關了四個多月。對我們這批「牛鬼蛇神」而言，上五樓是最重的懲罰了。比較輕的有所謂「校學習班」，稍重者則入「重點學習班」，這些都是可以回家的，進了五樓，則如同進了監牢，人身的一切自由全都失去，與人犯無異也。

在五樓這個造反派私設的監牢，我們受盡折磨，五樓走廊兩邊的門均裝上鐵欄，用大鐵鎖鎖住。裏邊「隔離室」窗戶也釘上鐵條。「隔離室」房門每天僅開二次，每次十分鐘，給你大小便，非常緊張，稍遲即會遭到看守們的打罵，記得一個最凶的看守是「總指」派的數力系學生×××，凶惡異常，幾乎所有住五樓的「審查對象」都遭到他的打罵。有一次，我因吃了不潔飯菜，引發腹瀉，去廁所時間長了一些，×××見之，不問青紅皂白，劈臉就是一巴掌，還帶踢一腳。

我們這些「囚犯」，每晨六時就要起床，晚上十時半方可就寢，室內的電燈是一夜亮到天明，我患神經衰弱失眠毛病數十年，電燈光下，根本無法入睡，如此下去，怎麼得了？乃報告看守，請准許家屬帶安眠藥前來，先是不同意，怕我自殺，後來我說：「我決不會自殺」，才勉強同意了。

隔離期間，每天的時間除了學習毛主席語錄外（報刊則不准看），就是寫交代材料，包括專案組要寫的和外調人員要求的，待我解除隔離後，累計下來，前後共寫了大約有數十萬字。每月一次在規定的日期內，家屬可為我們送衣物等，但不准會面，當時我很思念我妻翬華，她身體素弱，受此驚嚇後，亦不知近況如何了？家中的錢（存款）等，均已抄走或凍結，她如何生活？凡此種種，均在念中，後來見到長子帶來的內子所寫親筆字條，說她一切尚好，請我放心等語，才慢慢放下心來。

一九六九年三月初，我從行政大樓五樓下到原第七學生宿舍三樓，繼續隔離。到了六月底，又遷至樓下一一○一室，這段時間是中共「九大」召開前後，「文革」進入了謂「鬥、批、改」階段。「九大」將林彪「選」為唯一的副主席，並將其作為毛的「親密戰友和接班人」寫入黨章之中，有如封建王朝之傳承，開了十分惡劣的先河。

「鬥批改」一個重要的既定目標是要抓緊對審查對象的定案處理，故這段時間，我的專案組抓緊了對我的所謂「提審」，同時，外調人員來找我的也日趨增多，大概與我有相同境遇的朋友們亦面臨著審查結論。

這裏，我要提一下審查我的這個專案組，在「清隊」運動開始後，每個主要鬥爭對象均有所謂「專案小組」。我是外語組最大的「牛鬼蛇神」，在學校亦有影響，故「專案組」力量強大，以宋××為組長掛帥，組員有顧××、郭××、曹××、方××等，還有工宣隊及系的成員參加，俱為立場堅定的造反幹將。

專案組為了將我打成「混進教師隊伍的歷史反革命」和「特務」而煞費苦心。採用的主要方法有：（一）張冠李戴，將別人之所為套在我身上，逼我承認。（二）威脅恫嚇，在提審中，由顧××、郭××兩人唱紅臉，拍桌子謾罵，甚至動手打，揚言再不交代要將我送官逮捕法辦，而由宋××及曹××唱白臉，說你若法辦，你的家庭妻

兒也就完了，後果不堪設想，所以，還是交代吧。到了七舍的隔離室後，大約是想給我定案了，故每隔二三天，專案組就要將我叫去，站在桌子前面，讓我交代問題，一站就是半天，而這夥人卻坐在椅子上抽菸喝茶，我口角發乾，提出要喝點開水，被告之要等問題交代以後才允許喝。問來問去，見我不上他們的當，惱羞成怒，最後宋××將桌子一拍，說了一句：「你不交代亦可以將你定案！」將其計劃暴露無遺。

今重新翻閱「文革」後發還的「思想彙報」和「改造周記」，字裏行間，儘管在做表面文章，對其中的史實還是有所記載，如一九六八年十一月二十二日那段文字說：

> 本日上午到教研組接受革命師生教育。批鬥共四人：我、周天裕、程青、李德鴻，其餘陪鬥。在批鬥中，有一點是我過去所不知道的，就是李明灝說我是二分校三個偽政治部主任中最壞的一個，其餘都是我交代過的。現在只有低頭認罪，痛改前非，設法立功。
>
> 下午有外調人員來詢問沈霞飛部屬問題，我最初覺得很奇怪，沈霞飛雖然和我是兄弟，但他的反革命勾當與我沒有絲毫關係，他的部屬和我更不相干。調查是應當的，但為什麼要那樣態度？後來再三反省，覺得外調人員這種態度，完全是因為知道我是歷史上犯了罪的人，出於革命的義憤是理所當然的。外調人員中有一位似為負責者，最後說了一句話：「我們這次是希望給你一個立功的機會……」，但我實在想不出在沈霞飛的部屬方面有什麼功可立，因為不瞭解情況，無法談出許多具體事實。

另一篇寫於一九六九年二月七日的周記是這樣的：

本月四日下午提審,提審的問題是在南京市偽社會局長任內,自己主持過一個什麼會,那些人參加,開會後有什麼布置,行動,並說我是擔任主要職務的。這個問題,我過去是一再交代過的,開會的內容也交代過的,但似交代得太簡單,開會的名稱自己所交代的與別人檢舉揭發的材料也有不同,因此,必須弄個明白。我當時反覆思考,想不出與過去交代有不同之處,答應回到隔離室好好思索回憶後,再書面交代。但是,經過反覆回憶,自己也弄得頭腦昏昏,究竟這個會議的具體名稱當時是怎麼寫的(因為是二科主辦的)還是想不出,只好就自己所回憶出來的,老老實實的交代。

　　今天上午九時許,有外調任務。主要是瞭解偽軍委會戰幹三團的情況,還問到幾個女學生的姓名,是否認識。對於戰幹三團的情況,我是詳詳細細的交代了,外調的人似很滿意。但對於那幾位女學生,我確實不知道,只好如實以對。

所謂「定性」及其後

　　專案組成員在提審我的過程中曾經說過,他們為給我定罪,幾跑遍大半個中國外調,搜集所謂「旁證」材料,這可能是事實。無獨有偶,還是在「文革」之後所發還的材料中,我發現夾帶著幾份由宋××撰寫外調提綱,其中一份名謂「去貴州都勻縣人民法院調查提綱」,翻閱之下,才知他們是去找昔之在我及三弟沈霞飛手下任過事的談侃(簡如),但談已死,只有調閱其檔案。主要擬瞭解我在奉賢工作情況,在羅列了我主政奉賢的「罪惡」以後,要求外調查檔證實,對去調查之要求,一二三四羅列至為詳盡。涉及所謂旁證人即達數十人之多。另外一份是赴陝西、湖北、湖南三省的外調要求,陝西省名列外調對象有陳必覘、張正非、沈以文三人,湖北省外調對象有

李明灝、席文軻（漢口市公安局查檔）及湖北省公安廳（查檔）；湖南省外調對象有劉公武等，並擬通過劉尋軍校二分校楊銘世、郭明德、李琳、李厚儒、李亞芬諸人下落，還有石門縣公安局查伍俊德檔，湖南省公安廳查檔等。每位外調對象名後，均羅列調查要求諸項，如在李明灝名下即列七項要求，從我如何派任武岡二分校政治部主任，到所謂二分校黃埔同學會情況。

專案組如此不遺餘力，搜集旁證材料，目的為給我定罪。而其所謂「外調」，則採用先入為主之法，即先主觀給你定下罪名，然後依據罪名，赴各地找調查對象，威脅利用，各種手段用盡，非獲得他們擬獲之材料，決不收兵。如有一份還是在宋××所擬之外調提綱中，將我一九四九年至一九五〇年間，在華東聯絡局領導下從事的革命工作，歪曲成這樣：

> 一九四九年上海解放不久，沈沛霖（沈清塵）通過華東軍政委員會對他反革命弟弟沈匪霞飛作策反工作，時沈匪霞飛盤踞舟山一帶，家中老小都在上海、南京二地。沈沛霖以策反名義叫沈霞飛老婆去舟山，結果，沈霞飛老婆朱琴數次去舟山，把幾個小孩帶出去，此後就隨沈匪去香港、臺灣。

所以，我不管如何申辯，仍是要被納入專案組所羅織的罪名之中，定性處理。

果不其然，一九六九年八月十四日，我被「勒令」至桐廬縣窄溪公社某生產大隊監督勞動，當時我腳底潰爛，無法行走，仍被專案組成員押著去參加最重的稻田耘草工作，在水田中，潰爛的雙腳經水浸泡，痛似萬箭鑽心，幾乎跌倒，專案組成員在旁看著，熟視無睹，幸外語組前支部書記鍾小滿老師上前扶我一把，才沒有跌至水中，勞動以後，當晚還要接受批鬥。

至八月二十四日晚，在專案組的一手策劃下，我被押進批鬥會場，事先無人找我談話，批鬥會前二十分鐘，我被帶進會場，一些造反人物領頭高呼打倒口號，然除外語組老師自然和不自然的響應外，在場參加的貧下中農反應冷漠，大部分人抱著看熱鬧心情而來。造反人物紛紛登場，歷數我的「罪惡」，最後，由宋××宣布經上級批准，給我戴上「歷史反革命」和「國民黨特務份子」兩頂帽子，交群眾監督。當時我事先沒有思想準備，聽後，有如晴天霹靂，幾不能自支。步行至住處後，各種思想湧上心頭，輾轉反側，一夜未眠，我想到一句古訓：「天作孽，猶可說，自作孽，不可活」，我是自作孽嗎？一九四九年春，我拒絕了滕杰同去臺灣的邀請，留在大陸竭誠擁護新政權，自以為是勤勤懇懇地工作，到如今卻變成特務份子，天理何在？言念及此，幾痛不欲生。但又想到，我若去了，家庭亦隨之而毀，一息尚存，我仍要努力活下去。

我被戴上兩頂「帽子」後，於是年九月五日回校。九月十五日起復被集中至由校治保指揮部主持的勞動隊參加繁重的體力勞動，包括在校機械廠及毛澤東塑像前清砂，二分部機械廠、新橋門旁小河中挖泥，及挖掘汽車間後面水溝中的土方。此外，每日清晨五時半還要打掃校門口的環境及室內外衛生，晚上亦不得休息，要參加「學習」，一天勞動的時間超過十二小時，直至晚上十時以後才可休息，繁重的體力勞動及巨大的精神壓力交織在一起，以致失眠及胃痛宿疾加劇，多次覺得生不如死。

在「勞改隊」被監督勞動者中，除了我和王希祿二個所謂「老反革命」外，其餘大多為反對總指的對立面「抗大戰校」群眾組織的群眾，被羅織諸如「現行反革命」、「壞份子」的罪名。我記得其中有一個所謂「現行反革命份子」，罪名是炮打「中央文革」，他是一個學生，其時已患重症肝炎，形銷骨立，造反派仍叫其參加重體力勞動，以至延誤治療，不久即淒慘地死去。由是可見，所謂「文化大革

命」對廣大人民群眾而言，確是一場大災難也。

此次超強度的監督勞動，持續了一個月，直到十月十六日才宣布結束，我復被押回「隔離室」。經過這次折磨，我的身體是日見衰弱了。然專案組仍不施「仁政」，半月以後，我又被押往杭州鏈條廠，復次接受工人階級的「監督」勞動。

鏈條廠係位於杭州城北的一家中型企業，一到廠，外語組造反派們即聯繫該廠革委會，將我們幾個「專政對象」，在全廠職工大會上亮相，以便加強「群眾專政」的威力。後來我總算蒙獲開恩（據說是工宣隊某師傅建議），被分配在裝配車間勞動，任務是篩揀肖子及小管。此外，廠辦公大樓廁所及走廊樓梯的衛生工作，亦歸我包幹。每天要勞動十二小時以上，在車間有時做中班，直至凌晨才做完，完工後，拖著疲憊不堪的身體，還要去搞車間衛生，天剛拂曉，又要去打掃廁所及環境衛生。環境衛生搞完，剛想休息一下，外調任務又接踵而至，以至睡眠嚴重不足，兩眼充血，胃痛乏力。

其間，內侄祁安年父母雙亡，其千里迢迢從內蒙古趕來，欲至鏈條廠見我一面，由於造反派的阻撓，未能如願，「文革」對親情的扼殺，由此可見一斑。

一九七〇年一月二十日，外語組結束在鏈條廠的勞動，別的教師都回家放寒假過年了，獨我一人仍回學校七舍隔離室，回去後即大病一場，頭痛伴發熱，經服藥數日後，方有所恢復。

對我的「隔離審查」一直持續到是年四月底。

罹患肝炎

一九七〇年四月二十七日，我結束了身陷囹圄的生活，回到家中，終與親人團聚了。十八個月不見，但見內子頭髮平添了不少白髮，回來後才知，外語組造反派在我遭隔離期間，竟聯繫我住所居民

區中的某些人，對她進行批鬥及逼供信，逼她承認一九五〇年經華東聯絡局同意派朱春波赴嵊泗做工作之事是放跑階級敵人，她的回答滿足不了造反派的要求，於是就對她施以拳打腳踢。每日清晨還要去居民區掃馬路，接受「監督勞動」，鞏華痛不欲生，幾次想自盡，終因未能見我一面而打消此念，但其神經官能症卻是愈發加劇了。消化系統的宿疾又頻頻發作，性情抑鬱加上疾病纏身，使她最後終至罹患絕症，過早的辭別人世。

「隔離審查」雖已解除，但頭上仍頂著二頂「帽子」，回教研組後，還要繼續接受「監督」。每周要寫所謂的「思想彙報」，加之「外調」任務仍頻繁不斷，這些外調人員，多係各地的造反派，帶著某種框框而來，對歷史常識的瞭解極為膚淺，態度又極壞，稍不如意，即拍桌叫罵，常讓人無法忍受，但亦只有以沉默相對抗，久而久之，身心交瘁，病魔趁機入侵：肝區隱痛，食欲銳減，人亦消瘦下去。至一九七一年二月，我去醫院抽血化驗肝功能，其中SGPT指標即已達一百五十五單位，比正常指標高五倍有餘，已為肝疾無誤，但仍不能休息，僅服些藥物（肝精，B十二，九二〇針劑等）。五月份復至醫院化驗複查，SGPT已升至二百二十單位，又比三月前化驗指標升高。六月初改服核苷酸藥物，後再經驗血化驗SGPT指標雖略有下降，但仍在正常指標數之上。其後由於得不到休息，病情復轉劇，迨九月二十二日化驗，SGPT指標高升至三百二十單位，自覺各種症狀亦日趨嚴重，當時醫生見我SGPT不降反升，且摸到肝區腫大達四指，疑為肝癌。我知肝癌為絕症，治亦無用，我今已六十有八，已近古稀之年，人生自古誰無死？只是我現在告別人世，是苦了我妻及子孫了。乃坦然對醫生說：「請你們依舊按照肝炎之症治療好了，若我就此不起，說明我塵緣已盡。」後來住進浙大醫院病房一〇六室，經服某種中草藥（湯劑），一日二次，加上各類維生素輔助藥物，乃自覺症狀有所好轉：上腹部飽脹基本消退，肝區隱痛亦減輕許多，飯量

亦有所增，凡此種種，說明我尚非絕症，信心頓時大增，果不其然，服藥一月後複查，SGPT已降至五十單位，再經鞏固治療，二月後複查，SGPT指標已恢復正常。旋出院回家休息，二十年過去了，至今肝疾當未再發。

通過這次患肝炎的過程，給我的體會頗深，我過去不太相信中醫（除沈明等少數醫術高明者外），認為療效太慢，且其湯劑味苦難咽（特別是其中的草藥），就主觀以為非治病良藥，然通過是次患病實際，卻證明中醫藥是大有作為的，中草藥通過調節身體陰陽平衡，增強免疫功能，以達治愈病症之作用，確是一大寶庫，應當努力發掘，事實亦證明，我一生兩次大病，從年輕時的肺結核，到老年時的肝炎，無一不是西藥無效，束手無策，而通過中藥調理得以治愈的。

浙大附設醫院是一所校內醫院，以師生之簡單保健為己任，當時條件亦不甚太好，然中醫科對用中草藥治療肝炎方面，確有一絕，值得稱頌。與我同時患肝炎而入院治療的七個病人，已有五人治愈出院，就充分說明此點。特別難能可貴的是，我當時尚為戴「帽」之人，醫院的徐生娣、陸英鳳諸醫師，能發揮救死扶傷精神，不怕避嫌，對我與其他病人一視同仁，精心調治，終使自己恢復健康，看到了「文化大革命」的結束，及「文革」發動者的下場，走筆至此，我至今仍對徐醫生等心存感激之情。

在我於浙大醫院住院治療肝炎期間，國家發生了一件重大事件，震驚中外。即是年九月十三日，林彪外逃，最後折戟沉沙外蒙，落個遺臭萬年下場。這消息最初是十月下旬由住院病友黃錫正老師悄悄告訴我的，他說「雙木（即林）已死，叛逃國外，座機被導彈擊落」云云，當時聽後，幾乎不敢相信，後來過了許久，聽傳達文件，才知確係事實，惟文件中說林彪座機自行墜毀，與聽說的已不一樣。記得我曾看到過一張林彪與毛澤東於延安的合影照，林有一雙時髦蛇的眼

睛，一臉奸相，相書所言，有此相者，多不得善終，今果被言中矣！錫正老師係我在「勞動隊」和「隔離室」一起的難友，人很正派，故而在「文革」中遭人陷害。其時，他已患絕症（肺癌），本人尚不知情，他在外地工作的妻子來院看望夫君，將錫正病況告我，悲痛不已，我亦只有勸其寬心，別無他法可想。迨我出院不久，即聞知錫正病故之消息，好人終不得好報，爲復何如。

「定案」複查

　　林彪死亡後，由周恩來主持中央日常工作，開始清查與林彪集團有關的人和事。浙江是林彪集團影響甚深的重災區之一，林彪死黨及上賊船者甚多，彼輩當初頗爲「林副主席」效其犬馬之勞：在一九七〇年夏，於西湖十景之一的雙峰插雲處附近，爲林彪修建行宮，對外名曰「七〇四工程」，耗資人民幣三千四百萬元，以象徵浙江當時三千四百萬人口。行宮內各種設備一應俱全，地上地下並建有諸多暗堡，一年後竣工不久，林彪即死，該工程亦成爲林彪及其死黨的罪證之一。「文革」結束後，成爲浙江賓館之一部，曾組織我們去參觀過。經過清查，林彪在浙江死黨陳勵耘（浙江省革委會第一副主任，空五軍政委），及南萍、熊應堂等人均先後被撤銷一切職務，並遭逮捕和隔離審查。中央復派譚啟龍、鐵瑛來主持浙江省委工作，開展批林整風，時群眾中有「水漫南山淹死熊」之順口溜流傳，即是針對南熊兩人被撤職事而言。在浙大，也有了某些細微的變化，主要表現在設立了定案復查機構，負責對過去的定性對象進行複查。我於一九七二年初對自己一九六九年夏被定爲「歷史反革命、特務」一案，進行了申訴，共列舉十五條反證材料，俱有事實依據，請予以核實。後來學校「革命委員會」有關機構兩次擬定了對我的「定案複查報告」，儘管與一九六九年夏那次相比，已有不少改變，但在

其內容之中，仍存有大量不實之詞。因為，林彪集團雖被粉碎，但江青集團等仍在臺上，極左思潮仍是大行其道。我對此表示了保留意見，並請一並上呈（因為我係正教授身份，按規定結論之批覆需由省裏做）。

到了一九七三年春，批林整風的一個重要成果就是「文革」中所謂「第二號走資派」鄧小平以國務院副總理身份公開露面，同時，中共「十大」召開在即，似擬解決歷史遺留問題。在此歷史背景下，由浙大「革委會」一九七二年八月十九日上報的關於我的「定案處理報告」，在經過一年以後，於一九七三年七月十九日，以「浙江省革命委員會人民保衛組」浙革保（七三）內字第一百一十二號批覆文下達。同年九月二十八日上午，在浙大複查辦公室主任錢金富、理科部「核心小組」成員顧×（造反派），理科部楊××，外語組造反派曹××等在場的情況下，由顧×對我宣讀了省人保組的這個「批文」：不作敵我問題對待。錢金富並補充說：「你是人民，仍留校繼續工作，所有凍結的工資與抄家抄去的物資等，一並於下月（即十月）發還，金銀首飾等，則按政策辦理」。由於當時仍處「文革」階段，所以對我的這個「批文」雖然否定了浙大某些人力圖將我打成「階級敵人」之企圖，然其中仍有不少的不實之詞，我據此提出了保留意見，並於其後擬具了補充說明數條，附於「批文」之後。至「文革」結束後，我正式提清覆議，所幸浙大「複查辦」錢金富同志人很負責，且俱正義感，為我複查事，細緻而認真，盡心盡力。最後，將其中的不實之詞，均一一作了更正，並給我過目，我表示滿意。一來二往，我與錢亦較為熟悉了，他及其妻、女亦常來我家做客，惜其後金富不幸因病早逝，至今思之，我仍十分感激他。

與李蒸、于樹德兩兄互致魚雁

「文化大革命」中，我與許多老友，一夕之間失去聯繫。不少老友在「文革」中，遭到迫害，然其供職單位造反派找我「外調」情況，我均本實事求是原則，據實以敘。至我被「解放」後，思念故友之情，與日俱增。在一九七三年二月底，見報載全國政協恢復活動，前中國行政管理學會（稷社）同仁李蒸、于樹德兩兄，仍為政協委員，誠可慰也。憶「文革」中，為行政管理學會團體事，我寫下的材料不下數十次，亦涉及兩兄在內。我乃於是年十月，首函雲亭兄（李蒸），向其致意問候，信寄達全國政協轉，幸數十日後，即獲李兄自北京府右街南紅門二十二號住宅來函，是為「文革」期間，我收到故友的第一封信函：

> 清塵同志：
>
> 　　昨接政協轉來大函，欣悉尊兄嘉勝，至為快慰。弟碌碌如故，幸承領導多方照顧，雖年屆八旬，仍在歡度晚年，承兄關注，深感厚誼。
>
> 　　來年花開季節，如駕蒞京，至盼惠屋一敘。弟每周在民革參加三個半天學習，但因年老體衰，恐難再去西子湖濱舊地重遊也。　　　　　　　　　　　　　專復
>
> 並祝時祺
>
> 弟李蒸
> 一九七三年十一月二日

收到雲亭兄來函，備感高興，雖從字跡上觀之，李兄垂垂老矣！李兄生於一八九五年，長我八歲，為人頗重情誼。我即回函請其保重身

體為要，兩年後，李兄遽歸道山，享齡八十。我二人終未能復晤一面。

　　未幾，我復致函于樹德（永滋）兄，並寄西湖龍井相贈，一周後即收到于兄覆函，並談及在京稷社同仁楊顯東兄近況：

　　清塵兄：

　　　　十四日來信收到了，藉悉康泰，至為欣慰。同時收到高品龍井，深為感謝。又得知南方部分友人近況，不勝感慨。顯東兄問題早已解決，仍回原住處福建司營，惟工作尚未安排，現在家中休養，聞領導上曾徵求他任農大校長，他不願幹。李雲亭兄身體很健康。

　　附聞　順致

　　敬禮

　　　　　　　　　　　　　　　　　　　　　　　于樹德上

　　　　　　　　　　　　　　　　　　　一九七四年二月十八日

　　永滋兄與雲亭兄均為北人。永滋兄性格豪爽，為人熱情，是國共兩黨的耆宿。粉碎「四人幫」後，我與他仍魚雁往返不斷，俱對四凶去除，國家有救感到高興，永滋兄信中還屢邀我重遊京華，會晤故舊，並邀我在其寓歇腳，惜我因種種原因，未能成行，辜負老友一片心意，今他亦仙逝多年，言念至此，無限感嘆！

投閒置散的生活

　　一九七三年國慶節前夕，我恢復了「人民」之身份，當時尚處「文革」後期，學校、系及教研組，仍由造反派掌權，整個國家，「四人幫」活動猖狂。從一九七四年起，全國範圍內開展了所謂「批林批孔」運動，指鹿為馬，顛倒黑白，林彪明明是左的不能再左了，

偏要說是「右」，借批孔子，矛頭指向周恩來。某些老知識份子，亦不甘寂寞，與過去來個一百八十度大轉彎，為「批孔」尋找歷史依據。不以為恥，反以為榮。平心而論，江青之輩，實際上比林彪還要壞，林彪是投毛澤東所好，畢竟在軍事指揮上尚有可取之處，而江青之流，則完全是不學無術，拉大旗做虎皮，非將華夏搞亂搞跨，不肯罷休。所以陳雲說她是「論德不如慈禧；論才不如呂雉；論智不如大周皇帝；論貌不如妹喜妲己」。

在這種情況下，我人雖已回到外語組，卻是備受冷遇，掌權的造反派們，有意不安排我工作，我的請求工作報告，過了許久仍不見回音。儘管如此，我想，雖然我已年逾七旬，然一息尚存，仍要做些事情，法文作為世界上主要的語種，也是聯合國的工作語言之一，今我國已恢復在聯合國席位，在對外交往中，法文作用日顯重要。於是，我乃著手先將一九六五年那部未及編就的《法語》教科書完稿。

一、編寫法語常用詞組和諺語

根據我本人學習法文之體會及教學經驗，我認為要學好法文，掌握一定數量的詞組及習慣用語（包括成語）是很有用處的。鑒於「文革」期間這方面材料的缺乏，我決定盡己所能，收集並編訂一本實用的法文詞組與諺語成語手冊。此計劃經與在滬的留法同學，從事法語教學工作多年的宋國樞、徐仲年兩位學長商議後，蒙二兄不吝，提供大量材料，特別是國樞兄，自北京外國語學院退休回滬定居後，身體一直欠佳，仍不遺餘力，幫助我搜集到多條有用的成語，並精心校核，終使這工作於一九七五年九月完成初稿，並編制詳細了卡片，稿成後，我寫了下列說明：

這一部分法語的常用詞組和諺語，是從法語辭典羅貝爾（*LE PETIT ROBERT*）、小拉魯斯（*PETIT LAROUSSE*）中摘

譯以及從法華辭典、法語課外讀物、北大外語系法語教材及法語成語小辭典等有關材料中選錄下來。目的是幫助初學的法語愛好者作閱讀，翻譯時的參考。內容都是常用的，大部分既適用於科技資料，又適用於一般讀物。內容中的一部份曾請北二外院及曾參加毛選法文版翻譯工作的有經驗教師翻譯和校正。條文不多，校對也不仔細，水平不高，錯誤難免。以後還需不斷的修正補充，並請使用者加以補充和修正。

　　注：另有卡片，注釋較為詳細。

　　令人痛心的是，我將該稿送外語組，卻被某些人束之高閣，直至「文革」結束後的一九七七年初，才以浙大外語教研組名義打印出過油印本，發行範圍有限，作者亦不得署名。本擬加以修訂，並已聯繫好出版社，奈我其後調科學管理系，加之精力及身體關係，至今未能如願。

二、教授青少年法文

　　儘管浙大外語組一些人如此對我，然當時社會上對外文之需求卻是與日俱增。時中央人民廣播電臺開播英文廣播講座，學習外文者因而大增，其中「文革」期間遭失學之苦的一代青少年更是求知若渴。不知是聽了何人的介紹，竟有數名小青年找上門來，要求向我學習法文，我見他們求知心切，乃允之，遂在家為之義務輔導，每周進行一至兩次，其中有浙江醫科大學石華玉教授的兩位公子：長兄畢業於溫州醫學院，其弟係「文革」中的初中生，二兄弟均有一定英文基礎，溫文爾雅，頗有教養，經過我輔導後，進步較快，「文革」結束後都去了國外。我曾應石氏昆仲之邀，拜訪了他們的父親石教授，石係留德醫學博士，胸外科專家，手術水平高超，言談之中，方知石尚係姪女沈以明在浙江醫學院求學期間的老師。其居所位於杭州青春路附

近，為自建的一樓一底房，由於長期自住，保持很好。石頗為健談，頗有洋博士派頭，惟抽菸抽得很凶，看上去身體康健，然其後竟不幸患上肺癌，不治而去，由是看來，吸菸與肺癌確有一定關聯也。

另有一位張××小姐，當時係高中學生，張父乃浙大附中的語文教員，「文革」中受打擊甚深，其母乃周恩來之表妹，張父通過浙大某君找到我，要求教授其女法文，我亦同意了。文革後恢復高考，此女考上東北某高校之外文系深造。

三、南京八府塘故居行

一九七四年夏，我偕長孫乘京杭國道班車前往南京，這是我自一九四九年四月二十三日離開南京後的首次返家，目的是處理房產。

南京八府塘故居，是我在一九三五年間所自建，實際上前後我家於此僅住了三年餘時間。一九四九年後，由四弟祥霖一家居住，多餘房屋則由祥弟出租給住戶。由於年久失修，至我是次返里，已是殘破不堪，我決定將此屋上交公家，不意公家單位不收。後聽某人之言，將房屋分別作價賣給數戶人家，又由於有人從中作梗，利用我急於回杭，壓低房價，全部一樓一底八間房，外加一院落，僅得款人民幣二千元。從此，我也成了徹底的「無產階級」了。

在寧期間，我曾經漫步昔日黃埔路。軍校舊址，仍歷歷在目，然人事卻移。至中山陵，但見陵堂及牌坊上方之青天白日徽章已不翼而飛，國民革命軍忠烈祠亦關閉不開。嗣又轉至廖仲愷、何香凝墓，兩位先烈死後同穴，有古君子風，然參拜者寥寥無已，倍覺淒涼。

四、滬常探親訪友

一九七六年一月，臘月寒冬，居於滬上的武岡二分校舊友朱燁夫人嚴汝瑛突來武林，來寓訪見，汝瑛乃滬上老報人嚴獨鶴先生之女，頗為健談，亦好交友，言談間，對「文革」期間彼之遭遇，切齒痛

恨。臨別，盛情邀我及內子赴滬一遊。

迨至四月，春暖花開之時，我偕鞏華赴滬，一則為鞏華診治業已增大不少的脂肪瘤，一則亦探視親朋，以紓心中鬱結。抵滬後，我們住在次子家中，他自一九五七年冤案纏身後，迄未落實政策，一家三人，僅住八平方米的小屋。無奈之下，他夫婦及二孫只有權且先回兒媳娘家居住，將房讓給我們，其居所位於滬市虹口區，離內子診病之醫院甚遠，往返頗為不便。當時有人提出，他若可弄到五萬根毛竹，即可換一套二室的公房給他，但五萬根毛竹對其而言，好比是天方夜譚，海底撈月，只有望房興嘆而已！

在上海，承蒙老友，留法同學宋國樞、徐仲年兩位學長之邀，相偕聚首，並承告滬上留法同學華林、吳琪等人近況。國樞兄時已自北京外國語學院法語系退休，返滬定居，其姪女在滬華山醫院工作，為內子聯繫醫院檢查，盡力甚多。仲年兄亦已自上海外語學院法語系退休，惟仍在從事編譯工作，精神可嘉。聚首時，我提及編寫法語成語之事，宋、徐兩兄聽後均說願助一臂之力。後果得兩兄協力不少，兩兄今均已作古，思兩兄行誼，讀兩兄遺墨，不禁泫然淚下。

離開滬濱，我們又赴常州故鄉，此行為一九六一年後的二度返鄉，然事過境遷，祖屋祖塋均夷為平地，母親及親人的尸骨蕩然無存。父親謝世十三載，卜葬金陵（一九六三年十二月仙逝，享齡八十有七），承昔之江西戰幹三團舊友萬舜祥之邀，我們住在她家，萬熱情好客，對我及內子甚好，她為體育行家，時為常州一中的體育教師，自一九六八年舜祥初來杭後，幾每隔一二年均來杭一次，探視其在杭同學及我，一直至今。她經常對我說：「生命在於運動，要想長壽，必須運動」。經舜祥聯繫，我們旅常期間，與北伐時代舊友徐水亭、陳夢玉、楊錫類，及武漢政治部一廳與武岡二分校政治部舊友張文翰兄（時為常州二中教師）等，均得以聚首重逢，除文翰兄外，俱垂垂老矣。北伐時代另一舊友，時居常州市內十字街十七號之惲逸群

兄卻未得晤面，至今引為憾事也。緣由在徐水亭聞知我想訪惲時，對我說逸群「問題」尚未解決，此時相晤，恐不適宜。我知道逸群的所謂「問題」，是在建國初他任上海《解放日報》社長及華東軍政委員會新聞出版局長時，適逢土改運動，因所謂的「包庇地主姐姐」之事，遭開除黨籍處分，嗣又因潘楊案株連，致身陷囹圄。二年後，逸群客死南京，我與其終無緣相見，逸群死後終獲平反昭雪，時人評其「一生正直，半世坎坷」，可謂對其確當寫照也。

劫後餘生話「文革」

我歷經「十年文革」磨難，大難不死，並親見林彪、江青兩個趁「文革」之亂而崛起的政治集團覆滅。真是恍如隔世之感。

關於「文革」，今已有初步定論。中共中央於一九八一年六月召開十一屆六中全會，通過《關於建國以來黨的若干歷史問題的決議》，指出：「『文化大革命』是一場由領導者錯誤發動，被反革命集團利用，給黨、國家和各族人民帶來嚴重災難的內亂」。

實際上，「文革」之發動，有其必然性，它與國家政治體制的缺陷有著密切的關係。一九四九年以後，中共成為執政黨，作為其領袖的毛澤東，大權在手，一言九鼎。毛思想活躍，生性好鬥，常謂之「與天鬥，其樂無窮；與地鬥，其樂無窮；與人鬥，其樂無窮。」為其性格的極好寫照。破壞運動完成後，本應休養生息，積聚力量，從事生產建設，以達國強民富之境。然毛卻不作如是想，依然走階級鬥爭的老路，說是「和尚打傘，無法（髮）無天」，發動一次又一次的政治運動，後果嚴重。黨內劉少奇、周恩來輩有鑒於此，提出整頓，以發展經濟為先，毛則退居二線。然其卻不甘心無所事事，反認為是大權旁落。於是，集各種謀略（陽謀、陰謀）於一身，縱橫捭闔，利用林彪與江青，及群眾運動，終至發動十年浩劫。「文革」中，各類

人等均作了充分的表演，「文革」亦為某些不學無術而又老謀深算不甘寂寞者，提供了很好的舞臺。林彪、江青是如此，浙江省、浙大其中的一些人，亦概莫能外。

「文革」作為歷史，已經過去，惟正確總結「文革」歷史教訓，以防「再來一次」，實為當務之急。余期期以為，在今天進行經濟體制改革的同時，必須同時進行政治體制的改革，加強民主與法治的啟蒙和建設，惟如此，才可根本防止「文革動亂」的再次發生。

第十六章 從「文革」後期到改革開放

與三弟隔海互通魚雁

我父母育我兄弟四人。我居長，另有二弟佳霖（早卒）、三弟喜霖（後自易名霞飛）、四弟祥霖。其中三弟生於清光緒二年農曆六月十五日（一九一○年七月二十一日），母親故世時，他方七齡，由外祖母帶大，後隨父親入紅塔莊小學讀初小。一九一九年紅塔莊小學因故停辦，父親為蘇州海虹坊謝氏聘為西席，三弟尊父命，在家鄉隨芮竹甫先生讀經史古文，一九二五年秋，復隨父親於常州城內北直街長溝別墅朱潤恩（字幼竹，其兄稚竹，為民國元年之國會議員）家坐塾。他自幼聰敏，寫得一手好字，口才亦佳，幼時即樂與人說故事，村人皆樂與之交，在長溝別墅，亦引得潤恩長女春波（名琴）愛慕之情，幾經交往，終成百年之好。及我留法歸來，任教南京中央陸軍軍官學校，乃介紹三弟來校，經考試合格，任軍校錄事。後我主政江蘇省奉賢縣，他又隨我至奉，任縣府科員，和春波於此育一女，取名奉年。嗣由我轉請史良保薦進上海法學院肄業，畢業後復回南京軍校，旋赴軍校特訓班（駐江西星子）任指導員，隨隊輾轉皖南、陝南、四川等地。抗戰軍興，奉命在蘇南從事敵後游擊工作，勝利後任江蘇省崑山縣長。

一九四九年四月崑山解放後，他來到上海。滬上期間，他來看我，我勸其留在大陸不走，他答應考慮，然其後仍隨丁治磐（江蘇省主席）去了嵊泗列島。一九五○年五月，又隨丁等去了臺灣。至是，

我與其海峽相阻，音訊斷絕。他到臺灣後，適值臺灣戒嚴期間，聞為了我的關係，曾遭人控告，而被拘押，後經多人聯保，方獲釋放。時蔣經國先生在台已握實權，蔣在臺灣實施「政工改制」與「情報改制」兩大措施：設立「國防部」總政治部，以統一軍中政工；設立「國家安全局」，以統一內外情報，並提倡所謂「克難」精神。為此，需要一批骨幹，三弟即在此刻，為蔣氏擢用（據說，蔣欣賞他的清廉），讓其參與籌辦「國防部」政工幹部學校（後改名政治作戰學校），籌辦人中許多均為蔣在贛南時代的部下如王昇等。政工幹校建成招生後，三弟任該校訓導處上校處長，嗣後轉任政治作戰系主任。一九五八年左右，調升「國防部」總政治部第六組（組相當於處）少將組長，主持所謂「敵後游擊隊的組訓派遣及政治工作」。六十年代，又調任「國家安全局」情報人員訓練班副主任（主任由蔣經國自兼），與蔣氏有了進一步交往。故其後，蔣將其調至「國家安全局」局本部，任少將主任秘書，一直在此職位上幹到退役退休。這些系統，雖都是由蔣經國所直接掌控。然臺灣彈丸之地，僧多粥少，權利鬥爭頻繁。三弟雖說能力頗強，允文允武，然在威權時代，仍受到節制，面對奉迎拍馬而青雲直上者，難免心憤不平，以致引發喘疾，時在病中。

及至一九七五年春，我開始嘗試與三弟聯繫，惟當時台海兩岸處嚴重對峙狀態，三通斷絕，如何聯繫呢？幸天無絕人之路，我想到旅居泰國曼谷的姨妹朱金波，時與國內親友通信，並言及將返大陸探親云云。乃於是年四月二十五日致函金波，函云：

> 別後近三十年了。回憶日本侵略中國的第一年，我們在兵荒馬亂之際同船逃難到四川瀘州。春節那一天，我約你和春波，及奉年、鎮年等一起聚餐，那時離鄉背井，親人四散，生活困難，茫茫前途，莫知所措，此情此景，不堪回首。

信中除將我及其他大陸親友近況告知外，並附致三弟、弟婦信一封，及照片數幀，請其擇便轉交：

　　　　別離多年，夢想為勞，兄現在浙江大學任教授。一九六三年冬父親逝世了，一九七三年十二月嫡母（你的嗣母）又逝世了，喪葬我都親自去料理。現在家中僅兄弟及侄男女了。我也年邁，愧為長兄。對異鄉的骨肉同胞等關切情緒難以形容，有時甚至淚下沾襟，不能抑止。

　　　　蘭年做醫師兼教師，奉年亦做醫師。她們的配偶都好，並都有子女了，生活都安好，但彼此皆思親情切，誰能遣此憾事！

　　　　三弟，你的支氣管炎好些否？春妹忙於照料侄孫輩，其餘的時間可能不多了。鎮年、中中，以及他們以下的弟妹，現在何處？聽說他們學的都很好，我極為高興，魚雁有便，極盼函告。

　　不久，我即收到金波回函，談及三弟等近況，並說已將致三弟信轉臺灣。嗣後收到弟婦春波來函（自香港郵發，大約是請人代寄的），談及別後種種。然卻未得三弟親筆，再三考慮，諒係環境及其身份關係，有所不便所致也。

　　迨至一九七六年夏，因三弟喘疾甚劇，乃與弟婦離台赴美，易地療養兼省親。我才於是年九月八日收到三弟親書，並附全家合影照數幀。信封之郵戳為九月一日自美國加州所發，跨洋郵件，一周即已收到，可見科學技術進步之快。雖二十六年不通魚雁，兄弟親情，仍躍然紙上：

　　大哥鞏嫂：

　　　　先後曾接數函，以身弱多病，均由春波代復，至歉至憾。

弟自四十二年（一九五三）春以感冒引起而患喘疾，迄今已二十三年，在此二十三年中痛苦萬分，度日如年，苟延殘喘而已。因此，對親友故交，絕少往返，無此時間亦無此興趣也。在台與哥往日同事者，除張九如略有往來外，柳克述、白上之亦常相見，孫慕迦已十年不接觸，樓桐孫除見一面（廿年前）外，即彼此隔絕。彼等均健留。去世者謝冠生與楊公達為弟所知，且曾往弔唁，其餘過多，不能例舉。弟此次偕春波來美，已屬二度，因四兒以中在紐約，彼學電機及土木，現年薪頗高。五兒以武及八兒以峰，均在美得博士學位，現均服務置產，將來前途，可能更超過四兒也。此次來美，係由彼等堅邀，擬在此小住三個月至四個月，在西南部，耽擱較久，東部逗留較短，因上次來美，曾轉道加拿大及中南美，美國東北部十餘州均已作小遊，故不擬多作逗留。西部國人較多，但平素甚少接觸，南部苦熱，洛杉磯實避暑勝地，且氣候爽適，五兒住宅又較高暢，弟來此已逾一月，甚覺愉快，下周即擬赴南部八兒處，八兒僅孫兒一，更較清靜。弟或可逗留三星期，藉作暢遊，然後再赴四兒處，往看三孫，小住一時。在台諸兒亦均成家立業，頗知上進，除六女外，亦均得有學位，且各有安定職業，均請勿念。

　　一別近三十年，無日不在追思中，弟去東南亞時，一度曾至邊區留連，一線之隔，咫尺百里，回憶當年兄弟妯娌和諧之情，不覺北望流淚久之。弟今已六十有七，春波更長一歲，哥已七十有四，嫂嫂想已雙六矣。抗戰八年因限於經濟，甚覺時光遲遲，在安定生活中，匆匆近三十年，反覺光陰如箭。金妹在泰，時有函來，彼近折手，石膏尚未拆去，次子成元，弟前次在美曾約相敘，此兒亦頗有前途，現在泰服務國家，甚為各方器重，聞有機擬再來美深造，未知確否？龜鶴二任似甚瘦

弱，蘭兒似壯，弟見此實獲一大安慰，羣嫂及哥似均健旺，我等或近七旬，或逾古稀，在昔彌足稱貴，在今則不足為奇。茲寄上美國家庭全體照一幀，其中缺四媳及其三孫，五媳因拍攝關係，亦未列入，但亦可見一斑也。

美國除科學進步外，實無一是處。我國所可貴者倫理，此雖古老，並不封建，舍此更無法與人爭勝。如當局者不照顧人民死活，一味爭權奪利，則將永遠落後數十年。如能團結奮鬥，放棄一己名位與權勢，則我國可成世界唯一獨強。惜哉！惜哉！最近數次地震大水，弟雖萬里以外，心實繫念不已，惟請珍重保健，言不盡意，請恕草草。

三弟手上

並問二任闔家好

一九七六年八月三十一日

三弟此函，情深意切，對某些問題看法，亦頗為中肯。其所言之地震，即於是年七月二十八日發生於冀東唐山一帶的強烈地震，累計死亡二十四萬二千多人，重傷十六萬四千多人，輕傷者不計其數，整個唐山市夷為一片廢墟，並波及北京及天津兩市。時在「四人幫」猖獗之時，彼等置人民之死活於不顧，拒絕國際援助，開災難救濟史之先河。唐山地震發生不久毛澤東主席撒手人寰，在他之先，有周恩來、朱德先後辭世，江青集團加緊奪權步伐，國家處於危難之中。

三弟來函未留通信地址，故我復函仍經由泰國曼姨妹金波處轉，及至十月十六日，我收到三弟十月九日寫的手書，整整二大張紙：

大哥、羣嫂：

從臺灣轉到一九七六年九月二十三日手書，暨照片三幀，興慰無比。我們已到美國東部，小住以後再由美北轉道美西，

先後約需四個月時間。

　　五年來兩度暢遊，甚覺此生已不虛度。加拿大南部如渥太華、魁北克、蒙特利爾、多倫多諸大城，前五年已去過，此次不擬再往了，留時間可以多遊覽些沒有到過的地方。我在加州時喘疾復發，現已痊愈了，勿念。一過中年病痛是難免的，好在我和春波以前身體好，所以還經得住考驗。除了喘疾以外其他均甚正常。飯能吃，路能跑，沒有牽掛，沒有憂慮，提得起，放得下，沒有公務纏擾，清清爽爽，輕輕鬆鬆，一切自由自在。本來一個人需要勞動，動不了也是沒法，既不講課，也不寫文章，但並非醉生夢死，與現實脫節，經常做些社會工作，為大眾謀些福利，以補救過愆，以解放心靈。

　　讀來書知祖國大陸一切均有進步，非常高興。其實，算一算已二十八年了，一個孩子，從脫離母體，至牙牙學語，搖擺學步，在二十八年中，至少已修完大學課程，甚已取得碩士以上學位了。二十八年中，沒有戰爭，一心一意從事建設，自然可觀的。以我們同胞之眾，物產之富，發展工業，改進農業，把大眾生活儘量現代化，也非難事。中國人只要去掉毛病，不勾心鬥角，不嫉妒傾軋，團結再團結，一心一意，死心塌地向一個中心的共同目標前進，何愁東風壓倒西風。何必虛唱回歸與認同。幾千年來的悠久歷史，我們文化的根是扎得很深的，比如在美的僑胞，有的已是十代八代了，講的是中國話，穿的是中國式服裝，過的是中國式生活，對自己同胞都像特別有緣似的，親愛極了。我國能出人頭地，水到渠成，不會不向心的，那些革命八股實在可省掉的。我在臺灣作如此觀，今天也無形中對你傾訴了。世界一切在飛躍發展，理論已隨大眾知識進步而進步了，如果今天講這些，明天講這些，後天還是講這些，只有使人厭惡，只有令人煩擾，甚至令人腹誹的，老套的

宣傳方式，應該改改了。我在美讀了很多刊物，不管是臺灣的，大陸的，都像犯了同樣的幼稚病，一方面高唱民主，一方面又極端的搞個人崇拜，開口領袖，閉口領導者。一方面講青年才俊，一方面講又紅又專，真令人啼笑皆非，作嘔三日！我認為做的比說的好，我們要群眾心服，只有做給群眾看！千萬不要騎在群眾頭上，唱美麗而刺耳的歌曲。

實際上對國際宣傳，也不要如此。你來信說，唐山災難好像經過極力搶救少死了不少人。我相信，我們早已推想是如此。你沒有提到者，最偉大的是拒絕蘇帝、美帝的救濟，把這兩大帝國的貓哭老鼠——假慈悲，都拒絕了，把中國民族的硬骨頭抬得高高的，中華的正氣更升高更燦爛，這些才是頂呱呱的宣傳，好作法，個人精神為之一振，是抵百萬雄師，百億人民幣，我想美國人甚至俄國人也不得不吃驚，不得不佩服。我曾以此對僑胞稱頌，僑胞也以此自慰。中國人都想出人頭地的，旅外的僑胞，可以說沒有一個不由衷的希望國家的強大，從而個個能吐氣揚眉，你說對不？至於我們家裏的受壓迫困境，我的感受比你更深刻，我沒有能進中學堂，完全憑自己奮鬥而至今日，我從不依賴人事關係，從不希望人家幫助我，只是默默地耕耘，所以過去的關係人有好多都飛黃騰達，我從不聯繫，我不想做大官，不想發財。反過來，我生活中剩餘的錢去濟助那些失學的人，我也從不想人感恩圖報，我也從不考慮人家對我怎樣看法，我就是我，我是「人」，是「中國人」！爸爸有一付硬骨頭，我也具有這點遺傳。我始終尊敬你，這點，式潛弟是很清楚的。我當時對他說得很清楚，我不勸他，要他也不勸我，人各有志，不必勉強。你來信中所提的人，我沒有聯繫。這些人，我也看不慣，他們都是「亦司」滿口，拍吹鑽是他們的本行，實際上空無一物，行尸走肉而已。常相往

來只有九如一人，不是因為地緣關係，而是他的骨頭比較硬朗些。幾個兒子都像我，個性剛強而頑固，我也以此自慰。鎮年寄來幾張照片，這是十月裏攝的，寄給你們認識一下，他們一群都是自力更生的，和在美的孩子們一樣，生活雖不錯，都是以奮鬥所獲得的。

我大約在十一月中或十二月初回去，資本主義社會自由是無限制的，但也不致貧富懸殊到沒有飯吃，因為社會政策不錯，沒有工作的和老年人都有福利求助，所以從城市到鄉村都很整潔，也都很安定。至於有些病態是難免的，和社會主義國家一樣。帶住，祝你們闔家快樂。

喜弟　春波同上
一九七六年十月九日

此函較前似更明確地談了其對國家、社會及人際交往的看法。值得感佩的是，其作為臺灣軍政界一員（聞退休後仍獲聘臺灣「國家安全局」顧問，襄贊政務），卻並未對臺灣的種種大唱讚歌，而是秉持較客觀冷靜及超然的立場，難能可貴。

三弟自幼擅書，大陸時代，曾應我之囑，寫過一幅送人的匾，題曰：「及人老幼」，備受方家推崇。我倆恢復魚雁後，我復請其賜墨，以留紀念。他書贈我二聯：

其一：紙短難書無盡意
　　　路長遙寄一枝春
其二：尺幅難書無盡意
　　　平安遙寄一枝春

又書撰人生哲理條幅：

人之常病有十種：喜論人之過，不自訟其過，嫉人之賢，己見賢不思齊，有過不改而必文，不稱事而增語，與人計較曲直，喜窺人隱私，樂與不肖者遊，好友其所教。如不能時時檢討針砭，則其聰明才智將無一是處。古人言，勤讀書，令精博。極養心，使純靜，則根深而枝自茂矣。

意味深長，書體亦愈見爐火純青，我珍藏至今，今他已物故，此聯與條幅亦成遺墨，更覺彌足珍貴。

三弟之「遺言」

三弟故於一九八一年八月，終年七十二歲。我兄弟四人，二弟佳霖早卒，今又弱一個！僅留我及四弟祥霖尚存人世。他終未等到臺灣開放大陸探親，再次踏上故土。我兩人亦終未能再晤一面，以敘親情。悲哉！痛哉！

三弟逝後，據弟婦函告，其生前手撰自述一份，述其生平甚詳，擬待付印後奉寄，惟其後卻一直未能收到，原因如何，不得而知也。然從他逝後治喪情況來看，似較為隆重，符合中國人的人倫，蔣經國先生為題「盡勞堪念」輓額，官方的治喪委員會委員中，故友甚多，滕杰、劉詠堯、余紀忠、程滄波、顧錫九輩，均為治喪委員，昔年南京中央軍校高教班第四期的那位學生王永樹，則為主任委員。又據弟婦函告，墓地亦較考究，位於臺北陽明山之陽，三弟可長眠於地下矣！

我和三弟自一九七六年起，即互通魚雁不斷。一九七八年夏，他夫婦三度赴美，此時的中國大陸，經過十年浩劫之後，痛定思痛，亦正在恢復實事求是之原則。我們就許多問題互相交換看法。平心而論，他的許多觀點，我以為均係中肯之言。手足思念之情，亦是與日

劇增。現他已物故十載，我重閱他的遺筆，感慨萬千，茲將其函中對國家、社會、親情、四人幫、中美建交等的感言，摘錄數段，以示長兄我懷念之情：

　　親情縱經滔天巨浪的翻滾衝擊，崩山墮石之壓榨與激刺，終是永遠不能磨滅，而且，非但不受絲毫損傷，反而與日俱增俱深。祖國，這兩個字就是親情，葉落歸根，更是自然親情的流露。

　　現代化不僅四個，此乃理所當然，不僅是科技、社會、政治、經濟、教育、建設，而人的現代化，更為重要。我們的想法，如仍滯留在十九、二十世紀，已將與下一代發生鴻溝，頑固、倒退等於自殺。一般年輕人，應該有超時代的理想，中山先生「迎頭趕上」的思想是值得崇敬的。

　　如果政府與構成之份子，能一心一德，始終戮力於國家建設，和諧合作。則安和樂利之社會，不出五年，必將另有一番驚人成就與光輝燦爛之現象，且益能堅定上下奮鬥信心矣。以我國幅員之廣，物產蘊藏之富，勞動力之大，刻苦耐勞舉世無雙之民族性，三十年忽忽過去，真是不幸，今日忽然改圖，真是大幸！弟等客居在外，一切仍在親友左右，焉能凜然忘懷？

　　月是故鄉明，想的，愛的還是親人、故鄉（令人百思不解的是溫情主義一詞，人而無情，何以革命？何以救國？何以對長上？何以處朋友？最頑固的莫過於不肯認錯，最可惡的莫過於愚弄愛國而要救國的一般青年。請恕我直言）。大陸，最近似乎有點進步（做法上），但是不夠的，很艱苦的，因為這種進步的做法，還有很多阻礙，由於言論控制的過份厲害，反動的思想與觀念，就更難發現，「四人幫」殘餘就永遠清除不了。我認為一切理想與思想，必須經得起考驗，透過實踐的結

論，才是真的「科學」，聖經只是聖經，那有聖經能帶人進天堂的？

　　大陸情形雖已漸上新階段，弟意尚需一段時間始能步入澄清與穩定。弟認為，萬事成功在人，思想與觀念為人之步趨原動力，只要當政者真為國家和人民打算（久遠的、長期的），中國人對倫理是根深蒂固的，愛國心決不讓古之斯巴達，今之以色列。中國不強則已，一旦步入建設正規，自有燦爛前途，誠如中山先生所說：「必成獨強」。何況西人早已預感，二十一世紀是中國世紀，全在吾人「好自為之」而已。如前途光明在望，錦繡河山滿布欣欣向榮之氣象，何愁旅外華僑不心嚮往之？何慮科技特殊成就人才不肯歸國報效？但成功之策，不屬標語口號，必須奉行真理，人人努力實踐，以批評求進步，齊心齊力，奔赴目標，可以一蹴而就。清算鬥爭，究非必要，主義縱屬是最好文章，有此敗筆，終令人有索然之感。前車之覆，後駕者應特別警惕，否則長此以往，大好歲月，均多虛度，於人民何補？於自心何安？美蘇皆紙老虎，由於根基淺薄故。中國雖大，人口雖多，智慧雖高，物產雖豐，由於浪擲大好光陰，尚距紙老虎落後過遠，而仍以紙老虎為敵人，有心人不得不為之一嘆耳！毒草早除，毒根漸清，甚祈從此能現一片祥瑞和諧氣氛，透露「迎頭趕上」曙光，則海內外莫不額手相慶矣。弟有殘疾，無成就可言，所望者家人團聚，有生之年，能與哥嫂一敘離情，余願已足。

　　重洋遠隔，望而興嘆，日昨夢中，似曾相晤，把手互訴離情，不覺淚下。乃「喜極而泣」自然流程也，為春波一呀，醒來倍覺空虛！

　　哥嫂對我獨特的情感，我會永遠記在心頭，四兄弟中，我倆從沒有爭執，只有愛護。尤其是鞏嫂的溫婉、賢淑，與春波

的相處、相敬相愛之情是永遠永遠的，我們也常常在口頭上教育後一代的妯娌們。

提筆前之四日，已悉中美建交，前途似有無窮希望。外交全視利害，亦為蘇帝稱霸，美國經濟衰頹，兩種因素所促成。願主政者勿等閒視之，自立自強，一切操之在我，順乎天方能應乎人，一分耕耘，自有一分收穫也。

四人幫之罪孽，把千萬人打入地獄，送進火坑，使我國一切水準落後太遠，新當局者窮十五年之精力，也未必能彌補得到。但話又說回來，終算上天有眼，正道終於勝了魔道，光明畢竟衝破了黑暗，三十年來，盼到的是這些，祈求的是這些，在此，要念聲「阿彌陀佛」了。

三弟多子女，共育六男三女，除長次兩女在大陸外，餘均在臺灣和美國。諸侄男均學業有成，分獲博士、碩士、學士學位，或從政從教，或經商，孫輩亦達數十人之多！差堪告慰三弟於地下了。

兩姪女出境探親

三弟及弟婦先後離開中國大陸後，其長女奉年（沈以文）、次女蘭年（沈以明）俱留大陸。兩女思想時均甚前進，對新中國一切亦甚嚮往，並都加入了共青團組織。嗣分別於醫學院畢業，以文在陝西咸陽，以明在安徽寧國，從事醫務工作。一九五八年後，受到極左思潮的不公對待，及至「文革」中，由於其家庭關係，更是受到衝擊，乃對其父母產生怨意，期間，兩女之單位，分別派人找我「外調」，核實情況，我據實以告。

三弟仙逝後，弟婦於是年冬赴美依親，致函於我說思女心切，盼二女能赴美探親，我接函後，即轉知二姪女其母之意，並謂父母總是

父母，政治立場相異並不妨礙親情，兩女始分別向當地公安部門申請出境，惟其時大陸各方禁錮還多，出境審批政審甚嚴，速度亦慢，幾月過去，不見聲息，我乃將此況轉知有關部門，希從統戰角度出發，予以協助。有關方面頗為認真負責，分別函商兩地公安部門，請特批從速辦理，不數日後，出境申請即獲批准，旋將出國護照發至兩人手中。

迨一九八二年春，兩姪女成行赴美，行前相偕來杭，拜謁伯父母及有關方面。我請她姐妹赴美後，代向弟婦及諸侄問好，並托帶西湖龍井新茶相贈，還假西湖之濱的花家山賓館，設宴為兩姪女送行，祝她們一路順風。

是年夏，兩姪女返國，專抵武林，面陳一切。嗣後，一九八五年冬又二度去美視親。臺灣解嚴後，復踏上寶島，忙得不亦樂乎也。

主持浙大科技法語教師進修班

一九七六年十月，江青集團被粉碎，「文革」結束。然當時主持中央工作的華國鋒主席等人，卻依然堅持以階級鬥爭為綱的觀點，提出「兩個凡是」（即「凡是毛主席作出的決策，我們都堅決維護；凡是毛主席的指示，我們都始終不渝地遵循」），並反對鄧小平復出的民意。所以各地雖開展揭、批、查「四人幫」及其代理人運動，卻又設置了種種框框：不准揭「文革」的左傾，不准提「文革」以前的歷次左傾錯誤等等。及至一九七七年夏，中共「十一大」召開，雖然正式宣布結束「文革」，但又說今後還要進行多次。

「兩個凡是」影響甚廣，嚴重束縛了人們的思想，在浙大亦是如此，整個一九七七年全年，我仍處投閒置散狀態，外語組仍由「文革」中的造反派所把持。這種情況，直至一九七八年春，劉丹同志將重新出來工作前，才有所轉變，學校對「三種人」（即追隨林彪、江

青集團造反起家的人，幫派思想嚴重的人，打砸搶份子）進行了清理，將之排除在領導崗位之外，並做好「記錄在案」。同時，開展了落實知識份子政策的工作。

一九七八年三月，學校決定舉辦科技法語教師進修班，旨在提高教師的第二外語能力。進修班為期一年，由我主講，另由外語組鄭文蘭老師協助。進修班主辦消息傳出後，各系教師報名踴躍，報名參加者中，以講師為多，亦有個別教授（土木系教授賴雲桃，理科部教授董光昌等）及校外人士，經測試後共有三十七人參加學習，以電機系和理科部的人數最多，其他如機械系、光儀系、土木系、化工系、無線電系等，均有教師參加。

教材由我自編，定名為《科技法語》。

開課後，經過期中測驗及期末考核，大多數學員取得了較好的成績，其中以翻譯為最，基本上達到預定的要求。有學員徐森祿，係光儀系的講師，學習用功努力，從未缺課，我給以加深輔導，語言上進步很快。後作為訪問交換學者去法國Paris VI University進修兩年，師從弗朗松（M・Franson）教授（弗氏後為浙大聘請為客座教授），回國後被晉升為副教授，並擔任「測試計量技術及儀器」專業的碩士研究生導師，為法國光學學會的第一位外籍會員。另校外學員曹立人，時為杭州大學教育系學生，由浙大某君引見於我，經我請准教務處，特批跟班學習，他英文基礎較好，再來攻讀第二外語，此次亦取得很好的成績，後考入杭州大學工業心理學系研究生，畢業後留系任教。

復回管理系

浙大在一九七八年後，一度曾易名為第二科技大學，任命物理學家錢三強教授兼校長。依據按學科設係的原則，對原有之系及專業進行調整，以加強理工結合，發展管理學科、社會學科和文科，並恢

復招收研究生。旋在原電機系工程經濟教研組基礎上。籌設科學管理工程系（初名科學管理教研室），科管系中老師大部為文革前舊友，他們盛邀我回系，我欣然應諾。因我作為外語教研組唯一的正教授，卻在文革中被外語組的某些人視同仇敵，受盡侮辱，弄得很不愉快，亦想換個環境，乃請准校部同意，於科技法文教師進修班的教學結束後，復回科管系，時為一九七九年秋。

在管理系，昔日同仁相見，分外親熱，除洪鯤已退休（後返聘回系）外，餘均在系。又結識了不少新同仁，相交甚歡，他們對我均以禮相待，稱為老學長。蓋自一九七八年十二月召開中共十一屆三中會全以後，批判了「二個凡是」，否定了「以階級鬥爭為綱」，廣大知識份子的作用得到肯定。浙大在劉丹同志復任校黨委書記後，調整了校及系的領導機構，落實各項知識份子政策，我在「文革」之中所定的複查結論，其不實部分亦得到糾正，因此心情舒暢，為自一九五五年「肅反運動」以來最愉快時期。

此時，我已年近八旬，身體亦欠佳，系裏照顧我身體，不再安排授課任務，主要從事有關管理科學著作及資料的編譯，以及研究生答辯及論文評閱，教師職稱升等評審等工作。但在一九八一年秋，管理系與杭州市業餘科技大學合作攜手，舉辦企業管理進修班，我也應邀為進修班作了生產過程組織、生產過程的技術檢查組織、生產過程的勞動組織三門課程的專題講座。以七九之齡上講臺，深得諸學員的好評。學員大多為企業之廠長經理，撥亂反正以後，求知若渴，熱情甚高，後來連不是進修班學員的各企業領導，聞訊後亦紛紛來函，索取講義。未幾，管理系又協助杭州市科委，成立杭州市技術經濟和管理現代化研究會，下設技術經濟、管理現代化、商品流通技術、科普宣傳四組，會員多係進修班結業之學員及各企業的管理幹部，定期組織活動，我及管理系老師黃擎明、張秘機等，均應邀擔任研究會的顧問。

自一九八一年至一九八六年，我還先後參加浙大管理系首屆畢業

碩士研究生論文答辯及評閱、浙江省工業經濟專業幹部職稱評審、浙大管理系、外語系、光儀系教師職稱升等評審工作。並分別獲聘浙江省工業經濟專業幹部職稱評委會副主任委員、浙江大學教師職稱管理專業評委會副主任委員、國家自然科學基金委員會管理科學評審組同行評議人等榮譽職務。

改革開放以來，我國管理科學開始邁向新的臺階，吸收和研究國外，特別是西方先進工業國家的管理經驗，已為管理幹部必為之事。早在五十年代，我就覺得當時照搬蘇聯企管教育，弊端甚多，其中之一就是蘇聯企管教育內容有許多仍來自西方發達國家，我們再去作二手仿製。豈不是誤時誤人？所以，文革後我回到浙大科管系後，即想編寫一些現代國外發達國家的管理學資料，以作為我們的教學參考。經過多次鑒別比較，我認為由法國巴黎經濟工程學院教授M.Francis Mahieux所著的《革新管理》（*GESTION DE L'INNOVATION*，一九七八年秋巴黎版）一書較為合適，可以推薦給中國的工作者參考。

自一九八二年春開始進行的編譯工作辛勞備至，時我已年登八十，且患有神經衰弱及高血壓症多年，伏案工作過久，就會有頭暈、眼花、雙腿發麻之感，書中的許多新名詞新提法，且無漢語對應之詞，亦為頗傷腦筋之事，然窮數月之功，在克服諸多困難後，至是年年末，終將這本五大部分十三章十萬字的著述編譯完畢。至書稿的謄清工作，我已精力不濟，部分乃請友人張君及我家人等擔任。一九八五年春，系裏某老師將其推薦給廣西人民出版社聯繫出版，不意該社竟以實用性不強為由，不願出版，學術著述出版之難，斯時已露端倪。至今書稿仍擱置家中。

兩子俱獲平反改正

一九五七年「反右運動」後的極左思潮，使我長次兩子，一夜之

間，從國家幹部的身份跌至社會最底層，二十年不得翻身，且株連後代。次子是全國五十五萬所謂「右派」之一員，自上海市公安局機關下放上海天章造紙廠從事重體力勞動。長子益慘，失去公職，只能做代課教師及臨時小工度日，期間，儘管他屢獲先進工作者稱號，卻無法轉正。

「文化大革命」結束後，一九七七年十二月，胡耀邦出任中共中央組織部長。胡是中共黨內的開明人士，上任伊始，提出凡是不實之詞，凡是不正確的結論和處理，不管是在什麼時候，什麼情況下搞的，不管是哪一級，什麼人定的，都要改正過來的方針，從而打開了左的重重阻礙，使平反各時期冤假錯案的工作出現了新的局面。

一九七八年年中，次子純屬冤屈的錯劃「右派」問題得到改正，旋重返公安系統，嗣以其請求，調至上海中醫學院氣功研究所從事科研工作。他於逆境之中，多年堅持潛心研究醫療保健氣功，其成果今終得到肯定和發揮，晉升高級職稱，及今為止，已出版《內養功和六合功》、《中國醫學氣功學》等三部醫學氣功學專著及一部教學錄像片，國內外反應甚好，尤其是東瀛日本，曾先後數次邀其前往訪問講學。

長子在一九五八年春，以所謂挪用四十元人民幣之「罪」，竟被法院判處有期徒刑。此案純屬錯判，法制不健全之弊端，由是可見。弟弟落實政策後，他找我相商，擬提出申訴，以正視聽。旋由我修書致函聶榮臻，函中附長子上訴書一份，懇其能轉交有關部門處理，聶帥接函後，將申訴材料批轉北京市東城區人民法院複審，經法院認真審理，確認為錯案無疑，旋於一九七九年夏，下達再審判決書，撤銷一九五八年原東四區法院原判，宣告他無罪。嗣重返原工作單位國家勞動部，使其後半生終有了良好的歸宿。

一九五八年，我及二子均受到不公正的對待。二十一年過去了，至一九七九年，我及二子終洗刷了一切羞辱，可以揚眉吐氣了。

增補為政協委員

中國人民政治協商會議成立於一九四九年，後成為中央及省市縣之四套班子之一。政協委員由各界人士中協商產生，分不同的界別，如中共、民主黨派、文藝界、教育界等等。十年動亂之中，政協被迫停止活動。「文革」結束，各省相繼召開政協及人大會議。浙江省亦於一九七七年十二月召開第四屆政協會議，選舉鐵瑛兼省政協主席。至一九七九年十二月，鐵辭去兼職，由毛齊華繼任四屆省政協主席。待各省政協恢復後，又召開全國政協五屆會議，主席為留法同學鄧小平。

一九七九年秋，我經浙大黨委統戰部（部長時為校黨委書記劉丹的夫人吳蓉）推薦，復經省政協四屆六次常委會議決通過，增補為省四屆政協委員，代表教育界。旋出席是年十二月召開的政協浙江省第四屆委員會第二次全體會議，並列席了同期召開的浙江省第五屆人民代表大會第二次會議。在是次人代會上，決定設立省人大常委會此一立法機構，任鐵瑛為主任，並決定李豐平為文革後的首任浙江省長。

政協及人大的全體會議每年舉行一次，代表及委員集中住宿，大會在省人民大會堂舉行，小會及討論則分別在所居賓館中進行。就政府及政協工作報告進行討論，見仁見智，亦可就所見所聞之事，提出提案，轉有關部門處理。我在省政協四屆二次會議上，曾就當前教育質量下降問題，提出建言，被省政協提案組列為第六四七號提案轉省教育局辦理，該局甚為重視，專門給我來函，認為意見很好，並建議將提高教育質量問題列入省政府工作報告和省政府經濟工作綱要之中。

一九八三年四月，我蒙獲連任第五屆省政協委員，界別仍為教育界。時浙大不少同仁亦當選為政協委員，其中有教授學者，亦有行政幹部。在省政協教育工作組高教小組中，就有吳蓉、李恩良、嚴文

興、卞敬明、曹萱齡、王子余、李博達、樓宗漢、倪保珊、王愛民、鄭文蘭等浙大的政協委員，惟各人界別有所不同，除教育界外，亦有代表中共及其他民主黨派的，如吳容代表中共的，曹萱齡、倪保珊、王愛民均由民盟組織推薦的，其中曹萱齡還作為省民盟的代表，當選為五屆省政協副主席，鄭文蘭是婦女界代表。後來，浙大黨委書記黃固卸任後，亦作為中共方面代表，被推為政協委員。

五屆政協主席為王家揚。王為浙江人，「文革」後由北京調浙江，一度任過浙江省副省長，兼任過杭州大學校長。王在政協會議期間，曾多次來到教育界委員中，聽取意見和反映，工作頗深入，我與之曾晤談數次。

在省五屆政協一次會議召開之際，省人大六屆一次會議同時開幕，全體政協委員依律列席。在是次會議上，省長李豐平改任省人大常委會主任，省長一職由薛駒繼任，薛為知識份子出身，文革前曾任省委副秘書長多年。

我任政協委員共兩屆九年，出席了八次政協全體會議，列席了八次人大會議，然最值得記憶的還是政協委員的小組討論會，氣氛要較大會活躍，當時有不少省府各廳局主管亦到場聽取各委員的意見，態度誠懇，也僅在此時，才有政協委員參政議政職能的體現。開會期間，與老友相敘，倍感親切，同時亦結識不少新朋友，有不少是杏林中人，如陸琦、朱焱等醫師，交談甚歡

加入九三學社

「文革」後，我在浙大開設「科技法語教師進修班」，報名參加者有學校的教授、講師三十餘人，土木系的賴雲桃教授亦參加聽講，賴與我相識三十年，其雄心壯志未減當年，提出與我合編英德法中土木工程辭典事，我因精力關係，僅允與外語組其他教師商議。旋賴又

提出請我加入九三學社組織，並謂浙大的「九三」組織已成為主要民主黨派，其人數僅略少於民盟，然發展下去，似有超過民盟之勢，我答應考慮。我對民主黨派及其中的某些人，一向有自己的看法，建國初，史良即邀我加入民盟，我謝絕了。然事過境遷。時代不同了，查「九三」之歷史，為科技教育界高級知識份子為主的社團，其發起人及現主席為我的留法同學許德珩君，憶當年在法，許君與勞君展女士婚配，我們都曾往賀儀，熱鬧非凡。建國後，許君任水產部長多年，亦時見報載。考慮此因，我乃回復賴教授，允入「九三」，嗣由賴及另一人作為介紹人，辦理了入社手續。

建國後，九三學社在各省都有省委會，時浙江省委會主任委員為陳立，陳係杭州大學心理學系的教授，任過杭大校長。副主委之一者為浙大電機系的闕端麟教授，闕與我在電機系同事，彼此熟識，他是福建人，為人寡言少語，然科研成果頗豐，為典型的技術專家。九三省委會的主委副主委均係兼職，負實際責任者為秘書長，秘書長時為章渭渲，章為「九三」老成員，亦為五屆省政協委員，為人有禮。他如副秘書長琚××，組織處副處長錢××等，均來我寓訪謁過。省委會下屬有若干工作委員會，及一九八四年冬，我復被推薦為其中的聯絡委員會委員，聯絡委員會負責對海外及港澳臺地區的聯誼工作，包括招商引資，並提供有關諮詢，供政府部門參考。委員中多係與海外有戚友者，主任委員為浙江醫科大學教授童鐘杭。

除了「九三」設在各省的省委會外，成員多的單位及部門，均建有支社組織，及至一九八五年初，九三學社浙大支社共有成員三十八人，分別來自各系及學校其他各單位，其中教授有五人：闕端麟、汪家詠、賴雲桃、沈沛霖、沈慶垓，余為副教授、講師、工程師、醫師等。社員中以我年齡最長，時已八十有三，賴雲桃亦已近望八之齡，餘均為五十歲左右，最年輕者為校熱物理系講師邵某，亦已四十五歲了。我曾問浙大支社主委施潤昌（科儀系副教授），成員中為何四十

歲以下的青年人無？施答因九三學社吸收成員標準需具備講師（即中級）職稱以上者，時因正常升等受十年動亂影響，停止多年，故升上講師者，一般均已四十多歲了。故年輕社員甚少。這種情況，隨著破格提升制度之貫徹，與大量獲碩士、博士學位的學生畢業，近來聞已有所改善。

浙大支社組織社友每月活動一次，形式多樣，有座談、旅遊等。逢年過節，九三省委會及支社負責人，必至家中拜訪，問寒問暖。隨著經濟發展的需要，九三省委會還成立屬下經濟界社員聯誼會，有會員四十餘人參加，其中教授有三位：李普國（杭大教授）、趙明強（浙江農大教授）及我，余為副教授、講師、高工、經濟師、會計師等。會員來自各大專院校及科研單位，研究方向包括企業管理、區域規劃、技術經濟、經濟活動分析、商業統計諸方面。聯誼會定期聚會，內容有學術報告及交流等，作為「九三」省委會向政府提供經濟諮詢的一個組成部分。

我加入九三學社後，復介紹科技法語班結業學員，浙大光儀系副教授徐森祿入社。而另一位科技法語班學員，杭大心理學系的曹立人，其後亦加入了「九三」。

「文革」後與諸老友恢復聯繫

一、何以端

以端兄係我第一個與之恢復魚雁聯繫者。早在「文革」末期的一九七五年初，我們即已互通聲息。他長我五歲，時年登耄耋，身體不好，時住醫院，我為之介紹中醫調理藥方。一九七八年春，以端當選為五屆全國政協常委，我去函為賀，惜其時老友已患絕症，竟於是年七月仙逝，我痛失良友。思以端行誼，其為人正直，是中共黨內不可多得的幹材。

二、楊一之

一之教授與我相識於一九五〇年初華東聯絡局舉辦旅滬留法比瑞同學聯誼會之際。一之及其夫人馮劍飛女士皆為留法學人，一之習法律，劍飛習美術，夫婦同來參加聯誼會雅集，頗引人注目。一之學問甚佳，後與我先後任教於華北大學工學院，我主企業管理教研組，他主自然辯證法教研組（政治教研組），嗣後他調中國科學院哲學所，我調浙江，南北分離。

至一九七八年七月，我試修書一封，寄其「文革」前之寓所，未想竟然收到，他接書後，即與夫人同書一函覆我，情深意切，感人至深：

> 清塵兄：
>
> 睽違已久，得惠書恍然慨然。以端遽逝，悲愴塞膺。雖八寶山上冠蓋稱盛，但思及月前，以端曾於醫院來書，邀我等本月同遊齊魯，他此類邀約，已連續三年，人事倥傯，遺憾難遣。何峻通知時，曾口占一絕：「山城滬瀆相從久，海外交親五十年，時代方新公遽逝，遺箋重讀倍潸然。」詞淺意拙，不遂所懷萬一，錄呈尊覽，亦聊我輩共同交誼也。
>
> 侯桐兄處，大函已轉去。他京址為：建外永安里靈通觀西大樓三〇六號，並以附聞。弟年雖較曩昔朋輩為少，猶已近古稀。加以近年血壓高等老病侵凌，而邀講索文者，絡繹相繼，老牛破車，壓力甚大。來書讚許太過，盛厚情當鞭策耳。言不盡意，亂離乞寧。　　　敬致
>
> 百益
>
> 嫂夫人萬福
>
> 　　　　　　　　　　　　　　　一之　劍飛同上
> 　　　　　　　　　　　　　　　（一九七八年）八月三日

一之出生四川潼南望族，幼時即受良好國學啟蒙教育，他與曾任國家主席之楊尚昆乃同宗同族，然對外界從未張揚，一本其書生本色。其精研德國古典哲學，曾將黑格爾重要著作《大邏輯》譯成中文，交商務印書館列入「漢譯世界名著」出版，功不可沒。惜其小我九歲，卻先我而逝（逝於一九八九年冬），我睹其治喪委員會所撰《沉痛悼念楊一之教授》一文，不禁潸然淚下。

三、侯雨民（桐）

收到一之函後，我復收到雨民兄專函，字體一如往昔，瀟灑自如：

沛霖同志：

闊別十餘年，忽得來書，愉快之情，無以言喻。十餘年來，人事變化極大，林彪與四人幫，禍國殃民，罪惡難書，回憶以往彼等所作所為輒令人髮指。

我於一九七四年謬蒙聯合國大會選為行政和預算問題諮詢委員會委員，代表聯合國大會審核聯合國總部及所屬專業機構之行政及財政預算問題。委員會係由大會選舉十三人（自去年起增為十六人）組成，任期為三年，得連選連任。每年舉行會議二次，今年上半年曾在紐約、日內瓦、曼谷分別開會，會畢可回國休假。我於七月十一日返抵北京，不期而遇以端同志病逝，深為哀悼。我因委員會將於九月初復會，計劃於本月底去紐約，年底或明年初可回來，如接替有人，將返國工作也。將來有機來杭州，當趨前候敬，暢談一切。

敬祝　　　健康！

弟　侯雨民　啟

（一九七八年）八月十日

一九七九年後，雨民兄返國工作，任中國人民對外友好協會副會長，開展民間外交，外事活動頻繁。亦自斯時起，我與雨民互通魚雁不斷。雨民待人誠懇，頗念舊情，我及家人得其幫助不少。憶是年夏，我長子蒙法院平反，返北京落實善後事宜，我囑其找侯伯伯商議，多聽聽侯伯伯建議。雨民果為此事親訪時任全國人大副秘書長之吳克堅君及其女婿宋一平君（中國社會科學院黨委書記），對兩君謂長子係學法律出身，擬落實法律部門，以展其所長，請務必協助為盼。後長子雖由其原單位國家勞動部接收，然雨民兄古道熱腸，誠可貴也！

一九八○年初，我擬致函王東原先生，曾商之雨民，彼即慨然提供王之友人熊君在美國加州地址，謂致王之函可徑由熊君轉交，不致遺失。同期，對我之離休事宜及致鄧公小平函事，雨民兄亦提供了有力的證明函件及參考意見，從未因屢次麻煩而有不悅。言念及此，想起雨民兄於一九八三年初出訪澳大利亞歸來，竟查出罹患肝癌末期，良醫乏術，於七月仙逝北京。我在中共方面的幾位好友，自以端兄後，今又弱一人！時我因年邁體衰，不克親往京華向雨民告別，乃專托在京長子，全權代表我及內子，參加全部喪事，表達我們的哀悼之情。

四、朱仲止

我與老友朱仲止恢復中斷逾五十年的聯繫，係在一九八○年初，此事源出我長子龜年的一樁姻緣。

龜年重返勞動部後，任處級幹部，已近知天命之年，惟身體尚好，工作熱情亦很高，經歷妻離子散重創之後，乃有重組家庭之需。嗣有其同仁魏君，熱心充當紅娘，經其牽線搭橋，結識北京某中學教音樂的柳老師，雖已屆不惑，仍待字閨中。一來二往，才知柳老師之父乃我留法同學柳圃青兄，柳兄係江蘇同鄉，亦係當年CY同志，旅法共青團代表會議合影照中，有他在內，惜已故世多年。柳妻周砥，

湖南人，出身周南女學，是朱仲止的長沙同鄉，又是周南和留蘇的同學，時居北京西單太平橋大街二六五號某室。某日，龜年赴柳老師家中拜訪，適朱仲止亦在座，周砥即給二人作了介紹。握手言歡。當他談及乃父情況時，仲止即對他說，你父為自己五十餘年前的老朋友，並問我近況，他乃一一告知。其後，龜年與柳老師終因性格不和，未能喜結良緣，然我與仲止卻恢復了魚雁往返。

不久，我即收到仲止寄自北京的長函，函內並附近照一幀，雖已年逾古稀，仍神采奕奕。仲止出身金陵女大，中英文俱佳，接其函後，我方得知一九二七年秋，我在滬上送她及劉志敏同志赴蘇之後的坎坷經歷：從開除出黨，強迫與夫君（蕭勁光）離異，回國後又身陷囹圄，到建國後再失佳偶，直至「文化大革命」的衝擊。正如仲止於函中所言，是「往事不堪回首」。粉碎「四人幫」後，仲止老而彌堅，被增補為全國政協委員，從中國科學技術協會國際部部長崗位上離休後，享受副部長級待遇。與她同蕭勁光所生之女蕭凱及其夫婿李海濤（北京畫院畫家，擅畫海景）同住在京城的一座公寓樓內，三世同堂，晚境亦不覺孤單。

自是以後，我與仲止互相魚雁不斷，相約保重身體。期間（一九八一年夏），她赴匡廬休養，曾來函約我同遊，我因有編譯任務無法分身，只有謝絕。一九八三年秋，她寄贈《革命教育家朱劍凡先生百年誕辰紀念專輯》一冊給我，我讀畢感慨萬千。迄一九八八年夏，仲止又令其女及女婿乘來杭采風之便，專至我寓拜訪，交談甚歡。我亦屢囑在京長子等，每逢節日，應去看看朱老，老人是看一年少一年，屈指算來，仲止今已為雙八高齡，謹此遙祝老友健康長壽，順心如意！

五、楊顯東

「文革」期間，北京曾有人來找我瞭解顯東兄的情況，主要問及在重慶組織「稷社」，及在湖北開展善後救濟工作那一段歷史，我據

實以對。「文革」結束後，顯東兄以棉花專家身份，膺選為中國農學會理事長，曾數度來杭，每次均來寒舍敘舊，記得一九八五年夏，彼與漢青嫂同來杭，邀我至其下榻處大華飯店餐敘。在我離休問題上，顯東兄曾專函浙大黨委會，為我參加革命工作事，提供有力的證明。

三十多年來，顯東一直居住在京城福建胡同住宅，故自一九七九年我長子重返北京工作起，我即囑其逢年過節，一定代表我去楊寓拜謁。聞漢清嫂及子女近年均去了美國，家中僅留顯東兄一人在家，倍覺孤單，幸顯東兄乃學界中人，自有打發孤寂的方法。顯東長我一歲，今已九十高齡，從其身體來看，必能年登期頤之年。

六、方釋之（至剛）

一九八〇年夏，我突接失去聯繫近四十年之久的留法同學方至剛（釋之）兄來函，信封落款地址為湖南長沙郊外銀盆新村十幢一門三樓二號。且喜且驚，喜的是方兄仍健在人世；驚的是四十年彼此音訊全失，他如何知道我今任教浙大？經閱方兄大函，才知緣由：方兄夫婦於是年五月聯袂赴北京，遍訪當年留法同學，於李俊杰（即李卓然）同學處，承李見告，乃知我址，故來函問候，並告之其本人為湖南省政府參事室參事，與劉公武兄等時常晤面情況。

從函中筆致來看，方兄已垂垂老矣。然已八四高齡之身，至京華訪友，精神可嘉也！我旋回函給方兄，向其致意，並問及京華其他留法同學近況，望便時告知一二，還請其代向劉公武兄致意。

約半月餘，我收到方兄覆函，首先將其與劉公武兄晤面之況告知，並代公武兄向我致意，旋將其上次赴京謁諸留法同學情況告我：

> 在京同學除你所指出姓名者外，我所知道的有：傅鐘，在衛戍
> 司令部做事，因他病在醫院，我未去看他。蕭三，即蕭子瑋，
> 我到醫院去看過他，精神很不好，耳聾，與他談話，要用筆

寫，說不到幾句話，眼睛就閉上了，是受了林彪、「四人幫」嚴重的迫害。江澤民（江克明），他到莫斯科去學習，是我帶隊去的，是我的同班同學，原一機部副部長，總工程師，現在是顧問，耳朵也聽不見了，也受過「四人幫」的迫害。饒來杰是我介紹入黨的，原是二級工程師，受過衝擊，平反了，尚未恢復黨籍。柳圃青（柳溥慶）同學，人極慷慨，受過衝擊，不幸死了，平反後補薪二萬餘元，他死後，我和我愛人去看過他夫人周砥，她也是留蘇同學。

至是，我與方兄互通魚雁，其年事甚高（長我七歲），仍每函必親筆回覆，日常亦從事回憶錄撰寫工作，筆耕不已。

一九八四年九月方兄善終故里，享壽八十八歲。

七、龐薰琹

龐兄為江蘇同鄉，亦是留法同學。一九二五年秋與我相識於法國馬賽。我們先後回國後，抗戰前後，或在上海，或在重慶，俱時相往還。勝利復員後失卻聯繫。

一九八一年夏，我長孫擬往北京中央工藝美術學院進修學習，苦於無人推薦，後聞龐兄任該院副院長，主管教學事務。乃試修書一封，心想不知老友尚記得昔日朋友否？豈知一周內，即收到龐兄復函，詩化語言，言簡意賅：

沛霖同志：

看到你的信，真是想不到，與你最後一次見面在上海，我初回國，你則新婚不久。

半世紀去矣！人老了！

解放後我在杭州工作過，五三年調北京。五六年學校成

立我就在這學校。七二年退休，七七年又重返這學校。往事
如塵！

　　浙大的陳學昭同志，也是一個老朋友！

　　敬向賢伉儷祝福！

龐薰琹

一九八一年八月二十一日

　　龐兄所記最後一面在上海，恐為誤記，因我清楚記得，除一九三
二年秋龐兄於滬上舉行畫展，函邀我出席開幕酒會外（時我任奉賢縣
長），抗戰期間的一九四三年，我在重慶浮圖關編書，龐兄於重慶二
路口舉辦畫展，柬邀我參加，我欣然前往，並與之交談甚歡。

　　有龐兄之關照，我孫得以順利進入工藝美院進修深造，期間，我
囑小孫赴北京和平門龐寓，表達謝意。蒙龐兄不吝，贈我一冊其歷年
研究大作《中國歷代裝飾畫研究》，甚覺學友情意。

　　龐兄逝於一九八五年，終年八十。

八、蔣超雄、董滌塵、張文翰、蔣文卓

　　蔣、董、張、蔣四兄俱為常州同鄉。黃埔一期生蔣超雄兄，一
九四九年春，任浙東師管區少將副司令。某日，蔣兄來我滬寓訪謁，
問我走否？我答不走。我反問他，兄去臺灣否？他答不去，並說他在
中共裏面有幾個朋友云云。就此一別。再未有機晤面。建國後，聞蔣
兄被關押。及至一九七五年春，最後一批特赦釋放國民黨戰犯，蔣兄
亦名列其中。嗣於電視中見其赴京參加黃埔同學會成立儀式，並作發
言，深以為慰。

　　蔣兄回故里後，任民革常州市主任委員，致力於統戰聯誼工作。
他於唐權兄處，獲知我況，乃於一九八四年間，於常州縣學街十三
號，修書致我，感慨萬千，並賦詩一首：

茫茫人海歷風波，物換星移幾度秋；

一覺黃粱猶未熟，蕭蕭白髮已盈頭。

詩意似嫌消沉，然聯繫個人曲折經歷，亦為真實寫照也。我復函蔣兄，請其務必保重身體，他回函稱我所言極是。一九八六年底蔣兄赴香港探親訪友，以八五高齡之軀，尚作此遠行，堪稱難能可貴也。

張文翰兄抗戰期間，隨我多年，他老實肯幹，文筆亦好。粉碎「四人幫」後，任民革常州市委副主委，駐會工作，輔佐蔣超雄兄，出力甚多。我與其自萬舜祥為雙方聯絡後，得以互致魚雁，然不數年間，忽聞文翰已故去，真乃人事滄桑不可測也。

董滌塵（椿永）兄係我武進縣師同學，迄今已逾七十年。一九八六年冬，經蔣文卓（鐘麟）兄熱心聯繫，得以恢復魚雁，滌塵兄來函憶及我輩在校情況，往事彷彿歷歷在目：

> 日前晤蔣君鐘麟，得悉兄已離休，可以歡度晚年，健康長壽，特向您祝賀！回憶我們同窗攻讀，忽忽已六七十年，當年在我們同班同學中，你是一位非常英俊的青年，各種功課成績，都是全班之冠。在五四運動中，我們又衝出校門共同戰鬥在一起，五四以後，我們又不約而同地離開了學校，你去法國勤工儉學，我本來亦想參加勤工儉學，後被我先兄董亦湘留在上海，一面讀大學，一面幫助他學英文，共同研究馬列主義理論書籍（英文本）。當時我如果知道你去法國，我亦很可能會力爭去法國的。回首往事，不勝依依。

滌塵兄自離開家鄉後，即一直在滬。建國後歷任市中校長、徐匯區教育局長、市政協委員、市民進副主委、區人大副主任等專任兼任職務。其為人謙和，故能高壽，近者仍在為紀念中共七十周年活動撰

文，誠可佩也。

至於蔣文卓兄，乃北伐時代在常州結識的朋友，近者從事文史資料撰寫收集甚勤，常來函與我相商，從筆致來看，他身體甚健，似與其重視鍛鍊與保養有關。在這點上，我與滌塵兄均自嘆弗如也。

再函王東原

自一九四九年春，我與王東原先生金陵一別後，海峽相阻，咫尺天涯。及至是年冬歲，曾有函寄他，亦未知收到否？

平心而論，東原先生對我有知遇之恩。雖因「三通」斷絕，無法聯繫。然無時無刻不在思念之中，從大陸出版的《參考消息》等報刊中，對於東公等去台舊友之種種，亦略知一二。「文革」後又聞其移居美國，依親生活。遂萌發與其通魚雁之心，嗣經侯雨民兄慨然提供在美熊君地址，乃將函寄出：

> 東原先生：
>
> 　　南京一別，忽忽三十餘年，時在念中。這三十多年的過程是不平凡的，總的說來，我國是向前發展的，不論在社會秩序方面或經濟建設方面，都是如此（雖然其間也經過一些波折）。
>
> 　　東原先生，你的學識能力，熱愛國家民族的精神，你的潔己奉公，平易近人的道德品質與作風，素為中訓團數萬同學所景仰。三十多年來，大陸的袍澤、學生、故舊都時常懷念你。現在大陸的老友和同事如于樹德（永滋）、杜聿明、宋希濂、鄭洞國、侯雨民（裁萄）、劉公武、陳必覭、張正非、張兆理、盧則文等，均有一定的地位，並為國家做出一定的貢獻，其中有些還與我時常通訊聯繫，談及先生時，都非常惦念。

當年，我在復興關，曾與蔣先生談起唐太宗的問題（當時先生在座），先生諒還記得。現在國內輿論，對唐太宗某些方面是肯定的，主要是他能廣開言路，知過即改，從善如流，傾聽諫諍。現在我們堅持實踐是檢驗真理的唯一標準，不隱諱自己的缺點，歡迎善意的批評，並力求改正缺點，這種求實的精神是過去所沒有的，想先生早已洞察。

弟現任浙江大學教授。在杭州已二十餘年，西湖風景優美，春秋二季尤甚。希保重身體，他日重逢，還可暢敘一切，以償宿願。謹祝

康樂！

弟沈清塵

一九八〇年二月八日

一九九〇年，我有幸讀到東公所撰《浮生簡述》大作，文筆洗練，有一氣呵成之勢。掩卷之餘，感慨萬千。特別是其中「對我大中華民族前途的構想」一章，更是體現其拳拳報國之心。東原先生客居北美，自有瞭解中華人民共和國成立後的經濟發展成就機會。故秉其超然立場，對大陸經建作有客觀評價，並對國內治理黃河長江，開闢西北、東北、內地等均作具體構想，深為感佩。蓋國家之強盛，必以經濟建設為中心，而以提高人民生活水準為目標，是謂國強民富。在此，我願以東原先生大作最後一段移作本節的結尾：「今後的大工程，應以人民福利為第一優先，解決了人民生活條件，消弭戰爭，協和萬邦，是走向世界大同的康莊大道。」

致函鄧小平，談四化建設問題

我與鄧公小平，係留法同學。在法國時，於巴黎盧森堡公園及

CY團體《赤光》社，時相晤面。並在旅法共青團代表會議中，同列一排留影。彼此瞭解，然不熟悉。「文革」之中，鄧作為黨和國家領導人，受到衝擊迫害，三起三落。粉碎「四人幫」後，鄧公復出。他思想活躍，衝破「兩個凡是」之束縛，提出「實踐是檢驗真理的唯一標準」，力倡改革開放。經濟建設，成績卓著，舉世矚目。

後來，我聽來訪之北京中央教育科學研究所錢君說，五十多年前在法國和周總理一起工作過的朋友，現在不足十人了。同時，實現四個現代化，並非一句口號，執行起來，地方上問題不少。乃有據我所知所聞，上書鄧公，以供中央明察之意。

一九八〇年七月，我就：（一）上有政策，下有對策；（二）企事業單位的科學管理；（三）物價、工資與工資調整；（四）思想問題；（五）貫徹民主集中制等方面，擬就數條。本擬請侯雨民兄擇機轉陳，後接雨民回函，云其與鄧公僅晤數面，並不熟識。他提議，兄可以浙江省政協委員、浙江大學教授名義，徑直掛號郵寄中共中央辦公廳收轉，如此更好。我乃採納侯兄之意，將函寄上，主要內容是：

> 現在有一部分幹部，對中央的方針政策，或陽奉陰違，或自搞一套，致中央的方針政策貫徹不下去。如有一位省府局級幹部曾公開說：「我們是土政策第一，中央政策第二」這些話，使聽者非常憤慨，但卻無可奈何。
>
> 自從去年部分副食品放開價格以來，中央未批准的副食品亦紛紛提價，或以小充大，或以次充優，或把外觀變更一下即將售價提高百分之二十到三十，或變相朋分產品，如杭州有一家電風扇廠，以外面售價二百多元一台的高價電風扇作價五十元一台，變相內部私分，使國家蒙受嚴重損失。總之，一些掌握生產資料的企業，用一切方法來損壞國家利益以滿足私人利益。由於物價高漲，致使不掌握生產資料的教育文化機關的教

師和職工困難增大，但這些單位，為著職工的利益，亦有用各種方法謀取額外收益的，如小學辦舞場，中學辦旅館，教師白天上課，晚上做招待員（不是個別的）。其用心良苦，但對教育帶來什麼影響呢？

就教育而論，提高教育質量固非旦夕之功，但結構之不合理是可以迅速改變的。如教職員數量與學生數量之比，教師與行政人員數量之比，行政人員中領導幹部與一般具體工作人員之比，現在許多高校存在著極不合理的現象。往往是一比一，一比一點五，或一比二。高於這個比例的就算好的了。更有甚者，有的高校，職員比教師多，職員中，領導幹部比具體工作人員多。如保定有一學院，學生數百人，教職員二百餘人，其中職員占一百多人，教師只七十餘人，該校行政一個處，有七個處長副處長，僅有一個處員。至於某些大學，書記副書記，校長副校長之多，足以驚人。這些情況，中央想知道，亦早有指示，但各校執行起來，卻收效甚微。

人員的浪費，工時的浪費，材料的浪費，是我國企事業最突出的問題。科學管理，我們已經提出數年，也辦了不少幹部（廠長、書記及其他）學習班和專業學校，並在大學設立了科學管理專業。但人們還看不到各企事業單位對此有顯著的改進。主要的原因，在於部分單位，把科學管理的學識當作新鮮的教條，而不是行動的指南，不少單位的領導，仍是怕字當頭，缺乏信心與決心。有些確定設立專業的學校，又往往把科學管理看得太神祕，太高深。涉及到許多專門的學問（如運籌學、柘撲學、電子計算機等）認為這些專業的師資問題不能解決，課就開不起來。這樣下去，我們的科學管理何時才能實行。

其實科學管理歸根到底是要求我們的企事業單位根據多、快、好、省的要求來進行生產和工作的問題，是使我們企事業

單位以高效率低消耗來進行生產和工作的問題。由於長期以來各單位存在著嚴重的浪費、拖拉、人浮於事的現象，所以我們的潛力是很大的，只要我們下定決心，排除萬難，何嘗不能一面學習一面改進呢？

一九七九年夏，浙大請了一位專攻科學管理的美籍華人高博士來講學兩個多月，講的內容和我平素所研究的並沒有多大差異，他既沒有用電子計算機，也沒有用高深的數學，就把問題一個一個都講通了。由此可見，我們存在的管理問題只要一面依據多快好省的原則去發現問題，解決問題，一面學習新的理論新的辦法來逐步提高，千萬不能把這種學識當作教條或認為複雜高深而等待、拖拉。教條主義的看法，等待拖拉的做法本身就是違反科學的。我想，以上情況，中央當早已明察。

今年的副食品價格比一九五七年約上漲了百分之五十或更多。中央既要保證國民經濟的穩步上升，又要保持人民生活的安定，所制訂的措施，確屬用心良苦。目前，隨著副食品的調整價格，其他物品（除主食品外）幾無一不波動，於是產生了三種現象：一、農民的生活確實好轉了（這是最重要的），廣大農民在吃穿用方面有了長足的進步；二、至於掌握生產資料的各類企業，自有各種辦法來提高工人的福利，只要不太影響產品質量和上繳利潤，也沒有什麼大問題；三、問題是行政和教育人員的生活怎麼辦？中央對此，想有周密考慮，惟據一般反映都認為單靠調整工資不是好辦法。這是因為：第一，為了調整工資，引起同志之間的鬧意見，不團結；第二，考慮到工資的調整趕不上物價的調整，以至多數幹部、教師、科技人員寧願物價穩定而不希望物價波動下的工資調整。企業方面，為分配福利而引起不團結現象亦時有發生。

總之，農產品的提價，確實改善了農民的生活，促進了農

民生產的積極性，這是中央政策的最大成功。工人福利提高的不平衡現象，究竟對於促進勞動生產率有多大，需要經過核算才能定論。幹部、教師、科技人員的待遇問題，當未解決，應請中央再加考慮。

上述有關中央的方針政策的貫徹問題，各級單位的管理問題，調整工資與物價問題，歸根到底存在著幹部（包括教師）的思想問題。

回憶全國解放到一九五七年時，人們的思想，特別是黨員的思想，確實是比較好的。以教師隊伍而言，有的自願拿較低工資，並以此為光榮。有的以大部分工資捐獻作黨費。至於為了增加工資而引起的爭吵、謾罵的情況，幾乎沒有聽到。其他如幹部的貪污問題，搞特殊化問題，打擊報復問題，抵制中央方針政策問題，更是少有的。這種幹部中存在的資產階級世界觀（或封建思想），如果不能改變，要實現社會主義的「四個現代化」是不可能的。

如何改變這種情況，這是根本問題，想也在中央深思熟慮之中。

貫徹民主集中制，中央是極重視的，人民都知道。但是由於存在著的打擊報復之風，人們心有餘悸，有意見，多不敢提（在一次學校的小組會上，有些教師曾公開說：我有意見，但不敢說）。中央的方針政策，往往貫徹不下去，可見集中亦有困難，這一重大問題又怎樣解決呢？

我們希望的民主：一、下情能上達；二、廣開言路；三、集思廣益。只要中央有決心，是不難辦到的。

目前是我國三十多年來最光明、最有希望的時期。中央的意志，與全國絕大多數人民意志的一致性，是從來沒有過的好現象。我國歷史上有一個李世民，他能傾聽和採納「臣下」的

意見，收到很大效果。我們今天比封建社會優越得多，我們的中央領導中有很多比李世民強得多的同志，只要能下定決心，發揚優點，改正缺點，四個現代化是一定能夠實現的。

我知道得很少，也可能我所提出的問題，中央早已做了，或已經解決了。只因抱著「誓在有生之年為四化貢獻棉力」的願望，所以不揣愚昧，上陳清聽，區區愚忱，望有以教之。

從事管理系教師升等評審

一九七八年以後，全國高校開始恢復教師職務名稱，即助教、講師、副教授、教授四級。同時，恢復正常的升等制度，浙大亦成立了教師職稱評審委員會，聘我為副主任委員。同時，我尚兼任浙江省經濟委員會專業技術管理專業幹部職稱評委會的副主任。惟管理專業教師至一九八一年春，方開始升級評審，第一批許慶瑞、王愛民、翁永麟等由講師申報晉升副教授。我作為當時管理專業的唯一教授，故他們的申報晉升的材料均需先交我核閱評審，寫出書面評語後再予以上報校部批准。

許、王、翁等均係五十年代初的大學本科畢業生，任講師多年，時均已五十出頭，具有豐富的教學經驗，其中許慶瑞時尚在美國進修。他們提供的升等材料包括論著、論文、外語水平，及其他研究報告等，均由我據實寫出評語。三者中，慶瑞論文及著述較多，因其外語水平較好而略占優勢，愛民和永麟則授課良好，條理清楚，亦各具特色。後來，我的評審報告俱獲通過，三人都獲升任副教授。

迨一九八二年初，教育部又專就高校教師升等問題發文，至是以後，升等工作成為一項經常性的工作，並予以制度化。一九八三年，管理系講師黃擎明、王燮臣等申報副教授，黃、王等與前者相較，年齡較輕，為五十年代末六十年代初的大學本科畢業生，然亦任講師多

年，且都具相當教學經驗，科研方面，亦取得一定成績，如黃擎明老師在「文革」之後，研究技術經濟學，並已招收碩士研究生。所以，我對上述老師的評審報告，亦獲通過，他們亦獲副教授職稱。

一般說來，講師升副教授似較易些，只要資歷相當，有幾篇論文，也就可以通過。然副教授升教授則要嚴格得多，注重學術水平的獨創性，及有否學術專著上。

一九八五年初，許慶瑞及王愛民兩位副教授申報教授職稱，申報材料亦均由我評審，慶瑞在論著及獨創性分析研究方面，明顯占有優勢，二年美國進修，及多次出國訪問，使其眼界開闊，加上外語水平高，故業務能力有得心應手之勢，愛民雖然授課條理清楚，社會反響亦很好，然其論著及獨創性方面，顯與許君存在距離。故我對兩位的評審報告送達以後，一九八六年，慶瑞獲任教授資格，愛民則未獲通過。此事亦可說明，教授這一高校的最高職稱，其要求確是十分嚴格。愛民於同年屆齡退休，仍返聘在校，至一九八七年，再次申報教授，終獲不占名額之教授職稱。

以上教師之升等，俱屬符合正常年資要求者。亦有教師，因成績突出，得以破格晉升。管理系馬慶國君，一九八一年研究生畢業後，留系任教，馬君授課有新意，且其因英文及數學基礎佳，故在國內外學術刊物上亦不斷有新作問世。科研方面，與企業掛鉤，成績亦突出。一九八三年，由我擬具評審意見後，被破格晉升為副教授，時年三十八歲，為管理系最年輕的副教授。

除了管理系教師升等評審外，外系教師中亦有找我為之評審者，如外語系講師鄭文蘭，俄專出身，一九七八年我主持科技法語教師進修班時，鄭為助手。她早年曾隨杭大某君修習過法文，有一定基礎，且年已半白。我據此擬就評審意見，建議升等為副教授。惜鄭未及等至升等批准即罹患肺癌而逝。又光儀系講師徐森祿，法文進修班結業後，赴法國進修兩年，法文大進，專業亦精，乃由我寫就法文水平評

審意見，晉升副教授，後成為測試計量技術及儀器專業碩士研究生指導導師。

由於十年動亂期間，正常教師升等制度完全停止，故恢復升等後，造成僧多粥少現象嚴重，尤其是晉升高級職稱，涉及今後的待遇甚多（住房標準及其他享受），各教師間發生很多意見，雖未公開吵鬧，但於背後互相攻訐，甚至為提高自己而不惜低估他人，文人相輕，由是可見一斑。

致函馬樹禮

我與往昔中國行政管理學會中的朋友，亦為江蘇同鄉的馬樹禮兄及其夫人朱宗敬（戰幹三團音樂教官，已故），自一九四九年馬兄離開中國大陸赴印尼後，即與之失去聯繫。

至一九八二年秋，中日兩國建交後，聞馬兄任臺灣官方「亞東關係協會」駐日代表。乃有聯絡致教之意，嗣經友人提供馬兄東京地址，逕由杭州發函向其致意：

> 樹禮吾兄勛鑒：
>
> 　　闊別三十多年，雙方均健在，且擔任一定工作（弟現在浙江大學任教授），像我輩者舉世能有幾人？回憶一九四八年在南京我家聚餐時，舊友濟濟一堂，各言其志，兄獨提出準備到南洋印尼一帶辦報。及一九四九年兄臨行時，我等又來送行。嗣後果成兄願。
>
> 　　留大陸的舊友，物故者甚多，如孔大充以中風而死，馬博廠以腦溢血而亡，王白雲以肝炎去世。去台者，去年舍弟霞飛去世，前年張九如物古，明逝矣，歲不我與，至親好友，陸續棄去，不勝感傷。唯張敬禮、劉公武、楊玉清、楊顯東等還健

在，且生活頗好，可以告慰。

　　大陸經濟進步較緩，但生活確甚安定，弟在杭已二十四年矣，未嘗搬家，時常偕內子等邁步西子湖濱，欣賞青山綠水，碧桃垂楊，每覺心曠神怡，積悸全消。古人描述西湖景色多矣，何如置身其中為親切耶，惜古舊很少偕遊，殊為美中不足耳。

　　吾兄年逾古稀，精神矍鑠，待人接物的和藹素為弟所欽佩。屢欲握管問候，未遇良機，今值暑假，一身輕鬆，特書數語，遙祝安康。深望暇時，慰我數行，以釋懸懸則幸甚矣。

弟沈清塵
一九八二年八月一日於杭州

　　信沒有回，但肯定收到。在當時兩岸的大背景下，這就夠了。馬兄輕我六歲，當年（一九四八年末）在南京，正當不惑之年，慷慨陳詞，頗有壯士斷腕之志，歲月如流，今亦年逾古稀，後離任東京之職，任臺北國民黨中央黨部秘書長，暇時參與編纂江蘇文獻，出力甚多，為吾蘇籍鄉賢中較為突出者。

獲頒從教榮譽證書後感言

　　我一生中兩個階段，一九四九年前為第一階段，在此階段中，或從教，或從政。一九四九年後為第二階段，全以教書為業。

　　蓋我國傳統，有尊師重教之說，孔子即為國人所尊奉的老師，尊其為「大成至聖先師」。封建時代，弟子對於老師，有如子女對待父母，如孔子之七十二弟子，即為如此，皆受「不忘本，不負恩」之原則所導引，師生情誼，有似父子、父女。尊師與否，視為德行之重要方面，為修身之基礎。及至民國，國民政府頒布以孔子誕辰之九月二

十八日為全國教師節，亦體現了尊師重教之精神。

　　然在「文革動亂」之中，卻是師道衰微，知識份子皆為臭老九，學生可以打鬥老師，在「矯枉必須過正」的旗號下，視學校為戰場，七鬥八鬥，教師如糞土，受盡凌辱，我即身歷自己所教學生的辱罵以至毒打。彼輩完全喪失理智，呈現一副流氓嘴臉，且至今餘毒未消，非花大力氣整頓不可。

　　幸當今中央已明察此點，乃將一九八五年九月十日定為全國首屆教師節，隆重慶祝，給教師披紅戴花，禮遇有加。力圖恢復固有之尊師重教精神，我在首屆教師節中，亦獲浙大頒發「從事教育工作三十五年」榮譽證書一幀，及紀念品若干。嗣後每年教師節來臨，校系領導等，或必攜禮物，來家探視，表示慰問之意，教師地位，得到一步步提高，如此而往，民族精神或可逐步得到恢復。

奉准離職休養

　　一九八〇年代以後，我主要從事二項工作。其一為學校的工作，如教師職稱評審，編譯著作等；其二為社會的工作，如參加政協及民主黨派（九三學社）團體的活動，進行對外聯絡等。並開始撰寫自己的自傳，及有關回憶文章。由於工作關係，如本人不申請，學校亦不會讓我退休的。但畢竟自己年事已高，做事往往有力不從心之感。後來聞知有老幹部離職休養制度實行，且聞一九四九年九月我在華東聯絡局領導下從事之工作可算作在中華人民共和國成立前的革命工作，可享受離休待遇，惟需有人證明，方可作數。時瞭解我此期經歷的何以端兄，及兩妻弟祁式潛、蕭大成均已故世，唯一知情人即時任全國對外友協副會長之侯雨民兄，我乃函請雨民為之證明，承其不吝，不久即寄來下列手書證明：

沈沛霖（又名沈清塵）同志在一九四九年上海解放後不久，即與我華東軍政委員會聯絡局有工作聯繫。當時同他保持直接聯繫的是在聯絡局任副處長，後改任專員的徐大可同志（又名祁樂陶），由徐向沈交代工作，布置任務，主要是對原國民黨軍政人員×××、×××等人進行工作。

我當時亦在聯絡局內工作，負責歐美留學生的學習班（學習時事和黨的政策方針），沈清塵同志經徐大可同志介紹亦參加了學習班的學習，並積極搜集上海各界對我黨政策方針的反映意見。

當時聯絡局主持日常具體工作的是副局長何以端同志（局長是華東統戰部長吳克堅同志兼），是完全知情的，但他已於數年前病故，徐大可同志亦在文革期間死去，無法出具證明。我覺得我有責任負責證明沈沛霖同志在上海解放後及在中華人民共和國建立之前，即努力從事黨交付的工作。

候桐（又名雨民）

一九八二年五月一日

我將雨民兄證明交浙大組織，並請助徐、王兩君協助落實，兩君熱心相助，特別是王君，曾數次持函到浙大黨委，告以有關政策精神，又將黨委人士請至他單位相商。往返多次，最後終於確認我在建國前參加革命工作的事實，中共浙大黨委乃於一九八六年三月批准我離職休養。

哭愛妻鞏華

我之蒙獲離休為喜事，然憂事旋接踵而至。同月，內子鞏華於臥床數月之後，被查出罹患惡疾。

內子身體素弱，患有腸胃病、氣管炎、心動過速等多種疾病，特別是「文化大革命」中，精神上受到莫大刺激後，一直未能得到恢復。憶一九八〇年夏，我偕其同遊莫干山，她一度精神愉快，回杭後人亦長胖了，然其後卻未能保持下去。至一九八四年夏，我們還同遊西湖攝影留念，到了一九八五年春，她即時臥床第，我屢勸其就醫，她總以自己無公費勞保，醫療要破費錢財而未去，迨一九八六年初，她病情明顯轉劇，飲食不思，人亦愈顯消瘦，我請浙江醫院醫生林某來家診視，彼看後說無大礙。然春節過後，鞏華卻已不進飲食，三月十一日，復請林某至，即說腹部摸到腫塊，嗣經省中醫院B超探查，認定為胰腺癌晚期，已無法醫治。其後她痛苦日甚，呈惡液質狀。僅以掛營養液支撐。一九八六年四月十四日，送浙江省中醫院住院時，鞏華已出現黃疸危象，延至四月二十九日十二時五十分辭世。從摸到腫塊至謝世，前後僅一個半月時間，可見癌魔之毒！鞏華臨終前二日，我去醫院探視，她已不能說話，我囑她務須安心治病，我在家一切尚好。她聽後，淚珠自雙眼流下，拉著我的手久久不願鬆開……

　　鞏華逝後，來家悼念者甚多，包括中共浙大黨委副書記周文騫、黨委統戰部副部長邵孝峰，及浙大工管系同仁陳忠德（總支書記）、許慶瑞（系主任）、王愛民、譚仁甫、翁永麟、黃擎明、王燮臣、洪鯤、石瑛、陸毓忠等老師，均來家慰問。五月三日，在杭州殯儀館為之舉行告別儀式，參加者之多出乎意料，將弔唁中廳擠得滿滿的。自上海、南京、河北、安徽等地來的親友均到，特別感念的是，王君代表有關方面，為鞏華的生前醫療，身後治喪，提供了很大的經濟幫助，以慰鞏華生前之所為，使我及子女頗受感動。

　　鞏華辭世，對我打擊甚大，日思夜念，致以成疾，不得不住進醫院，治療後略有好轉，思鞏華與我結婚五十八年，似一幕一幕湧上心頭，乃草成祭文一篇：

我妻名祁綱，字葦華。生於清宣統三年（辛亥）十二月十四日。係山西壽陽人氏，清體仁閣大學士、軍機大臣祁寯藻之曾孫女，江蘇儀徵人民，清閩浙總督卞寶第之外孫女也。

其祖葦雖廉潔奉公，名揚全國，卻不事生產。不得已，隨父母南下，寄居揚州。葦華自幼宅心純厚，天資聰穎，秀色天成，酷愛讀書，但受封建主義壓迫，不僅生活日益艱難，求學亦不得稱。由此種種，痛苦日深，日以淚水洗面，積久即成胃疾，但紈绔子弟求婚者乃踵接。老母骨氣凜然，不願與若輩為伍，決計遷居，十六歲時，即隨老母及姐醒華、弟式潛，遷居南京。時工作難找，收入困難，生活極為拮据，而其親戚李石曾葦，雖腰纏萬貫且祁家對其又有舊恩，竟不肯一顧。葦華母女對此輩無恥官僚，從未屈服，至民國十七年（一九二八）經人介紹與我結婚，因有固定收入，生活才逐漸穩定。

葦華在家，素衣布服，勤勞家務，雖秀色過人，然從不修飾，親朋好友，莫不器重之。憶我們在上海時，與史良律師同住一樓（拉裴德路拉裴坊一號），時相過從，時二孩已出生，史良屢勸葦華去讀書，葦華以不忍離開老母及二孩，且家務繁重不能脫身，結果終未能去。使生平志願付諸東流，內心雖痛苦之極，但從不向人表示。

民國三十八年（一九四九）初，葦華熱烈擁護革命，多次冒著危險與中共地下黨代表何以端、祁式潛等聯繫。為解放軍渡江等做了許多有益的工作。

解放後，葦華深感婦女翻身得了解放，應該為國家盡職，乃於抗美援朝初，在上海新村居委會擔任治保委員，工作認真負責，在里弄發動各界婦女捐款志願軍，除自己帶頭捐獻銀器外，還發動鄰舍捐獻，不一月共得黃金、銀元近千元，多次受到人民政府的表揚。

在北京時，鞏華想學習縫紉，因撫養長孫，又未如願，深以為憾。

一九五九年在杭州時，鞏華擔任居委會幹部工作，為學習組長。一面帶著自己的長孫，一面兼顧學員及子女並要處理家務。先後培訓（掃盲）成年婦女百餘人，至無法做飯，每以開水、燒餅充飢，致胃病復發，口吐鮮血，形容憔悴。但工作從未間斷，深得受訓學員的愛戴及區人民政府的嘉獎，獲獎狀多張。

鞏華對學習書報，關心國事，不遺餘力。雖年老體衰，疾病纏身，但在討論國事時，見解每勝於我，並積極的從事對外聯絡工作，從無半點怨言，直至生命的終結，受到了有關方面充分的肯定。

在家商討家務時，鞏華亦有良好的見解，實為我之賢內助也。你很忍耐，即有不同意見，也很少與我爭吵，我們相處五十八年，相親相愛，這是主要原因。臨終時，還囑咐兒孫輩「要好好照顧爺爺」，足徵我們之相親相愛之深，非一般也。

嗚呼痛哉，你的個性，仁慈的個性也；你的品德，高尚的品德也；你的思想，愛國的思想也；你的作風，溫良恭儉讓的作風也；你為國家，為社會的工作精神，是公而無私，辛勞艱苦的精神也。天下女子像你者能有幾人？

嗚呼傷哉，你的美德，生前竟無人知曉，無人傳播，稱你為無名之英雄不為過也。

嗚呼哀哉，你今去矣，我再也不能得到你的裏助矣，你的兒孫亦再也不能得到你的訓導矣，我在你生前既未能促成你的志願，死後又不能發揚你的高風亮節，使子孫有所遵循，我的罪過大矣。哀悼之餘，特書此以留念。

一九八七年三月，我在杭州南山公墓購得一方墓地，坐落於玉皇山麓，面對錢塘江，風景很好，乃於清明前某日，將鞏華安葬於斯，墓穴為雙穴式，鞏華之旁為我的長眠之處，墓旁種上兩株小松。是年五月，我由建孫相陪，復至南山，探視鞏華，天人永隔，無限思念。嗣後，每逢其祭日，必為家祭，冬至清明，必囑家人前往南山探視。

參加中共建黨七十年座談會

我自一九九〇年春日起，因頻發陣發性夜間呼吸困難，醫生認為係冠心病危狀，囑住院治療，後經服用心律平、保心丸等藥，自覺症狀輕減，就沒有住院。其後下肢行走又感困難，嗣又在家中摔過數跤，經腦部CT檢查，幸未有硬傷，仍為動脈硬化型腦疾。故平常足不出戶，在家靜養，偶爾外出，亦由長孫用小三輪車護送前往，透透新鮮空氣而已。

一九九一年七月一日，為中共建黨七十周年。是年六月二十三日，我接浙江省政協之友社（浙協友（一九九一）十五號）通知：定於六月二十八日下午二時半，假六公園省聯誼俱樂部大廳舉行大型「七一」座談會，並邀請省委領導同志講話，請準時出席。

以前的數次聚會，我均已身體不適請假未往，然是次意義重大，我擬往參加。開會之日，午休後，我囑建孫備車前往，到會場後，即有聯誼俱樂部工作人員來接扶入座。

座談會由省政協之友社王家揚理事長主持，會友到者甚多。首由應邀蒞會之省委副書記王其超同志致辭，王代表省委，對政協老委員、老同志表達問候之意。旋進行座談發言，事先安排的先後發言者，有會友陳立、莊晚芳、王季午、陳學昭、戚隆乾、朱炎。他們與我，或為舊友，或為新交，惟年齡均在八十以上者。其中陳學昭女士，亦為留法學人，係作家，與龐薰琹兄熟識，她身體不好，座談會

不數月後，聞即已辭世。又莊晚芳、戚隆乾兩位新友，均係浙江農業大學教授，其中莊氏研究茶葉栽培學，近年來更不遺餘力提倡茶德與茶文化，有聲於時。陳立與王季午為前杭州大學與浙江醫科大學的校長，亦為教授，且均任過省政協的副主席，陳還兼九三學社浙江省委負責人，發言者中，以陳立年齡最長，時已達九十高齡，然身體卻最好，鶴髮童顏，毫無老態。朱焱兄則早與我熟悉，為早年的浙醫大附屬二院院長，腦外科專家。

他們發言後，我乃找王家揚理事長，提出要求發言，經王理事長同意，作為最後一位發言者。由於事先未有準備，即席而談，僅談了兩點：（一）我參加北伐的經過；（二）以我的親歷，說明沒有共產黨就沒有新中國。我發言後，與會者反應頗好，識與不識者，俱來到我座旁，與我握手交談。其間，王理事長復將我介紹給省委王副書記，握手言歡。會議結束，由朱之光副理事長座車送我回寓。

對於是次座談會，次日之《浙江日報》及七月五日之《聯誼報》（浙江省政協主辦）等媒體均在頭版作有報道，這也是我最後一次參加的公開場合活動。

展望未來

進入八十年代中後期以來，世界與中國又發生諸多變化：臺灣解嚴並開放黨禁報禁及臺胞赴大陸探親；中共「十三大」召開，提出「社會主義初級階段」理論；蔣經國、胡耀邦相繼辭世及海峽兩岸的政局變化；東歐劇變及蘇聯解體，冷戰結束……幾至目不暇接。

總之，原有之世界格局、政治哲學、生活方式等，無不在重新組合過程之中。世界已日益成為一經濟大家庭，彼此互相合作，互相依賴，大同時代當為期不遠。

經濟和教育乃立國之本。中國有悠久之文化，然對經濟，則受

重農抑商影響甚深，古有「賈人不得衣繡錦操兵乘馬」之禁，使國家經濟長期處於自給自足之小農經濟階段。「政治之變遷，不以經濟之進展為動力，舊生產之衰退，不以新生產之發展為主因。」即為中國社會之特點。是故，有一意孤行，閉關鎖國政策之實施，有Fair Play（公平競爭）的禁行或「緩行」，及至改革開放之今日，仍有所謂「姓社姓資」之爭。

經濟之發展，離不開掌握知識之人，人的培養，則有賴於教育。自孔子倡「有教無類」之說以來，國人對教育頗為重視，後演變為科舉取士，形成了中國歷史上獨特的知識階層士大夫。科舉制打破了門閥制度，在相當程度上，規範了人們的言行，具一定合理性。其取士標準，不在血統高貴與否，而是「事在人為，將相王侯本無種」。讀書人可以致身顯達，農工商賈亦可起家，雖有身份不同，而升轉流通並無一定不可逾越的界限，士民之賢良方正孝悌力田者，皆可以膺國家之選擇，故以布衣出身而拜相者，史不絕書。反觀「文革」期間，倡「讀書無用」，「知識越多越反動」，仿秦皇「焚書坑儒」，後果嚴重，造成了一批「流氓加文盲」式的人物，其深遠之負面影響，在今後的歲月中，當將更深地顯現出來。

鄧公倡改革開放，其發展經濟，重視教育政策，頗具世界及歷史眼光，與時代相銜接，將扭轉的歷史，復扭轉過來，受到世人擁護欣賞。承平時代治天下，靠經濟發展。昔孫中山有《實業計劃》一書，對發展經濟，規劃甚詳，我在抗戰期間之重慶，曾細加研讀。今者鄧公同學，承孫公未竟之業，引進外資及技術，修築鐵路、公路、海港，並一一付諸實現，使我國力大增，邁入小康。孫公地下有知，亦當含笑於九泉矣！

經濟之發展，人民之富足，必將導致政治的民主與進步，觀世界發達國家之道，無不循此而行，我國未來之路，亦必如此，對此，我深信不疑。

後記

　　中國現代新文化的先驅者胡適先生曾大力提倡自傳與回憶錄的寫作，將其稱之為「給史家作材料」。胡先生本人且身體力行，生前口述了一本偏於學術性的自傳－《胡適口述自傳》，由旅美史學家唐德剛教授執筆完成（唐教授還是另一部口述歷史《李宗仁回憶錄》的作者），一時洛陽紙貴，聞名中外。由是亦帶動了口述回憶的蓬勃發展。

　　我的祖父沈沛霖教授（他一生都十分珍視教授這個稱謂）生於滿清末年，作為一個生活了近一個世紀的老人，他一生經歷了清末、民國、人民共和國三個時代。親歷過五四運動、留法勤工儉學運動、北伐戰爭、國民黨統一中國、八年抗戰，直至目睹了國民黨在中國大陸的失敗。中共建政以後，年近半百並先後在北京工業學院（今北京理工大學）和浙江大學這兩所著名高校任教的他，又親歷了諸如知識份子思想改造、土改、肅反、反右、文革的風風雨雨，直至中共十一屆三中全會後，恢復實事求是精神的變化。期間，所接觸的人物，包括國共兩黨的領導人及各界知名人士為數不少，把這一切通過回憶錄的形式記錄下來，以為歷史留下一些史料，實在是一件很有意義的事情，也是我輩不可推卸的責任。

　　於是，在祖父於一九八六年獲准離休以後，我們即開始了這項很有意義的工作。一般的自述類回憶錄，似不外分作兩大類：其一為描述個人生活經歷及其思想發展過程；其二為記述本人所親歷的歷史事件與熟悉的歷史人物（參見朱文華著《傳記通論》，復旦大學出版社版）。而其佳者，則為二者之有機結合。為此，祖父和我約定：以其

手撰之自傳及回憶材料為經，以其口述史料為緯，由我進行回憶錄的
整理和撰寫。由於祖父時已年登耄耋，記憶有所減退，故我在其口述
筆述材料之外，還要通過多種渠道（如南京中國第二歷史檔案館、北
京國家圖書館、南京圖書館及相關單位與個人所存的舊檔及舊報刊資
料等），去做補充和印證的工作。由於眾所周知的原因，這項工作做
得是事倍功半的，甚至是勞而無功的。如祖父念茲在茲的他一九四九
年留存在南京八府塘舊居的那本留法勤工儉學期間的日記本，至今下
落不明，儘管我們後來找到的相關當事人各有各的說辭。

　　祖父對我說，歷史回憶錄，貴在求真，以真實為第一要求。確
實，對待過去的歷史和人物，必須以客觀冷靜和實事求是的態度對待
之，不以成敗論英雄。對己，則應力戒「自罵」、「自責」或「自
吹」、「自捧」（在這一方面，過去大陸和臺灣方面似乎走了兩個極
端，大陸方面的「文史資料」似乎偏向於前者，而臺灣方面的「傳記
文學」則傾向於後者）。這才是史料性回憶錄應遵循的方法。而這
樣做的結果，可能會犧牲了「可讀性」，但卻增加了歷史的「可信
性」，二者相較，還是利大於弊。

　　一九九二年祖父辭別人世，回憶錄在其生前僅發表了兩篇，都
是屬於政協系統的內外刊上。從一九九五年開始，我將一些篇章陸續
投稿《湖南文史》、《文史精華》、《北京文史資料》、《文史資料
選輯》、《民國檔案》、《檔案與史學》、《檔案史料與研究》等文
史和檔案刊物，均蒙發表。一九九八年江蘇省政協文史資料委員會將
回憶錄（主要是一九四九年前部分）結集成《耆年憶往：沈沛霖回憶
錄》（《江蘇文史資料》第一一二輯）出版。但其一九五八年後調
浙，經歷「大躍進」、「文化大革命」及其後的改革開放部分，仍屬
未刊。期間，我曾將這部分文稿以《風雨三十年》之名送交浙江省政
協文史委，該委收下後至今十餘年過去卻再也沒有下文，想必已是
「束之高閣」了。

此次，「秀威」允將回憶錄繁體字本出版，使回憶錄終於以歷史跨度近九十年的面貌呈現在讀者面前。對於「秀威」的成全，謹表深切謝意。

沈建中

二〇一四年五月三十一日

附錄一　整頓地方行政意見

　　近年吾國地方政治之不上軌道，其原因固甚繁雜，但行政系統之紊亂，實為主要原因。茲將各縣行政應行改革之點，述之於左：

　　第一、確定縣政府的職權與地位

　　訓政工作，重在自治，而縣為自治單位，此乃總理的遺教《建國大綱》所明白指示。且中央頒布之《縣組織法》，亦已明白規定。似乎縣政府的職權與地位，已極明確。惟《縣組織法》施行後，事實上之窒礙甚多，各省又因環境關係，對於《縣組織法》，往往未能奉行。所以縣政府的職權與地位，實有重行確定之必要。而要確定縣府之職權與地位，又必先確定人員任用的權限，與行文的系統。茲分述如後：

　　一、人員的任用：

　　（甲）《縣組織法》的規定：

　　　　　縣長由民政廳提出，經省政府任用之。

　　　　　縣府秘書、科長，由縣長呈請民政廳委任。

　　　　　各局局長，由縣長遴選，呈請省政府核准委任。

　　　　　公安分局長，由縣長遴選，呈請省政府核准委任。

　　　　　區長在民選以前，由民政廳就訓練合格人員委任之。

　　（乙）現在實況：

　　　　　縣長之任用（同《縣組織法》規定）。

　　　　　縣府秘書、科長之任用（同《縣組織法》規定）。

　　　　　各局局長，由各主管廳提請省政府決議委任（與《縣組織法》異）。

公安分局長，或由民政廳直接委任，或由縣遴選，呈請民政廳核准委任（與《縣組織法》異）。土地局長，由省土地局遴選，呈請民廳轉呈省政府委任（與《縣組織法》異）。

區長，由縣政府甄用合格人員二人呈請民廳圈定（與《縣組織法》異）。

二、行文的系統（《縣組織法》無明文規定，只就現實狀況述之）：

1. 公安局對上行文，呈由縣政府核轉。民政廳對公安局命令，由縣政府轉飭。

2. 教育局對上行文，或由縣政府轉，或直接呈廳，或一份徑呈教廳，一份呈縣備查。教廳對下行文，或由縣轉飭，或直接令局。

3. 財政局對上行文，主要者直接呈廳，例行者呈縣備案。財廳對下行文，或一面令縣一面令局，或徑令財局。

4. 建設局對上行文，主要者多呈縣核准。建廳對下行文，主要者亦由縣轉飭。但亦有直接呈廳，或直接令局者。

5. 土地局、農場與建設局同。

依上所述，系統既極紊亂，辦法又不統一，要想確立自治基礎，豈不困難？欲糾正這種缺憾，而使縣政府的職權和地位明白確定，管見所及，至少應有如下之修正：

一、對於人員任用方面

1. 縣長，由省政府主席遴選，提出省政府會議決定任用之。

2. 各局長，由縣長遴選，呈請各主管廳核准委任之。

3. 縣政府秘書、科長，由縣長遴選，呈請民政廳委任之。

4. 各局科長，由局長遴選，呈請縣政府委任，並呈報各主管廳備案。科員由局長委任，呈請縣政府備案。

5. 公安局分局長，由縣公安局長遴選，呈請縣政府委任，並呈請民政廳備案。

6. 各區區長，在民選以前，由縣長就訓練合格人員中遴選，呈請民政廳委任之。如無訓練合格人員時，得由縣長甄用，呈請民廳圈委。

二、對於上下行文方面

1. 省政府及各廳對下行文，均由縣政府轉飭。

2. 各局、場對上行文，均須呈縣核轉。

第二、以縣行政會議為地方行政之最高決定（在不抵觸上級法令而有因地制宜之性質者）

查縣行政會議之組織，除各局局長、各區區長為當然會員外，並參加地方團體領袖或地方公正士紳。不但使人民有參政之機會，且足表示庶政公開，以漸入自治途徑，意善法美，無可非議。但《行政會議規程》（十七年內政部頒布，現仍舊）第九條規定「本會會議議決事項，由縣長采擇施行。」這樣一來，行政會議便變成一種貢獻意見的性質了。一切決議案件能否發生效力，胥視縣長之采擇與否為斷。行政會議既不能約束縣長之行動，各局行政，縣長又不能絕對指揮。於是縣行政就失其重心。沒有重心，又怎樣成得一個自治的單位呢？所以我們主張一方面確定並提高縣政府的職權與地位，一方面縣行政會議在不逾越上級法令之下，為地方行政之最高決定機關。如此則行政既得其重心，系統又不致紊亂。故《縣行政會議規程》第九條至少應作如下之修正：

（第九條）本會議決事項，交由縣長執行之（但與上級法令或責權抵觸者，不在此限）。

第三、統一公安權

現在各縣公安情形之腐敗，達於極點。一部分固由經濟環境關係，而權責之不統一，亦其主要原因。照現在的組織，負地方公安專

責的，一方面有公安局，一方面有警察隊，二者同隸屬於縣政府。論地位公安局較高，論實力警察隊較厚。因公安局不能指揮警察隊的關係，對地方治安便不肯負完全責任（實在也負不了）。加以經濟又極困難，地方的公安局，除了做些取締違禁或衛生的工作以外（其實違禁事並不因之減少，衛生亦有名無實），簡直沒有其他工作可做。經濟較有辦法的地方，公安局裏另行設置偵緝隊，以為緝捕盜匪之用。在前面的情形看來，非但架床疊屋，並且太不經濟。尤其在一種嚴重局面或緊急情況之下，如果公安權不能統一，勢必互相推諉，致地方治安不可收拾。所以統一公安權是改革地方行政必要之圖，其辦法為防止流弊起見，應規定如左：

一、縣公安局為負全縣公安專職之機關。

二、警察隊屬公安局，受公安局長之指揮監督。

三、警察隊隊長由縣長遴選，呈請民政廳委任之（公安局長、警察隊長既皆為縣長遴選，呈請任用之人，當然不致有不受指揮之流弊）。

第四、統一財政權

江蘇素稱富庶之區，但現在可說沒有一縣不瀕於破產，沒有一縣能收支適合。其原因有三（1）社會經濟破產，人民無力完納；（2）吏胥舞弊，中飽私囊；（3）系統紊亂，辦法紛歧，財政局無異於徵收處，致地方財政失其重心。第一點係整個社會經濟問題，第二點只要省方有整飭決心，皆可勿論。惟第三點係制度問題，且影響甚大，特別提出一研究之。

現在各縣財政系統如左：

（一）省稅：由財政局代收轉解，另由財廳直接委派會計主任駐局負催收核算之責。

（二）地方經費

1.教育經費劃為專款，由財政局代收，撥交教育局保管，縣

府財局，皆無過問之權。歸於教育經濟之收支，或由局呈請教育廳核准，或由局務會議直接決定。

2. 建設局經費劃為專款，由財政局代收，撥交建設局保管，縣府財局無過問之權（但最近建設經濟之動支，須由縣長加章）。

3. 縣農業經費劃為專款，由財政局代收，撥交農場保管，縣府財局無過問之權。

4. 公安局、警察隊、自治區公所、縣黨部經費由財政局代收，撥交款產處轉發。

以職權論，財政局既負全縣財政之專責，對於經費方面，當然有統收統支及保管存款之權。以事實論，財政局長之任用，須有殷實舖保，而其他各局長或主任則不然。所以由財政局負責收支或保管，當然較其他各機關直接收支或保管為可靠。國有國庫，省有省庫，縣有縣庫，所以確立財政之重心，而收統一之效。若照現在狀況，財政局等於一徵收處，對於全縣財政之贏虧，預決算之適合與否，皆可不負責任。省廳堂高廉遠，耳目難周。縣府則徒有指揮監督之名，而無指揮監督之權。支離破碎，各自為政，欲地方財政上軌道，豈非緣木而求魚？近年來各縣建設、教育各局長卷款潛逃者，層見迭出，皆系統紊亂之過也。欲糾此弊，必先將地方財政權統一起來，其辦法如左：

（一）省稅由財政局代收轉解，會計主任仍由省廳委派，以收監察之效。

（二）地方經費一律由財政局統收統支，並負保管之責。

（三）地方各機關經費之收支手續，應規定如左：

甲、依法須由主管廳核定者，由各主管廳簽發支付通知單，令飭縣政府轉交各該局，再由各該局持單向財政局領款。

乙、依法毋須由省廳核定者，經縣政會議議決後，由縣政府簽發支付單（已經核定之經常費，由縣政府直接簽發支

付單），轉發各該機關，再由各該機關，持單向財政局
領款。

（四）為防止財政局之移挪起見，得由縣政府及各領款機關組織
稽核委員會，並嚴密規定稽核辦法。

（五）取消公款公產管理處，組織公款公產保管委員會（保管委
員會只負保管責任而無處分之權）。

第五、確定各局與自治區公所之關係

依《縣自治施行法》，區公所之工作，包含甚廣，如教育、實
業、公安、財政，皆係區公所應辦事項。故權責方面，易與各局發生
衝突。區公所和各局因權責上之衝突，而影響工作進行者，不勝枚
舉。所以嚴密規定各局與區公所的工作關係，是整頓地方行政的必要
條件。鄙見以為原則上應規定如左：

（一）各區公所與教育局

為促進教育效力，增進人民對於教育之認識起見，關於學
校教育方面，各區公所，應有監察（各校教職員之勤惰）
及貢獻意見及責任。同時教育當局對於設施上如有發生困
難，各區公所應負責協助。關於社會教育方面，事業有全
縣一致之性質者，由教育局主辦，各區公所負責協助。有
因地制宜之性質者，由教育局擬定計劃，呈縣轉飭區公所
辦理，或徑由區公所擬定計劃，會同教育局辦理。

（二）各區公所與建設局

凡事業有全縣一致之性質者（如縣道、縣幹河、全縣電話
等），由建設局秉承縣府及主管廳辦理，由區公所協助。
有因地制宜之性質者（如建設小菜場、鄉村道、橋樑涵
洞，及開發河港等），應由建設局擬定計劃，呈縣轉飭各
區公所辦理。其由各區公所或區民自動建議辦理者，建設
局應負代為計劃之責。

（三）各區公所與公安局

　　自治工作愈進步，公安局的事務就愈少，權責就愈簡單，這是一定的道理。戶口調查、人事登記，以及保衛事宜，在籌備自治以前，多是公安局的責任。從區公所成立，這些工作，漸漸移到區公所去了，尤其是戶籍方面，差不多完全是區公所主辦的。所以區公所的權責，表面上與公安局衝突的地方很多（如過去辦理清鄉，各區區長為清鄉分局長，而公安分局長反處於協助地位）。我們站在訓政的立場，用漸進方式去實現地方自治起見，對於公安局與區公所的工作關係，應確定如左：

1. 關於戶口調查人事登記事項，由區分所主辦，公安局協助。
2. 關於保衛事項，區公所負訓練與組織人民自衛團體的責任。在人民自衛力量未充實以前，所有地方治安與緝捕盜匪事宜，仍由公安局負專責，而區分所應督同各鄉鎮長協助。
3. 關於衛生清潔事項，由公安局計劃，呈縣轉飭區公所照辦。
4. 關於取締違禁事項，由公安局主辦，各區公所協助。

（四）各區公所與農場

　　發展地方經濟是籌備自治之主要工作。所以農業改良場與各區公所的關係，非常密切。現在各縣農場與區公所多各自為政，是極大的錯誤。農場所負的使命，是改良全縣農業，所以目光不僅應注意於農場本身，而尤應注意於場外的各區。區公所負極大的使命，是發展本區的農村經濟，為事半功倍計，尤需取得農場之協助。所以農場與各區公所之工作關係，應規定如左：

1. 關於農業改良工作有全縣一致性質者，由農場主任計劃，一面在本場實驗，一面呈縣轉飭各區公所督同各鄉鎮長勸告人民仿照。

2. 其有因地制宜之性質者，應由農場主任會同各該區公所擬具計劃，交由各該區長負責實行。

3. 各區對於農業改進方面，有請農場指導協助或解釋者，農場不得推諉。

4. 農場對於各區如認為有設立分場或示範農田之必要時，區公所應協助促成之，不得推諉。

（五）各區公所與財政局

財政局與各區公所的職權，比較劃分得清楚。但實施清丈以後，圖保勢必廢止，催收田賦，將以鄉鎮為單位，如不得區公所的協助，困難殊多。又各區鄉鎮公所經費，大多數縣份，多靠田地買賣之中資捐為補助。若不規定辦法，對於契稅前途，必受影響。至於區公款公產與財政局發生糾葛，亦在所難免。因此財政局與區公所之關係，有確定之必要：

1. 財政局因催收田賦或其他雜稅，有請區公所協助之必要時，區公所應負協助之責，不得推諉。

2. 確定田產買賣之中資一部，作為各鄉鎮公所經費（照江蘇省情形看來，舍此無適當辦法）。為保證此種收入，並杜絕糾紛起見，對於田產買賣，鄉鎮公所應作法定之中見。凡不經鄉鎮公所簽名蓋章之契單，送請財局驗契者，財政局應拒絕之。

3. 對於區公款公產之處分，足以影響田賦者，應會同財政局辦理。凡不得財政局之同意而擅自處分者，概作無效。

原載《時代公論》第二卷第一期，一九三二年九月三十日出版。

附錄二 五千年來之中國國防大勢

一 引言

　　國防之意義，甚為廣泛：自消極言之，凡以捍衛國家保護領土為對象之一切軍事行為，皆為之國防；自積極言之，則國民精神之發揚，國民經濟之建設，國民智識與能力之培養，國民生產技術之增進，以及其他一切政治的經濟的行為，凡以直接或間接充實國力，鞏固國家機構者，皆莫不可謂之國防。消極之國防，固為防維制禦之必要手段，而積極的國防，尤為任何獨立國家所必不可少之基本工作。雖然，二者固相維而為用者也。秦之始皇，隋之煬帝，法之拿破侖，德之威廉第二，其兵力非不堅強也，而堅強之兵力，適是為其滅亡之階梯。中國古代之趙宋，與東歐羅馬帝國之文化，政治，與經濟，非不勝於女真，蒙古及北方之蠻族也。而此高尚之文化，與優越之政治與經濟，終不能防制異族之侵陵，而挽救國家之危亡。他如近世印度，以十倍於英本國之土地，人口，物產，而終受制於英人者，更無論矣。可知徒有軍備，不足以言國防，徒有文化，不足以言國防，徒有優越之政治與經濟，亦不足以言國防。惟有使全國之軍備，文化，政治，經濟，兼籌並顧，在自強自立原則之下，為適宜之運用與平衡之發展，然後國家之基礎乃固。今本此意義，以觀察中國五千年來之國防大勢。

二 秦漢以前之國防

上古之世，部落紛立，非有統一國家之形式，而黃河流域，漢苗雜處，鬥爭尤烈。自黃帝軒轅氏興，創設文化，整飭武備，作弓矢，定陣法，與苗族大戰於涿鹿之野，擒其酋而戮之，於是漢族在黃河流域之基礎，乃得奠定。諸侯戴其功，尊以為共主，而封建國家之雛形，於焉建立。堯舜之世，苗族猶蔓延於長江流域，時為邊患，賴夏禹之神威，僅乃驅遂之。降至三代，南方之患，雖云暫息，而北方之戎狄勢復猖厥，漢族之地位，益無日不處於動搖之中。當時物質簡陋，諸侯林立，中央政府之權力，又不能統一指揮，於是「五服」之制，遂為國防上之唯一要圖。

所謂「五服」，乃以王室為中心，以次推及於邊徼之五大區劃也。中央五百里為「甸服」，係王室直接統治之區劃，中央財賦之所由出焉。甸服之外五百里為「侯服」，分土建國，以藩王室。侯服之外五百里為「綏服」整軍經武，分封大諸侯鎮守，以衛邊疆。綏服之外五百里為「要服」，為國家政令之所不及，故要束以文教。要服之外五百里為「荒服」，夷狄之勢力範圍，多因其故俗而治之。此種由親及疏，由近及遠，層層節制，層層防衛之方法，實為封建時代國防之最大特色。

然而商周二代立君主，猶未以此為足也。故商湯立而大收天下兵器，實行猜防之治，除邊疆諸侯，得設置重兵，以專伐外，其餘兵車不過數乘，甲卒不過數百人而已。史稱孟津之會，諸侯之從者八百餘國，有兵車四千乘，而紂發兵七十萬以拒之。當時軍備之集中於中央，可以概見。周武興而大封同性諸侯，齊魯燕衛諸國，或以懿親，或以宗室，分鎮東北，以為屏障。而其於同姓諸國，則棋布各處，監臨天下，相維相繫，以收股肱之效。蓋五服之制，至此而益為嚴密矣。

東遷以後，諸侯互相並吞，目無王室，內訌既起外侮益亟。邢衛齊燕諸國，莫不受戎狄之侵陵。而南方之楚蠻，亦且滅息滅蔡，勢力擴張至淮水以北。所謂「南蠻與北狄交，中國不絕如縷」，當是時，苟無大英雄如管仲者，出而尊宗周，攘夷狄，九合諸侯，一匡天下，則五胡亂華之禍，將無待於東晉。故孔子對管仲之法治主義雖堅決反對，而於其尊王攘夷之偉業，則獨褒獎之，曰：「微管仲，吾其披髮左衽矣」。其關係民族國家之安危，可見一斑。

管仲之尊王攘夷政策，係先從整頓齊國著手。而其整頓齊國之方法，即以政治，經濟，軍事三者同時並進。其對於政治，主張四民分居，使各安其業，各盡其職；其對於經濟，主張由政府統制，以充實國家之財政，滿足人民之生計；其對於軍事，主張寄軍令於內政，以收軍民合一之效。識見之卓犖，謀慮之深遠，在古代大政治家中，當首屈一指。厥後勾踐商鞅之輩，雖各能順應時代之需要，為復興之大計，然其政策之運用，則皆導源於管子者也。

三代之世，計口授田，土地公有，完全為自給自足之農業社會。無貧富之別，等級之差，故人民對於國家，莫不有服兵之義務。平時則致力於耕稼，有事則效命於疆場，所謂「寓兵於農」蓋有必然之勢。降至春秋戰國，爭城爭地，歲無寧日，調遣徵發，數倍於古。而城廓之建築，騎射之運用，尤為國防史上生色不少。惟以戰爭頻起，人民頗感分崩離析之苦，且以交通頻繁之故，工商業隨之而興，封建時代之政治與經濟之機構，已不適於當時之需要。於是大一統之中央集權政府，乃應運而生。

三　漢族全盛時代之國防

秦始皇削平六國，統一宇內，舉中國有史以來割據的分權的現象，掃而空之，誠為中華歷史上之一大轉變，而國防之情勢亦因之大

異。在封建時代，諸侯分布四方，為王室屏藩。防禦外侮之專責，在地方而不在中央。及大一統之帝國出現，天下之軍政，財政，民政，無不直接操縱於專制政府之手，防維制禦之責，舍中央莫屬。於是對內則建立郡縣，齊一法制，統制文化，發展交通，對外則北築長城，以防匈奴，南取南越，以處殖民，漢族為中心國家基礎，由是乃日見強固。

當時北方之匈奴，已並吞附近之部落，雄長漠北。兩大帝國，南北對峙，形勢緊張。而匈奴以土地貧瘠，民性慓悍之故，控弦數十萬，無日不思南下而牧馬。以始皇之防禦嚴密，終不得逞。及秦末，劉項爭長，中原鼎沸，匈奴乃乘機侵擾燕代，歲無寧日。漢高祖於平定內部之後，統率勁旅，命駕親征，被困白登，僅以身免。漢廷知匈奴之不可侮，乃卑辭厚幣，以求和親，終高，惠，文，景，四代，未敢或違。

然北方之大敵未除，漢族之安枕何期，對匈奴之防衛問題，遂為當時國防上之中心工作。及武帝繼起，以雄偉之才，欲建不世之功，乃一面派遣張騫，聯絡西域諸國，以斷匈奴右臂；一面撥衛青霍去病於廝養之中，使統率大軍，直搗漠北。經數十年慘淡經營，北方之大患，得以稍懺。及至東漢，踪而行之。並乘匈奴之內訌，利用南匈，以牽制北匈奴，於是南匈奴稽首稱臣，北匈奴西走歐洲，千餘年來北方之大患，乃得一總解決，漢族聲威，遠震異域。未幾，羌人復崛起於西方，漢庭極全力以制禦之，邊氛雖暫靖，而歲費過巨，國力大耗，漢室亦由是日趨衰亡矣。

總之，兩漢對外防禦之情勢，稍有不同，而重心則常在西北。至東北之高麗，西南之蠻夷，雖亦用兵，而蕩平較易。故漢代疆域，視秦為尤擴焉。惟征服各地，僅求勿叛，實未能整齊教化，使同郡縣，他日五胡亂華之根源，實胚胎於此。而以征伐頻繁之故，對於軍事之組織，兵器之運用，邊防之設施，戰時財政之籌劃，均有顯著之進步，則又可注意者也。

三國之世，群事內戰，邊防廢弛。匈奴，鮮卑，氐，羌，羯鞨諸族，遂得潛居內地，繁榮滋長。司馬氏興，惟以削弱州郡武力，為鞏固中央政府之手段，而不知外患之迫，更有甚於內憂者。及八王之亂，原氣盡喪，劉淵一呼，而西晉亡矣。

　　自東晉以迄南北朝，為異族入據中原時代，一時建號自娛者稱五胡十六國。漢族衣冠，被迫南遷，未幾，遂形成南北對峙之局。攻殺靡常，國防更無足稱。惟有不可不注意者，北方之異族，既以久居內地，受漢族文物之陶冶，相率同化，而東南各地，自昔認為蠻夷之區域者，自此且一變而為漢族文化之中心。異族之侵入，不特不足阻止吾民族之發展，而且使吾族之勢力，益加膨脹。可知精神上之國防，其力量之偉大，有非任何堅甲利兵，所能企及。是誠吾民族歷史上一大特色也。

　　隋唐二代，為中華民族精神極盛時代，文治武功，凌駕秦漢。東而日本，西而中亞西亞各地，咸為中華聲教所被。然此種精神之形成，實得力於南北民族性之調和，而法制經濟，尤多受北朝之影響。若府兵，若均田，若刑制，其尤著者。

　　隋朝二君主，對於國防建設，皆極注意，而煬帝為尤甚。南北運河之開築，工程之大，長城外當首屈一指。長城築而北方邊防，得以屏障；運河開而東南動脈，得以貫通。其在國防上之意義與價值，又先後映輝，並垂不朽。他如食糧之儲備，要塞之修築，水陸軍備之擴充，皆足表現其國防建設之努力。惟對於政治之污濁，社會之紛亂，民生之疾苦，部屬之攜貳，則茫然不顧。徒恃金城湯固，終無補於危亡，亦良可慨已。

　　我國民族英雄，自齊管仲，秦始皇，西漢武帝而後，最為世人崇拜者，當以唐太宗為第一。當是時，內則群雄割據，外則突厥虎視，民族生命，不絕如縷。太宗在此危急存亡之秋，能權衡輕重緩急，以敏捷之手腕，削平內亂，然後厚集兵力，以禦外侮，不數年間，高麗

百濟，東西突厥，吐谷渾，吐蕃，西域諸國，莫不賓服。其氣概之盛，魄力之雄，誠有大過人者。雖然，唐代之建國，不徒恃武力而已，太宗對房玄齡之言曰：「甲兵武備，誠不可闕，然煬帝甲兵，豈不足耶，卒亡天下。若公等盡力使百姓乂安。此朕之甲兵也」。其對文治之注意，可以想見，唐初諸君王，東征西討，而民力不疲者，未嘗以軍事而廢文治也。至其防維制禦之術，如內則十道並建，以統郡縣；外則設六都護府，以鎮邊圉。元宗時，更置十鎮節度於西北要津，以為屏蕃，皆其規模之大者。雖因方鎮之權力太過，卒釀尾大不掉五勢，然就當時契丹吐蕃之猖獗情形而論，則知唐代之所以終不為東晉之續者，藩鎮之制度，與有關係焉。

四　漢族衰微時代之國防

　　自秦漢以迄隋唐，我國對外之態度，常為自動的進取的，蓋一則民族精神，極為發皇，一則長城險要，常在掌握，進可以攻，退足以守，良有以也。但此種情勢，至晚唐以後，又為之一變。浮誇奢靡之習俗，畏難苟安之心理，使固有民族美德，掃地以盡。禮義淪亡，廉恥道喪，後晉石敬唐，遂不惜以燕雲十六州，賂遺契丹，以達其割據自雄之野心。長城之要隘既失，北方門戶洞開，異族勢力，乃乘機南侵，據險以謀我。國防形勢，遂不得不出於被動與退守之一途。由此四百餘年間，漢族勢力，未能逾關南一步。

　　宋太祖鑒於五代割據之弊，故其立國，頗能收集權中央之長。惟以長城淪於敵手，關北終不可復。真宗以後，夏元昊起於西北，時為邊患。宋室君臣，唯知賂敵賄和，以求苟安。於是民心離散，士氣沮喪，淩夷及徽欽之朝，甚至養兵百萬，不能一戰。蓋民族精神之衰退，達於極點。南渡以後，岳武穆韓鄞王輩，頗能以身許國，力圖恢復。奈格於高宗之怯懦，賊檜之奸佞，終至事敗垂成，論者惜之。

就一般觀察，兩宋對外抵抗能力，極為薄弱，而遼金兩代，終未能並吞之者，其故有三：部落人口稀少，不敷分配一也；後方防務空虛，慮女真蒙古之襲其後二也；文化低落，據中原日久，一切皆為漢族所同化，強悍之民族性，已漸次消失三也。然則宋室之偏安，非不幸矣。

中國之募兵制度，盛行於唐末，至宋太祖而集其大成。所謂「舉天下獷悍失職之徒以衛良民」，其作用與意義，與古代民兵制度，適得其反。然其順應時代之需要，為一時權宜之計，則無可厚非。後世子孫，不明其祖宗創業之深意，惟知奉行故事，敷衍塞責，兵與民乃交困。神宗有鑒於此，乃重用王安石以實行變法。一方整理財政，以紓民力；一方厲行保甲，以代募兵。計劃周詳，規模犖備，雖以用人未盡當，終鮮實效，但為當時國防情勢上著想，謂非救亡之要圖不可也。

遼金元三代，均以游牧民族，入據中原。民性慓悍，風俗樸陋，將勇而志一，兵精而力齊，故能戰勝攻取，所向無前。而元之兵制，尤稱精良。騎射之優長，行動之敏捷，地方警衛之完備，軍事交通之嚴密，軍隊屯田之普遍，皆為一代特色。惟長於武備者，每多忽視文治，以致不旋踵間，財政紊亂，吏治窳敗，民生疾苦，社會騷然。而藐視漢文化，壓制漢人之行動，尤其是增加漢蒙之隔閡，為統治上之一大障礙。及朱元璋張士誠陳友諒輩崛起於草莽之間，振臂一呼，而元社以亡。

明太祖以平民地位，削平群雄，滅元而有天下，其立國之情勢，頗類漢高，而統治之能力，則遠過之。內則厲行集權政策，以收指揮之效；外則分封子弟於各地，以為監臨之計。而衛所制度，尤得唐代府兵遺意，應推一代良法，惜猜忌過甚，功臣宿將，鮮得善終。以致士氣消沉，軍隊積弱，漢唐舊觀，終不可復。方其盛時，北不得外蒙，西不得新疆，而青海西藏，猶為異族勢力範圍。明之疆域，如是

而已。

　　當是時，漠北為元裔所竊據，韃靼衛拉特諸部，時入侵掠，歲無寧日。而海疆方面，倭寇滋擾，為患尤烈。明初諸君主之對付異族，固未能積極進取，為根本殲滅之計，然消極的防衛工作，則甚為注意。其於北方，則自遼東經宣大，以迄嘉峪，建「九邊」以備非常，墩堡烽堠，萬里相接；其對海疆，則自金州經浙閩，以訖粵南，或築城堡，或置水師，以為守禦。衛所戰艦，星羅棋布。防禦之固，遠邁前代。奈繼起諸君，率多庸劣無能，坐視宦官擅權，朝政日非。武宗以後，吏治益壞，於是流寇蜂起，外敵乘之，勃起滿洲之愛新覺羅氏，乃渡遼河，破長城，克燕京，下江南。明廷雖有良將要塞，社稷終不可守。徒恃堅甲利兵之不足以言國防，吾於此而益信矣。

　　清初疆域，除掩有東三省，本部十八省，及蒙古新疆青海西藏各地外，東而朝鮮臺灣琉球澎湖諸島，南而印度支那半島諸國，西而廓而喀阿富汗各邦，亦莫不為其勢力範圍。合漢滿蒙回藏五大民族，成立一大帝國。武功之盛，直追漢唐而上之。因鑒於金元二代之失，一面努力保存固有精神，防被漢族同化；一面又參用滿漢人物，獎勵中國學術，以為收攬人心之計。此外對於滿蒙則「眾建」、「結婚」、「宗教」諸策，同時並進；對於軍事，則八旗綠營各軍，相參為用。凡此種種，皆其防維制禦之術，遠勝前代者。以人口寡少，文化落後之民族，統治中國至二百餘年之久，為中華歷史上開一新紀元，其來有自矣。雖然，清室此種政策，究只能收效於一時，而未可求諸久遠也。乾嘉以後，所有滿人，已漸次為漢族所同化，分駐各地以監視漢族之八旗軍隊，亦以養尊處優而喪失其尚武精神，故川楚教匪之役，知八旗之不堪用，而不得不求諸綠營；復以綠營兵之不可用，而不得不求諸臨時編練之鄉勇也。蓋是時，「不惟無可用之滿兵，抑且鮮可用之滿人」。清廷之基礎，業已動搖，其不能久有中國，早為識者所逆料矣。

上述各點，乃中國有史以來，以迄於清代中葉之大勢也。在此期間，中國國防史，為漢滿蒙回藏苗六大民族鬥爭之歷史，而其重心，則常在漢族；苟漢族而處於統治地位，則國防之主要對象，為防止異族之侵陵。反之，苟其他民族，而處於統治地位，則國防之主要工作，當為防止漢族之反抗。雖然，此六大民族鬥爭之結果，至有清中葉以後，實已相繼融和於漢族之中，而成為整個之中華民族矣，而高尚之漢文化，實有以凝結之。蓋環於漢族四周之各民族，其武力雖優於漢族，而其文化程度，則不及漢族遠甚。其他民族之武力壓制漢族者，漢族常以文化制服之。中華民族之發展，不以異族勢力之侵入，而稍有停滯者，職是故也。

　　由此以觀，中國歷史上之國防問題，自昔言之，固為漢族與其他各民族之鬥爭問題，自今言之，實無異中華民族之內部問題，吾人不可不察也。但自帝國主義侵入以後，情勢又為之大變。

五　帝國主義侵入後之國防：結論

　　道光二十三年，為嚴禁鴉片問題而發生之中英鴉片戰爭，實為我國國防形勢轉變之一大關鍵。自是以後，沿海門戶洞開，外人得挾其優越之經濟文化，及一切戰鬥利器，漸次侵入內地。我國國防上之弱點，悉暴露無餘，而帝國主義侵略之野心，乃日益急進。法俄德日諸國，相率步英帝國主義之後塵，協以謀我。土地之割讓，藩籬之喪失，港灣之租借，關稅之協定，以及其他一切政治經濟之要求，無一不足以致我死命。國人至此，乃始知有西洋，知有世界，知閉關自守之不可能。於是如何鞏固內部，以協力對外，遂為今後民族之中心工作。

　　雖然，近百年來，國人救亡圖存之道，已非止一端矣。其始也，以為外人之侵入，由於海口，鞏固沿海之防禦力量，即足以保全國家

之權利，海防問題，乃為國人所注意，繼而稔知外人之強，由於軍隊，軍隊之盛，由於器械，器械之精，又繫乎科學。於是輪船槍炮之仿造，軍隊之整理，要塞之規劃，洋務之研究。遂成上下努力之焦點。然猶偏於軍事也，至甲午一役，將數十年間慘淡經營之成績，盡付東流。始恍然知國防之道，不單為一軍事問題，而且與政治經濟文化均有密切之關係，而維新變法尚焉。此皆外力侵入以後，所引起之國人摹仿運動也。惟其所摹者在其皮毛，而不在其實質；所仿者在其形式，而不在其精神。故愈摹仿而民族意識愈衰退，愈摹仿而國家機構愈紊亂，近世之分崩離析，實一貫之摹仿政策，階之厲也。

夫任何獨立國家，必有其立國之民族精神，民族精神振，則國家雖危，尚有復興之一日。反之，徒具國家之形式，終必漸趨於滅亡而後已。中國屹立於世界垂五千年，所以數亡於異族而終能恢復者，無他，此優良之文化所孕育之優良之民族精神，有非任何異族之武力所得而屈服耳。然則為今之計，努力物質建設，充實國家命脈，固為迫切要圖。而保持我固有文化，以復興我民族固有之精神，又為國防上之基本工作矣。

原載《黃埔月刊》第六卷第一至二期合刊，
一九三六年八月二十日出版。

Do人物26　PC0498

沈沛霖回憶錄

口　　述／沈沛霖
撰　　寫／沈建中
主　　編／蔡登山
責任編輯／段松秀
圖文排版／楊家齊
封面設計／楊廣榕

出版策劃／獨立作家
發 行 人／宋政坤
法律顧問／毛國樑　律師
製作發行／秀威資訊科技股份有限公司
　　　　　地址：114 台北市內湖區瑞光路76巷65號1樓
　　　　　電話：+886-2-2796-3638　傳真：+886-2-2796-1377
　　　　　服務信箱：service@showwe.com.tw
展售門市／國家書店【松江門市】
　　　　　地址：104 台北市中山區松江路209號1樓
　　　　　電話：+886-2-2518-0207　傳真：+886-2-2518-0778
網路訂購／秀威網路書店：https://store.showwe.tw
　　　　　國家網路書店：https://www.govbooks.com.tw

出版日期／2015年4月　BOD一版　定價／600元

|獨立|作家|
Independent Author

寫自己的故事，唱自己的歌

沈沛霖回憶錄 / 沈沛霖口述 ; 沈建中撰寫. --
一版. -- 臺北市 : 獨立作家, 2015.04
　面 ;　　公分. -- (Do人物 ; PC0498)
BOD版
ISBN 978-986-5729-75-2 (平裝)

1. 沈沛霖　2. 回憶錄

782.887　　　　　　　　　　104004592

國家圖書館出版品預行編目

讀者回函卡

感謝您購買本書，為提升服務品質，請填妥以下資料，將讀者回函卡直接寄回或傳真本公司，收到您的寶貴意見後，我們會收藏記錄及檢討，謝謝！
如您需要了解本公司最新出版書目、購書優惠或企劃活動，歡迎您上網查詢或下載相關資料：http:// www.showwe.com.tw

您購買的書名：＿＿＿＿＿＿＿＿＿＿＿＿＿＿＿＿＿＿＿＿＿＿＿

出生日期：＿＿＿＿年＿＿＿＿月＿＿＿＿日

學歷：□高中 (含) 以下　　□大專　　□研究所 (含) 以上

職業：□製造業　□金融業　□資訊業　□軍警　□傳播業　□自由業
　　　□服務業　□公務員　□教職　　□學生　□家管　　□其它＿＿＿

購書地點：□網路書店　□實體書店　□書展　□郵購　□贈閱　□其他

您從何得知本書的消息？

　□網路書店　□實體書店　□網路搜尋　□電子報　□書訊　□雜誌

　□傳播媒體　□親友推薦　□網站推薦　□部落格　□其他＿＿＿＿＿

您對本書的評價：（請填代號　1.非常滿意　2.滿意　3.尚可　4.再改進）

　封面設計＿＿＿　版面編排＿＿＿　內容＿＿＿　文／譯筆＿＿＿　價格＿＿＿

讀完書後您覺得：

　□很有收穫　□有收穫　□收穫不多　□沒收穫

對我們的建議：＿＿＿＿＿＿＿＿＿＿＿＿＿＿＿＿＿＿＿＿＿＿＿

＿＿＿＿＿＿＿＿＿＿＿＿＿＿＿＿＿＿＿＿＿＿＿＿＿＿＿＿＿＿＿

＿＿＿＿＿＿＿＿＿＿＿＿＿＿＿＿＿＿＿＿＿＿＿＿＿＿＿＿＿＿＿

＿＿＿＿＿＿＿＿＿＿＿＿＿＿＿＿＿＿＿＿＿＿＿＿＿＿＿＿＿＿＿

11466
台北市內湖區瑞光路 76 巷 65 號 1 樓
獨立作家讀者服務部　　　收

....

（請沿線對折寄回，謝謝！）

姓　　名：＿＿＿＿＿＿＿＿＿　年齡：＿＿＿＿＿　性別：□女　□男

郵遞區號：□□□□□

地　　址：＿＿＿＿＿＿＿＿＿＿＿＿＿＿＿＿＿＿＿＿＿＿

聯絡電話：(日) ＿＿＿＿＿＿＿＿＿＿　(夜) ＿＿＿＿＿＿＿＿＿＿

E-mail：＿＿＿＿＿＿＿＿＿＿＿＿＿＿＿＿＿＿＿＿＿＿